청소년학총서 ③

2판

청소년복지론

ADOLESCENT WELFARE

(사)청소년과 미래 편

김도영 · 이혜경 · 노자은 공저

학지사

발간사

청소년학총서 시리즈를 준비하기 위해 집필진이 다 함께 모여 오리엔테이션을 하던 때가 있었는데, 벌써 5년이란 시간이 흘러 다시 모이게 되었습니다. 서울과 지방에 흩어져 있는 집필진이 시간을 맞추기가 쉽지 않았지만 이 기회에 오랜만에 다시 모여 개정을 위한 집필을 논의하게 되었습니다.

처음 책을 쓸 때에도 쉽지 않았고, 힘에 부칠 때도 있었는데, 처음뿐만 아니라 다시 쓰는 지금도 힘이 드는 건 어쩔 수 없는 것 같습니다. 책을 쓰고 독자들에게 선보이는 것은 큰 용기와 책임이 따르는 일이기 때문에 그렇다고 생각합니다. 개정을 할 때에는 좀 수월하지 않을까 하는 기대(착각이었으나)로 인해 어쩌면 첫 출간보다 더 어렵게 느껴지는 것 같기도 합니다. 처음 교재 집필을 준비할 때에는 나름 계획을 잘 세우고 찬찬히 한 것 같았으나 막상 출간할 때가 되니 너무 부끄럽고 걱정이 되었습니다. 이번 개정 역시 첫 출간 때보다 좀 더 촘촘하게 잘 써 내려가야지 하고 다짐하며 부족한 부분을 잘 보완해야겠다고 생각했는데, 막상 또 출간할 때가 되니 집필진 모두 스스로를 돌아보게 됩니다. 그러면서 또 글을 쓰고 책으로 나오는 과정이 왜 이렇게 어려운지 새삼 생각해 보기도 합니다.

서두에 변명만 길게 늘어놓은 게 아닌지 모르겠습니다. 첫 출간 못지않게 개정도 그만큼 쉽지만은 않은 과정이었음을 이 책을 보고 있는 독자 여러분과 공유하고 싶었습니다.

본 청소년학총서 시리즈의 개정은 첫 출간 이후 시간이 흐르면서 그간의 다양한 사회의 변화와 그에 따른 청소년 환경의 변화를 반영해야 하고, 또 첫 출간에서의 미진한 내용을 보완할 필요가 있어서 추진하게 되었습니다. 집필진 모두 청소년학총서 시리즈가 대학에서 사용하는 교재임과 동시에 청소년지도사 시험을 준비하기 위한 교재이기도 하니 최대한 독자들이 이해하기 쉽게 쓰고자 노력하였습니다.

특히 개정 작업에서는 시대적인 흐름을 반영하여 현행화하는 작업이 중요한데, 청소년학 역시 오늘날의 청소년 환경을 반영하여 변경된 각종 법, 제도, 정책 등을 반영하고, 각 장(chapter)별로도 최근 이슈가 되고 있는 주제를 추가하며, 내용 간 합치거나 생략하는 등의 작업을 과감하게 실행하였습니다.

본 청소년학총서 시리즈는 청소년지도사 2급 자격 검정을 위한 8개 과목, 즉 '청소년활동' '청소년문화' '청소년복지' '청소년문제와 보호' '청소년심리 및 상담' '청소년육성제도론' '청소년지도방법론' '청소년 프로그램 개발과 평가'의 시리즈 형식으로 구성되어 있습니다.

이 교재들은 청소년지도사 시험을 준비하는 분들뿐 아니라 현장에 계신 청소년지도사 분들도 필요할 때마다 수시로 참고할 수 있도록 쉽게 쓰여 있어 관심 있는 다양한 분들이 보셔도 좋으리라 생각합니다.

책을 또 세상에 내놓으려고 하니 부족한 부분들이 보이고, 부끄럽기도 하지만 다시 한 번 용기를 내 봅니다. 아무쪼록 예비 청소년지도사 및 청소년지도사 분들에게 조금이나마 도움이 되기를 바랍니다.

마지막으로, 본 청소년학총서 시리즈의 시작부터 지금까지 관심과 지원을 보내 주신 학지사 김진환 사장님과 편집부 직원분들께 감사의 인사를 전합니다.

2024년 5월 청소년의 달에

사단법인 청소년과 미래 대표 진은설

2판 머리말

처음 『청소년복지론』을 출간할 때, 이 책이 실제로 청소년복지론 수업의 교재로 얼마나 많이 활용될 수 있을지에 대해 걱정이 많았다. 청소년복지론을 가르치는 교수님들과 수강하는 학생들에게 실질적인 도움이 되어야 한다는 고민도 컸다. 그런데 어느새 초판을 출간한 지 5년이 되었다. 그사이 청소년 인구 감소를 비롯해 청소년인권, 돌봄, 자립 등 청소년과 관련된 여러 복지 분야에서 많은 변화가 있었다. 예를 들어, '가출 청소년' 용어는 '가정 밖 청소년'으로 변경되었고, 전국적으로 청소년자립지원관과 청소년쉼터의 수 확대 등 청소년복지시설이 늘어났다. 또한 청소년쉼터에서 퇴소한 청소년에게는 자립지원 수당이 지원되고 있으며, 가족을 돌보는 '영 케어러 청소년'을 지원하는 사업도 실시되고 있다. 국가 차원의 청소년정책 계획으로는 '제7차 청소년정책 기본계획(2023~2027)'이 수립되어 현재 시행 중이다.

우리나라는 인구 감소로 인해 청소년 인구에도 큰 변화가 나타나고 있다. 2024년 여성가족부의 청소년 통계에 따르면, 2023년 청소년(9~24세) 인구는 약 791만 3천 명으로 총인구의 15.3%를 차지하며, 2022년에 비해 0.5% 감소하였다. 2040년에는 4백만 명대로 떨어질 것으로 예측된다. 이는 과거에 비해 현재 1명의 청소년이 부담해야 하는 부분이 점점 더 많아지고 있음을 보여 준다. 또한 잦은 대학입시제도의 변화로 인해 청소년이 혼란을 겪고 있으며, 그로 인해 청소년의 부담이 더욱 가중되고 있다. 이러한 점들은 다양한 청소년 문제의 원인이 되고 있으며, 청소년복지의 필요성을 더욱 부각시키고 있다.

우리 사회는 저출생으로 인해 청소년 한 명 한 명이 더 소중해지고 있다. 이에 따라 청소년복지의 중요성 또한 더욱 커지고 있다. 이러한 시기에 개정판을 발간하게 되어 저자 중 한 사람으로서 감개무량하다.

‘청소년복지론’은 청소년지도사 2급 검정 과목이자 사회복지사 2급 자격 취득을 위한 선택 과목으로 매우 중요한 과목이다. 대학에서 청소년복지론을 강의하면서 청소년복지를 공부하는 학생들에게 꼭 필요한 내용은 무엇인지, 청소년복지 현장에서 청소년을 위해 반드시 알아야 할 사항은 무엇인지 깊이 고민하였다. 그래서 초판을 집필할 때도 이러한 부분을 염두에 두고 작성하였지만 부족한 점이 많았다. 이번 개정판에서는 부족한 점을 보완하고 최근 이슈가 되는 내용들을 추가하였다.

개정판은 초판과 동일하게 총 12장으로 구성하였다. 하지만 각 장의 내용은 최신 통계를 반영하여 새로운 내용을 추가하였고, 개정된 사항들은 바뀐 내용을 반영하여 보완하였다. 청소년복지의 실제 영역에서도 일부 장의 내용이 수정·보완되었다. 제4장의 가출은 ‘가정 밖 청소년’으로, 제8장 범죄는 ‘비행’으로 수정되었으며, 제11장 참여영역은 최근 이슈가 되고 있는 ‘가족돌봄 청소년’으로 내체하였다. 청소년복지와 관련된 모든 부분을 다루지는 못했지만 최대한 개정된 내용으로 담으려고 노력하였고, 무엇보다도 이해하기 쉽도록 집필에 심혈을 기울였다. 이 책이 청소년복지론을 가르치는 교수님들과 배우는 학생들에게 도움이 되었으면 한다.

마지막으로, 개정판 집필에 함께 애써 준 공동 저자인 이혜경 교수님과 노자은 박사님께 감사의 말씀을 드린다. 또한 개정판 출간에 큰 도움을 준 학지사 관계자분들께도 깊은 감사를 드린다.

2025년 1월

저자 대표 김도영

1판 머리말

청소년 하면 자동적으로 떠오르는 문구가 있다. '청소년은 미래의 주인공' '청소년은 우리의 미래' '청소년은 미래의 주역이자 기둥' 이외에도 여러 비슷한 내용이 있다. 하지만 필자가 청소년복지 현장에 근무할 때 이와 같은 문구들이 좋게만 느껴지지는 않았다. 청소년은 현재가 중요하다는 생각을 갖고 있었기 때문일지 모른다. 오히려 미래의 주인공이라는 이미지 때문에 그런지 언제나 청소년의 힘든 부분은 청소년 개인의 문제로 치부해 버리고 소홀하게 대하는 경향이 있다. 과연 현재에 행복하지 않은 청소년이 미래의 주인공이 되어 행복할 수 있을까?

청소년복지의 지향점은 모든 청소년이 조화롭게 성장 및 발달할 수 있는 환경을 조성하여 청소년이 행복한 삶을 살 수 있도록 하는 데 있다고 할 수 있다. 최근에 청소년기가 점점 길어지고 학교 밖 청소년, 가정 밖 청소년 등 청소년문제가 부각되면서 청소년복지에 대한 관심이 점점 높아지고 있다. 하지만 아직까지도 청소년복지는 그 정체성을 확립하지 못하고 있다. 그럼에도 청소년복지에 대한 욕구가 높아지고 청소년복지의 다양한 관점에 대한 논의가 활발해지고 있다.

이 시점에 미래의 청소년지도사와 청소년복지 실천현장의 청소년지도사를 위한 교재를 써 보자는 의견이 모아졌고 청소년학 전공자를 중심으로 집필진이 구성되었다. 교재의 내용과 목차를 구성하기 위해 청소년복지 관련 서적 분석 등이 이루어졌고, 제주에서의 1박 2일 워크숍을 통해 최종 교재의 내용이 확정되었다. 본격적인 집필이 이루어지면서 조금이라도 완성도 높은 책을 만들기 위해 집필진들의 끊임없는 소통이 이루어졌다. 청소년복지 실천현장에 근무한 경험과 대학에서의 청소년복지 강의 경험을 바탕으로 학생들에게 꼭 필요한 내용을 담기 위해 토론을 통해 내용을 수정 및 보완하였다. 청소년복지를 배우는 학생들이 쉽게 이해할 수 있도록 작성하였고, 학생과 교수님들을 위해 가급적 최신 자료와 참고문헌을 인용하는 등 사회의 최근 변화를 담으려고 노력하였다.

이 책은 총 12장으로 구성되었다. 각 장의 집필은 1장 김도영, 2장 노자은, 3장 김도영, 4장 김도영, 5장 노자은, 6장 이혜경, 7장 이혜경, 8장 김도영, 9장 이혜경, 10장 노자은, 11장 노자은, 12장 이혜경이 하였다. 1장은 청소년복지의 이해에 대해 설명하였고, 2장은 청소년복지의 관점을 제시하였으며, 3장은 청소년복지의 정책과 법에 대해 상세히 다루었다. 4장부터 11장까지는 청소년복지의 실제(가출, 학교 밖 청소년, 성, 폭력, 범죄, 경제활동, 인권, 참여)에 대해 각 영역별로 구분하여 자세하게 기술하였다. 마지막으로 12장은 청소년복지의 전망과 과제에 대해 살펴보았다.

비록 이 책이 청소년복지에 대한 모든 내용을 담지 못하여 부족한 점이 많지만 청소년의 복지를 이해하고 실천하는 데 조금이나마 도움이 되길 바란다.

이 책이 출판될 수 있었던 것은 단 한 명의 집필진도 포기하지 않고 함께해 주었기 때문에 가능했다. 기한을 엄수해서 집필해 주었고, 집필진 모임 또한 빠지지 않고 참석해 토론을 통해 의견을 제시해 주었다. 이러한 집필진의 노력이 있기에 이 책이 완성될 수 있었다. 이 지면을 통해 집필진에게 감사드린다.

마지막으로 이 책의 출판을 위해 도움을 주신 학지사의 김진환 사장님을 비롯한 편집부 선생님들께 고맙다는 말씀을 드린다.

2019년 6월

한라산이 보이는 연구실에서 집필진을 대표하여 김도영 드림

차례

제 1 장

청소년복지의 이해

학습개요

청소년복지의 개념을 이해하기 위해서는 한국에서 통용되고 있는 복지와 사회복지의 개념을 알아보고 이에 대한 개념 분석을 통해 청소년복지의 개념을 설명하는 것이 필요하다. 이를 위해 먼저 사회복지와 청소년복지에 대해 어떠한 연관성이 있는지 살펴보고, 다음으로 청소년복지와 아동복지의 연관성을 비교해 보는 것이 중요하다.

청소년복지는 사회복지 틀 속에서 설명된다. 특히 청소년복지보다 먼저 등장한 아동복지의 영향을 받고 있다. 따라서 사회복지 영역을 살펴봄으로써 청소년복지의 영역에 대해 이해할 수 있을 뿐만 아니라 아동복지와의 비교를 통해 청소년복지의 정체성에 대해 고민해 볼 수 있을 것이다. 또한 청소년복지가 추구하는 가치를 확인하기 위해 사회복지의 가치를 살펴보고 이를 통해 청소년복지의 가치를 재확인해 볼 것이다.

이 장에서는 복지의 개념, 사회복지의 개념, 사회복지와 청소년복지, 청소년복지와 아동복지, 사회복지와 청소년복지의 가치, 청소년복지의 발달에 대해 살펴보고자 한다.

01 복지의 개념

한국 사회에서 현재 사용되고 있는 복지는 'welfare'를 번역한 용어이다. 사전적 의미로 'welfare'는 'wellbeing'과 같은 뜻이거나 'wellbeing'을 위해 사회와 국가가 개입하는 행위를 뜻한다. 레이몬드 윌리엄스(Raymond Williams)는 'welfare'가 14세기에는 행복, 부유함을 의미했는데, 20세기에 들어와서는 의미가 확장되어 사용되기 시작했다고 주장했다. 여기에 국가가 덧붙여진 복지국가(welfare state)라는 용어는 1939년에 사용되기 시작했다. 즉, 제2차 세계대전의 과정에서 사회정책이 확장되었고 전쟁국가(warfare state)와 대비되어 사용되기 시작했다(정근식 · 주윤정, 2013; Williams, 1983).

한자문화권에서 'welfare'는 '복지(福祉)' 혹은 '복리'로 번역되었다. 일본어 용례를 살펴보면, 복지라는 용어는 'wellbeing'과 'welfare'를 혼용하여 사용하였는데 20세기 초까지도 이 용어들은 중첩되어 사용되었다. 개인적 차원에서는 '실제의 행복감' '건강이 잘 보장되는 것' 등을 의미하고, 집단적 차원에서는 '도덕심이 스며들어 물질적으로 풍요로워지는 것'을 의미한다. 특히 특정 집단과 지역에 있어 물질적 · 경제적 측면에서 구성원의 행복감, 건강, 재산, 도덕성, 심리 상태, 환경 등이 행정과 민간단체 등의 사회적 노력에 의해 조직적으로 제공되고 유지되는 것이라는 의미이다(정근식 · 주윤정, 2013).

국립국어원 표준국어대사전에는 복지를 "좋은 건강, 윤택한 생활, 안락한 환경이 어우러져서 행복을 누릴 수 있는 상태를 말한다"라고 설명하고 있다. 장인협(1986)은 '복지'의 사전적 의미는 '안락하고 만족한 상태 또는 인간의 건강과 번영의 상태'라고 정의하였으며, 'fare'는 '살아가다 또는 지내다'라는 의미로, 목적이나 목표의 개념이 구체적인 제도나 서비스의 실천까지 포함하는 용어로 사용된다고 하였다. 따라서 복지는 '인간이 건강을 유지하면서 윤택한 생활과 안락한 환경들이 어우러져 행복을 누릴 수 있는 상태, 즉 행복한 삶이 유지되어 매우 만족한 상태'를 말한다.

02 사회복지의 개념

사회복지(social welfare)의 개념은 학자들 사이에서 매우 다양하게 정의되고 있다. 존스(Jones, 1985)는 사회복지의 '사회(social)'라는 접두사에 부여된 의미에 대해 첫째, 어떤 형태의 보호와 공유를 의미하고, 사전적으로는 상호작용, 우애, 호감 등의 특성을 나타내며, 둘째, 전체로서의 사회에 관련한 것을 의미하고, 사전적으로는 사회의 구성과 그로 인한 문제에 관련된 것이라고 하였다. 포더(Forder)는 '사회(social)'의 의미를 집합적 행동에 의해 제공되는 서비스, 사회적 욕구를 목표로 제공되는 서비스, 이윤추구와 같은 경제적 동기가 아니라 상부상조 또는 이타주의와 같은 사회적 동기로 제공되는 서비스를 의미한다고 정의했다(김상균, 1987; 박정선, 2014).

사회복지의 개념을 살펴보면 프리들랜더와 앱트(Friedlander & Apte, 1961)는 국민 전체의 복지와 사회질서 유지에 기초가 되는 사회적 욕구를 충족시키기 위한 제반 장치를 강화하고 보장하는 법률, 프로그램, 급여, 서비스라고 정의했으며, 윌렌스키와 르보(Wilensky & Lebeaux, 1965)는 사회복지를 국민의 경제적 상황, 건강, 대인관계 능력을 유지하거나 향상하는 기능을 도모하는 기관, 제도, 프로그램의 조직화된 체계라고 정의했다. 김상균(1987)은 사회복지의 개념을 광의와 협의의 사회복지로 구분하여 정의하였다. 광의의 사회복지란 인간의 기본욕구 충족과 사회질서의 유지를 위해 필요하다고 인정되는 사회적 욕구의 해결을 목적으로 제공되는 법, 프로그램, 현물 및 현금 등의 일체의 서비스 체계라고 정의하며 직업복지와 자원복지까지 포함하였다. 협의의 사회복지는 개인의 복지 증진을 국가가 책임지는 활동으로 사회보장, 의료보장, 주택보장, 교육정책, 실업대책 혹은 포괄적인 사회정책을 포함하였다. 장인협, 이혜경과 오정수(2007)는 사회구성원이 기존의 사회제도, 즉 가족제도, 시장제도, 정치제도, 종교제도 등을 통하여 기본적인 욕구를 충족하는 데 어려움을 겪고 있거나 어려움이 예상될 때 그 욕구를 충족시킬 수 있도록 도움을 제공하는 조직화된 사회적 활동의 총체라고 정의하였다. 이처럼 사회복지의 개념을 명확하게 단정 짓기는 어렵다. 이 장에서는 사회복지를 '인간의 기본욕구 충족과 사회적 욕구의 해결을 위한 국가 차원의 조직화된 활동의 총체'라고 정의하였다.

03 청소년복지의 개념

1) 사회복지와 청소년복지

청소년복지는 사회복지의 틀 속에서 설명된다. 사회복지는 인간의 행복을 추구하는 실천적 활동이다. 청소년복지는 청소년이 행복하게 살아갈 수 있도록 돕는 실천적 활동이라고 할 수 있다. 사회복지는 응용사회과학이며 실천학문이다. 청소년복지 또한 청소년과 복지에 관련한 다양한 학문에 기반을 둔 실천학문이다. 이런 점에서 볼 때 청소년복지는 사회복지와 불가분의 관계를 지닌다. 청소년복지는 사회복지가 갖는 기본 이념이나 가치를 계승한다고 할 수 있다.

청소년복지는 사회복지의 기본 이념이나 가치 등을 그대로 계승하지만 청소년기의 특성과 청소년이라는 계층에 초점을 둠으로써 다른 분야와는 차별되는 독특성을 갖는다. 청소년복지가 다른 사회복지 분야와 차별되는 독립된 영역이며, 청소년에 대한 접근은 다른 접근들과는 구별되어야 한다는 점에는 상당수의 사람이 인식을 같이한다. 홍봉선과 남미애(2009)도 청소년복지는 아동복지와 구별되는 독립된 사회복지 분야 중의 하나로서 청소년의 기본적 욕구 충족 및 건강한 성장과 발달의 촉진은 물론이고, 청소년이 사회구성원의 한 사람으로서 주체적인 삶을 영위하도록 한다고 하였다. 더 나아가 청소년복지는 청소년을 둘러싼 환경이 청소년의 성장을 돕기 위해 최적의 기능을 발휘하도록 청소년과 가정, 사회를 통해 직간접적으로 제공되는 모든 사회정책 관련 제도 및 전문적 활동이라고 하였다. 하지만 아직까지 청소년복지는 학문적 정체성을 확립하지 못하고 있다. 이는 청소년이 우리 사회에서 차지하는 위치와 역할의 중요성, 청소년에 대한 사회적 책임을 인식하게 된 것이 다른 사회복지 분야보다 매우 늦을 뿐 아니라 청소년복지가 이론적 정립보다는 청소년이 야기하는 여러 가지 문제에 응급적으로 대응해 가는 과정에서 필요에 의해 형성된 성격이 강하기 때문이다(홍봉선, 2009).

그럼에도 불구하고 사회복지가 인간의 행복한 삶을 지향하는 것처럼, 청소년복지 역시 청소년의 행복한 삶을 위한 성장과 교육에 초점을 맞추어야 한다는 데에는 큰 이견이 없을 것이다. 청소년복지는 국가가 청소년복지에 대한 책임을 인식하고, 적극적이고 주도적으로 개입함으로써 청소년이 자신의 과업이나 문제를 원만하게 해결하도록 돕고, 그들의 잠재 능력을 최대한 발휘하여 책임 있고 건강한 사회구성원으로 성장하도록 돕는 데 그 의의가 있다(노혁, 2011).

2) 청소년복지와 아동복지

아동과 청소년은 유사하지만 다르다. 「아동복지법」은 18세 미만을 아동으로 정의하고 있고, 「청소년 기본법」은 9세부터 24세까지를 청소년으로 규정하고 있다. 아동과 청소년은 겹치는 연령대도 있지만 엄연히 구분되는 연령대가 존재한다. 물론 연령만으로 대상을 구분하는 것이 모호한 부분이 있다. 그럼에도 불구하고 사회에서는 통상적으로 아동과 청소년을 연령으로 구분하고 있다. 하지만 아동과 청소년은 태생적으로 같은 시대의 산물이다. 아동이라는 용어가 근대화의 산물(문지영, 2003)인 것처럼, 사실 청소년도 이와 관련한 근대의 산물이다. 길리스(Gillis, 1981)에 따르면, 전 산업사회에는 오늘날 사회적으로 의존적인 위치의 청소년기(adolescence)는 존재하지 않았고, 이미 부모 곁을 떠나 노동을 하면서 경제적인 자립 능력을 가진 반의존적(semidependent)인 형편에 있는 청소년(youth)이 비교적 긴 기간 동안 존재하였다고 한다. 후기 산업사회에 들어와서야 10대 중심의 의존적 성향의 청소년기와 20대 중심의 반의존적 청소년기가 함께 나타나기 시작했다(김선애, 2015).

사회적 청소년기라고 할 수 있는 'youth'가 새롭게 부각되는 이유는 청소년기가 연장되면서 가정을 떠나 경제적 자립을 하는 독립적 시기가 지연되고, 결혼 연령 또한 늦추어지고 있는 상황이 청소년기를 확장하게 하였기 때문이다(Cavalli & Galland, 1995; Gillis, 1981). 이러한 청소년기는 아동기와 유사하게 부당한 억압, 학대와 착취로부터 보호받고 기본적인 생존을 위한 환경 마련을 요구받는다. 하지만 아동기보다는 좀 더 적극적이고, 사회와 경제적 자립을 준비하는 시기이기 때문에 다른 요구들이 존재한다. 아동기의 요구는 수동적인 측면이 강하다. 아동의 요구라기보다는 가정의 요구이며, 또한 복지적 측면에서도 건강한 성장을 위한 보호적 측면이 강력하기 때문이다(노혁, 2007). 즉, 아동 스스로 요구하기보다는 가정이나 사회에서 아동의 행복한 삶을 위한 전제적 조건을 조성하는 데 따른 요청이라는 측면이 크다는 것이다.

반면에 청소년의 요구는 좀 더 다른 맥락에서 보아야 한다. 물론 아직 청소년기가 완전한 자립을 성취하지 못한 시기라는 측면에서는 아동기의 건강하고 행복한 환경을 조성하는 요구와 일차적으로 유사하다. 그런데 청소년은 아동과는 사뭇 다르다. 청소년은 아동보다는 더 구체적이고 가시적인 잠재적 인력자원인 동시에 현재 진행형인 사회노동인력이다. 더욱이 산업사회에서 탈산업사회로 이전되어 노동시장의 유연성이 확대되면서 비정규직 인력이 늘어나 직업의 불안전성이 가속화되고 있다. 이러한 상황에서 청소년층은 미래 취업 기회의 제한과 교육훈련 부족으로 인해 학교, 특히 고등학교에서 직장으로의 이행 과정이 어렵게 되었다. 또한 노동시장에서 빈번하게 발생하는 부당 임금과 열악한 노동조건, 불법 고용, 시간제 일자리의 제한 등 권익을 침해하는 일들이 빈번하게 일어나고 있다. 이처럼 청소년은 미래에 대한 불안뿐만 아니라 현실에서도 행복할 수 있는 기본적 권리조차 빼앗기는 경우가 많다. 즉, 아동의 연령대에서는 생존과 발달에 관한 내용이 중요할 수 있지만 청소년 연령대에서는 아동과 구분하여 생존과 발달을 포함한 위험 사회환경과 문화로부터의 보호, 사회참여 및 성인과의 의사소통을 통한 자기발전 등에 관한 복지적인 과업과 발달이 사회적으로 요구된다(김윤나, 2012).

전통적으로 아동복지는 대상과 목표가 비교적 뚜렷했다. 아동복지의 기본은 가정이다. 실제 우리나라뿐만 아니라 복지를 지향하는 대부분의 국가에서 복지의 수월성 등 다양한 이유 때문에 복지 정책의 근간은 가정이고, 가정에서 복지의 핵심은 바로 아동복지라고 볼 수 있다(공계순 · 박현선 · 오승환 · 이상균 · 이현주, 2013; 오정수 · 정익중, 2013). 우리나라에서 아동복지에 대한 실무적이고 학술적인 논의는 이미 1960년대에 「아동복지법」이 등장하면서부터 시작되었지만 이와 같은 연장선상에서 청소년복지라는 말이 등장한 지는 그리 오래되지 않았다. 청소년복지는 실제 1998년에 사회복지 분야에서 사회복지사 자격시험제도에 청소년복지가 선택과목으로 등장하면서 관심을 갖기 시작했다고 볼 수 있다(노혁, 2010). 청소년복지가 사회복지와 아동복지 외적 영역에서도 관심을 갖고 있지만 여전히 아동복지의 연장선상에서 그 정체성의 어려움을 겪고 있다. 그럼에도 불구하고 청소년기가 연장되고 청소년문제가 점점 사회적 관심의 대상이 되고 학교를 떠나는 중고등학생이 늘어나면서 청소년복지가 주목받고 있다(김선애, 2015).

3) 사회복지와 청소년복지의 가치

국립국어원 표준국어대사전에 "가치는 대상이 인간과의 관계에 의하여 지니게 되는 중요성이며, 가치관은 가치에 대한 관점으로서 인간이 자기를 포함한 세계나 그 속의 사상(事象)에 대하여 가지는 평가의 근본적 태도이다"라고 설명하고 있다. 클라크혼(Klckhohn)은 가치란 행위의 다양한 방법, 수단, 목적 중에서 행위자가 선택하는 데 있어서 영향을 미치는 것으로, 개인 혹은 집단이 가진 명시적인 혹은 암시적인 이념이라고 정의했다(박광준, 2002). 사회복지의 궁극적인 가치로는 흔히 인간의 존엄성과 배분적 사회정의가 거론된다. 이 두 가치는 사회복지의 출발점이면서도 궁극적인 목표와 방향성을 제시하기 때문에 사회복지의 정체성을 확립시키는 핵심적인 가치라고 할 수 있다. 사회복지사가 인간의 존엄성과 배분적 사회정의를 추구하는 것은 비슷한 역할을 행하는 다른 봉사와 관련된 사람들과 사회복지사들을 차별화하는 기준이 되기 때문이다.

인간의 존엄이라는 가치는 세계인권선언문 제1조의 내용처럼 "모든 사람은 태어날 때부터 자유롭고, 존엄하며, 평등하다"라는 인식에서 시작된다. 「대한민국헌법」 또한 이러한 내용을 담고 있다. 「대한민국헌법」 제10조에는 "모든 국민은 인간으로서의 존엄과 가치를 가지며, 행복을 추구할 권리를 가진다." 그리고 제11조에는 "누구든지 성별 · 종교 또는 사회적 신분에 의하여 정치적 · 경제적 · 사회적 · 문화적 생활의 모든 영역에 있어서 차별을 받지 아니한다"라고 명문화되어 있다. 이처럼 인간은 신분, 직업, 경제 상태, 신체적 조건, 사상, 출신 지역, 민족, 피부색, 성별, 연령 등을 이유로 차별하거나 또는 차별받거나 인간성이 부정되어서는 안 된다는 가치를 지니고 있다. 사회복지의 측면에서 볼 때 인간의 존엄이라는 가치의 실현은 우선 인간다운 생활을 할 수 있을 정도의 생활수준을 유지하는 것에서 출발한다.

사회복지의 또 다른 궁극적 가치인 배분적 사회정의는 사회적 책임성과 참여를 중요시하는 가치이다. 복지권이나 복지국가론에 의해서 나타나게 된 이 가치는 개인의 욕구결핍이나 문제의 원인을 사회자원의 불평등한 배분으로 보고 있기 때문에 사회는 개인의 발전과 복지를 위해서 자원을 최소한으로 공평하게 배분해 주어야 한다는 점을 강조한다. 다시 말해 배분적 사회정의는 개인의 능력이나 노력에 따라 빈부의 차이가 있음을 인정하면서도 모든 인간이 인간다운 삶을 영위하기 위해서는 모든 사회구성원에게 기본적인 사회자원을 공평하게 배분해야 한다고 보는 관점이다. 이러한 사회복지의 가치는 역사와 시대에 따라서 다양하게 변화해 왔지만 사회복지가 사회복지로서의 정체성을 유지할 수 있었던 것은 모든 시대에 고유한 기본적인 가치가 있었기 때문이다(김융일 외, 2003).

사회복지의 가치를 최소화하여 요약하자면, 사회복지의 가치는 궁극적 가치인 인간의 존엄성과 배분적 정의를 필두로 클라이언트의 자기결정 존중, 서비스의 사회적 책임 지향을 기본적 가치로 제시할 수 있다. 이상과 같은 사회복지의 가치는 청소년복지 가치에 그대로 투영된다(홍봉선, 2009).

첫째, 청소년복지가 청소년을 독립적이고 통합된 인격체로서 존중해야 한다는 원칙은 사회복지의 인간존엄성 가치와 그 맥을 같이한다. 비록 가부장적 폐습으로 인한 연령 차이 관행이 엄연하게 존재하고 있지만 청소년은 성인과 동등한 자주적이고 독립적인 인격체인 동시에 어떠한 상황에서도 존중되어야 할 사회적 존재이다. 또한 청소년은 빈곤, 장애, 비행 등 어떠한 조건에서도 차별 없이 인간으로서 존엄성이 유지될 수 있어야 하며 그들의 개별적이고 다양한 요구를 인정하여야 한다. 마찬가지로 청소년은 어떤 단면이나 부분만으로 이해되어서는 안 되며 다면적 · 전체적인 존재로서 인식해야 한다.

둘째, 배분적 사회정의는 청소년복지에서 문제가 있는 청소년에서부터 일반 청소년까지 모든 청소년을 대상으로 치료나 재활뿐만 아니라 예방적 차원에서 다양한 서비스가 이루어져야 하는 점과 관련이 있다. 특히 사회적 필요와 욕구가 크며 상대적으로 더 열악한 상황에 처해 있는 청소년에 대한 개입과 지원이 우선되어야 함을 의미한다. 지원 수준에 있어서도 최저의 생활보장 수준이 아니라 건강하고 문화적인 삶이 영위될 수 있는 최적의 수준이 되어야 한다. 또한 출생의 불평등과 천부된 자질의 불평등은 정당하지 않으므로 이런 불평등은 어떤 식으로든 보상을 하여야 한다. 따라서 모든 사람을 평등하게 대하고 진정한 기회균등을 실현하기 위해서는 천부적 재능이나 사회적 지위에서 불리하게 태어난 사람들을 위해 사회가 더 많은 배려를 해야 한다는 원칙이 성립하게 된다. 현실의 민주주의를 지향하는 모든 사회에서는 애초의 분배나 시장 활동의 결과에 따른 불평등에 대응하는 재분배 정책이 존재한다. 특히 그 재분배가 누구도 해치지 않으면서 사회의 일부나 전체를 보다 더 행복하게 만든다면 이는 형평성의 기준에서뿐만 아니라 효율성의 기준에서도 매우 타당하게 된다.

셋째, 자기결정권의 원칙은 청소년을 청소년복지의 대상인 동시에 주체라는 점을 인정하는 것에서부터 시작된다. 청소년은 한 사람의 인간으로서 모든 권리와 의무를 갖지만 시기적인 특성으로 인하여 가정과 사회로부터 특별한 보호가 필요한 존재이기도 하다. 그러나 지금까지 청소년정책은 청소년을 미성숙한 보호 대상으로 규정하여 비행이나 범죄를 예방하는 선도 · 보호 정책으로 일관하거나 청소년을 현 사회의 구성원으로서 인정하지 않고 기본적인 인권이나 사회적 권리를 유보한 채 전반적인 청소년의 삶의 질을 향상하려는 노력은 소홀히 해왔다. 이는 청소년을 미래의 주역으로만 간주하여 현재의 생활과 활동은 미래를 위한 준비로 이해하고 유보함으로써 오늘을 살아가는 사회구성원으로서 독립된 인격체임을 간과하고, 이로 인해 청소년을 정책의 대상으로만 간주함으로써 청소년의 자발적인 참여와 스스로의 활동을 제약하는 결과를 낳게 되었다.

청소년은 성인과 동등한 인간으로 권리를 가진 사회적 존재이며, 나름대로 자의식과 창의성, 개발성, 호기심과 도전의식, 무한한 잠재 능력, 순수한 비판의식 등 성인에게는 찾아볼 수 없는 우수한 역량을 가진 개체이다. 일반적으로 청소년 관련 영역에서는 권리와 참여로 청소년의 자기결정이 표현되는 경우가 많다. 또한 청소년은 가족으로부터 독립하고 동성과 이성의 친구를 선택하고 진로 결정 등을 스스로 수행할 수 있는 주체임을 인정해야 한다. 즉, 아동기나 성인기와 차별되는 독특한 특성을 가진 시기임을 고려하여 이들에 대한 과학적이고 체계적인 이해와 더불어 전문적인 지식과 기술에 근거한 지원이 필요하다. 청소년의 자기결정권을 존중하는 것은 자신에게 필요한 서비스를 스스로 선택한다는 의미를 넘어 청소년이 현 사회를 주도하는 중요한 파트너임(홍봉선 · 남미애, 2009)을 인정하는 것이라고 할 수 있다.

넷째, 사회적 책임성은 청소년의 보호와 복지에 대한 사회적 연대 및 적극적 개입의 가치를 의미하는 것이다. 청소년복지는 정부와 민간의 협력은 물론이고 전문가에서부터 지역 주민 등 다양한 사람의 협조가 필요하다. 청소년에 대한 사회적 책임이 분명한 이상 국가는 청소년복지에 일차적인 책임이 있음을 명확히 하고 이들에 대한 지원과 보호를 최우선으로 두어야 한다. 하지만 민간이 참여해야 더욱더 효과적인 부분에 있어서는 민간의 협력을 적극 유도하여야 하며, 민간이 소기의 목적을 달성할 수 있도록 최대한 지원을 아끼지 말아야 한다. 또한 청소년복지는 청소년기의 특성과 청소년 개개인의 특성, 청소년의 문제, 청소년의 욕구 등을 고려한 개별적인 서비스 전략이 수립되고 개입이 행해져야 하므로 전문성과 함께 지역사회의 협력이 요구된다. 따라서 청소년복지의 이행에 있어 사회복지사뿐만 아니라 정신과의사, 교사, 경찰, 청소년지도사와 청소년상담사, 변호사, 학교사회복지사 등 전문가의 참여와 팀워크가 절대적이며, 필요한 경우 자원봉사자 등 지역 주민의 참여가 이루어지는 상호 협력적 체계 구축이 절실히 요청된다.

4) 청소년복지의 개념

청소년복지는 청소년과 복지의 합성어이다. 지금까지 청소년복지를 아동복지의 연장선 속에 포함하여 온 것이 사실이다. 하지만 청소년복지는 아동복지와 차별되는 독립된 사회복지 영역 중의 한 부분이다. 청소년복지는 청소년의 인격 형성에 중요한 영향을 미치는 교육, 환경, 보건, 직업, 인간성 회복 문제, 여가선용 문제 등을 복지적 차원에서 반드시 고려해야 한다. 왜냐하면 청소년복지가 청소년의 인격 형성에 영향을 미치는 주요한 요인으로 볼 수 있기 때문이다. 송건섭과 김명수(2006)는 청소년복지를 청소년의 올바른 성장과 발달을 목표로 청소년에게 일정한 사회적 역할과 책임을 부여하는 동시에 청소년과 성인의 참여와 공동 노력을 통해 청소년의 능력을 향상하고 다양한 삶의 기회를 마련해 주는 제반의 복지 활동이라고 정의하였다.

청소년복지에 대한 정의를 노혁(2002)은 소극적인 측면과 적극적인 측면의 두 가지로 다음과 같이 구분하여 정의하였다.

첫째, 소극적인 측면의 청소년복지는 사회적으로 소외되거나 적응에 실패한 청소년에게 사회복지 정책과 개별 서비스의 전달을 통해 사회구성원으로서 정당하게 생활하고 나아가 신체적 · 심리적 · 사회적 자립 능력을 갖도록 돕는 것으로 보았다.

둘째, 적극적인 측면의 청소년복지는 성과 능력, 신체와 정신, 사회적 조건에 관계 없이 모든 청소년이 인간답게 생활하는 데 필요한 권리와 책임을 갖게 하여 청소년으로서 삶을 풍요롭게 누릴 수 있게 하며, 더불어 청소년의 잠재 능력을 개발하도록 돕는 복지라고 정의하였다. 마이어(Meyer, 1985)는 청소년복지가 하나의 사회제도이며 전문직이어야 한다고 하였으며, 송정부(1992)는 청소년복지가 사회복지의 하위 범주로서 청소년이 사회생활의 기본적 욕구와 관련하여 경제적 안정, 직업적 안정, 가족적 안정, 보건과 의료의 보장, 교육의 보장, 사회참여와 사회적 협동의 기회, 문화 오락의 기회를 충족시키는 과정이라고 정의하였다.

이처럼 청소년복지는 모든 청소년이 가족과 사회의 일원으로서 행복하게 살면서 건전하게 성장 및 발달하도록 지원하는 공적·사적 차원에서의 조직적 활동을 뜻하며, 인권보장과 바람직한 삶을 누릴 수 있도록 하기 위한 복지 정책과 서비스 지원을 의미한다. 또한 지역사회나 사회복지서비스 분야에 있는 시설, 단체, 기관이 협력하여 청소년에 관한 사업을 계획하고 실행에 옮기는 조직적인 활동이라고 할 수 있다.「청소년 기본법」제3조에서 정의하고 있는 청소년복지는 청소년이 정상적인 삶을 누릴 수 있는 기본적인 여건을 조성하고 조화롭게 성장 및 발달하도록 제공되는 사회적·경제적 지원을 말한다(국가기록원, 2018).

따라서 이러한 내용을 토대로 이 장에서는 청소년복지를 다음과 같이 정의하였다. 청소년복지는 '모든 청소년이 가족과 사회의 일원으로서 행복하게 성장 및 발달하도록 사회적, 경제적으로 지원하는 제반의 복지 활동'을 말한다.

04 청소년복지의 발달

청소년에 대한 사회적 관심은 시대적 상황과 환경에 따라 다르게 나타난다. 우리나라의 경우, 청소년문제에 대한 관심은 1960년대 초부터 시작되었다고 보는 것이 일반적 시각이다. 1964년에 청소년보호대책위원회를 설치하여 정부 차원에서 청소년대책을 협의 및 조정하였다. 하지만 청소년에 대한 본격적인 관심은 1998년부터 2002년까지 5년간 시행할 청소년육성 5개년 계획을 확정하면서부터 시작되었다. 그러나 청소년복지 정책에 대한 관심은 다른 사회정책이나 대인서비스 집단을 대상으로 하는 노인복지 정책, 장애인복지 정책, 아동복지 정책 등과 비교할 때 상대적으로 낮은 편이다.

청소년복지의 전개 과정을 살펴보면, 청소년복지는 가정의 역할로 인식되었던 청소년문제를 점차 국가와 지역사회가 개입하면서 발달한 영역이라고 할 수 있다. 가족이 청소년보호를 적절히 수행하지 못할 때에만 복지가 필요하다고 생각하는 소극적인 견해에서 청소년 관련 문제는 더 이상 가족 내의 문제가 아닌 사회문제로 다루어져야 하며, 이에 국가의 관심과 대책을 요하는 방향으로 바뀌고 있다(Frost & Stein, 1989). 하지만 우리나라의 청소년복지는 광복 이후 상당 기간 동안 아동복지의 연장선상에서 주로 다뤄졌다. 청소년을 독립된 대상으로 구분하여 그들에게 복지서비스가 필요하고, 청소년에 대한 책임이 개인과 가족이 아닌 사회적 책임이라고 인식한 시기는 그리 오래되지 않았다(송건섭, 김명수, 2006). 1991년에 「청소년 기본법」이 제정되면서 법령의 한 장으로서 취약계층 청소년의 복지지원과 관련한 법체계가 구성되었으며, 이후 2005년에 「청소년복지 지원법」이 「청소년 기본법」에 근거하여 청소년복지와 관련된 독립적인 법체계로 제시되었다. 즉, 9~24세까지의 연령 계층을 청소년으로 규정하고 이들에 대한 복지적 지원 근거를 공식적으로 마련한 것이다. 그렇지만 법적 장치를 통해 청소년을 위한 복지 정책의 근간을 마련했다는 것 외에 청소년복지 실천을 위한 통로는 미흡하였다(김선애, 2010). 가정 밖 청소년을 위한 청소년쉼터 정도가 「청소년복지 지원법」에서 제시하는 실천적 전달체계로서 역할을 한다고 볼 수 있다.

우리나라 청소년복지의 발달 과정은 복지 정책의 발달 과정을 통해 살펴볼 수 있다. 이 장에서는 김경준 등(2005)과 김혜래(2010)가 분류한 청소년복지 정책의 발달 과정을 중심으로 살펴보고자 한다. 2개의 발달 과정을 살펴보는 이유는 아직까지 명확하게 청소년복지 발달 과정을 분류한 자료가 없기 때문이다. 청소년복지 발달 과정은 연구자의 관점과 분류 방법에 따라 내용에 차이가 있다. 이 장에서는 김경준 등(2005)과 김혜래(2010)가 정리한 발달 과정과 저자가 제시한 내용을 중심으로 설명하였다.

1) 청소년복지의 발달 과정: 김경준 등(2005)

김경준 등(2005)은 청소년복지 정책의 발달 과정을 청소년복지의 잠복기(광복 이후~1961년의 「아동복리법」 제정), 청소년복지의 태동기(1961~1987년에 「대한민국헌법」 개정과 「청소년육성법」 제정), 청소년복지의 확립기(1987~2004년)로 분류하여 정리하였다. 여기에 청소년복지의 확대기(2005~2024년 현재)를 추가하였다.

(1) 청소년복지의 잠복기(광복 이후~1961년의 「아동복리법」 제정)

이 시기는 아동복지와 청소년복지가 혼재된 상황이었다. 당시 청소년은 단지 '나이가 많은 아동'으로만 보았을 뿐 청소년의 발달심리적 특수성과 청소년이 갖는 주체에 대한 권리 등을 전혀 인식하지 못했다. 당시는 요보호아동을 위한 생존의 문제가 급선무였기 때문에 고아원 등의 시설 중심으로 아동복지서비스가 제공되었다. 청소년복지는 문제와 비행청소년에 대한 대책이 주류를 이루었고, 청소년을 사회의 전반적인 보호, 선도, 지도의 대상으로 보았다. 법제도의 발달을 살펴보면「소년령」(1942)에 의해 나중에 가정법원과 통합된 소년법원이 설립되었으며, 이에 따라 차별화된「소년법」의 절차를 적용받게 되었다. 미군정에 의해「아동노동법규」(1946)가 제정되어 18세 미만의 아동노동을 보호하기 위한 시도를 하였다. 후에「소년법」(1958)이 제정되어 반사회적 성향이 있는 20세 미만 소년의 생활환경 조정과 성행 교정을 위해 보호처분을 행하고, 형사처분에 있어서 특별조치를 하게 되었다.

(2) 청소년복지의 태동기(1961~1987년에「대한민국헌법」개정과「청소년육성법」제정)

「아동복리법」(1961)의 제정에 따라 요보호아동에 대한 국가의 책임을 명기하게 되었다. 요보호아동의 연령을 13세에서 18세까지로 높임으로써 청소년도 수용시설에서 생활할 수 있도록 포함하였다. 그리고「미성년자보호법」(1961)이 제정되어 만 20세 미만인 자의 흡연, 음주, 기타 선량한 풍속을 행하는 행위를 금지하고, 미성년자에게 필요한 사항을 규정하여 청소년의 건강 보호와 선도를 도모하고자 하였다. 이는「청소년 보호법」(1997)으로 연결된다. 정부가 명시적으로 '청소년'을 정책 대상으로 설정한 것은 중앙청소년보호대책위원회(1964)의 설치를 통해서였다. 위원장은 내무부장관이었다. 이후에 청소년대책위원회(1977)로 개칭되었고 위원장의 위상이 내무부장관에서 국무총리로, 부위원장은 내무부장관과 교육부장관이 맡게 되었을 뿐만 아니라 읍면동까지 확대되었다. 이는 청소년을 문제, 비행으로부터 보호한다는 개념에서 출발한 것으로 청소년육성과 청소년 권리 차원과는 거리가 멀었다. 그리고「특수교육진흥법」(1977)이 제정되어 장애청소년의 교육을 받을 권리가 확대되었고, 근로청소년을 위한 야간학교 부설(1977)은 근로청소년의 교육 기회를 증진시켰다. 즉, 교육권이 신장되었다. 그러나 1980년대 초까지 청소년은 바로 학생이라는 등식이 존재하였고, 학생이 아닌 그 외의 청소년은 비행청소년으로 인식되었다.

(3) 청소년복지의 확립기(1987~2004년)

제9차 개정 「대한민국헌법」의 제34조 4항에 "국가는 노인과 청소년의 복지 향상을 위한 정책을 실시할 의무를 진다"라고 명시화하여 청소년의 복지 향상을 국가의 책임으로 간주하게 되었다. 이때 「청소년육성법」(1987)이 제정되었다. 「청소년육성법」은 청소년의 인격 형성, 보호육성의 효율화, 청소년이 건실하고 유능한 국민으로 성장토록 지원하는 것을 골자로 하고 있다. 이 법은 '학교는 교육, 사회는 육성'이라는 이념을 갖고 있었고, 학교의 보완적 영역을 사회가 보충해야 한다고 보고 있었다. 당시의 보건사회부는 요보호아동에 대한 복지 영역만 담당하였다. 이 법에는 청소년 이용 및 전용 시설에 대한 제도화, 청소년상담사업의 확대 등이 포함되어 있었다. 이 법은 청소년과 관련된 최초의 종합법률이라고 할 수 있다. 한편 이 시기에 청소년국이 체육부에 설립되었다. 또한 청소년기본계획위원회(1990)가 10년 계획으로 청소년육성정책을 실시하기 시작하였는데, 이 시기의 기본개념은 자율과 참여임을 강조하였다. 여기에 인권 관련 내용을 포함하였고 결국 이는 청소년종합지원센터를 만드는 데 촉진제가 되었다. 이후 「청소년 기본법」(1991)이 등장하게 되었으며, 이 법에서 청소년복지에 대한 장이 추가 되었다. 그 이후 「청소년 보호법」(1997), 「청소년복지 지원법」(2003)이 제정되었다.

「청소년복지 지원법」에 담겨 있는 내용은 과거 문제 중심의 청소년 보호 · 육성 정책에서 탈피하여 청소년이 사회의 당당한 구성원으로 살아가는 데 필요한 기본적인 요소들을 강조함으로써 권리협약에 따른 세계 기준에 근접한 정책 내용을 담았다고 할 수 있다. 따라서 이 법은 앞으로 우리나라에서 본격적인 청소년복지를 전개할 수 있는 발판을 마련해 주었다고 할 수 있다.

(4) 청소년복지의 확대기(2005~2024년 현재)

2005년에는 문화관광부 청소년국과 국무총리 소속 청소년보호위원회가 국무총리 소속 '국가청소년위원회'로 통합되어 청소년복지와 보호에 관한 사업 등의 업무를 담당하였다. 그동안 이원화된 청소년 중앙행정조직은 체계적 · 종합적 정책 수행의 곤란과 함께 새로운 청소년정책 환경 변화에 능동적으로 대처하는 데 한계가 있었고, 나아가 각 부처에 산재한 청소년정책의 총괄 조정 역할에도 어려움이 있었다. 이를 극복하기 위해 2004년 12월 17일에 '정부혁신지방분권위원회'는 정부의 청소년 기능(육성 및 보호) 통합을 위해 국무총리소속 '청소년위원회'의 설치를 확정 및 발표하였다. 2004년 12월 20일에 '청소년위원회 설립 추진단'을 구성 및 운영하였고, 2005년 4월 27일에 국무총리 소속의 '청소년위원회'를 공식적으로 발족하였으며, 「청소년 기본법」 개정에 따라 2006년 3월 30일에 '국가청소년위원회'로 명칭을 변경하였다. 이 시기에는 위기청소년통합지원체계 등 청소년복지 기반이 조성되었고, 청소년의 참여와 인권 등이 지속적으로 확대되었다. 아울러 이 시기에 청소년정책 전담부처의 일원화 등 행정체계가 정비되었다. 이후 2008년부터 청소년복지 정책은 아동복지 정책과 통합되어 보건복지가족부에서 추진되었다. 그러나 청소년복지 정책과 아동복지 정책의 통합이 결실을 맺기도 전에 2010년 3월에 청소년복지 정책은 다시 여성가족부로 이관되어 현재에 이르고 있다. 여성가족부로 옮긴 이후 '제5차 청소년정책 기본계획(2013~2017)'과 '제6차 청소년정책 기본계획(2018~2022)'이 수립되어 추진되었고, 현재 '제7차 청소년정책 기본계획(2023~2027)'이 수립되어 시행되고 있다.

2) 청소년복지의 발달 과정: 김혜래(2010)

김혜래(2010)는 청소년복지 정책의 발달 과정을 1961년 이전, 1961~1970년대, 1980년대, 1990년대, 2000년대 이후로 분류하여 정리하였다. 여기에 제5~7차 청소년정책 기본계획 관련 내용을 추가하였다.

(1) 1961년 이전

광복 이후부터 1961년 이전까지는 「조선구호령」(1944) 등 일제시대의 제도를 답습하거나 임시적인 행정지침으로 이루어진 긴급구호의 시기로, 이 시기를 청소년복지의 맹아기라고 하였다. 이 시기는 미군정, 한국전쟁으로 이어지는 빈곤과 혼란의 시기로, 당시의 청소년복지는 재정난에 허덕이고 있었으므로 국가로서는 큰 부담이었다. 대부분의 복지서비스 제공은 외원 아동보호수용시설에 의해 요보호아동을 대상으로 이루어졌으며, 18세 미만의 아동을 유해하고 위험한 직업과 과중한 노동으로부터 보호하기 위한 「미성년자노동보호법」(1947)을 제정하여 시행하였다. 이 시기의 청소년복지는 최소한의 보호와 양육에 그치는 응급구호적 단계였다.

(2) 1961~1970년대

1961년에 국가는 「아동복리법」을 제정하여 요보호아동의 복리를 증진하고자 하였다. 또한 흡연과 음주 등 풍속 저해 행위를 금지하는 「미성년자보호법」(1961)을 제정하여 미성년자의 건강 보호와 선도 육성을 도모하였다. 1964년에 국무총리 소속으로 '청소년보호대책위원회'가 설치되어 청소년 지도 · 육성 · 보호와 교정에 관한 종합시책을 수립하여 시행함으로써 국가가 본격적인 청소년 대책에 착수하기 시작했다. 이 시기의 청소년복지 정책은 일부 문제 청소년의 문제에 대한 보호와 단속 위주의 정책을 전개했는데, 이는 1970년까지 전체적인 청소년복지 정책의 기반을 이루었다. 1970년대에 들어서면서 베이비붐 세대인 청소년의 인구가 증가하고 산업화, 현대화와 더불어 청소년문제가 확산됨에 따라 보다 엄격하고 광범위한 청소년 지도 · 육성 · 보호에 관한 종합대책에 대한 필요성이 제기되었다. 1977년에 국무총리실 소속으로 청소년대책위원회가 설치되고 청소년복지 정책사업이 확대되기 시작하였다. 이 시기의 청소년복지 정책의 핵심 과제는 일부 문제 청소년의 단속, 보호, 선도였으며, 청소년복지는 요보호아동의 복지 증진이었다. 이 시기를 청소년복지의 도입기라고 하였다. 이 시기부터 아동 앞에는 요보호, 청소년 앞에는 문제라는 수식어가 자리 잡게 되었으며 요보호아동에게 제공되는 것은 복지, 문제 청소년에게 제공되는 것은 단속, 보호, 선도가 통념화되었다.

(3) 1980년대

1980년대에 들어서서 청소년문제는 일반 청소년으로 확대되었다. 국가는 일반 청소년을 대상으로 청소년비행에 대한 사전 예방과 건전 육성 확대, 정서적 · 문화적 공간 제공, 일반 아동의 복리 증진 등에 대한 종합적인 대응의 필요성이 절실해졌다. 1980년대에 이르러 「아동복리법」이 「아동복지법」(1981)으로 전면 개정되면서 요보호아동 중심의 선별주의에서 보편주의적 아동복지를 추구하게 되었다. 「아동복리법」(1961)이 요보호아동의 복리 보장이 목적이었다면, 「아동복지법」에서는 아동의 건전 육성과 복지 보장을 목적으로 하게 되었다. 1984년에 정부계획으로 '청소년문제 개선 종합대책'이 나오고 이어서 청소년문제에 대한 종합적이고 체계적인 대책으로 1985년 3월에 '청소년문제 개선 종합대책 세부추진계획'이 시행되기 시작하였으며 「청소년육성법」(1987)의 제정으로 청소년복지 정책의 법적 토대가 마련되었다. 「청소년육성법」에 의해 청소년의 보호, 육성,

선도와 지원에 관한 사업을 효율적으로 시행하는 것이 가능해졌으며, 다수 청소년의 여가 선용과 활동 참여, 환경 개선 등이 정책과제였다. 1980년대 중후반에는 지역사회복지관이 설립되기 시작하였고, 시설보호 중심, 입양 중심, 요보호아동 중심의 사회복지사업이 지역사회 내에 뿌리내리기 시작하면서 청소년에게 사회복지서비스가 제공되었다. 이 시기 청소년복지 정책의 핵심은 청소년육성이었고, 결과적으로 일반 청소년의 생활환경을 향상하여 청소년복지에 기여하였다.

(4) 1990년대

우리나라에서 아동복지와 분리하여 정책적으로 청소년복지라는 단어가 사용되기 시작한 것은 「청소년 기본법」(1991)에서부터이다. 그 이전의 청소년정책에는 청소년복지라는 개념이 없었다. 복지는 「아동복지법」에 근거한 사업으로 생각하여 요보호아동 중심 사업으로 이해했을 것으로 보인다. 그러나 1991년의 「청소년 기본법」에도 청소년복지에 대한 개념을 규정한 조항은 없었다. 단지 제6장 청소년복지 등에 국가는 청소년에 대한 정기적 조사를 통하여 복지 증진 정책의 기초자료로 활용하고, 수련 활동과 교육 등의 시책을 추진함에 있어서 특별한 보호와 지원이 필요한 청소년을 우선으로 배려해야 한다는 항을 마련하였다. 그래도 보호와 육성 중심이던 청소년정책에 특별지원의 활동 형태로 복지가 포함되기 시작하였다.

(5) 2000년대 이후

2000년대 이후는 보편주의에 더하여 글로벌 기준 도입, 진화의 시기로 특징지을 수 있다. 아동학대와 방임에 대한 정책을 강화하도록 「아동복지법」을 전면 개정(2000)하였는데, 외면상 특징으로 보호 대상의 보편화, 아동에 대한 국가 책임의 강화, 지역사회 보호를 들 수 있다. 또한 문화관광부의 청소년국과 국무총리 소속 청소년보호위원회로 분리되었던 청소년행정조직을 국무총리 소속의 청소년위원회로 일원화하였다. 이로써 2005년에 국가청소년위원회가 출범하면서 청소년육성과 청소년보호로 이원화된 행정조직이 통합되었다. 2005년에 「청소년복지 지원법」이 시행되었고, 「청소년 기본법」이 일부 개정되면서 청소년복지의 개념이 명확하게 정의되었다. 2008년 정부는 동일 연령 대상에 대한 서비스 중복과 일관성 결여 등의 이유로 보건복지가족부로 중앙부처 행정을 일원화하고 일관성 있는 청소년복지 정책 추진을 위해 통합을 위한 노력을 하였으나 청소년 관련 학계, 단체 등의 다양한 의견을 통합의 방향으로 수렴을 하지 못하고 청소년 업무는 여성가족부로 이관되었다. 여성가족부로 옮긴 이후 '제5차 청소년정책 기본계획(2013~2017)'과 '제6차 청소년정책 기본계획(2018~2022)'이 수립되어 추진되었고, 현재 '제7차 청소년정책 기본계획(2023~2027)'이 수립되어 시행되고 있다.

요약

1. 복지의 개념을 보면, 복지는 인간이 건강을 유지하면서 윤택한 생활과 안락한 환경들이 어우러져 행복을 누릴 수 있는 상태, 즉 행복한 삶이 유지되어 매우 만족한 상태를 말한다.

2. 사회복지의 개념을 보면, 사회복지는 인간의 기본욕구 충족과 사회적 욕구의 해결을 위한 국가 차원의 조직화된 활동의 총체이다.

3. 청소년복지는 아동복지와 구별되는 독립된 사회복지 분야 중의 하나로서 청소년의 기본적 욕구 충족 및 건강한 성장과 발달의 촉진은 물론이고 청소년이 사회구성원의 한 사람으로서 주체적인 삶을 누리도록 한다. 더 나아가 청소년복지는 청소년을 둘러싼 환경이 청소년의 성장을 돕기 위해 최적의 기능을 발휘하도록 청소년과 가정, 사회를 통해 직간접적으로 제공되는 모든 사회정책 관련 제도 및 전문적 활동이다.

4. 사회복지의 가치는 궁극적 가치인 인간의 존엄성과 배분적 정의를 필두로 클라이언트의 자기결정 존중, 서비스의 사회적 책임 지향을 기본적 가치로 제시할 수 있다. 이상과 같은 사회복지의 가치는 청소년복지 가치에 그대로 투영된다. 첫째, 청소년복지가 청소년을 독립적이고 통합된 인격체로서 존중해야 한다는 원칙은 사회복지의 인간존엄성 가치와 그 맥을 같이 한다. 둘째, 배분적 사회정의는 청소년복지에서 문제가 있는 청소년에서부터 일반 청소년까지 모든 청소년을 대상으로 치료나 재활뿐만 아니라 예방적 차원에서 다양한 서비스가 이루어져야 하는 점과 관련 있다. 셋째, 자기결정권의 원칙은 청소년을 청소년복지의 대상인 동시에 주체라는 점을 인정하는 것에서부터 시작한다. 넷째, 사회적 책임성은 청소년의 보호와 복지에 대한 사회적 연대 및 적극적 개입의 가치를 의미하는 것이다.

5. 청소년복지를 정의하면, 모든 청소년이 가족과 사회의 일원으로서 행복하게 성장 및 발달할 수 있도록 사회적, 경제적으로 지원하는 제반의 복지 활동을 말한다.

참고문헌

공계순 · 박현선 · 오승환 · 이상균 · 이현주(2013). 아동복지론. 서울: 학지사.

김경준 · 최인재 · 조홍식 · 이용교 · 이상균 · 정익중(2005). 청소년복지 정책 현황과 개선방안 연구. 서울: 한국청소년개발원.

김상균(1987). 현대사회와 사회정책. 서울: 서울대학교출판부.

김신애(2010). 청소년복지의 실천적 정립을 위한 고찰–아동복지실천과의 비교를 통한 청소년의 개발적 복지접근을 중심으로–. 청소년복지연구, 12(4). 279-299.

김선애(2015). 청소년복지권의 성격과 증진 방안 연구. 청소년복지연구, 17(4), 93-115.

김윤나(2012). 인권관점에 기반한 청소년기본법의 한계와 재조명. 법과 인권교육연구, 5(1), 29-45.

김융일 · 김기환 · 김미혜 · 김형식 · 박능후 · 신준섭 · 오창순 · 이영분 · 정무성 · 황성철(2003). 사회복지학개론. 서울: 동인.

김혜래(2010). 청소년복지 정책의 발전방향. 2010 춘계공동학술대회 자료집. 33-49.

노혁(2002). 청소년복지론. 서울: 서울대학교출판부.

노혁(2007). 빈곤청소년의 복지권 조명과 사회복지실천 과제. 나사렛논총(나사렛대학교), 12, 209-231.

노혁(2010). 청소년복지론. 경기: 교육과학사.

노혁(2011). 청소년복지이념의 재조명: 경제적 관점에서 지속가능한 복지사회기반으로의 이념적 전환을 중심으로. 청소년복지연구, 13(2), 293-313.

문지영 역(2013). 아동의 탄생. 서울: 새물결출판사.

박광준(2002). 사회복지의 사상과 역사. 서울: 양서원.

박정선(2014). 사회복지법의 개념 정립을 위한 소고. 사회보장연구, 30(1), 81-103.

송건섭 · 김명수(2006). 청소년복지 정책의 변천과정과 결정요인. 지방정부연구, 10(3), 105- 122.

송정부(1992). 사회복지학연구. 서울: 법지사.

오정수 · 정익중(2013). 아동복지론. 서울: 학지사.

장인협(1986). 사회복지학개론. 서울: 서울대학교출판부.

장인협 · 이혜경 · 오정수(2007). **사회복지학**. 서울: 서울대학교출판부.

정근식 · 주윤정(2013). 사회사업에서 사회복지로: '복지' 개념과 제도의 변화. **한국사회사학회, 98**, 5-41.

홍봉선(2009). 사회복지학에서 바라본 청소년복지. **2009 한국청소년복지학회 추계 학술대회 자료집**. 23-60.

홍봉선 · 남미애(2009). **청소년복지론**. 경기: 공동체.

Cavalli, A., & Galland, O. (1995). *Youth in Europe*. London: Pinter.

Friedlander, W., & Apte, R. (1961). *Introduction to social welfare*. New Jersey: Prentice-Hall.

Frost, N., & Stein, M. (1989). *The politics welfare-inequality: Power and change*. New York: Harvester Wheatsheaf.

Gillis, J. R. (1981). *Youth and history*. New York: Academic Press.

Jones, C. (1985). *Patterns of social policy*. London: Tavistock Publications.

Meyer, C. H. (1985). The institutional context of child welfare. In J. A. Hartman (Ed.), *A handbook of child welfare* (pp. 100-177). New York: Free Press.

Wilensky, H., & Lebeaux, C. (1965). *Industrial society and social welfare*. New York: Free Press.

Williams, R. (1983). *Keywords: A vocabulary of culture and society* (Revised edition). New York: Oxford University Press.

국가기록원(2018).

http://www.archives.go.kr/next/search/listSubjectDescription.do?id=0003000 (2018. 12.11. 검색).

제2장

청소년복지의 관점

학습개요

청소년복지는 청소년 대상에 대한 규정, 청소년의 특성에 대한 입장과 더불어 '무엇을 복지로 볼 것인가'에 따라 다르게 이해된다. 이 장에서는 사회복지로서의 청소년복지에 대한 이해를 도모하기 위해 사회복지의 '잔여적(residual) 접근' '제도적(institutional) 접근' '발전적(developmental) 접근'과 청소년학의 '문제중심적(problem-focused) 관점' '예방적(preventive) 관점' '청소년개발(youth developmental) 관점' 간의 관련성을 살펴보고자 한다. 이어 청소년복지의 이론적 관점을 크게 개인중심관점(임파워먼트 접근방법, 권익옹호, 해결중심관점)과 생태환경중심관점(체계이론, 생태학적 관점)으로 구분하여 각 관점에 대한 소개와 청소년복지에 대한 적용을 중심으로 검토한다.

01 사회복지로서의 청소년복지 이해

청소년복지는 청소년이라는 존재의 규정, 청소년의 특성에 대한 입장과 더불어 '무엇을 복지로 볼 것인가'에 따라 다르게 이해된다. 국내의 청소년복지는 청소년의 생존과 생활에 대한 복지권의 기본 이념에 따라 청소년의 행복과 성장을 도모시킴과 동시에 청소년의 독립성, 주체성을 인정해 주는 것을 목적으로 한다. 이에 청소년 및 청소년을 포함한 가족과 사회구성원 전체가 그 주체가 되고, 모든 청소년이 그 대상이며, 제도적 · 정책적 · 기술적 서비스 등의 조직적 제반 활동을 수단으로 하는 사회복지의 한 분야로 정의되고 있다(김향초, 2015).

그렇다면 청소년복지는 청소년의 욕구와 사회환경 간의 상호작용에서 적응하지 못할 때 일어나는 문제에 대한 지원인가? 아니면 청소년 전반에 미치는 사회의 문제를 해결하기 위한 지원인가? 이에 대해 답하기 위해 사회복지 차원에서 청소년복지를 살펴볼 필요가 있다. 사회복지는 잔여적 접근(residual approach), 제도적 접근(institutional approach), 발전적 접근(developmental approach)에 따라 다르게 개념화된다. 한편 청소년복지에 대한 관점 또한 청소년을 어떻게 보느냐에 따라 크게 문제중심적(problem-focused) 관점, 예방적(preventive) 관점 그리고 청소년개발(youth development) 관점으로 구분된다. 두 분야 각각의 세 가지 접근은 상호 중요한 관련성을 지닌다. 즉, 잔여적 관점–문제중심적 관점, 제도적 관점–예방적 관점, 발전적 관점–청소년개발 관점의 내용이 각각 밀접히 관련된다(천정웅, 2012).

1) 잔여적 접근–문제중심적 관점

사회복지에 대한 잔여적 접근은 사회적 기능을 제대로 수행하지 못하는 계층에게 공적 부조나 사회적 서비스가 시혜적으로 제공되어야 한다고 보는 관점이다. 즉, 이 접근에서의 사회복지는 적절한 사회경제적 삶을 누리는 일반적이고 보편적인 인간이나 가족을 제외한 틈새에 놓인 개인들, 즉 사회적 취약계층을 위해 보충적인 서비스 안전망을 제공하는 데 목표를 둔다. 따라서 잔여적 복지의 개념은 개인이나 가족이 필요로 하는 욕구를 스스로 채우기 위한 노력을 기울이는 것을 기본 전제로 하고, 그 노력에서 요구되는 자원이 부족하거나 여의치 않을 경우에 그 공백을 메우는 별도의 복지서비스가 실시되어야 한다고 보는 보충적 관점이라고 할 수 있다.

이때 제공되는 복지서비스는 잠정적·일시적·대체적 구호의 성격을 가지게 된다. 복지를 사회적 취약계층을 위한 지원으로 정의하기 때문에 국민 전반의 복지 향상을 위한 국가의 역할이 최소화된다. 더불어 선별주의 원칙을 적용함으로써 서비스를 필요로 하고, 그 필요성이 입증되는 사람에 대해서만 제공하기 때문에 이러한 복지서비스를 지원받는 사회계층은 하층민의 낙인효과를 수반한다고 볼 수 있다.

복지에 관한 잔여적 접근은 청소년복지서비스가 일반적 가정에서 성장하는 청소년들에게는 필요하지 않다는 전제에서 출발한다. 이러한 전제에서의 청소년복지는 소년소녀가장, 시설보호청소년, 빈곤청소년 등 요보호 대상이 되는 청소년이 인간적인 생활을 영위할 수 있도록 하는 지원을 의미한다.

초기 청소년학의 관심은 청소년문제에 대해 대응하기 위한 청소년 선도, 청소년 보호 등에 있었다. 당시의 연구자들과 실천가들은 가족폭력, 빈곤, 가족해체 등의 환경적 위험, 약물남용, 청소년의 임신, 대인폭력 등을 명명하고, 산출하며, 그것을 감소시키는 것에 집중하였다. 이러한 학계와 현장의 움직임은 '청소년 = 위험'이라는 도식을 이끌어 내면서 청소년문제 감소와 예방에 대한 사회적 관심을 불러일으키기에 충분했다(이채식·김수완, 2009). 이때 청소년은 불안정하고 미성숙한 존재로 규정되었으며, 이에 청소년복지는 사회적으로 소외되거나 적응에 실패한 청소년들의 신체적·심리적·사회적 자립 능력을 돕는 소극적 지원의 측면이 강조되었다.

잔여적 접근으로서의 청소년복지는 "부적절한 양육 환경에서 자라는 청소년 혹은 가정 및 사회로부터 버려지거나 적응하지 못하는 청소년을 대상으로 이들의 정상적인 발달을 지원하기 위한 전문적 활동(김향초, 2015)"이라고 할 수 있다. 이는 청소년을 하나의 사회적 지위로 보기보다는 질풍노도의 시기를 겪으며 주변인으로 존재, 즉 인간의 발달단계상 거쳐 가는 시기로서 가정과 사회로부터 보호 및 육성되어야 하는 존재로 바라보는 관점을 전제로 한다. 이와 같은 좁은 의미로서의 청소년복지는 아동복지와의 구별을 모호하게 한다는 문제를 가진다. 더불어 특정 문제를 가진 청소년 집단에게 정책 서비스들을 시혜적으로 제공함으로써 제한적이고 일관성 없는 결과를 야기하며, 이미 피해를 받고 있는 청소년들에게 개별 단위로 지원함으로써 가족으로부터 해체되고 지역사회로부터 소외되는 과정으로 이어지게 하는 부정적인 결과를 초래한다(천정웅, 2012).

2) 제도적 접근-예방적 관점

제도적으로 접근했을 때의 사회복지란 사회 전반을 대상으로 사회보장을 제도화하도록 유지하며, 모든 사회구성원의 복지를 위해 제공하는 영구적인 사회 프로그램을 의미한다. 이 접근은 사회가 가진 문제들은 일반적으로 사람들 대부분에게 영향을 미치고 있고, 복지란 그러한 문제에 대한 사회(국가)의 반응이라고 본다. 공교육과 노인을 위한 의료보호제도, 사회보험과 같은 사회 보편적인 프로그램이 이러한 제도적 사회복지의 대표적인 예라고 할 수 있다.

제도적 사회복지서비스는 사회구성원들이 가진 문제의 등급에 따라 차별적으로 제공되는 것을 의미하지 않는다. 즉, 개인이 필요로 하는 사회복지서비스는 정부에 의해 일차적으로 충족되어야 하는 일종의 권리로 본다. 이때 사회복지란 가족제도, 정치 · 경제제도, 교육제도 등 민주사회에서 제도화된 모든 보편적 제도와 함께 개인의 사회적 욕구 충족을 위한 사회복지서비스를 일컫는다. 국가는 국민의 소득 보장, 의료와 주거 보장 등 사회구성원들의 삶의 질을 향상시키기 위해 사회복지서비스를 제공하는 적극적 역할을 한다.

제도적 사회복지는 모든 사회구성원에게 제공되는 체계라는 점에서 일반적이고 보편적인 특성을 가진다. 즉, 제도화된 사회복지 프로그램은 누구나 접근 및 이용이 가능하며, 개인(또는 집단)의 필요와 관련된 욕구를 충족하는 일차원적 자원으로 보기 때문에 참여로 인한 낙인이 거의 없다(천정웅, 2012).

청소년에 대한 예방적 관점은 청소년에게 문제가 발생하고 난 후에 해결하려는 노력에 비해 문제가 생기는 것을 예방하는 노력이 비용 측면에서 효과적이고, 또 효율적일 수 있다는 입장을 의미한다(김성이 외, 2004). 이 관점은 청소년기가 아동기에서 성인기로 이행해 가는 과정에 있다는 점에 주목하여 이들의 교육, 보건, 직업 등에 관한 욕구를 충족시키면서 청소년의 가치관 형성에 부정적 영향을 미치는 사회문화적 · 물리적 환경을 개선하고, 바람직한 환경을 조성하기 위한 제도적 노력의 필요성을 강조한다고 할 수 있겠다.

청소년문제를 예방하기 위한 제도적 접근으로의 청소년복지는 일부 청소년만을 보호하는 것이 아니라 모든 청소년을 보호하는 사회적 유용성이 높은 개념이다(천정웅, 2012). 그러나 '부정적 행동이 없는 상태'를 긍정적으로 보는 예방적 관점은 여전히 청소년에 대한 전형적 결핍 모델에 근간하고 있다. 즉, 청소년이 위험 또는 부정적 행동에 참여하지 않도록 예방하기 위해 문제적 요소들을 관리하고 환경을 개선해야 한다는 필요성을 전제로 한다. 이러한 측면에서 제도적 청소년복지는 모든 일반 청소년을 대상으로 하는 포괄적 성격의 서비스를 의미하기에는 아직 그 한계가 있다. 즉, 예방적 관점으로의 제도적 청소년복지는 청소년의 특성에 따라 처한 상황을 고려하여 그 사회화 과정을 면밀히 파악하고, 예측되는 문제점을 시정할 수 있도록 제공하는 구체적인 서비스라고 할 수 있다. 이때 제공되는 서비스는 청소년에게 발생할 수 있는 문제를 미연에 방지하기 위한 예방적 성격이 강하다. 학교 밖 청소년 지원제도, 근로청소년 보호정책 등과 같이 청소년 집단의 특성에 따라 제공되는 복지서비스를 그 예로 들 수 있겠다.

3) 발전적 접근-청소년개발 관점

사회복지에 대한 발전적 접근에서는 사회복지를 경제발전의 긍정적 동력으로 본다. 즉, 지역사회가 보다 나은 시민의 삶을 만들어 가는 데 있어 사회복지제도의 기능을 강조한다. 예를 들어, 교육 관련 사회복지서비스에 대한 투자는 사회구성원들을 숙련되게 함으로써 경제적 생산력을 증대시키고, 도로, 상수도 등의 물리적 시설에 대해 투자하면 경제사회적 인프라로서 노동에 필요한 수단과 공간으로 기능하게 된다. 또한 욕구가 있는 사람들을 교육받을 수 있도록 지원함으로써 그들이 직업을 가질 수 있게 하고, 나아가 자신의 문제를 스스로 해결할 수 있는 역량을 형성하게 한다. 즉, 사회복지제도는 사회가 반드시 문제를 해결하기 위해서뿐만 아니라 삶을 더 향상시키고 인간발달을 충족하기 위해서 만들어질 수 있다고 본다(김성이 외, 2004).

발전적 사회복지는 제도적 개념을 넘어 인간발달 또는 사회발전에 초점을 맞춘다. 앞서 살펴본 제도적 접근 또한 사회문제를 전제로 하면서 그러한 문제를 예방하거나 교정하기 위해 사회복지제도를 마련해야 한다고 본다. 이에 비해 발전적 접근은 문제에 대해 초점을 맞추는 것이 아닌 인간의 잠재력 발달과 삶의 질 향상을 목적으로 접근한다는 점에서 근본적으로 차이가 있다(김성이 외, 2004). 발전적 접근으로서의 사회복지는 개인에 초점을 둘 수도 있고, 가족의 강점 구축과 같이 집단에 초점을 맞출 수도 있으며, 주거나 일자리 마련을 위해 일하는 것과 같이 지역사회 수준의 접근을 가질 수도 있다(Homan, 2007; 천정웅, 2012 재인용).

과거 청소년학이 청소년의 문제행동을 강조하고 그 부정적 측면에 집중했던 것에 비해 최근에는 청소년을 잠재력을 가진 존재로 보는 청소년개발 관점이 등장하였다. 청소년개발 관점은 청소년을 기성세대로부터 도움을 받기만 하는 존재가 아닌, 권리 주장이 가능하고 스스로 결정할 수 있는 존재로 인식함으로써 청소년에 대한 예방적 관점에서 나아가 문제가 발생하거나 위기 상황이 생기지 않도록 예방하는 것뿐만 아니라 더 나아가 긍정적 발달과 청소년의 건강과 안녕(well-being)에 기여하는 조건들을 적극적으로 주장하는 입장이다.

청소년개발 관점은 청소년을 성인과 동등한 자주적이고 독립적인 인격체인 동시에 어떠한 상황에서도 존중되어야 할 사회적 존재로 인식한다. 이 관점에서 청소년복지는 '위기청소년이라는 특정 집단에 국한되는 것이 아니라 일반 청소년 및 청소년의 생활에 직접적인 영향을 주는 가족까지 포함하는 대상에게 행복과 사회적응을 위해 심리적 · 사회적 · 생물학적 잠재력을 계발해 주기 위한 각종 활동(조흥식 외, 2010)'을 의미한다.

02 청소년복지의 개인중심관점

1) 임파워먼트 접근방법

(1) 관점 소개

임파워먼트 접근방법은 '환경 속의 인간'이라는 사회복지의 이중적 초점을 강조한 사회복지실천 관점 중 하나이다. 임파워먼트(empowerment)란 클라이언트가 사회적 · 조직적 환경에 대해 통제력(control)을 가지도록 하고, 그것을 증대시키고자 하는 임상 실제의 과정, 개입, 기술을 의미한다(Browne, 1995; 홍봉선, 2009 재인용). 임파워먼트 접근방법은 문제해결을 위한 과정에서 사회복지사와 클라이언트가 함께 협상하고, 계획과 행동 전략을 수립하는 문제해결 과정에 대한 논리적·실제적 개입 준거틀을 제시하기 때문에 실천현장에서 많은 사회복지사에 의해 활용되어 왔다(홍봉선, 2009).

클라이언트로 하여금 자신의 권한과 능력을 향상 및 신장시키는 것은 사회복지실천의 핵심적인 목적 중 하나이다. 이에 임파워먼트 접근방법은 일반 사회복지에서 오래전부터 취해 왔던 강점 중심 개입의 하나라고 할 수 있다. 즉, 클라이언트를 문제 중심으로 보는 것이 아니라 강점 중심으로 봄으로써 클라이언트의 잠재 역량(potential competence)과 자원을 인정하고, 클라이언트 내외에 회복력(resiliency)이 있음을 전제로 클라이언트가 삶을 결정할 수 있도록 권한 혹은 힘을 부여하고자 하는 목적을 가진다(홍봉선, 2009).

임파워먼트 접근방법을 통한 문제해결 과정은 첫째, 클라이언트의 경험에 참여하기 위한 준비 단계, 둘째, 사회복지사와 클라이언트가 참여하여 협력하는 단계, 셋째, 공동사정(mutual assessment), 문제 규정 및 계약 단계, 넷째, 문제해결 단계, 마지막으로 종결과 평가 단계로 구성된다(Lee, 2001). 이 과정에서 클라이언트에게 가해지는 억압과 차별을 파악하고 클라이언트가 느끼는 무기력감과 적절치 못한 권한(inadequate power)이 무엇인지 확인한다. 이때 클라이언트의 강점에 초점을 맞추는 것이 핵심이다. 이를 통해 임파워먼트 접근방법은 클라이언트의 참여를 강조하는 클라이언트 중심적 접근방법임을 알 수 있다(김성이 외, 2004).

임파워먼트 접근방법을 활용하여 클라이언트에게 개입하는 방법은 크게 두 가지로, 권위적 개입과 촉진적 개입이 있다. 먼저 권위적 개입(authoritative intervention)은 클라이언트를 위해 사회복지사가 책임지는 행동을 하면서 위계를 형성하는 것으로, 처방적(prescriptive)·정보제공적(informative)·직면적(confronting) 개입이 있다. 반면에 촉진적 개입(facilitative intervention)은 클라이언트 스스로가 자신의 행동에 책임을 지면서 보다 자율성을 가질 수 있도록 돕는 방법으로, 정화적(cathartic)·촉매적(catalytic)·지지적(supportive) 개입이 있다(김성이 외, 2004).

표 2-1 임파워먼트 접근방법의 기법

권위적 개입		촉진적 개입	
클라이언트를 위해 사회복지사가 책임지는 행동을 하면서 위계적임		클라이언트 스스로가 자신의 행동에 책임을 지면서 보다 자율성을 가질 수 있도록 도움	
처방적 개입	클라이언트의 행동을 지시함으로써 스스로 행동하고 반응하도록 권한을 위임함	정화적 개입	클라이언트가 느끼는 고통스러운 감정을 표출하도록 함으로써 개인의 경험을 나눔
정보 제공적 개입	클라이언트에게 지식, 정보, 의미를 전함으로써 자신이 선택한 서비스에 직접 접근할 수 있도록 도움	촉매적 개입	스스로 자기를 발견할 수 있도록 돕거나, 책임 있는 삶을 살며 문제해결의 방법을 터득할 수 있도록 도움
직면적 개입	클라이언트가 인식하고 있지 못하는 문제행동이나 태도를 지적함으로써 인식을 향상시킴	지지적 개입	클라이언트 자신의 소질과 태도, 행동에 대한 가치관을 확인시켜 줌

* 출처: 김성이 외(2010) 재구성.

(2) 청소년복지 적용

청소년을 대상으로 하는 사회복지사의 가장 중요한 역할은 청소년을 임파워먼트시키는 것이다(홍봉선, 2009). 임파워먼트 접근방법은 청소년 개인이 보다 자기지시적(self-directive)이면서 자기주장적일 수 있도록 돕고, 타인과 함께 집단 행동에 참여함으로써 본인의 문제에 대한 긍정적 해결이 가능하다는 희망을 가지게 하는 것(Barber, 1991), 그리고 청소년이 현실에 안주하거나 자신의 욕구와 희망사항에 대해 지나치게 침묵하는 것에 대한 대안을 제시하는 것을 목표로 한다(Adams, 2003; 김성이 외, 2004). 이는 어느 한순간에 이루어지는 것이 아닌, 스스로 자기인식의 향상을 통해 변화하는 과정이다(김성이 외, 2010).

이를 위해 청소년복지 실천현장의 사회복지사는 먼저 청소년을 파트너로, 그리고 자신의 문제에 대한 전문가로 인식하고 문제해결을 위해 함께 협력하는 것이 필요하다. 청소년을 서비스 대상자로서 의존적 존재가 아닌 서비스 내용, 질 등을 주체적으로 결정할 수 있는 주도적 존재로 봄으로써 기성세대의 입장에서 일방적으로 결정하는 지원이 아닌 상호 협력의 결과를 토대로 한 지원이 가능해진다(김성이 외, 2004).

또한 청소년의 자아탄력성과 사회적 지지를 증진시키는 노력이 강구되어야 한다. 청소년은 스스로 선택권이나 결정권을 행사해 본 경험이 적기 때문에 타성적일 수 있다. 따라서 임파워먼트 과정에서 스스로 선택하고 결정할 수 있는 일들을 찾도록 해야 한다(김성이 외, 2004). 이처럼 청소년 대상 사회복지사는 청소년이 자신의 삶을 스스로 충분히 통제할 수 있도록 역량을 강화시킴에 있어 청소년의 장점과 잠재력을 파악함으로써 문제점보다는 강점에 초점을 두고, 가능한 모든 자원을 활용할 수 있어야 한다. 이때 청소년의 문화에서 문제에 대한 나름대로의 의미, 해결 수단, 방법 등을 이해하도록 노력해야 하는데, 성인인 사회복지사의 시각에서는 문제로 판단되는 것을 청소년은 문제로 여기지 않을 수 있기 때문이다(김성이 외, 2004).

2) 권익옹호

(1) 관점 소개

권익옹호 관점은 임파워먼트 접근방법과 함께 사회복지실천에 있어 중요한 맥을 이루고 있는 관점 중 하나이다. '권익옹호 활동'이란 인권 침해, 평등을 저해하는 행위, 사회정의를 해치는 일 등에 대해 사회복지사가 클라이언트의 입장에서 이들의 권익을 대변하고, 이를 향상시킬 수 있는 정책 과정이나 입법 활동 등에 대한 참여를 의미한다.

권익옹호 관점은 옹호자로서의 사회복지사, 즉 클라이언트를 대변하는 사회복지사의 역할을 강조한다. 사회구조 내에 존재하는 권력의 차이에 대한 인정을 바탕으로 특히 억압받고 있는 집단이나 자원에 접근할 수 없는 집단이 기회와 자원을 부여받을 수 있도록 사회의 한 구성원으로서 참여할 권리를 강화하는 것이다. 이는 클라이언트 개인의 문제해결을 위한 개입에 그치는 것이 아닌, 클라이언트의 목소리와 관심사를 사회체계로 확장시켜서 정책 및 서비스 전달의 변화를 일으키는 것을 그 목적으로 하고 있다. 이를 위해서는 클라이언트가 '자신의 삶을 어떻게 살 것이며, 이를 위해서 무엇을 필요로 하는지' 파악하는 것이 필요하다. 슈나이더와 레스터(Schneider & Lester, 2001)는 사회복지사의 권익옹호 영역을 다음과 같이 구분하였다(김성이 외, 2004 재인용).

① 대변하거나 항변을 함

② 타인을 대표함

③ 행동을 취함

④ 변화를 촉진함

⑤ 권리를 행사하고 혜택을 받도록 함

⑥ 당파의 일원으로 활동함

⑦ 영향력과 정치적 기술을 행사함

⑧ 사회정의를 확고히 함

⑨ 클라이언트에게 권한을 위임시킴

⑩ 클라이언트와 동일시함

⑪ 법률적 근거를 활용함

(2) 청소년복지 적용

거대하고 경직된 구조인 사회체계는 청소년의 니즈(needs)에 덜 민감하고, 현 사회의 청소년은 정치적 영향력이 부족하다. 이에 청소년복지 실천현장에서 사회복지사는 사회적 지원이 필요한 청소년 관련 문제에 대해 청소년이 목소리를 내도록 돕는 옹호자의 역할을 한다. 즉, 청소년들의 욕구에 민감하지 않은 정부기관, 사법기관, 정당, 이익단체, 지역사회 단체 등이 청소년 관련 문제에 관심을 가지고 관련 정책 결정 과정에 적극 개입할 수 있도록 노력해야 한다(김성이 외, 2004). 이러한 옹호 노력은 청소년에 대한 사회의 존중과 지지를 이끌어 낸다.

법률 지위상 미성년자에 해당하는 청소년은 자신의 권익을 보호하거나 향상시키는 일에 직접 참여하기보다는 주로 부모와 같은 보호자의 개입으로 관련 문제를 해결한다. 이렇게 청소년 스스로 자신의 의견을 표현하고 그것을 수용하는 사회체계가 제대로 정립되지 않은 상태에서 청소년의 권익 증진을 위한 조력자의 역할은 매우 중요하다. 특히 고위험군 청소년, 문제 청소년 등과 같은 집단의 인권 침해 상황을 알리고 이에 대한 사회적 관심을 불러일으키는 데 있어 사회복지사의 옹호자로서의 역할이 더욱 필요하다.

권익옹호는 청소년 개인을 위한 개입부터 국가 차원의 활동까지 다양하다. 개인 차원에서 청소년 클라이언트의 정보를 학교 교사에게 알림으로써 청소년의 생활을 더 이해하도록 도울 수 있다. 국가 차원에서 학교 밖 청소년 지원에 대한 지방자치단체의 협조 의무를 강화하기 위해 관련 법의 조항에 대해 의회 의원들과 면담할 수 있다. 김성이 등

(2004)은 청소년복지 현장에서 사회복지사가 할 수 있는 권익옹호 활동의 예를 다음과 같이 제시하였다.

① 가출청소년의 노동착취 · 임금착취 문제에 대한 대응을 위해 고용주, 사법기관, 관련 정부기관에 청소년을 대신하여 의견 표명
② 성매매 피해 청소년의 성 착취로 인한 인권 침해 고발, 이들을 보호하는 서비스나 자원배당 증가 청원
③ 아동학대 피해 청소년이 의사표현을 할 수 있도록 도움. 예를 들어, 부모의 친권행사 및 양육비 결정 과정에서 피해 청소년에게 적합한 최적의 서비스 계획이 무엇인지를 가정법원에 출두하여 증언함
④ 학교 부적응 학생의 전입학 및 처벌 관련 의사결정 과정에 참여하여 이들의 의견이 반영될 수 있도록 함
⑤ 청소년 관련 정부기관과 정당, 국회 등에 청소년 관련 정책, 서비스, 재정 관련 문제 등에 대해 의견을 제시하고 영향력을 행사

3) 해결중심관점

(1) 관점 소개

이 관점은 전문가 또는 치료자가 중심이 되어 문제의 원인을 분석하고 해결하기보다는 클라이언트가 스스로 해결방법을 찾아가도록 돕는 클라이언트 중심적 접근방법으로, 인간의 현실은 객관적 진실이 아닌 주관적으로 형성됨을 강조하는 사회구성주의 관점을 기초로 한다(송성자 · 정문자, 2002). 해결중심관점의 가장 큰 장점은 문제해결 방법을 모색함에 있어서 클라이언트의 성공적 경험에 근거한다는 점, 그리고 클라이언트가 가지고 있는 변화의 욕구를 인정한다는 점이다(김성이 외, 2004). 이 관점은 모든 인간에게는 강점과 장점, 성장 및 발전 가능한 잠재 능력과 자원이 있으며, 성공적인 경험을 계속하여 떠올릴수록 문제로부터 벗어날 수 있다고 전제한다. 이에 클라이언트가 자신의 강점과 장점, 그리고 과거 성공적이었던 경험을 지속적으로 탐색하는 것을 기본 전략으로 한다. 이는 클라이언트에 대한 문제중심적 관점이나 병리적 시각에서 벗어나서 클라이언

트 스스로 자신의 문제에 관한 전문가라는 점을 인정하는 새로운 접근방법이라 할 수 있다(김성이 외, 2004).

전문가 또는 치료자는 클라이언트의 문제 정의 및 문제해결 방법을 모색하는 과정에 대해 지속적으로 인정하고 칭찬하면서 클라이언트로 하여금 새로운 의미 부여를 통해 변화하고자 하는 동기를 가지게 하고, 작은 변화를 의도하면서 지속적으로 확대 및 강화한다(de Jong & Berg, 1997; 송성자 · 정문자, 2002 재인용). 이는 클라이언트의 사고 체계 변화와 함께 정서조절력, 문제해결력을 증진시키며, 강점과 자원을 발견함으로써 자아존중감을 향상시키기 위함이다. 이러한 과정을 통해 클라이언트는 행동과 정서적 문제를 해결하게 된다(김윤경 · 이다미, 2011; 정문자 외, 2005).

해결중심관점의 기본 원리는 다음과 같다(정문자 외, 2008).

첫째, 잘못된 것에 관심을 두는 대신에 성공한 것과 성공하게 된 구체적인 방법을 발견하는 데 관심을 둔다. 즉, 병리적인 것 대신에 건강한 것에 초점을 둔다.

둘째, 클라이언트가 원하는 결과를 성취하기 위해 클라이언트가 이미 가지고 있는 강점, 자원, 기술, 지식, 사회관계망, 건강한 특성을 발견하여 개입에 활용한다.

셋째, 인간의 행동에 대해 특정 이론의 틀로 평가하지 않는다. 즉, 탈이론적이고, 비규범적이며, 클라이언트의 견해를 존중한다.

넷째, 간단하고 단순한 방법, 가장 솔직한 의미를 추구하기 위한 방법을 일차적으로 사용한다. 즉, 해결중심관점은 개입 목적을 달성하기 위한 방법의 경제성을 추구한다.

다섯째, 클라이언트가 주로 관심을 두는 문제 이외의 다른 예외적인 상황을 탐색하고 다룬다. 이는 삶에서 항상 일어날 수 있는 변화에 대해 인지하고 대응의 폭을 넓히기 위함이다.

여섯째, 과거의 문제보다는 현재 그리고 미래의 해결방안 구축에 관심을 집중한다.

일곱째, 해결방안을 발견하고 구축하는 과정에 있어서 클라이언트의 협력을 중요시한다.

해결중심관점은 구체적이고, 행동적인 것을 목표로 하며, 현재에서 경험하는 것들을 중요시한다. 해결중심관점의 개입 목표를 자세히 살펴보면 다음과 같다(정문자 외, 2008).

첫째, 클라이언트에게 중요한 것을 찾아 목표로 설정하도록 한다. 목표란 구체적이고 행동적 측면이어서 목표가 성취되는 것을 직접 관찰할 수 있고, 누구나 인정 가능한 것이어야 한다.

둘째, 작고 구체적인 것을 목표로 한다. 클라이언트에게 중요한 것을 큰 범주에서의 목표로 설정하면서 아주 작은 것을 달성하는 것을 구체적 목표로 한다. 처음부터 전체적이고 큰 것을 목표로 설정하기보다는 즉각적 성취가 가능한 일들을 성공하게 될 때 새로운 희망을 가지게 되고 변화하고자 하는 동기가 생겨나게 된다. 따라서 클라이언트의 생활에서 현실적이고 성취 가능한 것을 목표로 설정한다.

셋째, 구체적인 행동적 측면에서의 성취를 목표로 한다. '진로를 찾는 것'과 같은 목표는 클라이언트가 즉각적으로 행동하기에 막연하고 그 결과를 관찰하거나 측정하기가 어렵다. '3개월 내에 자격증 취득하기'처럼 추상적인 목표를 실제 생활 속에서 관찰 가능하고, 구체적이며 명확한 행동이 가능한 목표로 설정하도록 한다. 이는 성취하지 못했을 때 실패감이나 좌절감을 느끼기보다는 성취하지 못한 이유를 쉽게 파악하고 다른 방안으로 대체하기에 용이하게 한다. 이때 지금-여기에서 달성 가능한 것들을 목표로 삼고 시작한다. 궁극적인 목표를 성취하기 위하여 지금부터 시작할 수 있는 아주 작고 긍정적인 행동을 시작하는 것이다.

넷째, 없는 것보다는 있는 것에 초점을 둔다. 문제 자체를 없애는 것보다는 있다는 자체에 관심을 두도록 한다. 문제행동을 대신할 수 있는 바람직한 일이 무엇인지 생각하고, 그러한 바람직한 행동을 의도적으로 함으로써 자기통제력을 발달시킬 수 있다. '늦게 일어났다고 학교에 결석하기보다는 지각하더라도 일단 가기' 등이 그 예가 된다.

다섯째, 목표 수행을 힘든 것으로 인식하도록 하는 지침을 가진다. 목표가 작고, 구체적이고, 현실적으로 성취 가능한 일이라고 하더라도 그 변화를 시작하는 것은 클라이언트의 입장에서는 용기가 필요하고 힘든 것이라는 것을 이해할 필요가 있다. 클라이언트가 목표에 도달했을 때는 그것이 의도적 노력의 결과임을 칭찬하고, 그렇지 않았을 때는 더 노력할 것이 남아 있으므로 가능성을 제시하는 것과 같이 적절하게 반응해야 한다.

(2) 청소년복지 적용

아동기와는 달리 자신의 삶을 스스로 영위할 수 있는 성인기로의 이행이 성공적으로 이루어져야 하는 시기인 청소년기에 빈곤, 가정 해체, 폭력에의 노출, 건강하지 못한 심리 상태 등의 이유로 그 진입이 어려워지는 경우가 있다. 이러한 청소년의 위기요인들은

물질적 측면의 지원뿐만 아니라 심리적 안정, 자존감과 같은 내적 자원을 필요로 한다. 해결중심관점은 문제에 대해 적절히 도전하고 그에 따른 문제해결을 경험한 사람들의 적응력과 회복력(resiliency)이 더 높다는 전제를 바탕으로 청소년 스스로 해결하고자 하는 문제를 설정하고 그에 대한 해결방법을 찾아 내적 자원을 강화하도록 하는 청소년중심 개입 기법으로 활용할 수 있다.

해결중심관점에서는 청소년을 삶의 전환기에서 어려움을 겪는 청소년으로 간주하고 문제를 겪는 당사자이면서 그 문제를 해결하는 데 있어 전문가임을 강조한다. 이에 청소년을 병리적 문제를 가진 존재로 보지 않고 긍정적 관점에서 바라본다(김성이 외, 2004). 즉, 청소년이 문제해결의 원동력이자 성장 발달의 잠재력을 가진 자율적이고 독립적인 개인이라는 관점을 전제하고 있으며, 청소년 대상 사회복지사는 그 과정에서 자문 역할을 제공하는 동시에 해결 전략을 공동으로 모색하는 협력자의 역할을 해야 한다.

이러한 사회복지사–청소년 클라이언트 간의 관계는 청소년이 권위를 가진 사람들에 대해 가지는 저항과 반감을 줄여 준다. 권위자에 대한 청소년의 거부감은 상담을 하려고 하지 않거나 개입을 거부하는 상황을 초래한다. 그러나 청소년을 문제해결의 협력자 및 동반자로 인정하고, 문제를 정의함에 있어 청소년 스스로 원하는 문제를 우선순위에 두고 정의할 수 있도록 하기 때문에 청소년들이 치료관계에서 겪을 수 있는 거부감을 줄여 줄 수 있다는 장점이 있다(김성이 외, 2004).

해결중심관점은 청소년의 문제해결 능력을 강조한다. 이에 자기중심적이고 비관적인 사고로 자신의 문제 상황에 대해 비관적으로 해석하는 청소년의 태도에 개입함으로써 부정적 의미를 재해석할 수 있도록 도울 수 있다. 이를 위해 사회복지사는 청소년 클라이언트의 이야기를 주의 깊게 듣고, 이를 다양한 비언어적 행동(예: 고개를 끄덕인다든지, 몸을 클라이언트 쪽으로 내민다든지)으로 표현하며, 청소년이 사용하는 핵심 용어를 반복하면서 청소년을 있는 그대로 존중하고 있음을 보여 주고, '네' '아니요'라는 답을 하게 하는 폐쇄형 질문보다는 개방형 질문을 주로 활용함으로써 청소년의 준거틀을 파악하게 한다. 주기적으로 클라이언트의 생각, 행동, 감정 등을 재정리해 주고 쉽고 간략하게 설명하며, 침묵을 존중하고 사실에 근거한 칭찬을 제공해야 한다.

03 청소년복지의 생태환경중심관점

1) 체계이론

(1) 관점 소개

사회복지실천의 관점은 '환경 속의 인간(person in environment)'이다. 즉, 사회복지실천은 인간과 사회환경 간의 상호작용에 관심을 둔다. 체계이론은 이러한 실천 관점을 형성하고 발전하는 데 기여한 중요한 이론 중 하나라고 할 수 있다.

체계이론은 루드비히 본 베르탈란피(Ludwig von Bertalanffy)가 생물학적 유기체와 그들 환경 간의 역동적 관계를 설명하기 위한 원리를 인간, 즉 개인 또는 집단에 적용시킨 것이다(홍봉선, 2009). 체계이론에서 '체계'란 상호 의존적이고 상호작용하는 각각의 부분으로 구성된 전체, 즉 부분들 간의 관계를 맺고 있는 일련의 단위들을 가리킨다(김성이 외, 2004). 체계이론에 따르면 하나의 생활체는 여러 하위 체계로 구성되어 있고, 이러한 하위 체계 간의 상호작용과 관련성에 의해 조직화된다. 즉, 체계는 하위 체계들(subsystems)로 구성된 전체이다. 이 구성 요소들은 유기적으로 관련되어 상호 영향을 주고받으며 존재한다. 따라서 하나의 체계가 변하면 다른 체계들이 변하고, 이어 전체에 변화를 일으킨다.

체계 간의 상호작용은 한 체계로부터 다른 체계로 에너지가 투입(inout)되는 과정, 투입된 에너지가 전환 과정을 통해 외부로 표출되는 과정(output)으로 구성된다. 이와 같은 사회체계와 외부환경 간의 투입, 전환, 산출의 상호작용은 피드백(feedback)을 통해 점검되고, 다음 상호작용을 수정하거나 강화함으로써 그 사회체계들에 유용한 능력과 내적 구성에 영향을 미친다.

이때 경계의 투과성에 따라 에너지나 자원 등이 체계 안팎으로 드나들 수 있는 정도가 달라진다. '경계'란 체계를 외부환경으로부터 구분하는 일종의 추상적인 테두리로, 경계의 투과성을 기준으로 체계는 개방체계와 폐쇄체계로 구분할 수 있다. 먼저 '개방체계'란 체계가 환경과 역동적으로 연결되어 있어서 반투과성의 경계를 지니는 상태로, 에너지, 정보, 자원 등을 다른 체계들과 빈번하게 상호작용한다. 반면에 '폐쇄체계'는 경계의 투과성이 낮은 상태로, 다른 체계들과 상호작용하지 않는 고립된 체계가 되므로 에너지의 투입과 산출이 거의 없다. 체계가 폐쇄적이면 시간이 지나면서 모든 요소가 서로 비슷해지기 시작하여 결과적으로 조직과 효과적인 기능의 상실이 초래된다. 즉, 체계가 성장하고 발달하려면 다른 체계들과의 에너지, 자원 등을 주고받는 상호작용에 있어 어느 정도 개방적이어야 한다.

사회체계에서 이루어지는 피드백은 체계 간 상호작용의 방향에 따라 정적 피드백과 부적 피드백으로 구분된다. '정적 피드백(positive feedback)'이란 체계가 목표와 관련하여 적절하게 행동하고 있으며 그 같은 행동이 더욱 요청된다는 의미를 전달하는 것이며, '부적 피드백(negative feedback)'은 체계의 이탈을 수정하거나 변화시키는 것을 말한다. 원래의 행동을 감소시키거나 혹은 지속하지 못하도록 상호작용의 형태를 바꾸거나 목표를 수정하는 것이다. 이러한 피드백 과정을 거쳐 체계는 안정성, 형평성을 유지하게 된다.

체계이론은 문제에 대한 관점을 제공하는 데 있어서 보다 전체적인 시각을 제시하여 문제를 개인과 사회 및 환경이 상호작용하는 총체적인 과정으로 이해하게 한다(김성이 외, 2004). 체계이론에 기초한 사회복지실천에서는 인간 행동의 문제 원인이 반드시 기본체계 내부에 있는 것이 아니라 외부의 다른 체계에 있을 수 있음을 알게 한다. 또한 클라이언트의 부적응에 있어 체계 간의 기능에서 나타나는 문제적 현상을 보다 잘 이해하도록 한다.

(2) 청소년복지 적용

체계이론은 클라이언트의 문제와 관련된 전반적인 요인들을 밝혀내고 그 요인들의 관계를 이해하는 데 필요한 준거틀을 제공해 준다. 즉, 클라이언트와 관련 있는 여러 요소의 연관성을 동시에 이해할 수 있는 이론적 틀을 제공해 준다. 이러한 체계이론은 청소년복지 실천현장의 사회복지사로 하여금 청소년이 속한 가족, 친구, 학교 등이 지역사회를 포함한 광범위한 제도적 체계들 속에 놓여 역동을 주고받고 있음을 이해하게 한다. 이에 청소년 클라이언트의 문제를 사정하고 개입할 때 단순원인론에서 벗어나 다차원적 원인론으로 전환할 수 있게 한다(김성이 외, 2004). 즉, 다층적 체계 간의 상호작용을 파악함으로써 청소년의 적응과 성취에 영향을 미칠 수 있는 다양한 위험요인과 보호요인에 대해 알 수 있다.

체계론적 관점을 토대로 하는 청소년복지에서 사회복지사는 미시적 차원에서는 청소년의 기능에 개입하고, 거시적 차원에서는 청소년이 속한 체계의 수행에 부정적으로 영향을 미치는 체계 내 문제, 또는 다른 체계와의 결합 지점에 개입한다(Bowen, 2004; 홍봉선, 2009 재인용). 이때 청소년을 하나의 독특한 행동방식을 가진 체계로 본다. 따라서 청소년 대상 사회복지사는 청소년이 외부체계인 가족이나 학교, 사회와 지속적인 상호작용을 통해 피드백을 받아들이는 개방적 체계임을 인정하고 자기주도적으로 문제를 변화시키거나 새로운 환경을 창조해 낼 수 있다고 간주하면서 다른 체계와 긍정적 상호작용을 할 수 있도록 돕는다(김성이 외, 2004).

이를 위해 사회복지사는 청소년이 가지고 있는 자기주도적인 면을 스스로 파악할 수 있도록 돕고, 이를 통해 자신이나 환경의 문제를 적극적으로 변화시킬 수 있는 능력을 갖출 수 있도록 돕는다. 이 과정에서 청소년이 자신이 속한 체계에 대해 부모가 참여하고 있고, 학교나 친구관계의 영향을 받고 있으며, 향후 연결될 지원 서비스가 자신의 생활 및 적응에 영향을 미칠 수 있다는 것을 인지하도록 한다. 이를 통해 청소년의 생활환경이라는 총체적 체계에 대해 사회복지사와 청소년 모두 보다 깊이 이해할 수 있고, 이를 근거로 청소년 클라이언트의 요구에 보다 통합적, 포괄적으로 대응할 수 있는 방법을 모색할 수 있다.

2) 생태학적 관점

(1) 관점 소개

생태학이란 생물학의 한 종류로, 살아 있는 유기체와 사회적 · 물리적 환경 요소 간의 관계를 연구하는 학문이다. 이 관점에서는 유기체를 환경과 상호작용하는 체계로 보기 때문에 개인과 환경에 대한 이분법적 사고에서 벗어나 양자 간의 상호작용에 초점을 둔다. 브론펜브레너(Bronfenbrenner, 1977)는 인간발달을 '인간이 자신의 환경을 지각하고 다루는 방식에서의 지속적인 변화'로 정의하면서 생태학을 인간발달에 적용하였다. 인간의 생태학적 환경이란 개인이 직접 참여하는 장면뿐만 아니라 그러한 장면 간의 상호연결, 그리고 개인이 직접 참여하지 않는 외부 환경으로부터 오는 영향들을 포함한다. 사회복지실천으로서 생태학적 관점은 환경이 인간에게 영향을 미치는 방법과 인간이 환경에 영향을 미치는 방법을 바라보는 하나의 틀을 제공한다(김성이 외, 2004).

생태학적 관점에서는 인간의 발달을 개인과 환경 간의 상호작용의 결과물로 본다. 이러한 생태학적 관점을 적용한 사회복지실천에서는 인간의 발달을 촉진시키는 개인적 요인뿐만 아니라 개인에게 영향을 미치는 사회적 환경 간의 힘의 관계망을 탐색하여 인간과 환경의 상호 교류가 일어나는 접점에 개입한다(김성이 외, 2004). 이에 환경과 상호작용하는 개인을 개입의 기본단위로 설정하지만 개인뿐만 아니라 가족, 지역사회 또는 전체 사회에 개입할 필요성을 강조한다. 나아가 개인, 가족, 집단을 돕는 방법에서 보다 넓은 개입영역으로 지역사회, 조직, 입법, 정치 등에 영향을 미치는 방법과 기술을 제공한다(Germain & Gitterman, 1996; 김성이 외, 2004 재인용). 이로 인해 권익옹호, 임파워먼트 접근 등과 같이 '인간' 아니면 '환경' 중 어느 한쪽에 대한 개입 방식에서 벗어나 이들의 상호 교류 속에서 발생하는 부조화를 해결하기 위한 개입으로 그 초점을 확장할 수 있게 되었다(김성이 외, 2004).

생태학적 관점으로의 개입에 있어 사회복지사는 개인과 환경을 분리할 수 없는 존재로 보는 기본적 관점을 취해야 한다. 개입 과정에서 클라이언트의 자존감과 유능성을 증진시키고, 나아가 적응 능력을 키우는 데 있어서 동반자 역할을 해야 한다. 또한 사회적 관계망 분석, 가계도 등 다양한 개입 기법을 활용하여 클라이언트의 적응 양상에 영향을 미치는 체계들에 대해 최대한 다양한 수준으로 사정함으로써 개인과 환경 간의 상호 교류 양상을 파악하면서 클라이언트의 부적응을 유발하는 생활 상황을 파악해야 한다. 이에 대해 개입할 때 개인이나 환경 어느 한쪽에 초점을 두면 효과적 원조가 이루어지기 어렵다는 사실을 수용하고, 개인과 환경 간의 적합성을 증진시킬 수 있는 개입 방안을 모색하여야 한다.

(2) 청소년복지 적용

개인과 환경 간의 상호작용에 초점을 두는 생태학적 관점은 사회복지실천의 문제에 있어 개인이나 사회의 병리적 원인에 초점을 맞추기보다는 체계 간의 상호작용 속에서 일어나는 스트레스와 대처 능력의 불균형으로 인해 적응적 상태를 이루지 못하는 생활상의 문제로 파악한다(홍봉선, 2009). 예를 들어, 정서적 문제 또는 학교에 다니지 않는 등의 특성을 가진 청소년들의 정적 행동이 아닌, 환경과의 상호 역동적 교류에 관심을 가진다.

따라서 생태학적 관점은 청소년을 대상으로 하는 사회복지사로 하여금 청소년의 상황 또는 어려움에 기여하는 모든 체계를 구체화하고 고려하도록 한다(홍봉선, 2009). 즉, 개입의 초점은 문제를 가진 개인이기보다는 부적절한 생활환경과 클라이언트의 부적응적 반응으로 인해 최적의 적합성을 이루지 못한 상황 전체가 된다(김태성 · 홍선미, 2006).

생태학적 관점으로 청소년 클라이언트를 지원하기 위해서는 특정 체계에 국한한 치료적 접근 모델이 아닌, 클라이언트의 생활 과정과 관련된 여러 체계 내의 변화를 함께 시도할 때 보다 효과적이고 영향력 있는 변화가 일어날 수 있다는 것을 전제한다. 즉, 개입에 있어서 청소년의 강점, 복지 안녕, 자기성장을 추구하려는 선천적 내적 동기나 잠재력을 활용함으로써 개인, 가족, 집단, 지역사회에서의 인간–환경 간의 조화로운 상태를 이끌어 내는 것에 역점을 둔다(김성이 외, 2004). 이를 위해서는 청소년 클라이언트를 동반자적 관계로 인식하는 것이 필요한데, 이들을 문제 청소년이나 수동적 서비스 수혜자로 여기는 것이 아닌, 서비스 제공부터 개발, 시행, 결과까지 모든 과정에 청소년 클라이언트를 참여하게 하여 적극적으로 문제해결에 동참하는 것을 의미한다(김성이 외, 2004).

청소년과 청소년 생활환경의 생태체계의 구성요소는 [그림 2–1]과 같다. 이처럼 청소년의 생태체계를 다층적으로 구분하고 이에 대해 면밀하게 사정함으로써 청소년을 둘러싸고 있는 즉각적 환경인 가족, 학교, 또래 집단뿐만 아니라 거시체계인 청소년 관련 정

[그림 2–1] 청소년을 둘러싼 생태체계의 구성요소

* 출처: Allen-Meares (2004); 홍봉선 · 남미애, 2009 재인용

책 등 다양한 체계에 대한 동시적 개입이 가능하게 된다. 나아가 이러한 동시적 개입을 통해 개인이나 가족, 집단의 문제해결에 국한하지 않고 제도적 · 사회적 변화를 꾀할 수 있는 개입 전략을 적극적으로 모색할 수 있게 된다. 이때 비행친구 집단과 같이 청소년에게 비공식적 자원으로서 기능하는 체계 또한 발견하여 개입에 활용할 수 있다.

요약

1. 청소년복지는 청소년 대상에 대한 규정, 청소년의 특성에 대한 입장과 더불어 '무엇을 복지로 볼 것인가'에 따라 다르게 이해된다. 국내의 청소년복지는 청소년의 생존과 생활에 대한 복지권의 기본 이념에 따라 청소년의 행복과 성장을 도모시킴과 동시에 청소년의 독립성, 주체성을 인정해 주는 것을 목적으로 한다.

2. 청소년복지가 청소년의 욕구와 사회환경 간의 상호작용에서 적응하지 못할 때 일어나는 문제에 대한 지원인지, 아니면 청소년 전반에 미치는 사회의 문제를 해결하기 위한 지원인지에 규정하는 것은 청소년복지 정책의 방향과 내용을 결정하는 중요한 기준이 된다.

3. 사회복지에 대한 접근방법과 청소년학에서의 청소년 존재에 대한 관점은 밀접하게 관련된다. 즉, 잔여적 접근–문제중심적 관점, 제도적 접근–예방적 관점, 발전적 접근–청소년개발 관점 간에 공통점을 찾을 수 있다.

4. 청소년복지의 개인중심관점으로는 임파워먼트 접근방법, 권익옹호, 해결중심관점을 들 수 있다. 임파워먼트 접근방법은 클라이언트가 사회적 · 조직적 환경에 대해 통제력을 가지도록 하고, 그것을 증대시키고자 하는 임상 실제의 과정, 개입, 기술을 의미한다. 이는 청소년을 대상으로 하는 사회복지사의 가장 중요한 역할이라고 할 수 있다.

5. 권익옹호 활동이란 인권 침해, 평등을 저해하는 행위, 사회정의를 해치는 일 등에 대해 사회복지사가 클라이언트의 입장에서 이들의 권익을 대변하고, 이를 향상시킬 수 있는 정책 과정이나 입법 활동 등에 대한 참여를 의미한다. 청소년에 대한 사회 존중과 지지를 위해 청소년복지 현장에서 정부기관, 사법기관, 정당, 이익단체, 지역사회 단체 등이 청소년 관련 문제에 관심을 가지고 관련 정책 결정 과정에 적극 개입할 수 있도록 노력해야 한다.

6. 해결중심관점은 전문가 또는 치료자가 중심이 되어 문제의 원인을 분석하고 해결하기보다는 클라이언트가 스스로 해결방법을 찾아가도록 돕는 클라이언트 중심적 접근방법이다. 문제해결 방법을 모색함에 있어서 클라이언트의 성공적 경험에 근거하고, 클라이언트가 가지고 있는 변화의 욕구를 인정한다는 것이 장점이다.

7. 청소년복지의 생태환경중심관점으로는 체계이론과 생태학적 관점을 들 수 있다. 체계이론은 클라이언트의 문제와 관련된 전반적인 요인들을 밝혀내고 그 요인들의 관계를 이해하는 데 필요한 준거틀을 제공해 준다. 이에 청소년 클라이언트의 문제를 사정하고 개입할 때 단순원인론에서 벗어나 다차원적 원인론으로 전환할 수 있게 한다.

8. 생태학적 관점에서는 인간의 발달을 개인과 환경 간의 상호작용의 결과물로 본다. 이에 사회복지실천의 문제에 있어 개인이나 사회의 병리적 원인에 초점을 맞추기보다는 체계 간의 상호작용 속에서 일어나는 스트레스와 대처 능력의 불균형으로 인해 적응적 상태를 이루지 못하는 생활상의 문제로 파악한다.

참고문헌

김성이 · 조학래 · 노충래(2004). **청소년복지학**. 서울: 집문당.

김성이 · 조학래 · 노충래 · 신효진(2010). **청소년복지학**. 경기: 양서원.

김윤경 · 이다미(2011). 해결중심단기가족치료의 효과에 관한 사례연구: 이혼가정 청소년 자녀와 부모를 중심으로. **청소년학연구**. 18(3), 49-81.

김태성 · 홍선미(2006). **사회복지개론**. 서울: 청목출판사.

김향초(2015). **청소년복지론**. 서울: 학지사.

송성자 · 정문자(2002). 보호처분을 받은 비행청소년에 대한 해결중심 집단프로그램의 효과성 연구. **한국사회복지학**, 48, 302-332.

이채식 · 김수완(2009). 청소년학에서 바라본 청소년복지학. **2009 한국청소년복지학회 추계학술대회 자료집**. 1-16.

조홍식 · 김혜래 · 신은주 · 우국희 · 오승환(2010). **인간행동과 사회환경**. 서울: 학지사.

정문자 · 김진이 · 이현주(2005). 이혼 가정의 아동과 어머니의 사회적응을 위한 통합적 집단 치료의 효과성 연구. **대한가정학회지**, 43(6), 145-168.

정문자 · 송성자 · 이영분 · 김유순 · 김은영(2008). **해결중심단기치료**. 서울: 학지사.

천정웅(2012). **청소년복지론: 발전적 관점**. 경기: 양서원.

홍봉선(2009). 사회복지학에서 바라본 청소년복지. **2009 한국청소년복지학회 추계학술대회 자료집**. 23-60.

홍봉선 · 남미애(2009). **청소년복지론**. 경기: 공동체.

Adams, R. (2003). *Social work and empowerment* (3rd ed.). New York: Palgrave McMillan.

Allen-Meares, P., et al. (2004). *Social work services in schools*. Boston: Allyn & Bacon.

Barber, J. G. (1991). *Beyond casework*. London: Palgrave McMillan.

Bowen, G. L. (2004). Social organization and schools: A general systems theory perspective. In Allen-Meares, P. et al. (Eds.), *Social work services in schools*. Boston: Allyn & Bacon.

Bronfenbrenner, U. (1977). Toward an experimental ecology of human development. *American Psychologist,* 32, 513-531.

Browne, J. (1995). *The British welfare state: A critical history.* Oxford: basil Blackwell.

de Jong, P., & Berg, I. K. (1997). **해결을 위한 면접**. 허남순 · 노혜련 역. 서울: 학문사.

Germain, C., & Gitterman, A. (1996). *The life model of social work practice advances in theory and practice* (2nd ed.), New York: Columbia University Press.

Homan, M. S. (2007). *Promoting community change: Making it happen in the real world. Pacific Grove,* CA: Thomson Brooks/Cole.

Lee, J. A. (2001). *The empowerment approach to social work practice: Building beloved communities* (2nd ed.). New York: Columbia University Press.

Schneider, R. L. & Lester, L. (2001). *Social Work Advocacy: A New Framework for Action*. Brooks/cole.

제 3 장

청소년복지 정책과 법

학습개요

청소년복지와 관련된 정책은 여성가족부를 비롯한 중앙부처와 지방자치단체에서 시행하고 있다. 유사한 나이에 속한 집단을 특성, 환경 등 여러 요인에 의해 아동, 청소년, 청년 등으로 명칭을 구분하여 소관부서에서 복지 정책을 펼치고 있다.

하지만 각 중앙부처와 지방자치단체마다 유사한 집단을 대상으로 다른 관점에서 접근하다 보니 운영 목적, 목표, 추진 방향 등이 복지 대상, 운영 기관, 지역적 특성에 맞게 운영되기도 하지만 유사 사업 중복 시행 등 불합리하게 운영되는 측면이 있다. 따라서 청소년복지 정책과 유사한 집단을 대상으로 한 복지 정책 간의 비교 및 여성가족부와 타 부처 정책과의 비교 등을 통해 현재 실시되는 청소년복지 정책 확인과 문제점 등을 파악할 필요가 있다. 더불어 복지 정책을 펼치기 위해서는 이를 뒷받침할 수 있는 법률 체계가 갖추어져야 한다. 현재 청소년복지 정책과 관련된 어떠한 법이 제정되어 있고, 법의 내용이 어떻게 되어 있는지 확인할 필요가 있다.

이 장에서는 청소년복지와 관련된 법, 복지 관련 정책의 비교, 청소년복지 전달체계 등에 대해 살펴보고자 한다.

01 청소년복지 관련 법[1]

청소년복지와 관련된 법률을 크게 두 가지로 구분하였는데, 첫째, 청소년 및 청소년복지, 보호, 육성과 직간접적으로 관련이 있는 법률, 둘째, 청소년복지와 연관성이 있는 법률로 구분하여 살펴보았다. 그 내용은 다음과 같다.

1) 청소년 및 청소년복지, 보호, 육성과 직간접적으로 관련이 있는 법률

(1) 「청소년복지 지원법」

「청소년복지 지원법」은 「청소년 기본법」 제49조 제4항에 따라 청소년복지 향상에 관한 사항을 규정함을 목적으로 한다(제1조). 주요 내용은 다음과 같다.

첫째, 국가 또는 지방자치단체는 그가 운영하는 수송시설 · 문화시설 · 여가시설 등을 청소년이 이용하는 경우 그 이용료를 면제하거나 할인할 수 있으며, 이용료를 면제받거나 할인받으려는 청소년은 시설의 관리자에게 주민등록증(모바일 주민등록증을 포함한다), 학생증, 제4조에 따른 청소년증 등 나이를 확인할 수 있는 증표 또는 자료를 제시하여야 한다(제3조), 특별자치시장 · 특별자치도지사 또는 시장 · 군수 · 구청장은 9세 이상 18세 이하의 청소년에게 청소년증을 발급할 수 있다(제4조).

둘째, 국가 및 지방자치단체는 대통령령으로 정하는 바에 따라 위기청소년에게 필요한 사회적 · 경제적 지원을 할 수 있으며, 특별지원은 생활지원, 학업지원, 의료지원, 직업훈련지원, 청소년활동지원 등 대통령령으로 정하는 내용에 따라 물품 또는 서비스의 형태로 제공한다. 다만, 위기청소년의 지원에 반드시 필요하다고 인정되는 경우에는 금전의 형태로 제공할 수 있다(제14조).

셋째, 여성가족부장관 또는 지방자치단체의 장은 가정 밖 청소년의 발생 예방 및 지원을 위한 교육 · 홍보 · 연구 · 조사 등 각종 정책을 수립 · 시행하여야 하고, 국가 및 지방

1) 국가법령정보센터 http://www.law.go.kr (2024. 02. 21. 검색)

자치단체는 가정 밖 청소년의 가정 · 사회 복귀를 돕기 위하여 상담, 보호, 자립지원, 사후관리 등 필요한 조치를 하여야 하며, 보호자는 가정 밖 청소년의 발생을 예방하기 위하여 노력하여야 하며, 가정 밖 청소년의 가정 · 사회 복귀를 위한 국가 및 지방자치단체 등의 노력에 적극 협조하여야 한다(제16조).

넷째, 청소년복지시설의 종류는 ① 청소년쉼터: 가정 밖 청소년에 대하여 가정 · 학교 · 사회로 복귀하여 생활할 수 있도록 일정 기간 보호하면서 상담 · 주거 · 학업 · 자립 등을 지원하는 시설, ② 청소년자립지원관: 일정 기간 청소년쉼터 또는 청소년회복지원시설의 지원을 받았는데도 가정 · 학교 · 사회로 복귀하여 생활할 수 없는 청소년에게 자립하여 생활할 수 있는 능력과 여건을 갖추도록 지원하는 시설, ③ 청소년치료재활센터: 학습 · 정서 · 행동상의 장애를 가진 청소년을 대상으로 정상적인 성장과 생활을 할 수 있도록 해딩 청소년에게 적합한 치료 · 교육 빛 재활을 종합적으로 지원하는 거주형 시설, ④ 청소년회복지원시설:「소년법」 제32조 제1항 제1호에 따른 감호 위탁 처분을 받은 청소년에 대하여 보호자를 대신하여 그 청소년을 보호할 수 있는 자가 상담 · 주거 · 학업 · 자립 등 서비스를 제공하는 시설로 구분된다(제31조).

다섯째, 청소년쉼터(가정 밖 청소년을 7일의 범위에서 일시적으로 보호하는 청소년쉼터는 제외한다)를 설치 · 운영하는 자는 해당 청소년쉼터에 입소한 가정 밖 청소년이 가정폭력, 친족에 의한 성폭력, 그 밖에 가정으로 복귀하여 생활하기 어려운 사유로서 대통령령으로 정하는 사유가 원인이 되어 입소한 경우에는 그 가정 밖 청소년 본인의 의사에 반하여 퇴소시켜서는 아니 된다. 다만, 해당 가정 밖 청소년이 다음 각 호의 어느 하나에 해당하는 경우에는 그러하지 아니하다. ① 거짓 또는 부정한 방법으로 청소년쉼터에 입소한 경우, ② 청소년쉼터 안에서 현저한 질서문란 행위를 한 경우가 해당된다(제32조의 2).

(2)「청소년 보호법」

「청소년 보호법」은 청소년에게 유해한 매체물과 약물 등이 청소년에게 유통되는 것과 청소년이 유해한 업소에 출입하는 것 등을 규제하고 청소년을 유해한 환경으로부터 보호 · 구제함으로써 청소년이 건전한 인격체로 성장할 수 있도록 함을 목적으로 한다(제1조). 주요 내용은 다음과 같다.

첫째, "청소년"이란 만 19세[2] 미만인 사람을 말한다. 다만, 만 19세가 되는 해의 1월 1일을 맞이한 사람은 제외한다(제2조).

둘째, 「게임산업진흥에 관한 법률」에 따른 게임물 중 「정보통신망 이용촉진 및 정보보호 등에 관한 법률」 제2조 제1항 제1호에 따른 정보통신망을 통하여 실시간으로 제공되는 게임물(인터넷 게임)의 제공자(「전기통신사업법」 제22조에 따라 부가통신사업자로 신고한 자를 말하며, 같은 조 제1항 후단 및 제4항에 따라 신고한 것으로 보는 경우를 포함한다)는 회원으로 가입하려는 사람이 16세 미만의 청소년일 경우에는 친권자 등의 동의를 받아야 한다(제24조).

셋째, 여성가족부장관은 관계 중앙행정기관의 장과 협의하여 인터넷 게임 중독 · 과몰입(인터넷 게임의 지나친 이용으로 인하여 인터넷 게임 이용자가 일상생활에서 쉽게 회복할 수 없는 신체적 · 정신적 · 사회적 기능 손상을 입은 것을 말한다) 등 매체물의 오용 · 남용을 예방하고 신체적 · 정신적 · 사회적 피해를 입은 청소년과 그 가족에 대하여 상담 · 교육 및 치료와 재활 등의 서비스를 지원할 수 있다(제27조).

(3) 「아동 · 청소년의 성보호에 관한 법률」

「아동 · 청소년의 성보호에 관한 법률」은 아동 · 청소년 대상 성범죄의 처벌과 절차에 관한 특례를 규정하고 피해 아동 · 청소년을 위한 구제 및 지원 절차를 마련하며 아동 · 청소년 대상 성범죄자를 체계적으로 관리함으로써 아동 · 청소년을 성범죄로부터 보호하고 아동 · 청소년이 건강한 사회구성원으로 성장할 수 있도록 함을 목적으로 한다(제1조). 주요 내용은 다음과 같다.

첫째, "아동 · 청소년"이란 19세 미만의 사람을 말한다(제2조).

둘째, 이 법을 해석 · 적용할 때에는 아동 · 청소년의 권익을 우선적으로 고려하여야 하며, 이해관계인과 그 가족의 권리가 부당하게 침해되지 아니하도록 주의하여야 한다(제3조).

셋째, 제34조 제2항[3] 각 호의 기관 · 시설 또는 단체의 장과 그 종사자가 자기의 보

2) 우리나라 정부의 방침에 따라 현재 연령은 '만 나이'로 표기하지 않아도 '만 나이'를 의미하지만, 본 법에는 현재 '만'으로 표기하고 있어 그대로 두었다. 이 책에서 연령은 별다른 표기가 없는 경우에는 '만 나이'로 보면 된다.

호 · 감독 또는 진료를 받는 아동 · 청소년을 대상으로 성범죄를 범한 경우에는 그 죄에 정한 형의 2분의 1까지 가중처벌한다(제18조).

(4)「청소년 기본법」

「청소년 기본법」은 청소년의 권리 및 책임과 가정 · 사회 · 국가 · 지방자치단체의 청소년에 대한 책임을 정하고 청소년정책에 관한 기본적인 사항을 규정함을 목적으로 한다(제1조). 주요 내용은 다음과 같다.

첫째, 이 법은 청소년이 사회구성원으로서 정당한 대우와 권익을 보장받음과 아울러 스스로 생각하고 자유롭게 활동할 수 있도록 하며 보다 나은 삶을 누리고 유해한 환경으로부터 보호될 수 있도록 함으로써 국가와 사회가 필요로 하는 건전한 민주시민으로 자랄 수 있도록 하는 것을 기본이념으로 한다. 기본이념을 구현하기 위한 장기적 · 종합적 청소년정책을 추진할 때에는 ① 청소년의 참여 보장, ② 창의성과 자율성을 바탕으로 한 청소년의 능동적 삶의 실현, ③ 청소년의 성장 여건과 사회 환경의 개선, ④ 민주 · 복지 · 통일조국에 대비하는 청소년의 자질 향상의 사항을 추진 방향으로 한다(제2조).

둘째, "청소년"이란 9세 이상 24세 이하인 사람을 말한다. 다만, 다른 법률에서 청소년

3)「아동 · 청소년의 성보호에 관한 법률」 제34조 제2항 ② 다음 각 호의 어느 하나에 해당하는 기관 · 시설 또는 단체의 장과 그 종사자는 직무상 아동 · 청소년 대상 성범죄의 발생 사실을 알게 된 때에는 즉시 수사기관에 신고하여야 한다. 1.「유아교육법」 제2조 제2호의 유치원, 2.「초 · 중등교육법」 제2조의 학교 및 같은 법 제28조와 같은 법 시행령 제54조에 따른 위탁 교육기관 및「고등교육법」 제2조의 학교, 3.「의료법」 제3조의 의료기관, 4.「아동복지법」 제3조 제10호의 아동복지시설 및 같은 법 제37조에 따른 통합서비스 수행기관, 5.「장애인복지법」 제58조의 장애인복지시설, 6.「영유아보육법」 제2조 제3호의 어린이집, 같은 법 제7조에 따른 육아종합지원센터 및 같은 법 제26조의2에 따른 시간제보육서비스지정기관, 7.「학원의 설립 · 운영 및 과외교습에 관한 법률」 제2조 제1호의 학원 및 같은 조 제2호의 교습소, 8.「성매매방지 및 피해자보호 등에 관한 법률」 제9조의 성매매피해자 등을 위한 지원시설 및 같은 법 제17조의 성매매피해상담소, 9.「한부모가족지원법」 제19조에 따른 한부모가족복지시설, 10.「가정폭력방지 및 피해자보호 등에 관한 법률」 제5조의 가정폭력 관련 상담소 및 같은 법 제7조의 가정폭력피해자 보호시설, 11.「성폭력방지 및 피해자보호 등에 관한 법률」 제10조의 성폭력피해상담소 및 같은 법 제12조의 성폭력피해자보호시설, 12.「청소년활동 진흥법」 제2조 제2호의 청소년활동시설, 13.「청소년복지 지원법」 제29조 제1항에 따른 청소년상담복지센터 및 같은 법 제31조 제1호에 따른 청소년쉼터, 13의 2.「학교 밖 청소년 지원에 관한 법률」 제12조에 따른 학교밖청소년지원센터, 14.「청소년 보호법」 제35조의 청소년 보호 · 재활센터 ③ 다른 법률에 규정이 있는 경우를 제외하고는 누구든지 신고자 등의 인적사항이나 사진 등 그 신원을 알 수 있는 정보나 자료를 출판물에 게재하거나 방송 또는 정보통신망을 통하여 공개하여서는 아니 된다.

에 대한 적용을 다르게 할 필요가 있는 경우에는 따로 정할 수 있다. "청소년복지"란 청소년이 정상적인 삶을 누릴 수 있는 기본적인 여건을 조성하고 조화롭게 성장 · 발달할 수 있도록 제공되는 사회적 · 경제적 지원을 말한다(제3조).

셋째, ① 청소년의 기본적 인권은 청소년활동 · 청소년복지 · 청소년보호 등 청소년육성의 모든 영역에서 존중되어야 한다. ② 청소년은 인종 · 종교 · 성별 · 나이 · 학력 · 신체조건 등에 따른 어떠한 종류의 차별도 받지 아니한다. ③ 청소년은 외부적 영향에 구애받지 아니하면서 자기 의사를 자유롭게 밝히고 스스로 결정할 권리를 가진다. ④ 청소년은 안전하고 쾌적한 환경에서 자기발전을 추구하고 정신적 · 신체적 건강을 해치거나 해칠 우려가 있는 모든 형태의 환경으로부터 보호받을 권리를 가진다. ⑤ 청소년은 자신의 능력을 개발하고 건전한 가치관을 확립하며 가정 · 사회 및 국가의 구성원으로서의 책임을 다하도록 노력하여야 한다(제5조).

넷째, ① 국가는 청소년들의 의식 · 태도 · 생활 등에 관한 사항을 정기적으로 조사하고, 이를 개선하기 위하여 청소년의 복지향상 정책을 수립 · 시행하여야 한다. ② 국가 및 지방자치단체는 기초생활보장, 직업재활훈련, 청소년활동 지원 등의 시책을 추진할 때에는 정신적 · 신체적 · 경제적 · 사회적으로 특별한 지원이 필요한 청소년을 우선적으로 배려하여야 한다. ③ 국가 및 지방자치단체는 청소년의 삶의 질을 향상하기 위하여 구체적인 시책을 마련하여야 한다. ④ 제1항부터 제3항까지의 규정에 관하여는 따로 법률로 정한다(제49조).

(5) 「청소년활동 진흥법」

「청소년활동 진흥법」은 「청소년 기본법」 제47조 제2항에 따라 다양한 청소년활동을 적극적으로 진흥하기 위하여 필요한 사항을 정함을 목적으로 한다(제1조). 주요 내용은 다음과 같다.

첫째, 청소년수련시설을 설치 · 운영하는 개인 · 법인 · 단체 및 제16조 제3항에 따른 위탁운영단체는 청소년활동을 활성화하고 청소년의 참여를 보장하기 위하여 청소년으로 구성되는 청소년운영위원회를 운영하여야 한다(제4조).

둘째, 청소년은 다양한 청소년활동에 주체적이고 자발적으로 참여하여 자신의 꿈과 희망을 실현할 충분한 기회와 지원을 받아야 하며, 국가 및 지방자치단체는 청소년활동을 활성화하는 데 필요한 청소년활동시설, 청소년활동 프로그램, 청소년지도자 등을 위한 시책을 수립 · 시행하여야 한다(제5조).

셋째, 국가 및 지방자치단체는 청소년수련활동에 필요한 청소년수련거리를 그 이용대상 · 나이 · 이용장소 등을 종합적으로 고려하여 유형별로 균형 있게 개발 · 보급하여야 하며, 국가 및 지방자치단체는 청소년의 발달원리와 선호도에 근거하여 청소년수련거리를 전문적으로 개발하여야 한다(제34조).

넷째, 국가 및 지방자치단체는 교포청소년의 모국방문 · 문화체험 및 국내 청소년과의 청소년교류활동을 지원하고 장려하여야 하며(제56조), 국가는 남 · 북청소년 교류에 관한 기본계획을 수립하고, 남 · 북청소년이 교류할 수 있는 제도적 여건을 조성하여야 한다. 또한 국가는 남 · 북청소년 교류를 위한 기반을 조성하기 위하여 필요한 체계적인 통일교육을 실시할 수 있다(제59소).

다섯째, 국가 및 지방자치단체는 청소년문화활동 프로그램 개발, 문화시설 확충 등 청소년문화활동에 대한 청소년의 참여 기반을 조성하는 시책을 개발 · 시행하여야 하며, 국가 및 지방자치단체는 제1항에 따른 시책을 수립 · 시행할 때에는 문화예술 관련 단체, 청소년동아리단체, 봉사활동단체 등이 청소년문화활동 진흥에 적극적이고 자발적으로 참여할 수 있도록 하여야 한다(제60조).

여섯째, 국가 및 지방자치단체는 청소년이 자율적으로 참여하여 조직하고 운영하는 다양한 형태의 동아리활동을 적극 지원하여야 하며(제64조), 국가 및 지방자치단체는 청소년의 자원봉사활동을 활성화할 수 있는 기반을 조성하여야 한다(제65조).

2) 청소년복지와 연관성이 있는 법률

(1) 「아동복지법」

「아동복지법」은 아동이 건강하게 출생하여 행복하고 안전하게 자랄 수 있도록 아동의 복지를 보장하는 것을 목적으로 한다(제1조). 주요 내용은 다음과 같다.

첫째, ① 아동은 자신 또는 부모의 성별, 연령, 종교, 사회적 신분, 재산, 장애유무, 출생지역, 인종 등에 따른 어떠한 종류의 차별도 받지 아니하고 자라나야 한다. ② 아동은 완전하고 조화로운 인격발달을 위하여 안정된 가정환경에서 행복하게 자라나야 한다.

③ 아동에 관한 모든 활동에 있어서 아동의 이익이 최우선적으로 고려되어야 한다. ④ 아동은 아동의 권리보장과 복지증진을 위하여 이 법에 따른 보호와 지원을 받을 권리를 가진다(제2조).

둘째, "아동"이란 18세 미만인 사람을 말한다. "아동복지"란 아동이 행복한 삶을 누릴 수 있는 기본적인 여건을 조성하고 조화롭게 성장·발달할 수 있도록 하기 위한 경제적·사회적·정서적 지원을 말한다(제3조).

셋째, 시·도지사 또는 시장·군수·구청장은 그 관할 구역에서 보호대상 아동을 발견하거나 보호자의 의뢰를 받은 때에는 아동의 최상의 이익을 위하여 대통령령으로 정하는 바에 따라 다음 각 호에 해당하는 보호조치를 하여야 한다. ① 전담공무원, 민간전문인력 또는 아동위원에게 보호대상 아동 또는 그 보호자에 대한 상담·지도를 수행하게 하는 것, ②「민법」 제777조 제1호 및 제2호에 따른 친족에 해당하는 사람의 가정에서 보호·양육할 수 있도록 조치하는 것, ③ 보호대상 아동을 적합한 유형의 가정에 위탁하여 보호·양육할 수 있도록 조치하는 것, ④ 보호대상 아동을 그 보호조치에 적합한 아동복지시설에 입소시키는 것, ⑤ 약물 및 알코올 중독, 정서·행동·발달 장애, 성폭력·아동학대 피해 등으로 특수한 치료나 요양 등의 보호를 필요로 하는 아동을 전문치료기관 또는 요양소에 입원 또는 입소시키는 것, ⑥「입양특례법」에 따른 입양과 관련하여 필요한 조치를 하는 것이 해당한다(제15조).

넷째, 시·도지사 또는 시장·군수·구청장 이외의 자가 보호대상 아동을 발견하거나 보호자의 의뢰를 받은 때에는 지체 없이 시·도지사 또는 시장·군수·구청장에게 보호조치를 의뢰하여야 하며, 시·도지사 또는 시장·군수·구청장은 제1항 제1호 및 제2호의 보호조치가 적합하지 아니한 보호대상 아동에 대하여 제1항 제3호부터 제6호까지의 보호조치를 할 수 있다. 이 경우 제1항 제3호부터 제6호까지의 보호조치를 하기 전에 보호대상 아동에 대한 상담, 건강검진, 심리검사 및 가정환경에 대한 조사를 실시하고, 보호대상 아동에게 보호조치 과정과 목적, 예상기간 등 보건복지부령으로 정하는 사항을 충분히 이해할 수 있도록 설명하여야 하며, 시·도지사 또는 시장·군수·구청장은 제1항 제3호부터 제6호까지의 보호조치 및 제6항의 일시보호조치를 함에 있어서 해당 보호대상 아동의 의사를 존중하여야 하며, 보호자가 있을 때에는 그 의견을 들어야 한다. 다만, 아동의 보호자가 「아동학대범죄의 처벌 등에 관한 특례법」 제2조 제5호의 아동학대행위자(이하 "아동학대행위자"라 한다)인 경우에는 그러하지 아니하다(제15조).

다섯째, 시·도지사 또는 시장·군수·구청장은 다음 각 호의 어느 하나에 해당하는 경우 제1항 제3호부터 제6호까지의 보호조치를 할 때까지 필요하면 제52조 제1항 제2호에 따른 아동일시보호시설 또는 제53조의2에 따른 학대피해아동쉼터에 보호대상 아동을 입소시켜 보호하거나, 적합한 위탁가정 또는 적당하다고 인정하는 자에게 일시 위탁하여 보호(이하 "일시보호조치"라 한다)하게 할 수 있다. 이 경우 보호대상 아동에게 일시보호조치 과정과 목적, 예상기간 등 보건복지부령으로 정하는 사항을 충분히 이해할 수 있도록 설명하여야 하고, 보호 기간 동안 보호대상 아동에 대한 상담, 건강검진, 심리검사 및 가정환경에 대한 조사를 실시하고 그 결과를 보호조치 시에 고려하여야 한다. ① 1년 이내에 2회 이상 아동학대 신고가 접수된 아동에 대하여 현장조사 과정에서 학대피해가 강하게 의심되고 재학대가 발생할 우려가 있는 경우, ② 제1항에 따른 보호조치 결정이 있을 때까지 아동에 대하여 「아동학대범죄의 처벌 등에 관한 특례법」 제12조에 따른 응급조치 또는 같은 법 제13조에 따른 긴급임시조치가 종료되었으나 같은 법 제15조에 따른 임시조치가 청구되지 아니한 경우, ③ 현장조사 과정에서 아동의 보호자가 아동에게 답변을 거부·기피 또는 거짓 답변을 하게 하거나 그 답변을 방해한 경우, ④ 그 밖에 제1항 제3호부터 제6호까지의 보호조치를 할 때까지 아동을 일시적으로 보호할 필요가 있다고 시·도지사 또는 시장·군수·구청장이 인정하는 경우에 해당한다(제15조).

여섯째, 시·도지사 또는 시장·군수·구청장은 그 관할 구역에서 약물 및 알코올 중독, 정서·행동·발달 장애 등의 문제를 일으킬 가능성이 있는 아동의 가정에 대하여 예방차원의 적절한 조치를 강구하여야 한다(제15조).

일곱째, 누구든지 다음 각 호의 어느 하나에 해당하는 행위를 하여서는 아니 된다. ① 아동을 매매하는 행위, ② 아동에게 음란한 행위를 시키거나 이를 매개하는 행위 또는 아동을 대상으로 성희롱 등의 성적 학대행위, ③ 아동의 신체에 손상을 주거나 신체의 건강 및 발달을 해치는 신체적 학대행위, ④ 삭제, ⑤ 아동의 정신건강 및 발달에 해를 끼치는 정서적 학대행위, ⑥ 자신의 보호·감독을 받는 아동을 유기하거나 의식주를 포함한 기본적 보호·양육·치료 및 교육을 소홀히 하는 방임행위, ⑦ 장애를 가진 아동을 공중에 관람시키는 행위, ⑧ 아동에게 구걸을 시키거나 아동을 이용하여 구걸하는 행위, ⑨ 공중의 오락 또는 흥행을 목적으로 아동의 건강 또는 안전에 유해한 곡예를 시키는 행위 또는 이를 위하여 아동을 제3자에게 인도하는 행위, ⑩ 정당한 권한을 가진 알선기관 외의 자가 아동의 양육을 알선하고 금품을 취득하거나 금품을 요구 또는 약속하는 행위, ⑪ 아동을 위하여 증여 또는 급여된 금품을 그 목적 외의 용도로 사용하는 행위가 해당된다(제17조).

여덟째, 보장원의 장 또는 아동보호전문기관의 장은 아동의 안전 확보와 재학대 방지, 건전한 가정기능의 유지 등을 위하여 피해아동 및 보호자를 포함한 피해아동의 가족에게 상담, 교육 및 의료적 · 심리적 치료 등의 필요한 지원을 제공하여야 한다(제29조).

(2) 「장애아동 복지지원법」

「장애아동 복지지원법」은 국가와 지방자치단체가 장애아동의 특별한 복지적 욕구에 적합한 지원을 통합적으로 제공함으로써 장애아동이 안정된 가정생활 속에서 건강하게 성장하고 사회에 활발하게 참여할 수 있도록 하며, 장애아동 가족의 부담을 줄이는 데 이바지함을 목적으로 한다(제1조). 주요 내용은 다음과 같다.

첫째, "장애아동"이란 18세 미만의 사람 중 「장애인복지법」 제32조에 따라 등록한 장애인을 말한다. 다만, 6세 미만의 아동으로서 장애가 있다고 보건복지부장관이 별도로 인정하는 사람을 포함한다. "장애아동 복지지원"(이하 "복지지원"이라 한다)이란 국가와 지방자치단체가 장애아동의 특별한 복지적 욕구에 따라 의료비지원, 보육지원, 가족지원 및 장애아동의 발달에 필요한 지원 등 다양한 인적 · 물적 자원을 제공하는 것을 말한다(제2조).

둘째, ① 장애아동은 모든 형태의 학대 및 유기 · 착취 · 감금 · 폭력 등으로부터 보호받아야 한다. ② 장애아동은 부모에 의하여 양육되고, 안정된 가정환경에서 자라나야 한다. ③ 장애아동은 인성 및 정신적 · 신체적 능력을 최대한 계발하기 위하여 적절한 교육을 제공받아야 한다. ④ 장애아동은 가능한 최상의 건강상태를 유지하고 행복한 일상생활을 영위하기 위한 의료적 · 복지적 지원을 받아야 한다. ⑤ 장애아동은 휴식과 여가를 즐기고, 놀이와 문화예술활동에 참여할 수 있는 기회를 제공받아야 한다. ⑥ 장애아동은 의사소통 능력, 자기결정 능력 및 자기권리 옹호 능력을 향상시키기 위한 교육 및 훈련 기회를 제공받아야 한다(제4조).

(3) 「아동의 빈곤예방 및 지원 등에 관한 법률」

「아동의 빈곤예방 및 지원 등에 관한 법률」은 빈곤아동이 복지 · 교육 · 문화 등의 분야에서 소외와 차별을 받지 아니하고 한 사회의 구성원으로 건강하게 자랄 수 있도록 제도적 기반을 마련하는 것을 목적으로 한다(제1조). 주요 내용은 다음과 같다.

첫째, 이 법은 빈곤아동이 부모의 사회적 · 경제적 지위와 상관없이 태어나서 자립할 때까지 충분한 역량을 갖출 수 있도록 균형 있고 조화로운 성장과 건강하고 행복한 삶을 누릴 수 있도록 하는 것을 기본이념으로 한다(제2조).

둘째, ① "아동"이란 「아동복지법」 제3조 제1호에 따른 아동을 말한다. ② "아동빈곤"이란 아동이 일상적인 생활여건과 자원이 결핍하여 사회적 · 경제적 · 문화적 불이익을 받는 빈곤한 상태를 말한다. ③ "빈곤아동"이란 생활여건과 자원의 결핍으로 인한 복지 · 교육 · 문화 등의 격차를 해소하기 위하여 지원이 필요한 아동을 말하며, 그 구체적인 기준은 보건복지부령으로 정한다(제3조).

(4) 「문화예술교육 지원법」

「문화예술교육 지원법」은 문화예술교육의 지원에 필요한 사항을 정함으로써 문화예술교육을 활성화하고, 나아가 국민의 문화적 삶의 질 향상과 국가의 문화 역량 강화에 이바지함을 목적으로 한다(제1조). 주요 내용은 다음과 같다.

첫째, ① 문화예술교육은 모든 국민의 문화예술 향유와 창조력 함양을 위한 교육을 지향한다. ② 모든 국민은 나이, 성별, 장애, 사회적 신분, 경제적 여건, 신체적 조건, 거주지역 등과 관계없이 자신의 관심과 적성에 따라 평생에 걸쳐 문화예술을 체계적으로 학습하고 교육받을 수 있는 기회를 균등하게 보장받는다(제3조).

둘째, 부모 등 보호자는 그 자녀 또는 피보호자가 관심과 적성에 따라 문화예술교육을 받을 수 있도록 할 권리와 책임을 가진다(제4조).

셋째, ① 국가 및 지방자치단체는 질 높은 학교문화예술교육을 위하여 문화예술 관련 교육과정 및 교육내용의 개발 · 연구 및 각종 문화예술 교육활동과 이를 위한 시설 · 장비를 지원할 수 있다. ② 국 · 공립 교육시설의 경영자는 학교문화예술교육을 위하여 대통령령으로 정하는 바에 따라 시설 · 장비, 문화예술교육사 및 교육프로그램 등을 갖추어야 한다. ③ 민간 교육시설의 경영자 및 교육단체는 학교문화예술교육의 지원을 위하여 시설 · 장비, 문화예술교육사 · 프로그램 및 자료 등을 지원할 수 있다(제15조).

넷째, ① 국가 및 지방자치단체는 질 높은 사회문화예술교육을 위하여 문화예술 관련 교육과정 및 교육내용의 개발 · 연구 및 각종 문화예술 교육활동과 이를 위한 시설 · 장비를 지원할 수 있다. ② 국 · 공립 교육시설의 경영자는 사회문화예술교육을 위하여 대통령령으로 정하는 바에 따라 시설 · 장비, 문화예술교육사 및 교육프로그램 등을 갖추어야 한다. ③ 민간 교육시설의 경영자 및 교육단체는 사회문화예술교육의 지원을 위하여 시설 · 장비, 문화예술교육사 · 프로그램 및 자료 등을 지원할 수 있다(제21조).

02 청소년복지 정책

청소년복지 정책은 크게 가정 밖 청소년 지원, 학교 밖 청소년 지원, 이주배경청소년 지원, 청소년방과후아카데미 운영, 여성청소년 생리용품 지원, 청소년 특별 지원으로 구분하였다. 이 장에서는 『2022 청소년백서』의 내용을 중심으로 설명하였다.

1) 가정 밖 청소년 지원

1991년에 「청소년 기본법」이 제정되고 1992년에 최초로 '청소년쉼터'가 설치되었다. 2004년에는 「청소년복지 지원법」이 제정(2005년 2월 시행)됨으로써 청소년쉼터의 법적 설치 근거가 마련되었다. 초기에는 한 가지 유형의 쉼터로 운영되다가 가정 밖 청소년의 상황과 요구 수준을 고려하여 지원 서비스 내용을 차별화할 필요성이 제기되었고 2004년에는 '일시쉼터(드롭인센터)'가 설치되기 시작했으며, 2005년부터는 중장기적인 보호 필요성이 제기되어 중장기쉼터를 설치하여 운영하기 시작하였다.

(1) 청소년쉼터의 사업 내용과 규모

청소년쉼터는 가정 밖 청소년의 생활보장뿐만 아니라 상담, 자립 역량 강화, 고충 처리, 문화활동 프로그램 기회 제공 등을 통해 가정 밖 청소년의 가정 및 사회로의 복귀를 지원하고 있으며, 청소년보호시설의 전문화와 차별화된 지원 서비스를 제공하기 위하

표 3-1 연도별 청소년쉼터 운영 현황 (단위: 개소)

구분	일시			단기			중장기			총계
	고정형	이동형	계	남	여	계	남	여	계	
2010년	8	2	10	24	25	49	10	14	24	83
2011년	8	2	10	24	24	48	10	15	25	83
2012년	8	5	13	25	24	49	11	19	30	92
2013년	15	6	21	26	24	50	11	21	32	103
2014년	16	6	22	26	24	50	16	21	37	109
2015년	18	8	26	26	26	52	17	24	41	119
2016년	18	10	28	26	25	51	18	22	40	119
2017년	20	10	30	27	26	53	18	22	40	123
2018년	19	11	30	30	32	62	18	20	38	130
2019년	18	13	31	30	33	63	19	21	40	134
2020년	19	13	32	30	31	61	19	21	40	133
2021년	19	13	32	30	33	63	18	21	39	134
2022년	19	13	32	30	37	67	18	21	39	138

* 출처: 여성가족부(2023).

여 일시 · 단기 · 중장기 쉼터로 특성화하여 설치 및 운영하고 있다. 청소년쉼터는 가정 밖 청소년을 일정 기간 보호하면서 상담, 주거, 학업, 자립 등을 지원하는 시설(「청소년복지 지원법」 제31조 제1호)로서 쉼터의 활동 범위로는 가정 밖 청소년의 일시보호와 숙식 제공, 가정 밖 청소년의 상담, 선도, 수련활동, 가정 밖 청소년의 학업과 직업훈련 지원활동, 청소년의 가출 예방을 위한 거리 상담 지원활동, 그 밖에 청소년복지 지원 관리 등이 포함된다. 가출 등 위기청소년의 조기 발견과 개입, 가정 및 사회 복귀를 위한 청소년쉼터는 지방자치단체 경상 보조로 지원되고 있다. 2022년도에는 전국 청소년쉼터 138개소의 운영을 지원하였다.

(2) 청소년쉼터의 종류와 유형별 기능

여성가족부에서 지원하는 쉼터의 종류는 일시쉼터, 단기쉼터, 중장기쉼터가 있고, 그 유형별 기능은 다음과 같다. 청소년쉼터 중에서 가장 역사가 오래된 곳은 1992년에 설

표 3-2 청소년쉼터의 종류 및 기능

구분	일시쉼터(32개소)	단기쉼터(67개소)	중장기쉼터(39개소)
기간	24시간~7일 이내 일시보호	3개월 이내 단기보호 (최장 9개월까지 연장 가능)	3년 이내 중장기보호 (필요시 1년 연장 가능)
이용 대상	가정 밖 청소년, 거리배회청소년, 노숙청소년	가정 밖 청소년	가정 밖 청소년
기능	• 가정 밖 청소년 조기 구조 · 발견, 중장기청소년쉼터와 연결 • 위기 개입 상담, 진로지도, 적성검사 등 상담서비스 제공 • 먹거리, 음료수 등 기본적인 서비스 제공 등	• 가정 밖 청소년 문제해결을 위한 상담 · 치료 서비스와 예방활동 • 의식주와 의료 등 보호서비스 제공 • 가정과 사회 복귀 대상 청소년 분류, 전문기관 연계 · 의뢰서비스 제공 등	• 가정 복귀가 어렵거나 특별히 보호가 필요한 위기청소년을 대상으로 장기간 안정적인 서비스 제공
위치	이동형(차량), 고정형(청소년 유동지역)	주요 도심별	주택가
지향점	가출 예방, 조기 발견, 초기 개입	보호, 가정과 사회 복귀	자립지원

* 출처: 여성가족부(2023).

립된 '서울YMCA쉼터'이고, 2004년에 가정 밖 청소년의 긴급보호를 위하여 일시보호시설인 '일시쉼터(드롭인센터)'를 서울과 인천, 대전에 각각 설립하였다. 여성가족부에서는 2022년 기준 일시쉼터 32개소, 단기쉼터 67개소, 중장기쉼터 39개소의 운영을 지원하고 있다.

(3) 청소년쉼터 운영의 내실화

청소년쉼터의 운영을 내실화하기 위하여 쉼터를 일시–단기–중장기 유형으로 특성화하고, 쉼터 유형별로 운영 모형과 목표 등의 기준을 마련하여 운영하고 있으며, 보다 전문적이고 체계적인 서비스 제공을 위해 2015년부터는 '청소년쉼터 서비스 표준 매뉴얼'을 제작하여 활용하고 있다. 또한 청소년복지시설이 「사회복지사업법」의 개정으로(2017. 2. 4. 시행) 사회복지시설에 편입됨에 따라 공공요금(전기, 가스, 수도 등)의 감면 혜택을 받게 되었으며, 안전관리 인력 확보 등 시설 안전 의무를 강화하였다.

청소년쉼터 시설 운영 인력 외에도 가정 밖 청소년을 조기에 발굴하고 긴급 구조·초기 개입을 통한 신속한 가정과 사회 복귀를 돕기 위해 거리 상담 전문 인력을 배치하고 있으며, 2022년에는 115명의 거리 상담 전문요원이 활동하며 보호가 필요한 청소년을 쉼터로 연계하고 있다. 또한 위기청소년이 24시간 생활하는 청소년쉼터의 특성상 야간 시간대 연계 의뢰와 자해 등 응급 상황 발생이 잦아 야간 보호 상담원을 배치하고 있으며, 2022년 기준 131명이 활동하고 있다.

2) 학교 밖 청소년 지원

(1) 추진 배경과 연혁

매년 3~5만여 명의 청소년이 학교를 그만두고 있으며, 학교 밖 청소년은 2021년 기준 14만여 명으로 추산되고 있다. 학교 밖 청소년은 스스로 진로를 찾고 직업을 구하는 과정에서 많은 시행착오와 좌절을 경험하고 있으며, 여러 사회적 기회에서 소외되고 있다. 이에 따라 학교를 그만둔 청소년에게 학업을 지속할 수 있는 여건을 마련해 주고, 자립에 어려움을 겪는 청소년에게 체계적인 자립 준비가 이루어질 수 있도록 지원이 필요하다.

이를 위해 2007년부터 취약청소년을 대상으로 자립 동기 강화, 기초적인 자립 기술 습득 등을 목적으로 하는 자립지원 프로그램(두드림)이 운영되고 있다. 특히, 검정고시 지원 및 학습클리닉 프로그램 등 학업을 지속할 수 있도록 지원하는 프로그램(해밀)을 2009년부터 운영하였다. 2014년 5월 28일에는 「학교 밖 청소년 지원에 관한 법률」이 제정되어 학교 밖 청소년 지원에 대한 법적 근거가 마련되었으며, 2015년 5월 29일 법률 시행에 따라 2022년 기준 전국 220개의 '학교밖청소년지원센터(꿈드림센터)[4]'가 지정 및 설치되어 운영되고 있다.

4) 「학교 밖 청소년 지원에 관한 법률」 제12조에 따른 법정(法定) 명칭은 '학교밖청소년지원센터'이나, 꿈드림은 '꿈 = 드림(Dream)' '꿈을 드림'이라는 중의적 표현으로 학교 밖 청소년에게 새로운 꿈과 희망을 드리겠다는 의미를 지닌 일반 명칭으로 활용한다.

(2) 사업 개요

학교 밖 청소년 지원 사업의 목표는 학교 밖 청소년에게 상담 · 교육 · 취업 · 자립지원 등의 서비스를 제공함으로써 학교 밖 청소년이 건강한 사회구성원으로서 성장할 수 있도록 돕는 것이다. 서비스 대상은 9세 이상 24세 이하의 청소년으로, 초등학교 · 중학교 및 이와 동일한 과정을 교육하는 학교에 입학한 후 3개월 이상 결석하거나 취학의무를 유예한 청소년, 고등학교 및 이와 동일한 과정을 교육하는 학교에서 제적 · 퇴학 처분을 받거나 자퇴한 청소년 또는 고등학교 및 이와 동일한 과정을 교육하는 학교에 진학하지 않은 청소년이 주 대상이며, 학교 밖 청소년 발생 예방을 위해 필요한 경우 잠재적 학교 밖 청소년도 포함된다(「학교 밖 청소년 지원에 관한 법률」 제2조).

① 꿈드림센터(학교밖청소년지원센터) 설치 현황

2022년 꿈드림센터는 전국 220개소(시 · 도 센터 16개소, 시 · 군 · 구 센터 204개소)가 운영되고 있으며, 전담 인력은 시 · 도 센터 6명씩, 시 · 군 · 구 센터 2~4명씩 배치되어 활동하고 있다.

표 3-3 꿈드림센터(학교밖청소년지원센터) 운영 현황 (단위: 개소)

구분	소계	서울	부산	대구	인천	광주	대전	울산	세종	경기	강원	충북	충남	전북	전남	경북	경남	제주
총계	220	26	17	9	9	6	3	5	1	31	12	13	16	10	23	15	21	3
시 · 도	16	1	1	1	1	1	1	1	–	1	1	1	1	1	1	1	1	1
시 · 군 · 구	204	25	16	8	8	5	2	4	1	30	11	12	15	9	22	14	20	2

* 출처: 여성가족부(2023).

② 학교 밖 청소년 지원 서비스

꿈드림센터는 연계된 청소년의 특성과 요구에 따라 맞춤형 서비스를 지원한다. 서비스의 종류는 상담지원, 교육지원, 직업체험 및 취업지원, 자립지원 등이 있다. 서비스 내용을 구체적으로 살펴보면 다음과 같다.

첫째, 학업형 청소년을 대상으로는 '학습동아리' '멘토링' '검정고시' '대학입시설명회' 등 학력 취득과 상급학교 진학지원 등의 서비스를 제공한다.

둘째, 직업형 청소년에게는 '직업 역량 강화 프로그램' '진로교육활동' '직장 체험' 등을 통해 진로를 설정할 수 있도록 지원하고, 이후 학교 밖 청소년 전문 직업훈련기관인 '내일이룸학교'에 연계하거나 고용노동부 직업훈련 프로그램에 연계하여 직업 훈련 및 취업을 지원한다. 내일이룸학교에서는 전문 직업훈련과 함께 상담, 검정고시 등 학력 취득, 자격증 준비, 인성 및 교양 등 다양한 프로그램 운영을 통하여 학교 밖 청소년의 사회적 자립을 지원하고 있다.

셋째, '문화활동지원' '봉사 기회 제공' 등 자립 준비에 필요한 '자립 역량 향상 프로그램'을 지원하며, 꿈드림센터 프로그램에 참여하는 청소년에게는 개별적으로 자신의 목표를 성취할 때까지 사례 관리 서비스를 제공한다.

넷째, 2016년부터 '학교 밖 청소년 건강검진 제도'를 도입하여 학교 밖 청소년이 건강하게 성장할 수 있도록 지원하고 있다. 「학교보건법」에 따라 학교 연계 병원에서 건강검진을 받는 학생에 비해 학교 밖 청소년은 건강검진을 받는 데 어려움이 있다. 이에 생애 주기별 국가건강검진 체계에 학교 밖 청소년을 포함하여 지속적인 건강 관리를 실시하고 있으며, 학교 밖 청소년의 질병 예방과 조기 발견을 위해 생애전환기 연령(10대)의 특성을 고려한 맞춤형 건강진단 서비스를 제공하고 있다. 학교 밖 청소년의 건강검진은 「청소년복지 지원법」을 근거로 9세 이상 18세 이하의 학교 밖 청소년이 우선 적용 대상이며, 19세 학교 밖 청소년도 건강검진을 받을 수 있으나 다른 국가건강검진과 중복되지 않는 경우에 한해 검진을 받을 수 있다. 검진 항목으로는 상담 및 진찰, 신체 계측, 혈액 검사, 간염 검사(B형 및 C형), 결핵 검진, 구강 검사 등이 있으며, 검진 비용은 전액 국가 지원으로 학교 밖 청소년이라면 누구나 무료로 건강검진을 받을 수 있다. 학교 밖 청소년은 가까운 꿈드림센터를 방문하거나 우편, 전자메일로 학교 밖 청소년 건강검진 신청서를 작성하여 신청 후 가까운 학교 밖 청소년 검진기관을 방문하여 검진을 받으면 된다.

3) 청소년방과후아카데미 운영

청소년방과후아카데미는 방과 후 홀로 방치되기 쉬운 저소득, 맞벌이, 한부모 등 돌봄 취약계층 청소년(초등학교 4학년~중학교 3학년)에게 체험활동, 학습지원, 급식, 상담 등 종합적인 교육 · 복지 · 보호 서비스를 제공하여 청소년이 건강하게 성장할 수 있도록 지원하는 사업이다. 이를 통해 취약계층 청소년의 학습과 체험활동 기회의 불균형을 완화하고 더불어 가정의 사교육비와 양육 부담 경감에 기여하고 있다. 여성가족부와 지방자치단체가 공동으로 예산을 지원하며 '청소년수련관' '청소년문화의집' 등 청소년수련시설 등에 체험 공간을 마련하여 방학 기간 포함하여 연중 1일 4시간 이상 운영하고 있다.

청소년방과후아카데미는 2005년 '방과 후 청소년 생활지원 종합대책'의 목적으로 46개소에서 시범 운영을 시작하여 2006년부터(100개소) 전국 단위 지방자치단체 보조사업으로 운영하고 있다. 지역의 특성과 현장의 수요를 반영하여 2008년에는 농산어촌형을, 2011년에는 장애형과 다문화형 등 신규 운영 모형을 개발 및 운영하는 한편, 2016년에는 기존의 참여 대상(초등학교 4학년~중학교 2학년)을 중학교 3학년까지 확대하였고, 2020년에는 기존의 취약계층 중심 사업에서 보편적 복지서비스로 확장하기 위하여 한부모, 다문화가정 등의 청소년이 폭넓게 참여할 수 있도록 소득 기준을 폐지하였다. 또한 양적 · 질적 성장을 위하여 프로그램의 내용적 측면에서 다각화를 시도하였다. 제4차 산업혁명 시대 도래에 따라 청소년에게 요구되는 역량을 강화하기 위하여 '창의 융합 인재 양성 프로그램'을 개발 및 운영하고(2018년 10개소 시범 운영, 2019년 전국 확대), 청소년이 자기 주도적으로 자신의 소질과 적성에 맞는 진로를 찾아갈 수 있도록 맞춤형 진로 정보 연계와 체험활동을 지원하는 '진로체험형 방과후아카데미'를 개발하여 운영(2019년 9개소 시범 운영, 2020년 전국 확대)하였다. 2020년도부터 코로나19 확산에 따라 학교 휴교 등 돌봄 공백이 있는 청소년 대상 긴급 돌봄을 지원하고, 2021년부터는 신규 유형 모형(주말형)을 추가하여 방과 후 돌봄의 사각지대 해소를 위해 노력하였다. 2022년에는 코로나19 유행이 계속되는 상황에서도 운영기관을 전년 대비 10개소를 늘려 총 342개소로 확대하였다.

4) 이주배경청소년 지원

이주배경청소년이란 「청소년복지 지원법」 제18조에 따라 다문화가족의 청소년과 그 밖에 국내로 이주하여 사회 적응 및 학업 수행에 어려움을 겪는 청소년을 의미한다. 남북분단이라는 정치 · 사회적 특수성과 다문화가정의 증가 등으로 이주배경청소년(북한이탈 · 중도입국 · 다문화청소년)에 대한 관심은 꾸준히 증가하고 있다. 또한 2012년 「청소년복지 지원법」의 전부 개정으로 이주배경청소년을 지원하는 '이주배경청소년지원센터'의 설치 근거가 마련되어 이주배경청소년에 대한 보다 적극적인 지원이 이루어질 수 있는 기틀이 마련되었다.

북한이탈청소년은 입국 과정에서 심리 · 정서적 상흔과 건강문제 등으로 대부분 입국 초기부터 남한 사회 적응에 어려움을 겪고 있다. 그뿐만 아니라 문화 차이, 학습 공백, 동급생보다 많은 나이, 교육시스템의 차이 등으로 학교 적응에도 힘들어 하고 있다. 여성가족부는 북한이탈청소년의 입국 초기의 사회 적응과 지역사회 정착을 돕기 위해 이주배경청소년지원센터를 통해 '비교문화 체험학습'을 제공하고 있다. 또한 하나원 퇴소 후의 북한이탈청소년의 지역사회 정착을 돕기 위해 성, 인권, 진로, 건강 등 다각적 교육을 지원하여 건강한 가치관 확립과 성장을 도모할 수 있는 '미래를 향한 첫걸음' 교육프로그램을 운영하고 있다. 또한 온라인 · 대면 · 집단 · 찾아가는 상담 등 통합 상담과 사례 관리도 지원하고 있다. 특히 제3국에서 출생한 북한이주민 자녀와 중도입국청소년이 증가함에 따라 중국어 · 러시아어 · 베트남어 상담 통역지원사를 양성하여 운영하는 등 맞춤형 지원을 위해 노력하고 있다.

중도입국청소년은 이주자로서의 어려움과 청소년기의 정체성 혼란 등을 동시에 겪게 되며, 외국인 근로자 가정의 청소년은 신분상의 불안정(미등록, 단기 비자 등)으로 정규학교를 입학하는 데 혹은 학교생활에 어려움을 겪는다. 또한 다문화가정 청소년은 진로나 학업 능력 향상을 위한 정서적 · 환경적 요인이 취약한 경향이 있어 낮은 학업성취도와 진로 설계의 어려움 등을 호소하기도 한다. 이에 여성가족부는 '이주배경청소년지원센터'를 통해 북한이탈, 중도입국, 다문화 등 이주배경청소년의 입국 초기 적응과 후기 청소년 사회 진출 지원을 위한 교육프로그램을 제공하고 있다. 이주배경청소년의 사회 적응을 위한 '레인보우스쿨'에서는 한국어 교육, 사회문화 체험, 특기 · 적성 활동, 생활정보(편입학) 등을 제공한다. 2022년 기준 전국 12개 시도에서 24개소를 운영하고 있다. 이주배경청소년의 사회 진출을 지원하기 위한 진로교육과정은 진로기초과정 '무지개 잡(job)아라' 와 진로심화과정 '내-일을 잡아라' 프로그램으로 구성되어 각각 4개소에서 운영하고 있다.

여성가족부는 일반 청소년과 청소년 지도인력의 다문화 이해도 제고와 소통 역량 강화를 위한 교육프로그램을 개발하여 제공하고 있다. 주요 프로그램으로는 일반 청소년을 위한 '다문화 감수성 증진프로그램'과 각계각층의 청소년 교육 전문가를 위한 '다문화 연수프로그램'이 있다. 청소년 다문화 감수성 증진프로그램은 초등과 중등 프로그램으로 각각 13차시로 구성되어 있으며, 전국 50개 기관에서 운영하고 있다. 다문화사회 청소년 지도 인력 양성을 위하여 예비 청소년지도사(대학생)와 청소년수련시설 종사자, 다문화가족지원센터 등 현장 인력을 대상으로 연수프로그램을 운영하고 있으며, 이주배경청소년에 대한 지식, 다문화사회의 지도자로서 태도 및 인식, 현장 실무에 적용할 수 있는 다양한 기술 역량을 향상할 수 있도록 연간 300명을 목표로 연수사업을 운영하고 있다.

이주배경청소년과 관련된 건강한 정책 논의를 확산하기 위해 이주배경청소년정책 소개 계간지『이주배경924』와 동영상 콘텐츠인 〈이슈 브리핑〉을 정기적으로 발행하고 있다. 이주배경청소년지원센터를 통한 지원 외에 지역 기반의 이주배경청소년에 대한 지원을 위해 지역 내의 청소년 관련 자원의 연계체계를 마련하는 '지역 기관 연계사업'을 하고 있다. 지역 연계사업은 외국인 주민 수가 많은 경기도 화성시, 시흥시, 경상남도 김해시를 대상 지역으로 선정하여 민 · 관 · 학 협의체 구성 및 운영, 한국어 교육, 진로 교육, 교과목 학습지원, 상담 지원 등 찾아가는 맞춤형 서비스, 급식지원 등 관련 자원에 대해 지원하여 서비스 사각지대의 해소를 추진하였다. 화성시, 시흥시, 김해시에서는 각종 행정 자료를 활용하여 지역 내의 이주배경청소년의 현황과 관련 자원 조사를 시작으로 유관기관 등을 대상으로 한 설문 등을 통해 수요를 파악하고, 민 · 관 · 학 협의체 논의를 통해 지원 계획을 수립하여 수요에 따라 찾아가는 맞춤형 서비스를 지원하였다. 이는 지역 내의 자원 연계체계를 구축 및 활용하여 사각지대에 놓여 있는 이주배경청소년을 발굴하고, 한국어 · 진로 교육, 학습, 심리 · 정서 등을 지원해 사회 통합을 이룰 수 있도록

표 3-4 이주배경청소년 현황

(단위: 명)

북한이탈청소년[1]	중도입국청소년[2]	외국인 주민 자녀[3]
815	3,240	275,990
2021. 12월 기준, 통일부	2021. 12월 기준, 법무부	2020. 11월 기준, 행정안전부

* 주: 1) 북한이탈청소년: 거주자 연령 기준으로 18세 이하인 자.
  2) 중도입국청소년: 결혼이민자의 전혼 관계에서 출생한 자녀 중 외국인 등록 · 귀화한 미성년자.
  3) 외국인 주민 자녀: 한국 국적을 취득한 자의 자녀 및 한국인과 결혼한 한국 국적을 가지지 않은 자의 자녀.

* 출처: 여성가족부(2023).

유도하는 것으로, 향후 외국인 주민 수가 많은 지역을 중심으로 이주배경청소년 지원 지역자원 연계사업 모델을 확대할 필요가 있다.

5) 여성청소년 생리용품 지원

여성청소년 생리용품 지원은 여성청소년의 건강한 성장을 지원하기 위하여 경제적으로 어려운 여성청소년에게 생리용품을 지원하는 사업이다. 2016년에 경제적 어려움으로 인하여 일부 여성청소년이 생리용품 대신에 인체에 유해한 대체용품을 사용하는 경우가 사회 문제화되면서 여성청소년의 건강권 보장에 대한 사회적 공감대가 형성되어 사업이 시작되었다. 2016년 9월 보건복지부에서 보건소를 통한 전달체계를 활용하여 현물로 지원하기 시작하였으며, 2018년부터 여성가족부로 사업이 이관되었다. 여성가족부는 시군구를 통해 생리용품을 지원하고 있으며, 2019년부터는 여성청소년이 선호하는 생리용품을 직접 구매할 수 있도록 바우처 지원 방식을 도입하였다.

여성청소년 생리용품 바우처는 청소년의 보호자 또는 청소년 본인이 청소년의 주민등록 주소지 관할 읍면 사무소와 동주민센터를 방문하여 신청하거나 복지로 앱(App)과 복지로 누리집(www.bokjiro.go.kr)을 통해서도 신청할 수 있다. 지원대상자로 결정된 후 바우처를 사용하기 위해서는 보호자 또는 청소년 본인 명의의 국민행복카드(정부가 지원하는 다양한 바우처 서비스를 하나의 카드로 이용할 수 있는 통합 바우처 카드)를 발급받아야 하며, 국민행복 카드사별 가맹점에서 원하는 생리용품을 구매할 수 있다.

6) 청소년 특별 지원

청소년 특별 지원은 보호자가 없거나 실질적으로 보호자의 보호를 받지 못해 사회·경제적으로 어려움을 겪고 있는 위기청소년 중 다른 제도와 법에 따른 지원에서 제외된 청소년에게 현금 급여 또는 관련 서비스를 직접 지원하는 사업이다. 위기청소년 특별 지원 사업은 시군구를 통한 전달체계를 활용하며, 청소년 본인 또는 그 보호자, 교원, 사회복지사, 청소년지도사 등이 읍면사무소와 동주민센터에 신청하면 소득 조사, 청소년복지심의위원회의 심의 등을 거쳐 지원 여부를 결정한다.

표 3-5 특별 지원 사업 지원 대상과 사업 내용

구분	내용
지원 대상	9세 이상~24세 이하의 위기청소년 중 가구 소득인정액이 중위소득 72% 이하인 자 (단, 생활지원과 건강지원은 중위소득 65% 이하인 자)
사업 내용	생활 · 건강 · 학업 · 자립 · 법률 · 상담, 활동지원 등 (월 10만 원 이내~연 350만 원 이내 지원)

* 출처: 여성가족부(2023).

표 3-6 특별 지원의 종류와 지원 내용

지원 종류	지원 내용	지원 금액
생활지원	의식주 등 기초생계비와 숙식 제공 등의 비용 지원	월 65만 원 이하 (2022년 8월부터)
건강지원	신체적, 정신적으로 건강하게 성장하기 위하여 요구되는 건강검진 및 치료 등을 위한 비용 지원	연 200만 원 이하
학업지원	학업을 지속하는 데 필요한 교육 비용 지원	월 15만 원 이하(수업료, 학교운영비) 월 30만 원 이하(검정고시, 학원비)
자립지원	취업을 위한 지식, 기술, 기능 등의 능력을 향상하는 데 필요한 훈련비 지원	월 36만 원 이하
법률지원	폭력이나 학대 등으로 위기 상황에 있는 청소년에게 필요한 법률상담 및 소송비용 지원	연 350만 원 이하
상담지원	청소년의 건강한 발달을 도모하기 위한 심리 · 사회적 측면의 상담에 필요한 비용 및 서비스 지원	월 30만 원 이하 (심리검사비 연 40만 원 별도)
활동지원	운영위원회가 필요하다고 인정하는 활동 비용	월 30만 원 이하
그 밖의 지원	운영위원회가 예산의 범위 안에서 필요하다고 인정한 지원	위의 제시 내용과 근접한 유형의 지원 상한액을 참조하여 지원 규모 결정

* 출처: 여성가족부(2023).

03 청소년복지 정책과 아동복지 정책과의 비교

청소년복지 정책과 아동복지 정책을 비교함에 있어서 복지 대상에 대한 구분과 주요 복지 정책의 방향 차이를 살펴보아야 한다. 청소년복지 정책의 개념을 살펴보면, '국가가 9세에서 24세의 청소년층을 대상으로 그들의 기본적인 욕구를 충족시켜 주기 위하여 청소년 자신은 물론이고, 그들의 가족까지 원조하고 사회적 환경을 조성함으로써 삶의 질을 개선하는 사회적 서비스와 프로그램'이라고 할 수 있다(도미향, 2004). 반면에 아동복지 정책의 개념을 살펴보면, 「아동복지법」에서 아동이란 "18세 미만인 사람을 말한다"라고 규정하고 있고, 아동복지란 "아동이 행복한 삶을 누릴 수 있는 기본적인 여건을 조성하고 조화롭게 성장 · 발달할 수 있도록 하기 위한 경제적 · 사회적 · 정서적 지원을 말한다"라고 규정하고 있다. 이 내용을 토대로 정리하면 아동복지 정책은 '18세 미만의 아동층을 대상으로 아동이 행복한 삶을 누릴 수 있는 기본적인 여건을 조성하고 조화롭게 성장 · 발달할 수 있도록 하기 위한 경제적 · 사회적 · 정서적 지원'이라고 할 수 있다.

아동복지 정책의 복지 대상은 영유아, 아동, 청소년을 모두 포함하지만 아동복지에서 바라보는 청소년은 18세 미만의 아동이다(송민경, 2009). 하지만 청소년복지 정책은 「청소년 기본법」을 근거로 복지 대상을 9~24세로 규정하고 있어서 기존의 아동복지와 복지 대상이 일부 중복되기는 하지만 범위와 대상에 차이가 있다.

복지 정책의 방향을 살펴보면, 아동복지 정책은 보편주의 원칙에 따라 가족 전체를 대상으로 하지만 아직까지는 학대피해 아동, 미혼모 아동, 한부모가정 아동 등 요보호아동 중심, 즉 사회적 보호가 필요한 아동을 대상으로 정책을 시행하고 있다. 반면에 청소년복지 정책에서 바라보는 청소년은 보편적이며, 발달적 측면에서 청소년 '육성', 비행이나 문제청소년으로부터의 '보호'에 초점이 맞추어져 있다. 즉, 청소년복지는 육성, 발달, 보호 차원에서의 청소년 개인 문제나 정책적 지원을 강조하고 있고, 아동복지는 아동 개인을 중심으로 가족이나 지역사회와의 상호 관계를 강조하고 있다(송민경, 2009). 이처럼 복지 정책의 방향에 차이가 있는 것을 확인할 수 있다.

결과적으로 청소년복지 정책과 아동복지 정책은 유사한 면도 있지만, 차이점이 있을 수밖에 없다. 사회의 변화에 따라 유아와 아동, 그리고 청소년에 대한 사회적 역할이 구분되기 때문에 아동과 청소년을 대상으로 한 복지 정책 또한 다를 수밖에 없다. 특히 청소년은 아동기의 연장에서 가정을 바탕으로 한 보호와 자아정체성을 확립하기 위한 사회적 참여의 기회를 확대해야 하고, 아울러 청소년 후기에 온전한 자립을 하기 위해서는 생애 과정에서의 경제사회적 자립에 중점을 둔 정책도 고려되어야 한다(김선애, 2010).

04 청소년복지 전달체계

전달체계는 조직과 인력을 중심으로 제도의 집행을 가능하게 하는 인프라를 의미한다. 부여되는 과업이 무엇이며, 그 목적이 무엇인가에 따라 담당인력의 역할과 조직의 구조를 비롯한 환경은 달라진다(김영한 · 강혜규 · 김보미 · 김태연, 2008). 청소년복지 전달체계는 청소년복지 서비스를 공급하는 조직 간의 연계와 공급자 및 수요자 간의 조직적 연결로서 이해할 수 있으며, 복지 정책을 수립하고 집행하는 공공기관과 복지를 실제 대상자에게 제공하는 민간기관 등을 포함한다.

공공기관에는 중앙정부와 지방자치단체가 있고, 민간기관에는 여성가족부 산하기관으로 '한국청소년활동진흥원' '한국청소년상담복지개발원' 등을 들 수 있고, 지방에는 '청소년활동진흥센터' '청소년상담복지센터' 등이 있으며, 청소년 이용시설과 생활시설로는 이용시설인 청소년수련시설(청소년수련관, 청소년문화의집, 청소년수련원 등)과 수련시설 내에 운영되는 '청소년방과후아카데미' '청소년성문화센터' 등을 들 수 있다. 생활시설로는 '청소년쉼터' 등을 들 수 있다. 이 장에서는 여성가족부의 청소년복지 전달체계를 중심으로 기술하였다.

1) 청소년복지 전달체계

(1) 여성가족부의 청소년복지 전달체계

여성가족부는 청소년의 육성, 복지와 보호 정책을 총괄하는 중앙부처이다. 청소년정책을 담당하는 부서로는 청소년가족정책실 청소년정책관 산하에 청소년정책과, 청소년활동진흥과, 청소년활동안전과, 청소년자립지원과, 학교밖청소년지원과, 청소년보호

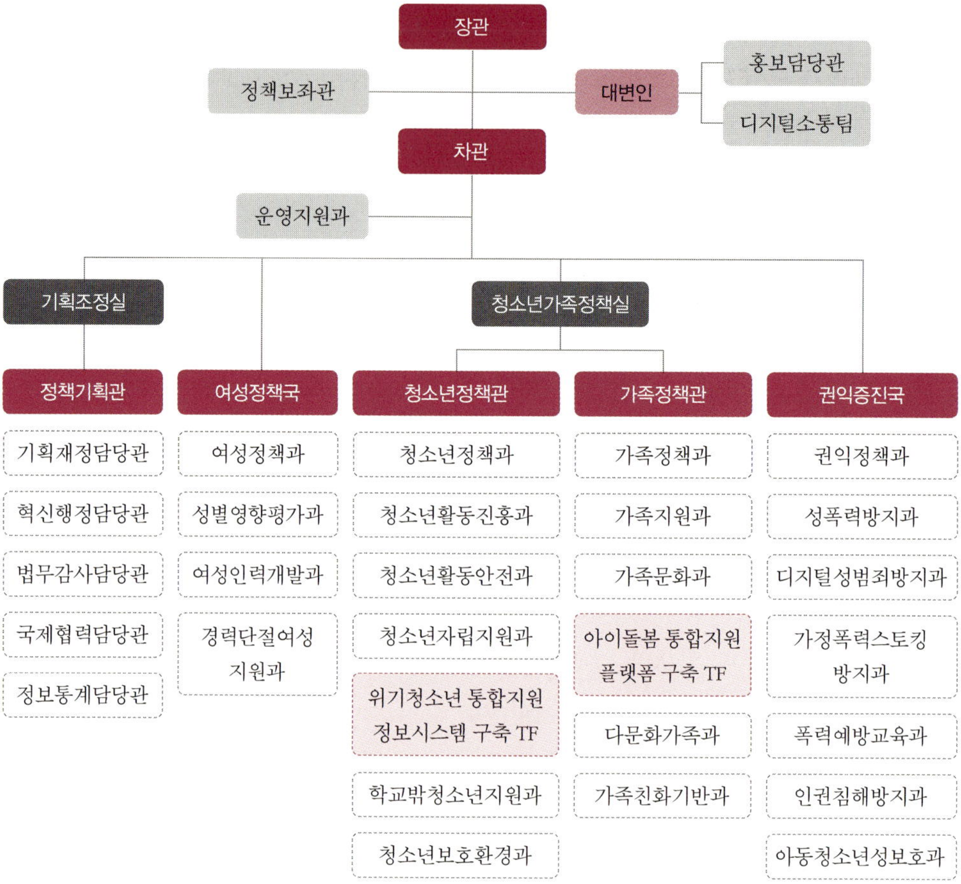

[그림 3-1] 여성가족부 조직도 현황

* 출처: 여성가족부(https://www.mogef.go.kr).

환경과가 있으며, 권익증진국 산하에 아동청소년성보호과가 있다. 그리고 위기청소년 통합지원정보시스템 구축 TF팀이 설치되어 있다. 여성가족부의 조직도는 [그림 3-1]과 같다.

각 부서별 주요 기능을 살펴보면 〈표 3-7〉과 같다.

표 3-7 여성가족부 부서별 주요 기능

부서	주요 기능
청소년 정책과	청소년정책에 관한 중장기 기본계획의 수립 및 조정 중앙부처 및 지방자치단체 청소년정책의 협의 · 조정 총괄 청소년정책 관련 법령의 관리 · 운영 청소년정책 위원회의 운영 청소년정책 전담 기구 · 공무원 등 전달체계에 관한 사항 관계 기관 청소년정책의 평가와 지원에 관한 사항 청소년의 달 등 청소년 관련 행사 및 포상에 관한 사항 청소년정책 관련 조사 · 연구 및 제도 개선 청소년 관련 통계의 유지 및 백서 등의 발간 청소년 관련 산하기관 및 법인 관리 총괄 청소년 관련 기관 · 단체 종사자의 교육 · 훈련 청소년지도자 자질 향상에 관한 사항 청소년인권 보호 등 청소년 권리 증진에 관한 사항 청소년 특별회의 및 참여위원회 등 청소년정책 참여기구 구성 · 운영 지원 청소년정책 참여 활성화 프로그램의 개발 · 보급 청소년 우대정책의 수립 및 교육 · 홍보 청소년증의 발급 및 운영에 관한 사항 한국청소년활동진흥원의 지도 · 감독 그 밖에 실 내 다른 과의 주관에 속하지 아니하는 사항
청소년 활동진흥과	청소년활동 진흥, 역량 개발 및 국제 교류에 관한 계획의 수립 · 시행 청소년활동 관련 법령(청소년수련활동안전 관련 법령은 제외)의 관리 · 운영 지방청소년활동진흥센터의 설치 · 운영 지원 청소년수련 프로그램 · 사업의 개발 · 보급 및 평가 청소년의 수련활동 및 문화 · 예술체험 활성화에 관한 사항 청소년 축제 및 동아리 발굴 · 지원에 관한 사항 청소년활동 정보 제공 · 지원 청소년 자원봉사활동에 관한 사항 청소년지도사의 자격검정, 연수 및 활동 등 지원 학교교육 · 평생교육과 연계한 청소년 능력 개발프로그램의 개발 및 시행 청소년방과후아카데미 등 방과 후 활동프로그램의 개발 · 지원 청소년의 국제 교류를 위한 프로그램 개발 및 운영 지원 청소년 관련 국제 행사 개최 및 국제 교류에 관한 사항 교포청소년 및 남북청소년 교류활동 지원 청소년교류센터의 설치 · 운영에 관한 사항

	세계 청소년 축제 및 국제청소년 야영대회 개최에 관한 사항 소외계층 청소년의 해외연수 지원에 관한 사항 지방자치단체 및 청소년 단체의 국제 교류활동 협력 · 지원에 관한 사항
청소년 활동안전과	청소년수련활동 안전에 관한 정책의 총괄 및 계획의 수립 · 시행 청소년수련활동 안전 관련 법령의 관리 · 운영 및 제도 개선에 관한 사항 숙박형 청소년수련활동 및 비숙박형 청소년수련활동 계획의 신고 업무 관리 및 운영 숙박형 청소년수련활동 및 비숙박형 청소년수련활동 관련 정보 공개를 위한 온라인 종합정보제공 시스템 구축 · 운영 청소년수련활동 인증제도의 운영 · 관리에 관한 사항 청소년수련활동 이행 실태 점검 및 안전관리에 관한 사항 청소년활동 안전 문화 확산에 관한 사항 청소년수련시설 운영관리, 지도 · 감독 및 제도 개선에 관한 사항 국립청소년수련원의 지도 · 감독 국립청소년수련시설의 국유재산 · 물품의 취득 및 관리에 관한 사항 청소년수련시설 종합 안전점검 실시 및 공개에 관한 사항 청소년수련시설 종합평가 실시와 결과 공개에 관한 사항 청소년수련시설 종사자 안전교육에 관한 사항 국립 청소년수련시설 확충 계획 수립 및 건립에 관한 사항 청소년수련시설 운영 모델 개발 및 보급 청소년수련지구의 지정 · 관리 및 조성에 관한 사항 한국청소년수련시설협회 지도 · 관리 및 감독에 관한 사항
청소년 자립지원과	청소년복지에 관한 정책의 총괄 및 계획의 수립 · 시행 청소년복지 관련 법령의 관리 · 운영 청소년복지서비스의 조사 · 연구 및 통계에 관한 사항 청소년복지시설의 운영 · 지원 및 청소년복지 · 지원 업무 종사자의 교육 · 훈련 한국청소년상담복지개발원의 지도 · 감독 청소년상담사의 자격검정 · 연수 등에 관한 사항 취약계층 청소년의 보호 · 상담 · 자립 등에 대한 계획의 수립 · 조정 및 시행 가정 밖 청소년에 대한 보호 및 자립지원에 관한 사항 청소년 비행 · 폭력 등의 예방과 선도에 관한 사항 폭력, 학대 등에 노출된 청소년의 상담, 치료 및 법률 서비스 지원 위기청소년을 위한 사회안전망 구축을 위한 종합대책의 수립 · 조정 청소년상담복지센터 등 청소년상담 · 구조 관련 기관 · 단체에 대한 지도 · 지원 청소년 전화 · 청소년 모바일 상담 및 청소년동반자 프로그램의 운영 청소년의 사회 진출 및 취업 · 창업 지원에 관한 사항

위기청소년 통합지원정보 시스템 구축 TF	위기청소년 통합지원정보시스템 구축
학교밖 청소년지원과	학교 밖 청소년에 관한 정책의 총괄 및 계획의 수립 · 시행 학교 밖 청소년 관련 법령의 관리 · 운영 및 제도 개선에 관한 사항 학교 밖 청소년에 대한 사회적 편견과 차별 예방 및 사회적 인식 개선에 관한 사항 학교 밖 청소년 지원 프로그램의 개발 및 지원에 관한 사항 학교 밖 청소년 지원을 위한 관련 기관 간 협력체계 및 지역사회 중심의 지원체계 구축 · 운영에 관한 사항 학교 밖 청소년 지원을 위한 실태조사 및 결과 공표에 관한 사항 학교 밖 청소년 지원위원회 운영에 관한 사항 학교 밖 청소년 지원을 위한 상담 및 교육지원에 관한 사항 학교 밖 청소년의 취업 및 자립지원에 관한 사항 학교밖청소년지원센터의 설치 · 운영에 관한 사항 이주배경청소년의 사회 적응 및 학습 능력 향상을 위한 지원에 관한 사항 특별지원 대상 청소년에 대한 지원 계획의 수립 및 시행
청소년 보호환경과	청소년보호 관련 업무의 총괄 및 계획의 수립 · 시행 청소년보호 관련 법령의 관리 · 운영 및 제도 개선에 관한 사항 청소년보호위원회의 운영에 관한 사항 청소년보호에 관한 관계 부처 간 조정 · 실태조사 및 연구 개발에 관한 사항 청소년보호와 관련된 기관 · 단체 협력 등에 관한 사항 청소년보호 관련 교육 및 홍보에 관한 사항(「여성가족부 직제 시행규칙」 제7조 제8항 제11호에 따른 교육과 홍보는 제외) 청소년치료재활센터의 운영에 관한 사항 청소년 유해매체물, 유해업소, 유해 약물 · 물건, 유해 행위 등 유해환경 개선에 관한 계획의 수립 · 시행 청소년 유해매체물, 유해업소, 유해 약물 · 물건, 유해 행위 등 유해환경에 대한 점검, 단속 등에 관한 사항 매체물 · 업소 · 약물 · 물건 등의 청소년 유해성 여부의 심의 · 결정 등에 관한 사항 청소년 유해 약물 남용 및 중독 청소년에 대한 예방 · 치료 · 재활 지원 청소년 유해 약물 · 유해업소 등의 피해 예방 및 보호 지원 청소년유해환경감시단의 운영 및 유해환경 개선 관련 시민단체의 지원 등에 관한 사항 청소년 유해매체물에 대한 표시 · 포장 · 전시 · 진열 및 판매금지 등에 관한 사항 청소년 유해 외국 매체물의 국내 유통 차단에 관한 사항 매체물에 대한 청소년 유해성 모니터링에 관한 사항

	청소년 유해매체물의 자율 규제 및 개선 활동 지원에 관한 사항 청소년의 건전한 매체 활용 능력 증진 및 건전한 매체 문화 조성 등에 관한 사항청소년 대상 인터넷 게임 제공시간 제한 제도 등의 운영과 평가에 관한 사항 청소년 인터넷 중독 등 매체물 역기능 피해의 예방 · 치료와 재활 지원 등에 관한 사항 청소년 유익매체물 제작 · 보급 등 지원에 관한 사항
아동청소년성 보호과	아동 · 청소년의 성보호를 위한 정책의 수립 · 시행 아동 · 청소년 성보호 관련 법령의 관리 · 운영 아동 · 청소년 성보호 관련 실태에 관한 조사 · 연구 아동 · 청소년 대상 성범죄자 신상정보의 등록 · 열람과 공개에 관한 사항 아동 · 청소년 대상 성범죄자 신상정보의 고지명령 집행에 관한 사항 성범죄자 취업제한제도의 운영과 아동 · 청소년 대상 성범죄 신고제도 운영에 관한 사항 성범죄 가해 아동 · 청소년의 치료와 교육 등에 관한 사항 청소년성문화센터의 설치 · 운영 등 아동 · 청소년 대상 성교육에 관한 사항 아동 · 청소년 대상 성범죄 예방을 위한 대국민 홍보에 관한 사항 아동 · 청소년 대상 성범죄 신고포상금제도 운영에 관한 사항 아동 · 청소년성착취물로부터 아동 · 청소년의 성보호에 관한 사항 아동 · 청소년 대상 성범죄 동향 분석 · 공표

* 출처: 여성가족부(https://www.mogef.go.kr).

요약

1. 청소년 및 청소년복지, 보호, 육성과 직간접적으로 관련이 있는 법률로는 「청소년복지 지원법」「청소년 기본법」「아동 · 청소년의 성보호에 관한 법률」「청소년 보호법」「청소년활동 진흥법」 등이 있다.

2. 청소년복지와 연관성이 있는 법률로는 「아동복지법」「장애아동 복지지원법」「아동의 빈곤예방 및 지원 등에 관한 법률」「문화예술교육 지원법」 등을 들 수 있다.

3. 청소년복지와 관련된 대표적인 정책으로는 가정 밖 청소년 지원, 학교 밖 청소년 지원, 이주배경청소년 지원, 청소년방과후아카데미 운영, 여성청소년 생리용품 지원, 청소년 특별 지원이 있다.

4. 아동복지 정책의 복지 대상은 영유아, 아동, 청소년을 모두 포함하지만 아동복지에서 바라보는 청소년은 18세 미만의 아동이다. 아동복지 정책의 복지 대상은 영유아, 아동, 청소년을 모두 포함하지만 아동복지에서 바라보는 청소년은 18세 미만의 아동이다(송민경, 2009). 하지만 청소년복지 정책은 「청소년 기본법」을 근거로 복지 대상을 9~24세로 규정하고 있어서 기존의 아동복지와 복지 대상이 일부 중복되기는 하지만 범위와 대상에 차이가 있다.

5. 아동복지 정책은 보편주의 원칙에 따라 가족 전체를 대상으로 하고 있지만 아직까지는 학대피해 아동, 미혼모 아동, 한부모가정 아동 등 요보호아동 중심, 즉 사회적 보호가 필요한 아동을 대상으로 정책을 시행하고 있다. 반면에 청소년복지 정책에서 바라보는 청소년은 보편적이며, 발달적 측면에서 청소년 '육성', 비행이나 문제청소년으로부터의 '보호'에 초점이 맞추어져 있다.

6. 전달체계는 조직과 인력을 중심으로 제도의 집행을 가능하게 하는 인프라를 의미한다. 청소년복지 전달체계는 청소년복지 서비스를 공급하는 조직 간의 연계와 공급자 및 수요자 간의 조직적 연결로서 이해할 수 있으며, 복지 정책을 수립하고 집행하는 공공기관과 복지를 실제 대상자에게 제공하는 민간기관 등을 포함한다.

참고문헌

김선애(2010). 청소년복지의 실천적 정립을 위한 고찰–아동복지실천과의 비교를 통한 청소년의 개발적 복지접근을 중심으로–. 청소년복지연구, 12(4), 279-299.

김영한 · 강혜규 · 김보미 · 김태연(2008). 소외계층 청소년복지서비스 전달체계 개선방안 연구. 서울: 한국청소년정책연구원.

도미향(2004). 한국의 청소년복지 정책과 관련법에 관한 연구. 아동복지연구, 2(1), 35-53.

송민경(2009). 아동복지학에서 바라본 청소년복지학. 2009 한국청소년복지학회 추계 학술대회 자료집, 67-75.

여성가족부(2023). 2022 청소년백서. 서울: 여성가족부.

여성가족부 https://www.mogef.go.kr

제4장

청소년복지의 실제 1

-가정 밖 청소년-

Adolescent Welfare

학습개요

청소년의 가정 밖 생활은 그 행위 자체만으로 청소년의 발달과 적응에 부정적인 결과를 초래하는 것은 아니다. 때로는 청소년에게 가족과의 갈등으로부터 해방, 새로운 경험에 대한 모험심과 소속감을 주기도 한다. 하지만 가정 밖 청소년은 성매매와 성범죄 등 다양한 범죄의 대상이 될 뿐만 아니라, 에이즈(AIDS) 감염이나 우울장애 등과 같은 다양한 형태의 문제에 직면하게 된다.

따라서 가정 밖 청소년의 가정 밖 생활에 대한 대책 마련이 필요하다. 먼저 가정 밖 청소년의 개념과 특성에 대해 알아보고, 가정 밖 청소년(가출청소년)의 유형에 대해 살펴보고자 한다. 청소년 가정 밖 생활 관련 실태는 가정 밖 생활 고민 경험, 가정 밖 생활 경험, 청소년 지원 기관 인지와 이용 여부, 집을 나오게 된 이유, 가정 밖 생활 기간, 가정 밖 생활 중 지냈던 공간, 가정 밖 생활 중 어렵고 힘들었던 점, 가정 밖 청소년에게 가장 필요한 지원 방안으로 구분하여 확인해 보고자 한다. 마지막으로 가정 밖 청소년 관련 현안문제, 가정 밖 생활 예방과 가정 밖 청소년 지원 대책을 모색해 보려고 한다.

이 장에서는 가정 밖 청소년의 개념과 특성, 가정 밖 청소년(가출청소년) 유형, 청소년 가정 밖 생활 관련 실태, 가정 밖 청소년 관련 현안문제, 가정 밖 생활 예방과 가정 밖 청소년 지원 대책에 대해 살펴보고자 한다.

01 가정 밖 청소년의 개념과 특성[1)]

가정 밖 청소년은 부모님과의 문제 등 가족 간의 갈등, 가정폭력, 학업문제 등으로 인하여 증가하고 있다. 2023년 청소년통계에 의하면, 2022년 초(4~6학년) · 중 · 고등학생의 최근 1년 내 가출 경험률은 3.6%로 2021년 대비 0.4%, 2020년 대비 0.7%로 증가하였다. 원인으로는 부모님과의 문제(56.6%)가 가장 많이 영향을 미치는 것으로 나타났다(여성가족부, 2023a). 청소년의 가정 밖 생활은 그 행위 자체만으로 청소년의 발달과 적응에 부정적인 결과를 초래하는 것은 아니다. 때로는 청소년에게 가족과의 갈등으로부터 해방, 새로운 경험에 대한 모험심과 소속감을 주기도 한다(Higgitt & Ristock, 2005; 육혜련, 2013 재인용). 하지만 가정 밖 청소년은 성매매와 성범죄 등 다양한 범죄의 대상이 될 뿐만 아니라, 에이즈(AIDS) 감염이나 우울장애 등과 같은 다양한 형태의 문제에 직면하게 된다. 따라서 가정 밖 청소년은 바라보는 시각에 따라 성장발달권의 주체로서 보호 및 지원이 필요한 대상이 될 수도 있고, 범죄에 연루되기 쉬운 취약성 때문에 범죄 예방을 위한 통제의 대상이 될 수도 있다(김지연 · 김희진, 2018).

1) 가정 밖 청소년의 개념

가정 밖 청소년에 대한 개념을 정의하는 것은 쉽지 않다. 기존에는 가출청소년이라는 용어를 사용하였기 때문에 대부분 가출청소년이란 용어를 중심으로 정의되었다. 법령 개정으로 인해 가정 밖 청소년이 공식 용어가 되면서 가정 밖 청소년에 대한 명확한 개념 정의가 요구된다. 가정 밖 청소년은 국가인권위원회(2017)가 가출이라는 행위 자체보다는 원인을 예방하는 접근이 필요하며, 가정 밖이라는 상황에 초점을 두고 실질적 보호

1) 「청소년복지 지원법」 개정에 의해 '가출청소년'이 '가정 밖 청소년'으로 용어가 변경됨에 따라 이 장에서는 '가정 밖 청소년'이라는 용어를 사용하였고, 명확한 의미와 정보 전달 등 필요한 경우에는 '가출청소년'이라는 용어를 그대로 사용하였다.

와 지원 대책을 마련하기 위해서는 용어 전환이 필요하다고 하면서 가정 밖 청소년의 인권 보호를 위하여 여성가족부, 교육부, 보건복지부, 법무부 장관에게 관련 법령 개정과 정책 개선 권고를 계기로 2021년에 「청소년복지 지원법」이 개정되면서 공식 용어로 사용되었다. 앞의 내용을 종합하면 가정 밖 청소년은 청소년이 겪고 있는 위기 상황, 즉 가정의 보호를 실질적으로 받고 있는지 여부와 가정 밖 생활을 할 수밖에 없는 근본 원인에 더욱 집중하고자 하는 용어라고 할 수 있다(김정남, 2019).

가정 밖 청소년의 개념을 정의하는 것은 매우 중요한 문제이다. 왜냐하면 개념 정의에 따라 가정 밖 청소년에 대한 관점, 정책의 방향과 지원 방법 등이 달라지기 때문이다. 가정 밖 청소년의 개념 정의를 위해서는 가정 밖 청소년의 대상에 포함되는 범위를 정하여야 한다. 가정 밖 청소년의 실태와 자립지원 방안 연구(김희진 · 백혜정 · 김은정, 2018)에 따르면, 가정의 보호와 양육을 받지 못하는 아동과 청소년을 크게 네 집단으로 구분하였다. 첫째, 아동양육시설이나 위탁 및 대안 가정에서 생활하는 아동과 청소년, 둘째, 가정이나 양육시설 외에 청소년복지시설에 입소하여 생활하는 아동과 청소년, 셋째, 기타 시설로 법무부에서 위탁 및 운영하는 청소년자립생활관에서 생활하는 아동과 청소년, 넷째, 가정이나 어떠한 보호체계 안에 속하지 못한 채 거리나 적절하지 못한 주거환경에서 생활하는 아동과 청소년이다. 이를 토대로 정리하면 가정 밖 청소년의 개념 안에 가출청소년과 보호와 양육이 필요한 위기청소년(「청소년복지 지원법」에서는 위기청소년을 가정에 문제가 있거나 학업 수행 또는 사회 적응에 어려움을 겪는 등 조화롭고 건강한 성장과 생활에 필요한 여건을 갖추지 못한 청소년이라고 정의하고 있다) 등을 포괄한다고 할 수 있다. 이에 김희진, 백혜정과 김은정(2018)은 가정 밖 청소년을 "가출, 가정 내 폭력 · 학대 · 방임 · 빈곤, 가정 해체 등과 같은 이유로 가정 내에서 생활하는 것이 불가능하여 사회적 보호 및 지원이 필요한 9~24세의 청소년"이라고 정의하였다. 이들은 대개 노숙, 가출팸, 여인숙 등 매우 취약한 주거환경에서 생활하고 있거나 청소년쉼터, 청소년자립지원관, 청소년회복지원시설 등에서 생활하는 청소년이다. 또한 보다 넓은 의미에서는 아동양육시설이나 공동생활가정(그룹홈), 위탁가정 등에서 생활하는 청소년은 「아동복지법」에 우선 적용을 받는 보호대상 아동과 법무부에서 위탁 및 운영하는 자립생활관에서 생활하는 청소년이 포함될 수 있다.

표 4-1 가정 밖 청소년에 대한 조작적 정의

가정 밖 청소년에 대한 조작적 정의
• 가출, 가정 내 폭력 · 학대 · 방임 · 빈곤, 가정 해체 등과 같은 이유로 가정 내에서 생활하는 것이 불가능하여 사회적 보호 및 지원이 필요한 9~24세의 청소년
• 일정한 주거지가 없거나 상당 기간 동안 주거지로서 적절성이 낮은 곳(찜질방, 여인숙 등)에서 생활하는 청소년
• 청소년쉼터, 청소년자립지원관, 청소년회복지원시설 등을 이용하거나 상당 기간 동안 같은 시설에서 생활하는 청소년
• 「아동복지법」에 우선 적용을 받는 보호대상 아동(아동양육시설이나 공동생활가정, 위탁가정 등에서 생활하는 청소년)
• 법무부가 위탁 및 운영하는 자립생활관에서 생활하는 청소년

* 출처: 김희진 · 백혜정 · 김은정(2018).

「청소년복지 지원법」[2)]에서는 가정 밖 청소년을 가정 내 갈등 · 학대 · 폭력 · 방임, 가정 해체, 가출 등의 사유로 보호자로부터 이탈된 청소년으로서 사회적 보호 및 지원이 필요한 청소년이라고 정의하였고, 이정희와 함수민(2023)은 가정 밖 청소년의 실태와 지원 대책을 종합하여 가정 밖 청소년은 일정한 주거지가 없거나 친부모와 떨어져서 그룹홈, 청소년쉼터, 청소년회복지원시설, 청소년자립지원관, 청소년자립생활관 등 가정 내 보호와 지원을 충분히 받지 못하는 9~24세의 청소년으로 정의하였다. 또한 가정 밖 청소년을 가정이 없거나 그 가정으로부터 이탈된 청소년, 또는 가정 내 보호자가 적절한 보호와 양육 능력이 없는 경우의 청소년으로 정의하였다(박수련 · 이주영, 2018). 이정희(2022)는 가정 밖 청소년을 일정한 주거지가 없거나 일정 기간 국가와 단체에서 제공하는 공간에서 지내면서 원가정을 벗어나 생활하고 있는 청소년이라고 하였다.

이러한 내용을 토대로 이 장에서는 가정 밖 청소년을 '가정 내 갈등 · 학대 · 폭력 · 방임, 가정 해체, 가출 등의 사유로 일정한 주거지가 없거나 가정 내에서 생활하는 것이

2) 국가법령정보센터 https://www.law.go.kr/lsSc.do?section=&menuId=1&subMenuId=15&tabMenuId=81&eve ntGubun=060101&query=%EC%B2%AD%EC%86%8C%EB%85%84+%EB%B3%B4%ED%98%B8%EB%B2%95#undefined (2024.02.23. 검색)

불가능하여 가정과 보호자로부터 이탈된 청소년으로서 사회적 보호와 지원이 필요한 9~24세의 청소년'으로 정의하였다.

2) 가정 밖 청소년의 특성

가정 밖 청소년의 특성은 가정 관련 특성, 학업 관련 특성, 근로와 경제활동 관련 특성, 정서·인지·행동 문제 관련 특성, 또래 관계 관련 특성, 사회적 지원 관련 특성의 총 여섯 가지 특성으로 구분되는데 그 내용은 다음과 같다(이정희, 2022).

첫째, 가정 관련 특성으로 가정 밖 청소년의 원가정 형태는 한부모와 재구성된 가정의 비율이 높다. 반복 가출의 경험이 있고 쉼터를 이용하는 청소년의 경우, 한부모 가정(35.5%)과 재혼, 별거, 입양 등을 이유로 재구성된 가정(24.0%)의 비중이 높다(백혜정 외, 2015). 이는 청소년의 가정 구성 형태가 가출과 관련이 있음을 보여 준다.

둘째, 학업 관련 특성으로 학업을 중단한 청소년은 학업을 지속하는 이들에 비해 가출 일수가 훨씬 많다. 이는 학업 중단과 가정 이탈 간에는 밀접한 관련이 있음을 의미한다(백혜정 외, 2015). 또한 가정폭력 피해 경험이 있으면서 학업을 중단한 청소년 중 77%는 가출을 경험하였는데, 가정폭력 피해를 경험한 학업 중단 청소년의 가출 위험은 가정폭력 피해와 학업 중단 경험이 없는 청소년에 비해 2.6배나 높았다(한국청소년상담복지개발원 외, 2015). 가정 밖 청소년의 학교 환경에 대한 만족도는 4점 만점에 1.9점으로 중앙값보다 낮고, 특히 중장기쉼터 청소년은 일시쉼터 청소년보다 만족도 값이 유의미하게 낮았다(남미애 외, 2012). 이러한 결과는 가정 이탈 청소년의 경우에 학업 중단 문제와 더 많이 연관되어 있음을 보여 준다.

셋째, 근로와 경제활동 관련 특성으로 가정에서 이탈된 청소년은 당장 숙식을 해결해야 하는 문제에 마주치게 된다. 청소년복지시설이나 아동양육시설 등에 입소하면 숙식 문제는 어느 정도 해결될 수 있지만, 숙식 이외에 필요한 생활비나 자립을 준비하기 위해서는 경제적 지원이 있지 않으면 근로와 경제활동이 필수적일 수밖에 없다. 청소년쉼터에서 생활하는 청소년의 57.3%가 아르바이트 경험이 있으며, 아르바이트를 하는 주된 이유로 용돈을 받을 처지가 아니거나(33.4%), 자신이 원하는 것을 얻기 위해서는 돈이 부족하기 때문(20.5%)이라는 이유가 가장 큰 비율을 차지하였다(황여정 외, 2016).

넷째, 정서 · 인지 · 행동 문제 관련 특성으로 위기청소년 지원 기관 이용자의 41.7%가 자해를 생각해 본 적이 있고, 33.9%가 자해를 한 경험이 있으며, 46.0%는 자살을 생각해 본 적이 있고, 22.8%가 자살을 시도한 경험이 있는 것으로 나타났다(여성가족부, 2022b). 청소년의 자살 시도율이 2.6%(질병관리청, 2022)인 것을 감안할 때 가정 밖 청소년의 자살 시도율이 일반 청소년에 비해 높은 편임을 알 수 있다. 전체 쉼터의 91.3%가 낮은 지능의 청소년이 쉼터를 이용한 적이 있었고, 높은 공격성(86.1%), 심한 우울(76.5%) 및 자살 시도(47.4%)를 한 청소년이 입소한 경험이 있었으며, 정신과적 치료가 필요한 청소년이 입소한 경험(79.1%)도 있다고 하였다. 또한 음주, 흡연, 폭력, 절도, 성경험 등의 문제 행동을 하는 경우도 있다(백혜정 외, 2015).

다섯째, 또래 관계 관련 특성으로 또래와의 관계는 가정 밖 청소년에게 정서적 지지와 정보 제공 같은 긍정적인 기능을 하는 동시에 비행과 범죄로 이끌거나 착취 및 학대의 희생양으로 삼는 측면이 있어서 또래와의 관계에 대한 관찰과 지도는 필수적으로 포함될 필요가 있다(박수련 · 이주영, 2018). 청소년에게 또래 친구란 일상의 많은 부분을 차지하기 때문에 이 시기의 또래 관계는 매우 중요하면서도 결정적인 관계라고 할 수 있다.

여섯째, 사회적 지원 관련 특성으로 가정 밖 청소년은 사회적 지원에 대한 요구가 크다. 가정 밖 청소년은 사회적 지원 중에서 특히 자립지원 서비스에 대한 요구가 높음을 알 수 있다(남미애 외, 2012). 가정으로 돌아갈 수 없는 청소년에게는 자립을 준비할 수 있는 충분한 시간과 자립 방법을 아는 것이 필요하다. 그래서 생활지원뿐 아니라 미래를 위한 자립지원 서비스가 체계적으로 제공되어야 한다.

02 가정 밖 청소년(가출청소년)의 유형

가정 밖 청소년은 2021년에 「청소년복지 지원법」이 개정되면서 공식 명칭이 되었으나 법적인 정의 외에는 명확한 개념 정의가 이루어지지 않았다. 또한 가정 밖 청소년의 유형 또한 구체적으로 구분되어 있지 않다. 따라서 이 장에서는 기존의 가출청소년의 유형을 제시하였다. 이를 토대로 추후에 가정 밖 청소년에 대한 유형을 구분하는데 참고가 되길 바란다. 가정 밖 청소년(가출청소년)의 유형을 정리하면 〈표 4-2〉와 같다.

표 4-2 가정 밖 청소년(가출청소년)의 유형 구분

자료	구분
이용교 · 홍봉선 · 윤현영(2005)	• 노숙형: 장기 가출로 거리에서 생활하는 것이 익숙하며, 보호시설에 대한 지식이나 이용 동기가 떨어지는 유형 • 거부형: 구속을 거부하고 자유를 추구하여 가출한 경우(보호시설의 규칙에 대해 거부감을 가지고 있음) • 탐색형: 자립과 재활에 대한 의지가 있고 규칙적인 생활에 대한 이해도는 있지만, 귀가에 대한 확신이 없어 쉼터 등 보호시설에서 자신의 태도를 정립할 기회가 필요한 유형 • 전환형: 가출과 귀가를 반복하는 청소년으로, 언제든지 집에 들어갈 수 있는 여건이 되기 때문에 보호시설의 필요성이 낮음 • 안정형: 비교적 안정된 가정에서 생활하다가 갑작스런 위기 상황으로 인해 집을 떠나게 된 경우로, 안정적인 거주지와 보호가 제공된다면 큰 문제가 없는 유형 • 치료형: 정신적인 문제나 약물남용 혹은 인터넷 중독, 성격장애, 행동장애, 우울증 등 특수치료가 필요한 심각한 문제를 안고 있는 유형
홍봉선 · 남미애 (2007)	• 시위성 가출: 가출 자체보다는 가출로 인한 효과로 가족이나 주위 환경을 변화하기 위해 또는 관심을 끌기 위해 가출한 경우 • 유희성 가출: 며칠 부모의 간섭 없이 또래들과 어울려 놀다가 되돌아올 것을 생각하고 떠난 경우 • 방랑형 가출: 집 밖에서 생활하는 것이 좋아서 밖에서 살기 위해 떠난 경우 • 추방형 가출: 가족이나 주위 환경으로부터 가출을 하게끔 떠밀려 나온 경우 • 생존형 가출: 가족으로부터 신체적 · 심리적 · 정신적 학대를 받고 생존을 위해 도망쳐 나온 경우
한국청소년상담원 (2002)	〈미국의 다섯 가지 가출청소년 유형〉 • 가출청소년(runaways): 18세 이하의 아동이나 청소년으로서 집을 나와 최소한 하룻밤을 지낸 청소년 • 노숙청소년(homeless youth): 부모나 대리 양육자 혹은 제도적 보호에서 제외되어 있는 청소년 • 버려진 청소년(throwaways): 부모나 양육 책임자에게서 어떠한 이유로든 내쫓겨 집으로 돌아갈 수 없는 처지로 스스로 살아가는 청소년 • 길거리청소년(street youth): 장기간 가출하거나, 돌아갈 집이 없거나, 집에서 버려져서 이젠 길거리에서 스스로 먹을 것을 해결하며 살아가는 데 익숙해져 있는 청소년. 즉, 가족과의 유대가 불가능하고 귀가에 대한 생각도 거의 없이 길거리에서 나름대로 생활양식을 습득하여 그곳을 자신의 삶의 터전으로 여기고 있는 청소년

	• 보호체계 청소년(system youth): 아동학대, 방임, 기타 여러 형태의 심각한 가정문제가 인정되어 아동기나 청소년기의 어느 일정 기간 동안 주정부의 보호 관리하에 있었던 청소년
Homer (1973)	• 추구형 가출(runaway to): 쾌락과 모험을 즐기기 위해 가출한 경우 • 탈출형 가출(runaway from): 가정의 문제로 인해 더 이상 참기 어려운 상황 때문에 가출한 경우

03 청소년 가정 밖 생활 관련 실태[3)]

청소년 가정 밖 생활 관련 실태를 이 장에서는 여성가족부(2022a) '2022년 청소년매체 이용 및 유해환경 실태조사'와 여성가족부(2022b) '위기청소년 지원 기관 이용자 실태조사'의 내용을 중심으로 살펴보았다.

1) 가정 밖 생활 고민 경험

최근 1년 동안 심각하게 가정 밖 생활을 고민해 본 적이 있는지를 조사한 결과, 전체 조사 대상의 12.8%가 가정 밖 생활을 고민한 적이 있다고 응답하였다. 성별의 경우를 살펴보면, 여자 청소년(13.3%)이 남자 청소년(12.3%)보다 가정 밖 생활을 고민했다고 응답한 비율이 1.0%p 높았다. 학교급별로는 중학생이 15.4%로 가장 높았고, 다음으로 초등학생 12.5%, 고등학생 10.3% 순으로 파악되었다. 가정 밖 생활을 고민한 비율은 2018년 12.8%에서 2020년 10.2%로 감소하였다가 2022년 12.8%로 다시 증가하였다.

3) 최대한 용어를 통일하기 위하여 '가출'을 '가정 밖 생활'이라는 용어로 표기하였다.

표 4-3 가정 밖 생활 고민 경험 (단위: 명, %)

구분			사례 수	있다	없다
전체		2018년	15,640	12.8	87.2
		2020년	14,308	10.2	89.8
		2022년	17,032	12.8	87.2
성별	남자	2018년	8,117	11.0	89.0
		2020년	7,400	9.4	90.6
		2022년	8,794	12.3	87.7
	여자	2018년	7,523	14.8	85.2
		2020년	6,908	11.0	89.0
		2022년	8,238	13.3	86.7
학교급	초등학교	2018년	4,744	8.4	91.6
		2020년	4,715	7.4	92.6
		2022년	5,729	12.5	87.5
	중고등학교	2018년	10,896	14.7	85.3
		2020년	9,594	11.5	88.5
		2022년	11,303	12.9	87.1
	중학교	2018년	4,932	15.5	84.5
		2020년	4,599	11.9	88.1
		2022년	5,774	15.4	84.6
	고등학교	2018년	5,964	14.1	85.9
		2020년	4,995	11.2	88.8
		2022년	5,529	10.3	89.7

* 주: 무응답을 제외하고 분석한 결과임.

* 출처: 여성가족부(2022a).

2) 가정 밖 생활 경험

최근 1년 동안 가정 밖 생활을 경험한 적이 있다고 응답한 청소년은 2.5%이다. 가정 밖 생활 경험률은 남학생(2.9%)이 여학생(2.0%)보다 0.9%p 높았으며, 학교급별로는 중학생의 가정 밖 생활 경험률(3.0%)이 가장 높았고, 이어서 고등학생(2.4%), 초등학생(2.0%)의 순으로 나타났다.

청소년의 가정 밖 생활 경험률을 보면, 2018년(2.6%), 2020년(2.5%), 2022년(2.5%)의 전

표 4-4 가정 밖 생활 경험 (단위: 명, %)

구분			사례 수	가정 밖 생활 경험					
				있음					없음
				전체	1회	2회	3~4회	5회 이상	
전체		2018년	15,452	2.6	1.6	0.5	0.3	0.2	97.4
		2020년	14,431	2.5	1.6	0.4	0.3	0.2	97.5
		2022년	17,057	2.5	–	–	–	–	97.5
성별	남자	2018년	8,010	2.7	1.5	0.6	0.4	0.2	97.3
		2020년	7,504	2.6	1.6	0.5	0.2	0.2	97.4
		2022년	8,807	2.9	–	–	–	–	97.1
	여자	2018년	7,442	2.5	1.7	0.4	0.3	0.2	97.5
		2020년	6,927	2.3	1.6	0.3	0.3	0.2	97.7
		2022년	8,250	2.0	–	–	–	–	98.0
학교급	초등학교	2018년	4,695	1.3	0.9	0.1	0.1	0.0	98.7
		2020년	4,829	2.1	1.4	0.4	0.2	0.1	97.9
		2022년	5,745	2.0	–	–	–	–	98.0
	중고등학교	2018년	10,757	3.2	1.9	0.6	0.4	0.3	96.8
		2020년	9,601	2.7	1.7	0.5	0.3	0.2	97.3
		2022년	11,313	2.7	–	–	–	–	97.3
	중학교	2018년	4,841	3.4	2.0	0.6	0.5	0.3	96.4
		2020년	4,602	2.7	1.7	0.5	0.2	0.2	97.3
		2022년	5,779	3.0	–	–	–	–	97.0
	고등학교	2018년	5,916	3.1	1.8	0.7	0.4	0.2	96.9
		2020년	5,000	2.6	1.7	0.4	0.3	0.1	97.4
		2022년	5,534	2.4	–	–	–	–	97.6

* 주: 무응답을 제외하고 분석한 결과임.

* 출처: 여성가족부(2022a).

체 평균은 유사한 수준을 보이나, 집단별 가정 밖 생활 경험률에는 차이가 있다. 2018년과 2020년 조사와 비교했을 때, 남학생의 가정 밖 생활 경험률[2018년(2.7%) → 2020년(2.6%) → 2022년(2.9%)]은 증가하였으나, 여학생의 가정 밖 생활 경험률(2018년(2.5%) → 2020년(2.3%) → 2022년(2.0%))은 감소하였다. 학교급별로는 초등학생의 가정 밖 생활 경험률은 2020년도(2.1%)와 유사한 수준을 보였다. 중학생의 가정 밖 생활 경험률은 2018년(3.4%)보다 2020년(2.7%)에는 감소하였지만 2022년(3.0%) 다시 증가하였다. 고등학생의 가정 밖 생활 경험률은 2018년(3.1%), 2020년(2.6%), 2022년(2.4%) 지속적으로 감소하는 추세를 보였다.

3) 청소년 지원 기관 인지와 이용 여부

청소년을 지원하는 보호/상담 기관 중 '청소년쉼터'를 알고 있다고 응답한 비율은 50.7%였으며, 청소년쉼터를 알고 있다고 응답한 청소년 중 3.2%가 이용 경험이 있었다. '청소년쉼터' 인지율은 여학생(56.8%)이 남학생(45.0%)보다, 학교급이 높을수록(초: 36.5%, 중: 54.8%, 고: 61.2%), 가정 밖 생활 경험이 있는 청소년(60.7%)이 가정 밖 생활 경험이 없는 청소년(50.5%)보다 높았다. '청소년쉼터' 이용률은 남학생(3.8%)이 여학생(2.7%)보다, 초등학생(5.9%)이 중학생(2.3%)과 고등학생(2.3%)보다, 가정 밖 생활 경험이 있는 청소년(12.1%)이 가정 밖 생활 경험이 없는 청소년(2.9%)보다 높았다. 2018년과 2020년의 조사 결과를 비교하면, '청소년쉼터'의 인지율은 지속적으로 증가하는 경향을 보였다[2018년(38.2%) → 2020년(39.8%) → 2022년(50.7%)].

청소년을 지원하는 보호/상담 기관 중 '청소년상담복지센터'를 알고 있다고 응답한 비율은 53.5%였으며, '청소년상담복지센터'를 알고 있다고 응답한 청소년 중 3.9%가 이용 경험이 있었다. '청소년상담복지센터' 인지율은 여학생(60.3%)이 남학생(47.1%)보다, 학교급이 높을수록(고: 61.6%, 중: 55.5%, 초: 43.6%), 가정 밖 생활 경험이 있는 청소년(57.2%)이 가정 밖 생활 경험이 없는 청소년(53.4%)보다 높았다. '청소년상담복지센터' 이용률은 초등학생(4.5%)이 중학생(3.5%)과 고등학생(3.9%)보다, 가정 밖 생활 경험이 있는 청소년(13.0%)이 가정 밖 생활 경험이 없는 청소년(3.7%)보다 높았다. 2018년과 2020년의 조사 결과를 비교하면, '청소년상담복지센터'의 인지율은 증가한 것으로 나타났다[2018년(45.0%) → 2020년(45.0%) → 2022년(53.5%)].

청소년을 지원하는 보호/상담 기관 중 ‘청소년전화 1388’을 알고 있다고 응답한 비율은 62.8%였으며, ‘청소년전화 1388’을 알고 있다고 응답한 청소년 중 2.1%가 이용 경험이 있었다. ‘청소년전화 1388’ 인지율은 여학생(70.4%)이 남학생(55.8%)보다, 학교급이 높을수록(초: 50.1%, 중: 67.5%, 고: 71.3%)보다 높았다. ‘청소년전화 1388’ 이용률은 초등학생(2.3%)과 고등학생(2.4%)이 중학생(1.8%)보다 높았고, 가정 밖 생활 경험이 있는 청소년(7.2%)이 가정 밖 생활 경험이 없는 청소년(2.0%)보다 높았다. 2018년과 2020년의 조사 결과를 비교하면, ‘청소년전화 1388’의 인지율은 증가하였다[2018년(54.5%) → 2020년(55.0%) → 2022년(62.8%)].

청소년을 지원하는 보호/상담 기관인 청소년쉼터, 청소년상담복지센터, 청소년전화 1388의 인지율은 지속적으로 높아지고 있는 것으로 나타났다. 하지만 이용 경험이 평균 약 3%로 나타난 결과를 놓고 볼 때, 보호/상담 기관 이용을 확대할 수 있는 방안 마련이

표 4-5 청소년 지원 기관 인지와 이용 여부: 청소년쉼터 (단위: 명, %)

구분			사례 수	모른다	알고 있다	이용 여부	
						이용한 적 있다	이용한 적 없다
전체		2018년	15,594	61.8	38.2	3.2	96.8
		2020년	14,032	60.2	39.8	2.2	97.8
		2022년	17,031	49.3	50.7	3.2	96.8
성별	남자	2022년	8,802	55.0	45.0	3.8	96.2
	여자	2022년	8,229	43.2	56.8	2.7	97.3
학교급	초등학교	2022년	5,736	63.5	36.5	5.9	94.1
	중학교	2022년	5,776	45.2	54.8	2.3	97.7
	고등학교	2022년	5,519	38.8	61.2	2.3	97.7
가정 밖 생활 경험	없음	2022년	16,575	49.5	50.5	2.9	97.1
	있음	2022년	425	39.3	60.7	12.1	87.9

* 주: 1) 무응답을 제외하고 분석한 결과임.
2) 이용 여부는 해당 기관을 알고 있다고 답한 청소년 응답자에 한함.

* 출처: 여성가족부(2022a).

표 4-6 청소년 지원 기관 인지와 이용 여부: 청소년상담복지센터 (단위: 명, %)

구분			사례 수	모른다	알고 있다	이용 여부	
						이용한 적 있다	이용한 적 없다
전체		2018년	15,600	55.0	45.0	2.7	97.3
		2020년	14,020	55.0	45.0	2.9	97.1
		2022년	17,030	46.5	53.5	3.9	96.1
성별	남자	2022년	8,800	52.9	47.1	3.9	96.1
	여자	2022년	8,230	39.7	60.3	4.0	96.0
학교급	초등학교	2022년	5,735	56.4	43.6	4.5	95.5
	중학교	2022년	5,775	44.5	55.5	3.5	96.5
	고등학교	2022년	5,520	38.4	61.6	3.9	96.1
가정 밖 생활 경험	없음	2022년	16,575	46.6	53.4	3.7	96.3
	있음	2022년	423	42.8	57.2	13.0	87.0

* 주: 1) 무응답을 제외하고 분석한 결과임.
2) 이용 여부는 해당 기관을 알고 있다고 답한 청소년 응답자에 한함.

* 출처: 여성가족부(2022a).

표 4-7 청소년 지원 기관 인지와 이용 여부: 청소년전화 1388 (단위: 명, %)

구분			사례 수	모른다	알고 있다	이용 여부	
						이용한 적 있다	이용한 적 없다
전체		2018년	15,599	45.5	54.5	1.7	98.3
		2020년	14,020	45.0	55.0	1.6	98.4
		2022년	17,032	37.2	62.8	2.1	97.9
성별	남자	2022년	8,799	44.2	55.8	2.1	97.9
	여자	2022년	8,233	29.6	70.4	2.1	97.9
학교급	초등학교	2022년	5,738	49.9	50.1	2.3	97.9
	중학교	2022년	5,774	32.5	67.5	1.8	98.2
	고등학교	2022년	5,520	28.8	71.3	2.4	97.6

가정 밖 생활 경험	없음	2022년	16,576	37.1	62.9	2.0	98.0
	있음	2022년	423	37.6	62.4	7.2	92.8

* 주: 1) 무응답을 제외하고 분석한 결과임.
  2) 이용 여부는 해당 기관을 알고 있다고 답한 청소년 응답자에 한함.

* 출처: 여성가족부(2022a).

필요할 것으로 보인다.

4) 집을 나오게 된 이유

가정 밖에서 생활한 경험이 있다고 답한 청소년 응답자를 대상으로 집을 나오게 된 이유를 조사한 결과, '부모님, 형제자매 등 가족과의 갈등'에 대한 응답이 69.5%로 가장 높게 나타났고, 그 밖에 '자유롭게 살거나 놀고 싶어서(44.3%)' '부모님, 형제자매 등 가족의 폭력(28.0%)' '친구/선후배가 집을 나가자고 해서(9.2%)' '선생님과의 갈등, 학교 규칙(8.8%)' '공부에 대한 부담감(8.4%)' 등의 순으로 나타났다. 가족과의 갈등이나 가정폭력 등 가정배경 요인이 가정 밖 생활을 유발하는 주된 원인으로 작용하고 있음을 알 수 있다.

연령별로 살펴보면, 모든 연령대(9~18세)에서 '부모님, 형제자매 등 가족과의 갈등' 때문에 집을 나오게 됐다는 응답 비율[9~11세(79.7%), 12~15세(66.7%), 16~18세(71.1%)]이 가장 높게 나타났다. 하지만 연령별로 구분해서 살펴보면 2순위부터는 집을 나오게 된 이유의 순위가 다르게 나타났다. 9~11세는 '부모님, 형제자매 등 가족의 폭력(42.2%)' '자유롭게 살거나 놀고 싶어서(28.8%)' '친구/선후배가 집을 나가자고 해서(23.5%)' '선생님과의 갈등, 학교 규칙(15.0%)' '공부에 대한 부담감(11.5%)' 순으로 나타났다. 12~15세는 '자유롭게 살거나 놀고 싶어서(48.1%)' '부모님, 형제자매 등 가족의 폭력(29.5%)' '친구/선후배가 집을 나가자고 해서(10.7%)' '공부에 대한 부담감(8.2%)' '선생님과의 갈등, 학교 규칙(6.5%)' 순으로 나타났다. 16~18세는 '자유롭게 살거나 놀고 싶어서(42.2%)' '부모님, 형제자매 등 가족의 폭력(26.9%)' '선생님과의 갈등, 학교 규칙(10.1%)' '공부에 대한 부담감(8.4%)' '친구/선후배가 집을 나가자고 해서(8.0%)' 순으로 나타났다. 이러한

표 4-8 집을 나오게 된 이유 (단위: %, 명)

구분		부모님, 형제자매 등 가족과의 갈등	부모님, 형제자매 등 가족의 폭력	가정 형편이 어려워서	선생님과의 갈등, 학교 규칙	학교 폭력	공부에 대한 부담감	친구/선후배가 집을 나가자고 해서	자유롭게 살거나 놀고 싶어서	기타	사례 수
전체		69.5	28.0	4.9	8.8	4.7	8.4	9.2	44.3	3.0	1,467
성별	남자	64.0	21.3	3.6	7.3	2.6	5.7	8.0	42.8	3.1	784
	여자	75.8	35.8	6.4	10.5	7.1	11.4	10.5	45.9	2.9	683
연령	9~11세	79.7	42.2	0.0	15.0	0.0	11.5	23.5	28.8	0.0	13
	12~15세	66.7	29.5	4.6	6.5	3.0	8.2	10.7	48.1	3.9	557
	16~18세	71.1	26.9	5.2	10.1	5.8	8.4	8.0	42.2	2.5	897

* 주: 1) 가정 밖에서 생활한 경험이 있다고 답한 청소년 응답자를 대상으로 함.
2) 복수 응답의 결과임.

* 출처: 여성가족부(2022b).

결과를 놓고 볼 때, 가정 요인을 제외하고는 12~18세의 청소년은 9~11세에 비해 자유롭게 살거나 놀고 싶은 욕구에 의해 가출하는 경우가 많음을 알 수 있다. 특이한 것은 사례 수가 적지만 9~11세가 12~18세보다 공부에 대한 부담감으로 집을 나오는 비율이 높다는 것이다. 이는 학교급이 올라갈수록 성적과 입시 등으로 인해 공부에 대한 부담이 더 크기 때문에 가정 밖 생활에 더 많은 영향을 미칠 것이라는 것과는 다르게 나타난 결과라고 할 수 있다. 따라서 집을 나오지 않도록 하기 위해서는 초등학교 연령의 청소년에 대한 공부 부담감을 해소할 수 있는 방안도 마련할 필요가 있다.

5) 가정 밖 생활 기간

집을 나온 기간 중 가장 길었던 기간은 어느 정도였는지 조사한 결과, '1개월 미만'이라는 응답이 62.8%로 가장 많았다. 구체적으로 살펴보면 '1~2개월'은 12.6%, '3~5개월'은 10.0%, '6개월~1년'은 7.6%, '12개월(1년) 이상'은 6.9%로 나타났다. 이러한 결과를 종합해 보면, 가정 밖 생활 유경험자 중 24.5%는 3개월 이상 가정 밖 생활을 한 적이 있고, 14.5%는 6개월 이상 장기간 가정 밖 생활을 경험했음을 알 수 있다.

표 4-9 가정 밖 생활 기간 (단위: %, 명)

		1개월 미만	1~2개월	3~5개월	6개월~1년	1년 이상	사례 수
전체		62.8	12.6	10.0	7.6	6.9	1,472
성별	남자	63.6	14.1	10.7	5.6	6.0	788
	여자	62.0	11.0	9.1	9.9	8.0	684
연령	9~11세	100.0	0.0	0.0	0.0	0.0	12
	12~15세	67.7	13.4	8.3	7.0	3.6	555
	16~18세	59.3	12.4	11.1	8.1	9.0	905

* 주: 가정 밖에서 생활한 경험이 있다고 답한 청소년 응답자를 대상으로 함.
* 출처: 여성가족부(2022b).

6) 가정 밖 생활 중 지냈던 공간

가정 밖 생활 중 지냈던 공간에 대해 조사한 결과, '친구 또는 선후배집'이라는 응답이 62.0%로 가장 많았다. 구체적으로 살펴보면 '건물이나 길거리 노숙'은 29.8%, '청소년쉼터'는 27.5%, '여관 · 모텔 · 달방 · 월세방'은 27.5%, '찜질방 · 고시원 · PC방'은 17.6% 순으로 나타났다. 청소년쉼터를 제외하면 안전성을 담보할 수 있는 공간으로 보기 어렵

표 4-10 가정 밖 생활 중 지냈던 공간 (단위: %, 명)

구분		청소년 쉼터	친구 또는 선후배집	여관/ 모텔/ 달방/ 월세방	찜질방/ 고시원/ PC방	건물이나 길거리 노숙 (건물 안 계단/ 지하철역/ 길거리/ 놀이터/ 공원 등	인터넷 등을 통해 알게 된 사람 (헬퍼)의 집	가출팸	친척집	기타	사례 수
전체		27.5	62.0	27.5	17.6	29.8	3.1	3.1	8.6	3.4	1,478
성별	남자	22.7	61.2	28.1	19.2	31.3	1.5	3.1	7.8	2.2	788
	여자	33.0	62.9	26.8	15.8	28.1	5.0	3.1	9.5	4.8	691
연령	9~11세	0.0	30.3	0.0	0.0	53.9	0.0	0.0	31.2	8.0	13
	12~15세	26.7	58.9	25.6	14.8	32.0	4.2	3.1	8.1	3.2	560
	16~18세	28.5	64.3	29.1	19.6	28.1	2.5	3.2	8.5	3.5	905

* 주: 1) 가정 밖에서 생활한 경험이 있다고 답한 청소년 응답자를 대상으로 함.
  2) 복수 응답의 결과임.
* 출처: 여성가족부(2022b).

다는 점에서 가정 밖 청소년의 주거가 불안정함을 알 수 있다. 특히 '건물이나 길거리 노숙' '여관 · 모텔 · 달방 · 월세방' '찜질방 · 고시원 · PC방' 등에서 거주했다는 응답 비율이 적지 않게 나타나 가정 밖 청소년의 안전한 주거에 대한 지원 방안 마련이 필요하다.

7) 가정 밖 생활 중 어렵고 힘들었던 점

가정 밖 생활 중 어렵고 힘들었던 점으로는 '생활비가 부족함'이 54.0%로 가장 많았고, 그 다음으로는 '갈 곳(쉴 곳)이 없음(42.4%)' '우울 · 불안 등의 정서적 어려움(33.3%)' '일자리가 없음(20.9%)' '사람들의 안 좋은 시선(17.5%)' 순으로 나타났다. 여자청소년의 경우에는 우울 · 불안 등의 정서적 어려움(43.9%)이 남자청소년(24.1%)에 비해 비교적 높게 나타났다. 청소년의 우울감 경험률이 28.7%(질병관리청, 2022)인 것을 감안한다면 매우 높은 수치라고 할 수 있다.

표 4-11 가정 밖 생활 중 어렵고 힘들었던 점 (단위: %, 명)

구분		일자리가 없음	원하지 않는 조건 만남/성매매 하기	거리에서의 폭력/범죄 피해	사람들의 안 좋은 시선	생활비가 부족함	건강이 안 좋아짐	우울/불안/좌절/두려움/외로움	같이 다니는 또래들과의 관계	도움을 요청할 곳이 없거나 어디에 요청할지 모름	갈 곳(쉴 곳)이 없음	기타	별로 힘든 점 없음	사례 수
전체		20.9	2.8	3.8	17.5	54.0	15.0	33.3	9.4	14.5	42.4	1.0	16.7	1,477
성별	남자	22.7	0.5	4.3	13.6	56.7	14.5	24.1	6.8	10.6	37.5	0.8	18.0	787
	여자	18.8	5.5	3.3	21.9	51.1	15.6	43.9	12.5	19.0	48.0	1.2	15.1	690
연령	9~11세	3.7	0.0	0.0	0.0	0.0	0.0	45.0	0.0	0.0	0.0	0.0	51.4	12
	12~15세	16.3	2.8	2.4	17.2	49.0	13.5	29.2	8.8	13.4	40.2	1.0	18.2	560
	16~18세	23.9	2.9	4.8	17.9	57.9	16.2	35.8	10.0	15.4	44.4	1.0	15.3	905

* 주: 1) 가정 밖에서 생활한 경험이 있다고 답한 청소년 응답자를 대상으로 함.
2) 복수 응답의 결과임.

* 출처: 여성가족부(2022b).

8) 가정 밖 청소년에게 가장 필요한 지원 방안

가정 밖 청소년에게 가장 필요한 지원 방안(1순위와 2순위 합산 결과)으로 '잠잘 곳과 먹을 것을 제공해 주는 생활 지원(63.6%)' '생활비를 지원해 주는 경제적 지원(61.5%)'에 대

표 4-12 가정 밖 청소년에게 가장 필요한 지원 방안 (단위: %, 명)

구분		당장 필요한 생필품 제공	생활비를 지원해 주는 경제적 지원	힘든 문제나 고민에 대한 상담/심리 지원	잠잘 곳과 먹을 것을 제공해 주는 생활 지원	공부를 계속할 수 있도록 도와주는 학업 지원	진로를 찾도록 도와주는 진로탐색 및 직업 훈련	일할 곳을 구하도록 도와주는 일자리 지원	건강 문제를 돌볼 수 있도록 도와주는 의료 지원	기타	사례 수
전체		19.6	61.5	16.1	63.6	5.4	5.0	19.6	7.0	1.2	1,467
성별	남자	22.5	64.5	13.1	58.7	5.0	5.9	21.0	6.0	1.7	776
	여자	16.3	58.1	19.4	69.1	5.8	4.1	18.1	8.1	0.7	691
연령	9~11세	42.8	50.9	20.7	54.2	6.4	5.1	0.0	14.4	5.3	13
	12~15세	20.7	63.4	14.3	65.2	6.7	4.3	15.1	6.9	1.9	552
	16~18세	18.6	60.4	17.2	62.7	4.5	5.5	22.6	6.9	0.7	902

* 주: 1) 가정 밖에서 생활한 경험이 있다고 답한 청소년 응답자를 대상으로 함.
2) 1순위와 2순위 합산 결과임.

* 출처: 여성가족부(2022b).

한 수요가 높게 나타났다. 그다음으로는 '당장 필요한 생필품 제공(19.6%)' '일할 곳을 구하도록 도와주는 일자리 지원(19.6%)' '힘든 문제나 고민에 대한 상담/심리 지원(16.1%)'이 높게 조사되었다. 성별의 경우에는 여자청소년이 '잠잘 곳과 먹을 것을 제공해 주는 생활 지원(69.1%)'에 대한 수요가 남자청소년(58.7%)보다 10.4%가 더 높게 나타났다. 이는 여자청소년은 안전하게 숙식을 해결할 곳을 중요하게 생각한다는 것을 의미한다고 할 수 있다. 이러한 결과를 놓고 볼 때, 전체적으로 가정 밖 청소년은 학업지원, 진로 탐색 및 직업훈련지원, 의료지원보다는 당장의 숙식과 생계 해결에 대한 수요가 많음을 알 수 있다.

04 가정 밖 청소년 관련 현안문제

가정 밖 청소년과 관련된 현안은 매우 많다. 실제로 가정 밖 청소년과 관련된 많은 문제점이 언급되고 있다. 하지만 이 장에서는 지면의 사정상 저자가 가장 심각하다고 판단되는 두 가지 문제에 대해서만 살펴보고자 한다.

첫째, 가정 밖 청소년의 상당수가 길거리에 방치되고 있다는 것이다. 가정 밖 생활 경험이 있는 청소년은 11만 5,741명이며, 학교 밖 청소년을 포함하면 실체 가정 밖 청소년의 규모는 더 클 것으로 추정된다(허민숙, 2021). 이 중 일부는 청소년쉼터 등 보호시설의 도움을 받지만, 많은 가정 밖 청소년은 길거리에 방치되고 있다. 위기청소년 지원 기관 이용자 실태조사(여성가족부, 2022b)를 보면, 가정 밖 생활 중 지냈던 공간으로 친구 또는 선후배집을 제외하고 건물이나 길거리 노숙(건물 안 계단/ 지하철역/ 길거리/ 놀이터/ 공원 등) 비율이 높게 나타났다. 이는 상당수 가정 밖 청소년이 청소년쉼터와 같은 보호시설이 아닌 길거리에 방치되고 있다는 것을 보여 준다. 청소년쉼터를 찾지 못한 가정 밖 청소년은 남녀를 가리지 않고 성매매의 덫에 빠지게 된다. 이유는 돈이다. 당장 돈을 벌어 생계를 유지해야 하지만 미성년자인 가정 밖 청소년이 돈을 벌 수 있는 수단은 많지 않기 때문이다(아시아경제, 2023. 12. 15일자).

가정 밖 청소년을 보호하는 시설인 청소년쉼터는 전국에 2022년 기준 138곳이 운영되고 있다. 청소년쉼터는 가정 밖 청소년을 일정 기간 보호하면서 상담, 주거, 학업, 자립 등을 지원하는 시설(「청소년복지 지원법」 제31조 제1호)이다. 하지만 가정 밖 청소년에 비해 청소년쉼터 수가 매우 부족하다. 그럼에도 불구하고 청소년쉼터 입소 현황을 보면, 2010년 9,350명에서 2019년 32,402명으로 지속적으로 증가하다가 2021년 21,475명으로 감소하고 있다(여성가족부, 2023b). 이처럼 청소년쉼터를 이용하는 가정 밖 청소년은 최근 들어 감소하고 있지만 꾸준히 이용하고 있는 것을 알 수 있다. 정리하면 2021년에 청소년쉼터를 이용한 청소년이 2만 명을 넘었지만 11만 명 이상으로 추정되는 가정 밖 청소년을 놓고 본다면 여전히 길거리에서 방치되어 사각지대에 놓인 가정 밖 청소년이 많다는 것을 알 수 있다.

둘째, 가정 밖 청소년의 가정 밖 생활을 하는 주된 이유가 부모님, 형제자매 등 가족과의 갈등과 폭력처럼 가정문제에 있다는 것이다. 즉, 예전이나 지금이나 청소년의 가정 밖 생활을 하는 주된 원인에는 크게 변화가 없다는 것이다. 위기청소년 지원 기관 이용자 실태조사(여성가족부, 2022b)에 따르면, 가정 밖 청소년이 집을 나오게 된 이유로 부모님, 형제자매 등 가족과의 갈등과 같은 가족 요인이 가장 높았으며, 국회입법조사처(허민숙, 2021)의 연구에서도 '부모님과의 문제' 등 가정 요인이 가정 밖 생활의 주된 요인이라고 응답한 경우가 가장 많았다. 2023 청소년통계의 결과를 보더라도 청소년이 가정 밖 생활을 하게 된 원인으로 '부모님과의 문제'가 56.6%(2022년)로 가장 높았다(여성가족부,

2023a). 이러한 가족 요인은 2014년부터 2022년까지 가정 밖 청소년이 집을 나오게 하는 원인으로 가장 높은 비율을 차지한다.

이러한 결과를 놓고 볼 때, 청소년의 가정 밖 생활을 하는 주된 원인이 과거부터 현재까지 크게 달라지지 않았다는 것을 확인할 수 있다. 이처럼 청소년의 가정 밖 생활을 하는 이유가 청소년의 안전하게 보호받아야 할 가정문제로 인해 지속적으로 발생한다는 것을 볼 때, 청소년의 가정 밖 생활을 예방하기 위해서는 우선적으로 가정 요인을 해결할 수 있는 방안 마련이 필요하다.

05 가정 밖 생활 예방과 가정 밖 청소년 지원 대책

가정 밖 생활 예방과 가정 밖 청소년 지원 대책은 여성가족부를 중심으로 지방자치단체와 연계하여 시행하고 있다. 하지만 현재 시행되고 있는 정책은 가정 밖 청소년문제를 해결하는 데 부족함이 있다. 따라서 가정 밖 생활 예방과 가정 밖 청소년 지원 대책을 다음과 같이 제안하고자 한다.

첫째, 가족지원과 중재 서비스 정책이 필요하다. 가정 밖 청소년의 대다수가 가정문제로 인해 집을 나오고 있으나 가족에 대한 지원이나 중재 서비스가 매우 미약한 실정이다. 가족 관련 문제는 청소년이 집을 나오게 되는 가장 주된 원인으로 지목되고 있다. 예를 들어, 학대와 방임, 가족구성원 간의 갈등, 가족 구조의 결손과 경제 상황 등을 원인으로 들 수 있다. 가정 밖 생활 관련 실태조사에서도 '부모님 등 가족과의 갈등과 폭력'은 예전이나 지금이나 가정 밖 청소년이 집을 나오게 하는 주된 이유로 가장 높은 비율을 차지한다.

가정 밖 청소년이 집을 나오게 되는 가장 주된 요인인 가족 관련 쟁점은 매우 광범위하다. 가족 관련 요인 가운데 가족 구조, 거주지역 등 물리적 환경도 주요한 요인이지만 학대 여부를 포함하여 가족관계와 기능적 특성이 청소년이 집을 나오게 되는 주요한 예측 요인이다. 상당수의 청소년이 가족 요인을 가정 밖 생활의 주된 요인으로 지목하지만 그들 모두 가족과 관계가 나쁘거나 가정생활이 불만족으로 가득 차 있는 것도 아니다. 이러한 측면에서 가정생활만족도를 근거로 집단을 구분하는 것은 선행연구에서 가출청소년을 탈출형, 추구형으로 유형화했던 전통적인 분류와 유사한 면이 있다.

가정생활만족도가 높은 가정 밖 청소년은 여러 면에서 추구형에 가깝다. 추구형 가정 밖 청소년은 가정과 학교환경에 견디기 어려울 정도의 역기능이 있어 집을 나오기보다는 모험, 흥미, 자유를 찾아 가정 밖 생활을 감행하기 때문에 집을 나온 이후의 가용 자원이 상대적으로 풍부하고 가족 지지도 기대할 수 있다. 반면에 가정생활만족도가 낮은 가정 밖 청소년은 탈출형과 공통점이 많다. 탈출형은 견디기 어려운 여러 문제와 어려움으로부터 벗어나기 위한 가정 밖 생활을 의미한다. 예를 들어, 알코올 문제를 가진 부모, 신체적 · 성적 학대를 포함한 방임, 부부폭력을 포함한 아동학대와 같이 파괴적인 상황으로부터 벗어나기 위한, 그리고 부모의 지나친 통제와 간섭, 비효과적인 훈육 방법, 역기능적 의사소통 등 부모와의 심각한 갈등 상황으로부터 벗어나기 위해 집을 나오는 것 등을 들 수 있다.

이와 같이 가정생활에 대한 만족도가 낮은 경우에는 가정환경이 안정되었다고 보기 어렵고, 비행 등에 연루될 위험성이 높으므로 상습 또는 만성적인 가출 가능성이 높다. 그래서 무조건적인 가정 복귀 조치는 반복 가출을 유발할 수도 있으므로 예방적 개입에 초점을 두어 청소년이 집을 나오게 하는 유발 원인에 대해 개입해야 한다. 따라서 이러한 문제를 해결하기 위해서는 가족에 대한 지원과 중재 서비스가 절실히 필요하다(한국청소년정책연구원, 2014).

둘째, 청소년쉼터의 확충이 필요하다. 주거는 거리청소년문제를 해결하는 가장 중요한 요소이다. 안정적인 잠자리를 확보하지 못한 상황에서 정기적인 일자리를 갖기란 불가능하다. 건강한 삶 또한 확보할 수 없다. 하루 종일 거리를 떠돌면서 질병이 없길 바라는 것은 기적에 가깝다. 주거는 거리청소년이 사회의 위험으로부터 자신을 보호할 수 있는 최소한의 요건이자 사회로 복귀할 수 있는 디딤돌이다.

한국에서 거리청소년이 갈 수 있는 집으로는 정부가 운영하는 청소년쉼터가 유일하다. 우리나라 가정 밖 청소년 지원정책도 청소년쉼터 운영에 집중되어 있다. 이름은 '쉼터'이지만 그 역할은 '쉬는 것' 그 이상이다. 쉼터는 거리로 나온 청소년에게 의식주를 제공하고 학업과 직업훈련을 할 수 있도록 함으로써 사회로 복귀하는 길을 열어 준다(시사저널, 2015. 5. 7일자). 국회입법조사처(허민숙, 2021)의 자료에 의하면, 연간 약 11만 명 이상이 가출한다. 하지만 가정 밖 청소년이 갈 수 있는 쉼터는 138곳(2022년 기준)에 불과하다. 가정 밖 청소년의 규모에 비해 턱없이 부족하다. 가정 밖 청소년 인원, 청소년의 가정 밖 생활 경험률과 청소년쉼터 보호율을 감안하여 청소년쉼터를 추가로 확충할 필요가 있다.

셋째, 가정 밖 청소년의 자립지원 확대가 필요하다. 가정 밖 청소년에게 원가정 복귀는 매우 중요하다. 왜냐하면 가정 밖 청소년이 부모와 정서적인 화해를 통해 관계 회복의 경험을 가질 수 있기 때문이다. 이러한 과정은 청소년이 건강한 성인으로 성장하는 데 꼭 필요한 경험이다(이정희, 2022). 그러나 모든 가정 밖 청소년이 원가정으로 복귀할 수는 없다. 가정폭력으로 복귀할 수 없는, 그리고 가정이 해체되어 돌아갈 가정이 없는 가정 밖 청소년에게는 자립을 준비할 수 있도록 지원하는 것이 필요하다.

현재 정부에서는 「청소년복지 지원법」 개정을 통해 자립지원 조항을 신설하여 쉼터 퇴소 청소년 자립지원수당의 단가를 월 30만 원에서 월 40만 원으로 인상하였고, 지원 기간도 3년에서 5년으로 확대하였다. 가정 밖 청소년 자립지원을 위한 청소년자립지원관을 2022년 11개소에서 2023년 13개소로 확대 및 설치하였다(여성가족부, 2023c). 또한 여성가족부와 한국청소년상담복지개발원은 가정 밖 청소년을 안전하게 보호하고 안정적인 자립지원을 돕기 위해 모바일 앱(APP) '자립해냄'을 운영하고 있다. 자립해냄 앱은 이용자의 현재 위치에 기반하여 청소년쉼터를 검색하고, 해당 청소년쉼터의 상세 정보와 입소 가능 여부를 알 수 있도록 하였다. 또한 직업준비를 비롯하여 주거관리, 경제, 건강 등 자립과 생활에 필요한 정보를 11개로 유형화(자립 의지, 주거 관리. 일상생활 기술, 음식 관리, 직업 준비, 직장 적응, 경제 관리, 사회기술, 자원 활용, 건강관리, 성보호)하여 제공하고, 청소년이 스스로 자립 준비 수준을 진단할 수 있도록 하였다(여성가족부, 2022c). 하지만 아동복지시설을 퇴소한 자립 준비 청년 지원에 비해 여전히 부족한 부분이 많다. 제주특별자치도는 「청소년복지 지원법」 개정에 앞서 「제주특별자치도 가정 밖 청소년 자립지원에 관한 조례」에 의해 가정 밖 청소년에게 주거정착금 등을 지원하고 있다. 이는 타 시도에 비해 제주가 최초로 시행하고 있는 정책이라고 할 수 있다. 이러한 정책을 전국적으로 시행하는 등 가정 밖 청소년의 자립지원을 확대하는 것이 필요하다.

요약

1. 가정 밖 청소년의 개념을 정의하면 '가정 내 갈등 · 학대 · 폭력 · 방임, 가정 해체, 가출 등의 사유로 일정한 주거지가 없거나 가정 내에서 생활하는 것이 불가능하여 보호자로부터 이탈된 청소년으로서 사회적 보호 및 지원이 필요한 9~24세의 청소년'이라고 정의할 수 있다.

2. 가정 밖 청소년의 특성으로는, 첫째, 가정 관련 특성으로 가정 밖 청소년의 원가정 형태는 한부모와 재구성된 가정의 비율이 높다. 둘째, 학업 관련 특성으로 학업을 중단한 청소년은 학업을 지속하는 이들에 비해 가출 일수가 훨씬 많다. 셋째, 근로와 경제활동 관련 특성으로 가정에서 이탈된 청소년은 당장 숙식을 해결해야 하는 문제에 마주치게 된다. 넷째, 정서 · 인지 · 행동 문제 관련 특성으로 위기청소년 지원 기관 이용자의 41.7%가 자해를 생각해 본 적이 있고, 33.9%가 자해를 한 경험이 있으며, 46.0%는 자살을 생각해 본 적이 있고, 22.8%가 자살을 시도한 경험이 있는 것으로 나타났다. 다섯째, 또래 관계 관련 특성으로 또래와의 관계는 가정 밖 청소년에게 정서적 지지와 정보 제공 같은 긍정적인 기능을 하는 동시에 비행과 범죄로 이끌거나 착취 및 학대의 희생양으로 삼는 측면이 있어서 또래와의 관계에 대한 관찰과 지도는 필수적으로 포함될 필요가 있다. 여섯째, 사회적 지원 관련 특성으로 가정 밖 청소년은 사회적 지원에 대한 요구가 크다. 가정 밖 청소년은 사회적 지원 중에서 특히 자립지원 서비스에 대한 요구가 높다.

3. 초 · 중 · 고등학생의 2.5%가 가정 밖 생활을 한 적이 있으며, 가정 밖 청소년이 집을 나오게 된 주된 이유는 '부모님, 형제자매 등 가족과의 갈등'이 69.5%로 가장 높게 나타났다.

4. 가정 밖 생활 중 어렵고 힘들었던 점으로는 '생활비가 부족함(54.0%)' '갈 곳(쉴 곳)이 없음(42.4%)' 순으로 나타났고, 가정 밖 청소년에게 가장 필요한 지원 방안(1순위와 2순위 합산 결과)으로 '잠잘 곳과 먹을 것을 제공해 주는 생활 지원(63.6%)' '생활비를 지원해 주는 경제적 지원(61.5%)'에 대한 수요가 높았다.

5. 가정 밖 청소년 관련 현안문제로 첫째, 가정 밖 청소년의 상당수가 길거리에 방치되고 있다는 것이다. 둘째, 가정 밖 청소년의 가정 밖 생활을 하는 주된 이유가 부모님, 형제자매 등 가족과의 갈등과 폭력처럼 가정문제에 있다는 것이다. 즉, 예전이나 지금이나 청소년의 가정 밖 생활을 하는 주된 원인에는 크게 변화가 없다는 것이다.

6. 가정 밖 생활 예방과 가정 밖 청소년 지원 대책으로는, 첫째, 가족지원과 중재 서비스 정책이 필요하다. 둘째, 청소년쉼터의 확충이 필요하다. 셋째, 가정 밖 청소년의 자립지원 확대가 필요하다.

참고문헌

국가인권위원회(2017). 인권위 가정 밖 청소년 인권보호정책 개선 권고 보도자료, 2017. 1. 24일자. 서울: 국가인권위원회.

김정남(2019). 가정 밖 청소년의 학대경험과 범죄 가 · 피해 실태 연구: 학대와 범죄경험 간 상관성을 중심으로. 서울: 초록우산 어린이재단.

김지연 · 김희진(2018). 경찰의 가정 밖 청소년 보호조치 개선 방안: 외국의 사례와 시사점을 중심으로. 한국청소년 정책연구원.

김희진 · 백혜정 · 김은정(2018). 가정 밖 청소년의 실태와 자립지원 방안 연구. 세종: 한국청소년정책연구원.

남미애 · 홍봉선 · 육혜련(2012). 청소년쉼터설치 및 운영 내실화 방안 연구. 서울: 여성가족부.

박수련 · 이주영(2018). 국내 가출청소년 연구 동향과 개입방안: 2010년부터 2017년을 중심으로. 상담교육연구, 1(1), 197-215.

백혜정 · 좌동훈 · 남기곤 · 정경석(2015). 가출청소년실태 및 청소년쉼터 중장기 발전 방안 연구. 서울: 여성가족부.

시사저널(2015. 5. 7.). 집 나오는 순간 갈 곳이 없다.

아시아경제(2023. 12. 15). [길잃은 청소년④] "조건 할래요?" 가정 밖 청소년, 나쁜 어른들을 만나다.

여성가족부(2022a). 2022년 청소년 매체이용 및 유해환경 실태조사. 서울: 여성가족부.

여성가족부(2022b). 위기청소년 지원기관 이용자 실태조사. 서울: 여성가족부.

여성가족부(2022c). 가정 밖 청소년을 위한 '내 손 안의 자립지원 정보'–'자립해냄' 앱으로 위치 기반 청소년쉼터 검색, 맞춤형 자립정보 제공– 보도자료, 2022. 6. 9일자. 서울: 여성가족부.

여성가족부(2023a). 2023년 청소년통계 발표 최종 배포본 보도자료, 2023. 2. 23일자. 서울: 여성가족부.

여성가족부(2023b). 2022년 청소년 백서. 서울: 여성가족부.

여성가족부(2023c). 가정 밖 청소년의 자립을 함께 하다, 정책뉴스 2023. 12. 27일자. 서울: 여성가족부.

육혜련(2013). 청소년쉼터 입소 가출청소년의 사회적 배제와 우울·불안과의 관계 연구. 보건사회연구, 33(4), 245-274.

이용교·홍봉선·윤현영(2005). 청소년보호시설 설치 및 운영기준 마련을 위한 연구. 서울: 국가청소년위원회.

이정희·함수민(2023). 가정 밖 청소년의 원가정 복귀 프로그램에 대한 요구분석. 청소년학연구, 30(12), 205-226.

이정희(2022). 가정 밖 청소년 원가정복귀 지원 프로그램 개발 연구. 부산: 한국청소년상담복지개발원.

질병관리청(2022). 2022년 청소년건강행태조사. 충북: 질병관리청.

허민숙(2021). 홈리스 청소년 지원 입법 · 정책과제: 가정복귀 프레임을 넘어. 서울: 국회입법조사처.

한국청소년상담원(2002). 가출청소년 상담정책 연구–한국청소년상담원과 전국청소년싱딤실의 역할을 중심으로–. 서울: 한국청소년상담원.

한국청소년상담복지개발원·한국보건사회연구원·서울대학교·한국과학기술원(2015). 빅데이터분석 기반의 위기청소년 예측 및 적시대응 기술 개발. 세종: 미래창조과학부.

한국청소년정책연구원(2014). 가출청소년 보호지원 실태 및 정책과제연구. 세종: 한국청소년정책연구원.

홍봉선·남미애(2007). 청소년복지론. 경기: 공동체.

황여정·김지경·이윤주(2016). 2016년 청소년 매체이용 및 유해환경 실태조사. 서울: 여성가족부.

Homer, L. E. (1973). Community-base resource for runaway girls. *Social Casework*, *54*, 473-479.

제5장

청소년복지의 실제 2

-학교 밖 청소년-

학습개요

학교를 떠난 청소년들은 학교라는 교육제도 밖에 위치함으로써 학습권을 보장받지 못할 위기에 처할 가능성이 높고, 이어 사회 진출의 어려움을 겪게 된다. 학교 밖 청소년이 겪는 어려움은 청소년 개인은 물론이고, 사회적 차원의 문제로까지 이어질 수 있다. 학업을 중단하는 청소년들이 꾸준히 발생하면서 학업 중단 예방 및 이들에 대한 사회적 보호의 필요성에 대한 문제가 대두되어 왔다. 이에 이들 삶의 양상과 그에 수반되는 문제를 파악하고, 그러한 문제를 해결하기 위한 국가적 지원이 필요한 상황이다.

'학교 밖 청소년'이라는 용어는 다양한 이유로 학교를 떠난 청소년을 비롯하여 근로청소년, 비진학 청소년, 무직청소년 등 제도권 교육 밖에 있는 청소년들을 포괄하면서 이들에게 학교가 아닌 또 다른 배움터를 제공하여 이들의 삶에 대한 국가의 역할과 책임의 의미를 포함하는 법적 용어이다. 2014년에 제정된 「학교 밖 청소년 지원에 관한 법률」은 이들에 대한 지원의 법적 근거로 작용하고 있다.

이 장에서는 학교 밖 청소년의 개념 및 현황, 청소년들이 학교를 그만 둔 이유와 이후의 삶에 대해 살펴본다. 그리고 이들에 대한 법과 제도의 취지와 내용을 알아보고자 한다.

01 학교 밖 청소년의 개념 및 현황

1) '학교 밖 청소년'의 개념

학교 밖 청소년은 다양한 이유로 현재 학교에 적(籍)을 두지 않은 청소년을 의미한다. 학교를 떠난 청소년들은 학교라는 교육제도 밖에 위치함으로써 학습권을 보장받지 못할 위기에 처할 가능성이 높고, 이어 사회 진출의 어려움을 겪게 된다. 학업을 중단하는 청소년들이 꾸준히 발생하면서 학업 중단 예방 및 이들에 대한 사회적 보호의 필요성에 대한 문제가 대두되었다. 즉, 학교를 떠난 청소년들은 스스로 진로를 찾고 직업을 구하는 과정에서 많은 시행착오와 좌절을 경험하는데, 이러한 상태가 여러 사회적 기회의 박탈, 나아가 사회적으로 배제되는 삶으로 이어지지 않도록 국가가 적극적인 지원할 필요가 있다. 이는 사회 · 경제적으로 볼 때 청년실업 및 근로빈곤층(working poor)의 증가라는 국가적 문제와도 연결되기 때문이다(여성가족부, 2017).

교육부는 2002년부터 공식적으로 '학업 중단'이라는 표현으로 이들을 지칭해 오고 있다. 그러나 청소년이 학교를 떠난 이후의 삶에 대한 관심은 청소년들이 제도권 내의 공교육을 벗어나더라도 사회에 또 다른 배움터가 있어 학습이 지속될 수 있도록 해야 한다는 논의를 시작하게 하였고, 이에 청소년 현장과 여성가족부를 중심으로 '학교 밖 청소년'이라는 포괄적인 용어를 사용하기 시작하였다. 이에 개념적으로는 다양한 이유로 학교를 떠난 청소년을 비롯하여 근로청소년, 비진학 청소년, 무직청소년 등 제도권 교육 밖에 있는 청소년들을 포괄하면서 기능적으로는 학교를 떠난 이들에게 또 다른 배움터를 제공하여 이들의 삶에 대한 국가의 역할과 책임의 의미를 포함할 수 있도록 하였다. 2014년에 제정된「학교 밖 청소년 지원에 관한 법률」은 이들에 대해 다음과 같이 정의하면서 이들에 대한 지원의 법적 근거로 작용하고 있다(제2조).

① 「초 · 중등교육법」 제2조의 초등학교 · 중학교 또는 이와 동일한 과정을 교육하는 학교에 입학한 후 3개월 이상 결석하거나 같은 법 제14조 제1항에 따라 취학의무를

유예한 청소년

② 「초 · 중등교육법」 제2조의 고등학교 또는 이와 동일한 과정을 교육하는 학교에서 같은 법 제18조에 따른 제적 · 퇴학 처분을 받거나 자퇴한 청소년

③ 「초 · 중등교육법」 제2조의 고등학교 또는 이와 동일한 과정을 교육하는 학교에 진학하지 아니한 청소년

2) 학교 밖 청소년의 현황

2022년에 학업을 중단한 청소년은 총 52,981명으로, 전체 재적생 5,275,054명의 약 1.0%를 차지하는 수치이다. 학업 중단율은 2010년 1.1%에서 2015년 0.8%, 2020년 0.6%까지 감소했다가 2021년 0.8%, 2022년 1.0%로 다시 증가하고 있다(〈표 5-1〉 참조). 2022년 학교급별 학업 중단 비율은 초등학교 0.7%(19,415명), 중학교 0.7%(9,585명), 고등학교 1.9%(23,981명)이며, 매해 고등학생의 학업 중단율이 상대적으로 높은 것으로 확인되고 있다(교육부, 2023).

표 5-1 연도별 학업 중단율(2010, 2015, 2020~2022)[1)] (단위: %)

	초	중	고	전체
2010	0.6	1.0	2.0	1.1
2015	0.5	0.6	1.3	0.8
2020	0.4	0.5	1.1	0.6
2021	0.6	0.5	1.5	0.8
2022	0.7	0.7	1.9	1.0

* 출처: 교육부(2023).

1) 학업 중단율=(학업 중단자 수 / 전년도 학생 수)×100
학업 중단자(사망자 제외)
–초등학교와 중학교: 유예(질병, 장기결석, 미인정유학, 기타) 및 면제(질병, 해외출국, 기타)
–고등학교: 자퇴(질병, 가사, 부적응, 해외출국, 기타), 퇴학(품행), 제적, 유예, 면제

02 학교 밖 청소년의 실태[2)]

1) 이전 학교생활 및 학교를 그만둔 이유

학교 밖 청소년 3,291명을 조사한 여성가족부(2021)의 실태조사 결과에 따르면, 이들의 학교생활 평균값은 친구 관계(2.91점)와 교사 관계(2.67점)는 긍정적 응답인 '그렇다'(3점)에 가까웠으나 수업 참여(2.56점)에 관해서는 그보다 부정적 응답을 보였다. 학교를 그만둘 당시의 학교 성적은 하위권(26.8%)이었다는 응답이 가장 많았으나 4명 중 1명 정도의 청소년은 학교를 그만둘 당시의 성적이 중상위권 이상이었다고 응답하였다. 학교를 그만두기 전 학교생활에 대한 평균값은 2015년 이후 지속적으로 증가하고 있다.

학교 밖 청소년들이 학교를 그만둔 시기는 남녀 모두 고등학교 때가 가장 많았고(57.0%), 전체의 35.3%가 고등학교 1학년 때 학교를 그만두는 것으로 확인되었다. 학교를 그만둔 시점부터 현재까지의 기간은 3년 이상이라는 응답이 가장 많았고, 그만둔 이유(복수응답)로는 학교에 다니는 것이 의미가 없어서(37.2%), 원하는 것을 배우려고(29.6%), 심리 · 정신적인 문제(23.0%) 순으로 확인되었다. 여자청소년은 심리 · 정신적인 문제라는 응답률이, 남자청소년은 공부하기 싫어서의 응답률이 높게 나타났다. 한편, 초등학교 때 학교를 그만둔 비율은 2015년 이후 10%대에서 지속적으로 증가 추세를 보이고 있다.

2) 학교를 그만둘 당시 계획 및 의논 상대

학교를 그만둘 당시 계획(복수응답)으로 검정고시 준비라는 응답이 58.3%로 가장 많았고, 대학 진학 준비(22.7%), 대안학교 진학(22.4%), 시간제 근로나 아르바이트(22.1%)의 순으로 조사되었다. 조사대상[3)] 중 일반청소년은 대안학교 진학과 대학 진학 준비 등

2) 「2021 학교 밖 청소년 실태조사」 보고서 인용

3) 일반청소년: 학교밖청소년지원센터, 청소년 단기쉼터, 내일이룸학교, 미인가 대안학교의 학교 밖 청소년
비행청소년: 보호관찰소와 소년원의 학교 밖 청소년

학업에 관한 계획이 있었던 반면, 비행청소년은 시간제 근로나 아르바이트, 취업(창업) 등 경제활동에 대한 계획이 있는 경우가 더 많았다.

학교를 그만둘 당시 고민 상대(복수응답)로 부모님과 의논하였다는 응답이 77.8%로 가장 많았고, 다음으로 친구(50.0%), 학교 교사(30.5%), 형제자매(19.9%), 상담 기관(15.8%), 학교 상담교사(14.7%), 선후배(12.2%) 순으로 확인되었다. 반면에 의논 상대가 아무도 없었다는 응답은 7.1%였다. 당시 부모님의 정서적 · 경제적인 측면에서의 태도는 대체로 긍정적이었으나, 단기쉼터 청소년은 상대적으로 더 취약했으며, 부모의 방임이나 학대 수준도 다른 기관의 청소년들보다 높았다. 학교 선생님과 의논한 비율은 증가폭이 작거나 감소하는 반면, 부모님, 친구, 상담 기관 등과 고민을 나누고 의논한 비율은 증가하는 추세를 보였다.

3) 학교를 그만둔 이후의 삶

학교를 그만둔 것을 후회한 적이 있었다는 응답은 41.1%, 후회한 적이 없었다는 응답은 58.1%로 나타났다. 후회했던 이유로는 친구 사귈 기회가 줄어들었기 때문이라는 응답이 가장 많았고, 다음으로 수학여행 등의 다양한 경험을 하지 못하는 것, 졸업장을 받지 못하는 것에 대한 아쉬움 순이었다. 후회하지 않는 이유로는 자유 시간의 증가, 하고 싶었던 일을 할 수 있게 된 것, 학업 스트레스를 받지 않는 것, 학교규칙과 통제가 없는 것 순으로 응답률이 높았다. 2015년 이후 학교를 그만둔 것에 대해 후회하지 않는 비율이 지속 증가하고 있다는 점이 주요한 결과라고 할 수 있다.

학교를 그만둔 이후 10명 중 8명 정도의 청소년들은 검정고시 준비를 하는 것으로 나타났으며, 2015년, 2018년에 이어 꾸준히 증가하고 있다. 학교를 그만둔 후 4명 중 1명이 친구 집, PC방, 모텔 · 여관, 보호시설 등과 같이 집 밖에서 생활한 경험이 있는 것으로 나타났다. 이렇게 학교를 그만둔 후 본인의 집 외의 장소에서 거주한 경험률은 2015년 이후 지속적으로 감소하고 있고, 진로상담을 받았던 비율, 직업 기술을 배웠다고 응답한 비율 또한 지속적으로 감소하고 있다.

2015년 이후 학교를 그만둔 후의 불이익 경험률은 지속적으로 감소하는 추세이기는 하나, 2021년에는 여전히 적지 않은 수의 청소년들이 요금을 더 많이 내거나(17.3%) 공모전 참여 제한(9.1%)과 같은 불이익을 당하였다고 응답하였다. 2018년과 비교하면 모든 유형의 불이익 경험률이 감소하였고, 특히 버스 승차나 공원 입장 시 요금을 더 많이 낸 경험에 대한 응답은 감소하는 추세로 확인되었다.

학교를 그만둔 후 가출 경험 비율은 15.0%였으며, 연도별로는 감소 추세를 보이고 있다. 폭력 피해 경험은 사이버 괴롭힘, 집단 따돌림, 구타, 성희롱, 금품갈취, 성폭력 순으로 많았으며, 마찬가지로 2015년, 2018년에 비해 감소하였다. 가출 경험이 있다는 응답 비율은 남자청소년이 여자청소년에 비해 높았고, 폭력 피해는 여자청소년들의 경험 비율이 더 높았다.

응답자의 20.4%는 최근 12개월 동안 심각하게 자살을 생각한 적이 있으며(남자 13.5%, 여자 27.2% / 일반 21.5%, 비행 13.7%), 자살 시도율은 7.3%였다. 자살 생각과 시도는 여자청소년이 남자청소년의 약 2배였다. 단기쉼터 청소년의 과반수가 자살을 심각하게 생각한 적이 있고, 10명 중 3명 정도는 자살을 시도한 적이 있다고 응답하여 높은 비율을 보였다.

학교 밖 청소년의 일부는 은둔하고, 일을 하지 않고 있기도 하였다(윤철경 외, 2013). 이들이 겪는 어려움은 청소년 개인은 물론이고 사회적 차원의 문제로까지 이어질 수 있기 때문에 이들 삶의 경험과 그에 수반되는 문제를 파악하고 그 문제를 해결하기 위한 세심한 지원이 필요하다.

03 학교 밖 청소년의 유형

학교 밖 청소년에 관한 연구들은 이들의 유형을 다양하게 구분하고 있다. 여러 연구를 종합해 보면, 첫째, 현재 삶의 양상, 둘째, 앞으로의 삶에 대한 계획 수립 여부, 셋째, 진로의 방향을 기준으로 적용하고 있음을 알 수 있다(〈표 5-2〉 참조). 학교 밖 청소년의 유형 구분 기준은 이들을 바라보는 관점을 반영한 결과로, 어떠한 기준에 무게를 두느냐에 따라 이들에 대한 개입 방향이 달라질 수 있다(정혜원 · 노자은, 2017). 최근에는 학교 밖 청소년의 유형 구분의 기준으로 진로 계획 수립 여부 및 방향을 주로 제시하고 있는데, 이는 학교를 떠난 청소년들에게 진로영역에 대한 지원을 가장 중요하게 보는 시각이 반영된 결과로 볼 수 있다(백혜정 · 송미경, 2015).

표 5-2 학교 밖 청소년의 유형 구분

구분	유형
최동선 · 이상준 (2009)	• 생활영역에 따른 구분 –정착형: 진학 및 진학준비형, 취업형, 직업 훈련 및 취업준비형 –비정착형: 시설 수용형, 방치 비행형, 방치 은둔형 • 도움 요구 수준에 따른 구분 –요구 수준이 낮은 집단: 관련 정보 제공 필요 –요구 수준 중간 집단: 약 3~6개월 정도의 통합적 지원 이후 교육, 직업, 진로를 위한 위탁 연계 서비스 필요 –요구 수준이 높은 집단: 6개월~1년 이상 장기간 심리적 안정 및 치유 이후 자립, 자활을 위한 교육 · 직업 · 진로 프로그램으로의 연계 필요
윤철경 외 (2010)	• 현재 하고 있는 일에 따른 구분 –학습형: 검정고시 준비, 학원 수강, 기술 훈련, 대안교육시설 재학 등 현재 무엇인가를 배우고 있는 유형 –취업 및 알바형: 어떤 형태로든 근로에 종사하고 있는 유형 –니트형: 학습도, 근로도 하지 않고 있는 유형(은둔형, 배회형, 소일형) • 비행 경험 및 장애 유무에 따른 구분 –비행형: 보호관찰이나 소년원 수감 등 사법적 경험이 있는 유형 –장애형: 지적 · 정서적 장애를 가진 유형
김범구 · 조아미 (2013)	• 학업 중단 이후의 계획 여부에 따른 구분 –미결정중심형: 현재 특별한 계획이 없거나 앞으로 무엇을 해야 할지에 대해 결정하지 않은 유형 –미래준비형: 학력 취득과 함께 취업 및 직업 훈련 준비에 대한 특정한 계획을 세우고 이를 위해 노력하는 유형 –진학준비형: 학업 지속에 대한 욕구가 강해 복학을 준비하는 유형
오병돈 · 김기헌 (2013)	• 연령집단별 행복도, 사회성, 청소년활동 경험, 가정생활만족도, 근로 경험, 가구소득 등에 따른 구분 –전 · 중기 청소년 집단(9~18세): 행복추구형, 취약계층형, 사회활동형, 부적응형, 은둔형 –후기 청소년 집단(19~24세): 불화형, 취업활동형, 사회활동형, 은둔형, 취업 실패형
윤철경 외 (2013)	• 학업 중단 이후의 경험에 따른 구분 –학업형: 정규학교에 복학하거나 대안학교 진학, 검정고시 준비 등을 하는 유형 –직업형: 직업 기술을 배우거나 근로 현장에서 8시간 이상 일을 하는 유형

	–니트형: 교육, 훈련, 근로 등에 종사하지 않고 혼자 또는 또래들과의 놀이에 대부분의 시간을 보내는 유형 –비행형: 가출하여 거주지가 일정하지 않거나 보호시설에 거주하는 유형. 보호관찰청소년, 소년분류심사원에 거주하는 유형
백혜정 · 송미경 (2015)	• 진로 결정과 생활 특성에 따른 구분 –진로결정형 중 학업형: 학력 취득을 주목적으로 대안학교, 학원 등과 같은 교육시설에 다니거나 검정고시 준비 등을 하는 청소년 –진로결정형 중 근로형: 근로 및 취업을 주목적으로 직업 훈련을 받거나 근로(경제활동)를 하는 청소년 –진로미결정형 중 유예형: 아직 진로를 결정하지 않은 상태에서 미래에 대한 계획이나 준비 없이 일상을 보내는 청소년 –진로미결정형 중 비행형: 아직 진로를 결정하지 않은 상태에서 비행 등과 같은 문제행동을 일으키는 청소년

* 출처: 정혜원 · 노자은(2017).

04 학교 밖 청소년 관련 법 및 정책

1)「학교 밖 청소년 지원에 관한 법률」

학교 밖 청소년의 권리 보장 및 지원에 대하여,「대한민국헌법」「청소년 기본법」「청소년복지 지원법」「초 · 중등교육법」「학교 밖 청소년 지원에 관한 법률」에서 관련 법적 근거를 찾을 수 있다.

「대한민국헌법」에서는 청소년의 복지 향상을 위한 책무를 규정하고 있으며, 이를 바탕으로「청소년 기본법」에서 청소년복지의 향상을 위한 국가 및 지방자치단체의 역할을 규정하고 있다. 더 구체적으로「청소년복지 지원법」에서 위기청소년 특별 지원을,「초 · 중등교육법」에서 대안학교 관련 조항으로 학교 밖 청소년 관련 지원의 법적 근거를 명시하고 있다. 2014년에 제정된「학교 밖 청소년 지원에 관한 법률」은 학교 밖 청소년에 대한 정의를 포함하여 청소년의 학교 중단 예방과 이후 학력 취득 및 진로지도 등 이들에 대한 지원의 법적 근거들을 명시하고 있다.

표 5-3 학교 밖 청소년 지원의 법적 근거

법률명	관련 내용
「대한민국헌법」	노인과 청소년의 복지 향상
「청소년 기본법」	청소년복지의 향상
「청소년복지 지원법」	위기청소년 특별 지원
「초 · 중등교육법」	대안학교 설립 운영
「학교 밖 청소년 지원에 관한 법률」	학교 밖 청소년 지원 전반

(1) 학교 밖 청소년의 정의

「학교 밖 청소년 지원에 관한 법률」 제2조에서 정의하고 있는 '학교 밖 청소년'은 ①「초 · 중등교육법」 제2조의 초등학교 · 중학교 또는 이와 동일한 과정을 교육하는 학교에 입학한 후 3개월 이상 결석하거나 같은 법 제14조 제1항에 따라 취학의무를 유예한 청소년, ②「초 · 중등교육법」 제2조의 고등학교 또는 이와 동일한 과정을 교육하는 학교에서 같은 법 제18조에 따른 제적 · 퇴학처분을 받거나 자퇴한 청소년, ③「초 · 중등교육법」 제2조의 고등학교 또는 이와 동일한 과정을 교육하는 학교에 진학하지 아니한 청소년이다.

(2) 주요 내용

「학교 밖 청소년 지원에 관한 법률」은 「청소년 기본법」 제49조 제4항에 따라 학교 밖 청소년 지원에 관한 사항을 규정함으로써 학교 밖 청소년이 건강한 사회구성원으로 성장할 수 있도록 함을 목적으로 제정되었다(제1조). 주요 내용으로는 국가 및 지방자치단체는 매년 학교 밖 청소년 지원 계획을 수립하고, 국가는 매 3년마다 학교 밖 청소년 실태조사를 실시하여 정책 수립에 활용하도록 한다. 학교 밖 청소년들에 대한 상담지원, 교육지원, 직업체험 및 취업지원, 자립지원에 대한 국가 및 지방자치단체의 역할을 명시하고 있으며(제8조~제11조), 학교 밖 청소년 지원센터(꿈드림)를 설치하거나 지정하고(제12조), CYS-Net과의 연계를 통해 학교 밖 청소년들이 지원센터로 연결될 수 있도록 각급 학교의 장 및 CYS-Net 유관 기관 또는 단체장의 의무를 명시하고 있다(제15조).

표 5-4 「학교 밖 청소년 지원에 관한 법률」의 주요 내용

내용	세부 내용
목적	이 법은 「청소년 기본법」 제49조 제4항에 따라 학교 밖 청소년 지원에 관한 사항을 규정함으로써 학교 밖 청소년이 건강한 사회구성원으로 성장할 수 있도록 함을 목적으로 함(제1조).
학교 밖 청소년 지원 계획	국가와 지방자치단체는 「청소년 기본법」 제14조에 따라 연도별 시행 계획을 수립하는 경우 학교 밖 청소년 지원 프로그램의 개발 및 지원에 관한 사항 등을 포함하도록 함(제5조).
실태조사	여성가족부장관은 학교 밖 청소년의 현황 및 실태 파악과 학교 밖 청소년 지원 정책 수립을 위한 기초자료로 활용하기 위하여 2년마다 학교 밖 청소년에 대한 실태조사를 실시하고, 그 결과를 공표하여야 함(제6조).
상담지원	국가와 지방자치단체는 학교 밖 청소년에 대하여 효율적이고 적합한 지원을 할 수 있도록 심리상담, 진로상담, 가족상담 등 상담을 제공할 수 있음(제8조).
교육지원	국가와 지방자치단체는 학교 밖 청소년이 학업에 복귀하고 자립할 수 있도록 초등학교 · 중학교로의 재취학 또는 고등학교로의 재입학, 대안학교로의 진학, 초등학교 · 중학교 또는 고등학교를 졸업한 사람과 동등한 학력이 인정되는 시험의 준비 등을 지원할 수 있음(제9조).
직업체험 및 취업 지원	국가와 지방자치단체는 학교 밖 청소년이 자신의 적성과 능력에 맞는 직업의 체험과 훈련을 할 수 있도록 직업적성 검사 및 진로상담프로그램, 직업체험 및 훈련프로그램, 직업소개 및 관리 등에 필요한 사항을 지원할 수 있음. 또한 이들을 대상으로 취업 및 직무수행에 필요한 지식 · 기술 및 태도를 습득 · 향상시키기 위하여 직업교육 훈련을 실시할 수 있음(제10조).
자립지원	국가와 지방자치단체는 대통령령으로 정하는 바에 따라 학교 밖 청소년의 자립에 필요한 생활지원, 문화공간지원, 의료지원, 정서지원 등을 제공할 수 있음. 또한 경제교육, 법률교육, 문화교육 등 학교 밖 청소년의 자립에 필요한 교육을 지원할 수 있음. 지원에 있어 「청소년복지 지원법」 제14조에 따른 위기청소년 특별지원을 우선적으로 제공할 수 있음(제11조).
학교밖청소년 지원센터	국가 및 지방자치단체는 학교 밖 청소년 지원을 위하여 필요한 경우 "학교밖청소년지원센터"를 설치하거나 지정할 수 있음(제12조).
지원센터에의 연계	각급 학교의 장과 지역사회 청소년통합지원체계에 포함된 기관 또는 단체의 장은 지원이 필요한 학교 밖 청소년에게 학교 밖 청소년 지원 프로그램을 안내하고 지원센터를 연계하여야 함(제15조).

* 출처: 국가법령정보센터 홈페이지.

이처럼 「학교 밖 청소년 지원에 관한 법률」은 학교 밖 청소년 지원을 위한 국가와 지방자치단체의 책무를 강화하여 이들에 대한 서비스 제공의 법적 근거로 기능하고 있다.

2) 학교 밖 청소년 지원 사업 '꿈드림'

(1) 사업 연혁 및 현황

학교 밖 청소년 지원정책의 주무부처는 여성가족부로, 해마다 6~7만 명씩 발생하는 학교 밖 청소년들의 사회적응을 유도하고 이로 인한 사회문제를 예방할 수 있도록 학교 밖 청소년 지원정책을 수립하고 관련 사업을 실시해 오고 있다.

학교 밖 청소년 지원 사업은 2007년부터 취약청소년을 대상으로 자립 동기 강화, 기초적인 자립 기술 습득 등을 목적으로 하는 자립지원 프로그램(두드림)으로 시작되었다. 2009년부터는 검정고시 지원 및 학습클리닉 프로그램 등을 통해 학업으로의 복귀를 지원하는 프로그램(해밀)을 운영해 왔다. 2014년부터는 「학교 밖 청소년 지원에 관한 법률」에 근거하여 학교 밖 청소년을 대상으로 실태조사를 실시하고, 이들에 대한 종합적 · 체계적 지원 대책을 세우는 등 종합적이고 체계적인 학교 밖 청소년 지원 사업을 실시하고 있다. 대표적으로 학교밖청소년지원센터(꿈드림센터)가 2022년 기준 전국 202개 지역에 설립되어 학교 밖 청소년에게 상담, 교육, 직업체험 및 취업지원, 자립지원 등의 서비스를 제공하고 있다(여성가족부, 2022).

표 5-5 학교 밖 청소년 지원 사업 연혁

연도	추진 내용
2007	• 학업 중단 청소년 지원 프로그램 운영
2012	• 청소년상담복지센터에 학업중단숙려제 연계, 숙려제 상담 및 자퇴 후 학업 복귀 서비스 지원
2013	• '학업중단 예방 및 학교 밖 청소년 지원 방안' 마련(교육부 공동, 2013. 11.)
2014	• 「학교 밖 청소년 지원에 관한 법률」 제정(2014. 5. 28.)
2015	• 「학교 밖 청소년 지원에 관한 법률」 시행(2015. 5. 29.) • '학교 밖 청소년 종합대책' 마련(2015. 5. 12.) • 전국 199개 '학교 밖 청소년 지원센터' 지정 및 설치

2016	• 전국 202개 '학교밖청소년지원센터' 지정 및 설치 • '학교 밖 청소년 발굴 · 지원 강화 대책' 마련(2016. 6. 14.)
2017	• 학교 밖 청소년 전문 직업훈련 기관 '내일이룸학교' 운영(구 취업사관학교)
2018	• 전국 206개 '학교밖청소년지원센터' 지정 및 설치 • '2018 학교 밖 청소년 실태조사' 시행
2019	• 전국 214개 '학교밖청소년지원센터' 지정 및 설치 • '학교 밖 청소년 지원 강화 대책' 마련(2019. 11. 21.)
2020	• 전국 219개 '학교밖청소년지원센터' 지정 및 설치
2021	• 전국 220개 '학교밖청소년지원센터' 지정 및 설치 • 「학교 밖 청소년 지원에 관한 법률」 개정(2021. 3. 23.), 시행(2021. 9. 24.) –의무 교육단계 학교 밖 청소년의 정보를 사전동의 없이 학교밖청소년지원센터로 연계 가능 • '2021 학교 밖 청소년 실태조사' 시행
2022	• 메타버스 기반 학교 밖 청소년 온라인 플랫폼(스마트 꿈드림센터) 구축 및 운영

* 출처: 여성가족부(2022).

학교밖청소년지원센터(꿈드림센터)는 2022년 기준 총 220개소로, 16개 시도 센터와 204개 시군구 센터가 있다. 전국 센터 현황은 〈표 5-6〉과 같다.

표 5-6 학교밖청소년지원센터 설치 현황 (단위: 개소)

구분	소계	서울	부산	대구	인천	광주	대전	울산	세종	경기	강원	충북	충남	전북	전남	경북	경남	제주
총계	220	26	17	9	9	6	3	5	1	31	12	13	16	10	23	15	21	3
시도	16	1	1	1	1	1	1	1	–	1	1	1	1	1	1	1	1	1
시군구	204	25	16	8	8	5	2	4	1	30	11	12	15	9	22	14	20	2

* 출처: 여성가족부(2022).

(2) 사업목표 및 대상

학교 밖 청소년 지원 사업의 목표는 학교 밖 청소년에게 상담 · 교육 · 취업 · 자립지원 등의 서비스를 제공함으로써 학교 밖 청소년이 건강한 사회구성원으로 성장할 수 있도록 돕는 것이다.

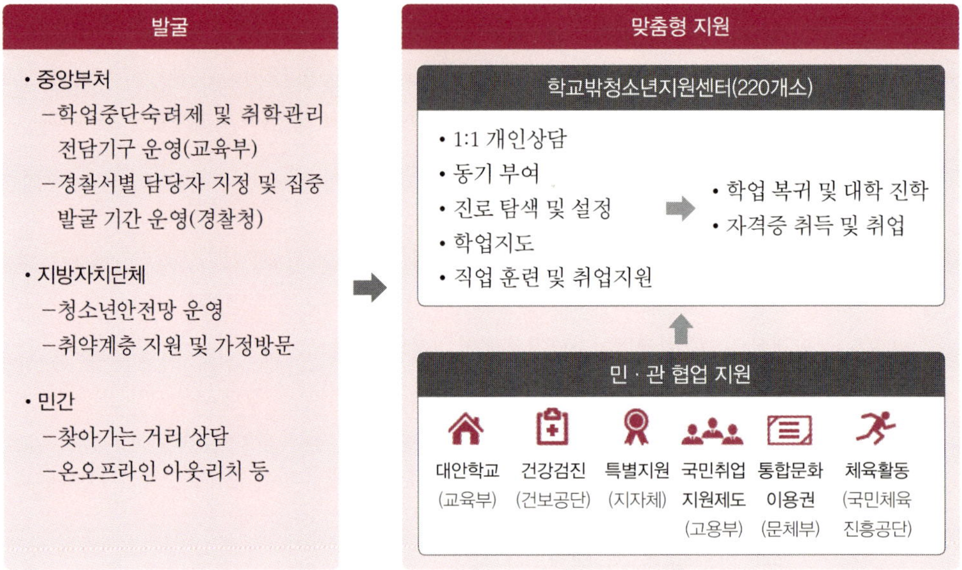

[그림 5-1] 학교 밖 청소년 발굴 · 연계 체계

* 출처: 여성가족부(2022).

서비스 대상은 9세 이상 24세 이하의 청소년으로, 「학교 밖 청소년 지원에 관한 법률」 제2조를 기본으로 규정한다. 자세히 살펴보면 초등학교 · 중학교 또는 이와 동일한 과정을 교육하는 학교에 입학한 후 3개월 이상 결석하거나 취학의무를 유예한 청소년, 고등학교 또는 이와 동일한 과정을 교육하는 학교에서 제적 · 퇴학 처분을 받거나 자퇴한 청소년, 고등학교 또는 이와 동일한 과정을 교육하는 학교에 진학하지 않은 청소년이 주 대상이며, 학교 밖 청소년 발생 예방을 위해 필요한 경우 잠재적 학교 밖 청소년도 포함된다. 이들을 발굴하기 위해 [그림 5-1]과 같이 교육청, 학교, 경찰서 등 공공기관을 포함한 CYS-Net과의 연계 등 다양한 경로를 확보하고 있으며, 2021년에 발굴한 학교 밖 청소년 인원은 32,267명으로 확인되었다(여성가족부, 2022).

(3) 사업내용

학교 밖 청소년 지원 사업은 상담지원, 교육지원, 직업체험 및 직업교육 훈련지원, 자립지원, 건강검진 등의 영역으로 구분하여 개별적이면서 종합적인 서비스를 제공하고 있다(〈표 5-7〉 참조).

표 5-7 학교밖청소년지원센터 주요 서비스 내용

구분	내용
상담지원	–청소년 심리, 진로, 가족관계, 친구 관계 등 –대면상담, 전화상담, 온라인 상담, 모바일 상담
교육지원	–학업 동기 강화 및 학업 능력 증진 프로그램 진행 –검정고시를 통한 학력 취득 지원 –학교 복귀 지원 –대학입시지원 –꿈드림 멘토단 지원 –학업 중단 숙려상담, 취학 관리 전담기구 사례 관리
직업체험 및 직업교육 훈련지원	–직업 탐색 프로그램 제공 –진로 동기 강화 프로그램 제공 –진로 체험 프로그램 제공 –직업 역량 강화 프로그램 및 자립·취업지원 서비스 제공 –취업훈련 연계지원(국민취업지원제도 등) –창업 연계지원
자립지원	–청소년 근로 권익 등 보호 –경제적으로 어려운 학교 밖 청소년 지원 –기초 소양교육 제공 –자기계발 프로그램 지원 –청소년 참여활동 지원(꿈드림 청소년단, 청소년 활동 자치기구 등)
건강검진	–청소년의 특성에 맞춘 건강검진 서비스 제공(본인부담 없음) –건강생활 관리 지원 –체력 관리 지원
기타 서비스	–학교 밖 청소년 급식지원 –지역특성화 프로그램 등

* 출처: 학교밖청소년지원센터 홈페이지.

학교밖청소년지원센터로 연계된 청소년은 각자의 요구에 따라 맞춤형 서비스를 제공받는다. 유형별 지원 서비스에 대한 자세한 내용은 다음과 같다.

먼저 심리·정서적 어려움을 겪는 청소년에게는 대면상담, 전화상담, 온라인상담, 찾아가는 상담 서비스를 제공한다. 다음으로 학업을 원하는 청소년을 대상으로 한 프로그램으로는 학습 동기 강화, 맞춤형 학습클리닉을 통한 학습 능력 향상, 검정고시 대비반,

대학입시지원, 복교지원 등이 있다. 일을 하고 싶어 하는 직업형 청소년에게는 직업적성검사, 자립 준비 프로그램(두드림), 직업체험, 직업 역량 강화 프로그램을 제공하고, 이후 여성가족부 전문직업훈련기관인 '내일이룸학교'에 연계하거나 고용노동부 직업훈련 프로그램에 연계하여 취업을 지원한다. 자립이 필요한 대상에게는 문화 · 예술 · 스포츠 프로그램을 통한 자기계발, 근로권 교육 및 보호, 기초생활지원 서비스를 제공하고 있다. 여기에 신규로 건강검진 사업이 도입되어 학교 밖 청소년의 건강관리 체계를 마련하

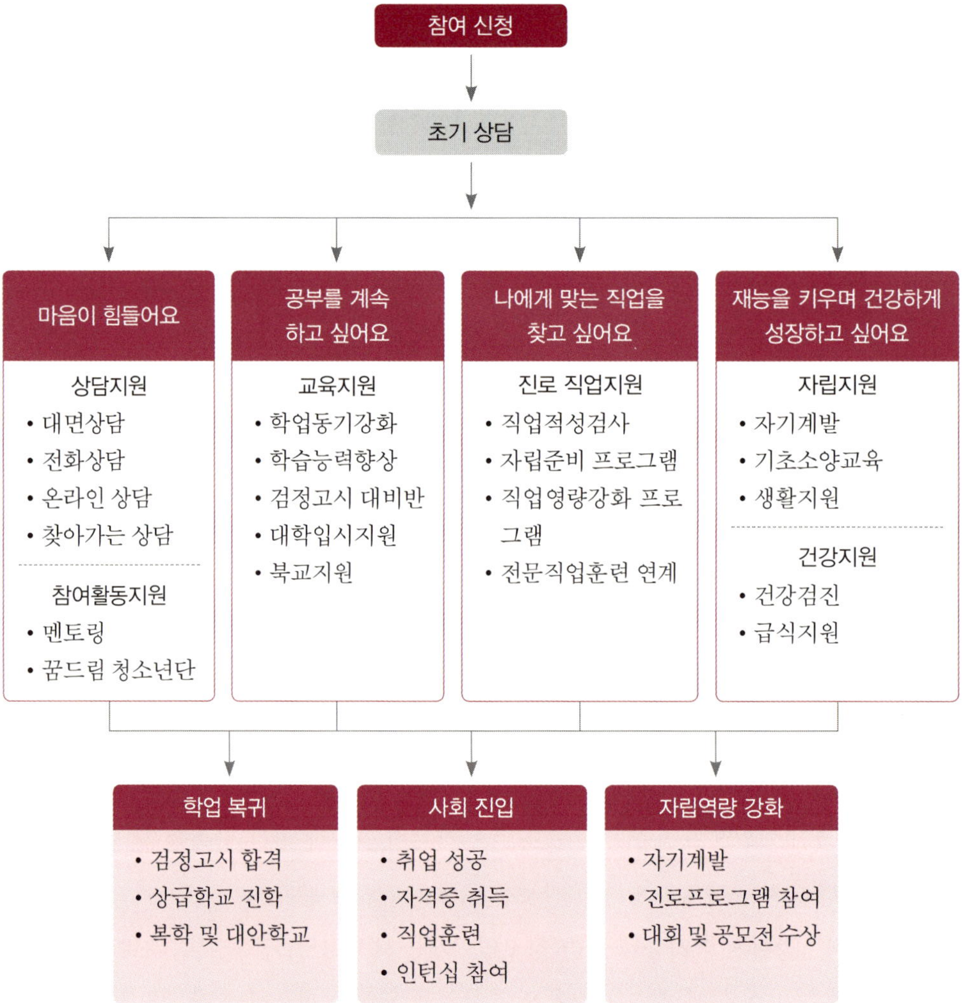

[그림 5-2] 학교밖청소년지원센터 서비스 흐름도

* 출처: 학교밖청소년지원센터 홈페이지.

고 있다. 참여 청소년에게는 개별적으로 자신의 목표를 성취할 때까지 사례 관리 서비스가 제공된다. 학교밖청소년지원센터에서 제공하는 지원 서비스의 흐름도는 [그림 5-2]와 같다.

05 학교 밖 청소년의 삶의 질 향상을 위한 사회적 과제

1) 학교 밖 청소년에 대한 관점 정립 및 사회적 인식 개선

학교 밖 청소년에 대한 국가의 관점은 정책 방향을 좌우한다. 예를 들어, 학교를 그만두게 된 원인에 집중한다면 학교 밖 청소년에 대한 직접 지원보다는 잠재적 학교 밖 청소년의 위기 상황을 사전에 예방하기 위해 보호적 관점을 전제로 한 교육적 측면에서의 지원이 주를 이루게 된다. 반면에 좀 더 포괄적인 관점으로 청소년 누구나 학교를 그만둘 수 있다는 관점을 전제로 한다면 학교 밖 청소년 관련 정책은 교육적 측면의 대응뿐만이 아닌, 청소년의 정신적·경제적·사회적 자립에 그 목표를 두게 된다. 즉, 학교에 돌아가는 것을 최종 목표로 두는 것이 아니라 사회적 자립 차원의 문제로 연결시키게 되는 것이다. 이처럼 학교를 그만둔 청소년에 대한 국가의 관점은 정책 및 사업 방향을 결정하고, 개입의 목표를 좌우하며, 성과 평가 기준에도 영향을 미친다. 우리나라의 학교 밖 청소년 지원 사업의 주된 내용은 '복지지원'과 '학업 및 자립지원'으로 구분되며, 이에 대한 성과 기준으로 '학업 복귀'와 '사회 진입'을 설정하고 있다. 이러한 정책 방향이 정책 대상인 '학교를 그만둔 청소년'의 실질적 욕구를 잘 담아내고 있는지 면밀하게 확인할 필요가 있다(정혜원·노자은, 2017).

더불어 학교 밖 청소년에 대한 사회적 인식 개선이 필요하다. 학교 밖 청소년들이 겪는 어려움 중 하나로, 이들에 대한 주변인들의 편견 어린 시선이 꼽히고 있다. 이제는 이들이 이질적 존재로 인식되는 것이 아닌, 지역사회 내의 구성원으로서 자연스럽게 공존할 수 있도록 하는 제도적 노력이 필요하다.

2) 학교 밖 청소년의 욕구 맞춤형 지원 제공

학교 밖 청소년 지원 사업은 그 내용에 있어 무엇보다도 이들의 욕구를 반영하는 것이 가장 중요하다. 정혜원과 노자은(2017)에 따르면, 관련 현장의 실무자들이 사업 내용으로 중요하게 꼽은 것은 직접 체험으로, 특히 신체적 활동과 대인관계 측면에 대한 직접 경험의 기회를 제공하는 것이 중요함을 알 수 있다. 더불어 최근 학교 밖 청소년 지원 현장에서 강조되고 있는 자립지원 사업은 실제 청소년의 사회생활 및 취업으로 연결되는 프로그램으로 구성하는 것과 지역사회의 인적 · 물적 인프라를 적극 활용하는 것이 중요하다. 마지막으로 자존감이 낮고 무기력한 상태를 경험하고 있는 학교 밖 청소년에 대해서는 이들이 작은 성취감을 지속적으로 경험할 수 있는 기회를 제공하는 것이 중요하기 때문에 지속적이고 장기적으로 격려와 지지를 받을 수 있는 환경이 조성되어야 한다.

3) 학교 밖 청소년에 대한 다양한 조사사업 실시

학교 밖 청소년 지원정책은 학교 밖 청소년들이 처한 환경과 이들의 욕구를 적절히 반영하여 형성되고 시행되어야 한다. 예를 들어, 학교 밖 청소년 중 이주배경 청소년의 비율이 높은 지역과 청소년 인구 자체가 적은 지역은 사업의 내용에 차이를 둘 필요가 있다.

지역별 상황의 차이와 같이, 학교 밖 청소년에 대한 실질적 지원을 제공하기 위해서는 이들의 환경, 욕구에 대한 면밀한 파악이 필요하다. 「학교 밖 청소년 지원에 관한 법률」 제6조에서는 담당 부처가 학교 밖 청소년의 현황 및 실태를 파악하고 학교 밖 청소년 지원정책 수립을 위한 기초자료로 활용하기 위하여 2년마다 학교 밖 청소년에 대한 실태조사를 실시하여 그 결과를 공표하도록 하고 있다. 이러한 실태조사가 제대로 이루어지기 위해서는 학교 현장과의 긴밀한 연계가 중요하다. 학교밖청소년지원센터에서는 관계부처와 합동으로 '학교 밖 청소년 발굴 및 지원 강화 대책(2015. 8. 27.)'을 토대로 학교, 경찰서, 지역사회 청소년통합지원체계(청소년안전망)의 연계 기관 등 다양한 경로를 통해 학교 밖 청소년을 발굴 및 연계하고 있으며, 2021년 9월 24일 「학교 밖 청소년 지원에 관한 법률」 개정안 시행으로 의무교육 단계(초 · 중학교) 학교 밖 청소년의 정보를 개인정보 제공 사전동의 절차 없이도 센터로 정보 연계가 가능하도록 연계 제도가 강화되었다. 이

를 내실 있게 운영하여 학교 밖 청소년의 현황, 경로 추적 등 그 실태를 꾸준히 파악하는 것이 중요하다. 더불어 잠재적 학교이탈 청소년에 대한 맞춤형 지원이 가능하도록 청소년 개인 상황에 대한 양적 측정 및 교사, 보호자 등의 의견을 반영한 사전 진단도구를 개발하여 조사를 실시할 필요가 있다(정혜원 · 노자은, 2017).

요약

1. 학교 밖 청소년은 다양한 이유로 현재 학교에 적(籍)을 두지 않은 청소년을 의미하며, 매해 학교를 그만두는 청소년들은 약 5~6만 명 정도의 규모로 나타나고 있다.

2. '학교 밖 청소년'은 청소년이 학교를 떠난 이후의 삶에 대한 국가적 · 사회적 관심을 반영한 법률 용어로, 청소년들이 제도권 내의 공교육을 벗어나더라도 사회에 또 다른 배움터가 있어 학습이 지속될 수 있도록 하는 국가의 역할이 필요함을 의미한다.

3. 학교 밖 청소년들은 '학교에 다니는 것이 의미가 없어서' '원하는 것을 배우려고' '심리 · 정신적인 문제' 등 여러 가지 이유나 목적으로 학교를 떠나고, 이후 검정고시 준비, 대안학교 전학, 근로 등 다양한 삶의 양상을 보인다.

4. 학교 밖 청소년에 관한 연구들은 이들의 유형 구분 시, 첫째, 현재 삶의 양상, 둘째, 앞으로의 삶에 대한 계획 수립 여부, 셋째, 진로의 방향을 기준으로 적용하고 있다. 최근에는 학교 밖 청소년의 유형 구분의 기준으로 진로 계획 수립 여부 및 방향을 주로 제시하고 있다.

5. 국내 학교 밖 청소년 관련 제도로는 「학교 밖 청소년 지원에 관한 법률」, 학교 밖 청소년 지원사업(꿈드림)이 있다.

6. 학교 밖 청소년의 삶의 질 향상을 위한 사회적 과제로, 첫째, 학교 밖 청소년에 대한 국가의 관점 정립 및 사회적 인식의 개선이 필요하고, 둘째, 학교 밖 청소년의 욕구에 맞춘 지원을 제공하는 것이 중요하며, 셋째, 학교 밖 청소년 및 잠재적 대상에 대한 다양한 조사사업이 필요하다.

참고문헌

교육부(2023). **2023 교육통계연보: 학업중단율**. 세종: 교육부.

김범구 · 조아미(2013). 잠재계층분석(LCA)을 이용한 학업중단 청소년의 유형과 특성. **한국청소년연구**, 24(3), 5-31.

김희진 · 임희진 · 김정숙 · 서고운(2021). **2021 학교 밖 청소년 실태조사**. 여성가족부. 한국청소년정책연수원. (주)한국리서치.

박병금 · 노필순(2016). 학교 밖 청소년의 학교중단과정과 학교 밖 생활경험. **청소년학연구**, 23(8). 47-48.

백혜정 · 송미경(2015). **학교 밖 청소년 지원 정책 체계화 방안 연구**. 세종: 한국청소년정책연구원.

오병돈 · 김기헌(2013). 청소년복지정책 대상규모 추정: 학교 밖 청소년을 중심으로. **청소년복지연구**, 15(4), 29-52.

오은경(2014). 학교 밖 청소년 유형별 사회적 지지, 진로준비행동, 사회적 배제 및 우울 간의 차이. **청소년시설환경**, 12(2), 65-80.

오혜영 · 박현진 · 공윤정 · 김범구(2013). 현장상담자들이 인식한 학업중단청소년의 특성과 개입방향. **청소년학연구**, 20(12), 153-179.

여성가족부(2016). '2015년 학교 밖 청소년 실태조사' 결과. 여성가족부플러그 http://blog.daum.net/moge-family/9607.

여성가족부. **청소년백서**. 서울: 여성가족부.

여성가족부(2022). **2022 청소년백서**. 서울: 여성가족부.

윤철경 · 류방란 · 김선아(2010). **학업중단현황 심층분석 및 맞춤형 대책 연구**. 세종: 한국청소년정책연구원.

윤철경 · 유성렬 · 김신영 · 임지연(2013). **학업중단 청소년 패널조사 및 지원방안 연구 Ⅰ**. 세종: 한국청소년정책연구원

이상준 · 이수경(2013). **2013년 비진학청소년 근로환경 실태조사**. 세종: 한국직업능력개발원.

정혜원 · 노자은(2017). **경기도형 학교 밖 청소년 정책 모델 개발**. 수원: (재)경기도가족여성연구원.

최동선 · 이상준(2009). **학교중단 청소년을 위한 진로개발 지원 방안**. 세종: 한국직업능력개발원.

국가법령정보센터 http://www.law.go.kr.

학교밖청소년지원센터 '꿈드림' http://www.Kdream.or.kr.

제 6 장

청소년복지의 실제 3

– 성 –

학습개요

청소년기의 성 관련 발달과업은 새로운 성역할 습득, 신체 변화의 긍정적 수용, 부모로부터의 정서적 독립, 성행동과 성생활에 대한 책임을 준비하는 것이다. 성은 생명과 가족을 형성하게 하는 근원적인 기능을 가지며, 사랑과 성숙, 인격을 바탕으로 하는 인간관계에 친밀감과 애정 표현의 방법으로 상대방과의 강한 결속력을 유지해 주는 의미를 갖고 있다. 청소년의 성적 갈등과 성문제가 과거에 비해 급증하는 것은 청소년의 성적 조숙화와 청소년의 성을 과도하게 자극하는 주변 환경을 지적할 수 있다.

이 장에서는 이러한 청소년의 성과 관련된 다양한 문제점을 살펴보고, 개인과 가족 나아가 사회문제로 확대되고 있는 청소년의 성과 관련된 쟁점들을 소개하고, 이에 대한 예방, 대책, 제안을 제시하는 데 도움을 주고자 한다. 이를 위해 청소년과 성에 대한 인식과 중요성, 성소수자, 성역할 정체감, 위험한 성행동, 성폭력, 성 상품화 등을 중심으로 알아보고, 성과 관련하여 위험 수준에 노출된 청소년을 위한 다양한 청소년복지제도와 정책을 살펴보고자 한다.

01 청소년과 성

성의 어원은 라틴어 'sexus'에서 유래된 것으로 'seco'(자른다, 나눈다; cut)란 동사의 파생어로서 모성으로부터 탯줄을 자름으로써 완전한 성이 된다는 뜻이다. 완전하게 탄생된 인간을 의미하는 것으로, 성이란 남성과 여성으로 태어난 독립된 인간을 뜻한다. 프랑스어 'sexe'는 남녀의 생식기, 즉 성기와 그 차이를 의미하고, 또한 성욕을 의미한다. 동양의 성(性)이란 한자는 마음 심(心)자와 낳을 생(生)자의 합성어로, 마음과 몸을 합쳐 인간 전체를 이룬다는 의미로서 전인적인 인간을 말한다(이화영 외, 1999).

성에 대한 개념적 정의를 살펴보면, 첫째, 생물학적 성(sex)은 우리가 흔히 말하는 남성과 여성이라는 두 개의 성으로, 성기(性器)의 모습이 서로 다른 생물학적 특성을 지니고 있다. 염색체에 준거하여 성이 결정되며, 일반적으로 남성과 여성의 성기를 비롯해서 성관계와 생식에 관한 모든 것을 포괄하는 개념이다. 둘째, 행동과학적인 성(gender)은 성장 과정에서 그가 태어난 사회적 · 문화적 · 심리적 환경에 따라 자신의 역할을 학습하게 되며, 후천적으로 그 특성이 결정되는 성을 의미한다. 셋째, 인격적 성(sexuality)은 생물학적 성(sex)과 행동과학적 성(gender)을 포괄하는 개념으로서 인간의 태도, 가치관, 감성, 문화, 성 형태 등을 포함하는 전성적(全性的)이고 전인적(全人的)인 인격적(人格的) 성을 말한다. 즉, 남성과 여성이라는 인격체의 모든 행동을 지칭하는 것이다. 그러므로 인격적 성은 선천적, 생물학적으로 결정된 남녀의 특성과 후천적으로 학습된 행동과학적 성역할(gender role)과 성정체성(gender identity)을 인격체라는 틀 속에 통합시킨 넓은 개념의 용어이다(김상원, 2000; Gokengin et al., 2003). 다시 말하면 성은 기본적으로 생물학적 개념으로서 남성과 여성을 나누는 'sex'와 사회문화적 관점에서 남성성과 여성성이 어떻게 구체화되어 확립되는가를 말하는 'gender' 그리고 남성/여성이라는 구별을 토대로 다양한 방식으로 나타나는 '성적인 것(sexuality)' 전반을 의미한다. 여기서 '성적인 것'은 성적 상상, 성적 대상, 성적 행위 또는 성적 이미지 등 인간의 성적 욕망과 관련한 모든 것을 의미하며, 이 모든 것이 'sexuality'로서의 성이라는 범주 안에 포함시켜서 정의한다.

이처럼 성에 대한 개념을 정의하기 위해 대부분의 학자는 성의 생리적 측면 외에 사회적인 배경, 학습, 종교적인 신념 등을 포괄하여 설명하고 있다. 역사적으로 볼 때 성의 개념은 그 시대의 사회와 문화제도에 따라 변화하여 왔고, 그런 변화는 세 가지로 분류하여 설명할 수 있다. 첫째, 성의 개념을 종족 보존의 차원에서 보는 견해이다. 원시시대부터 인간이 농경사회를 형성하여 사는 동안에 인간의 성행위는 자손을 번식시키는 본능적 욕구가 주목적이 되었다는 점이다. 둘째, 성의 개념을 사랑의 표시 행위로 보는 개념이다. 즉, 성행위는 사랑하는 사람끼리만 행해질 수 있다는 생각으로, 사랑하지 않는 사람과의 성행위는 비도덕적이고 비윤리적이라고 생각하는 것이다. 셋째, 성의 개념을 성행위를 통한 성적 쾌감에 두고 있다. 이 개념에서 사랑은 조건 없이 성적 쾌락을 위해 이루어지므로 어떠한 의무나 책임이 없는 특징을 가지고 있다.

청소년들에게 성을 중요하게 다루어야 할 이유는, 첫째, 청소년기에 성은 성적 만족감을 얻고, 호기심을 충족시키며, 애정의 표현으로서 혹은 무력감에서 벗어나기 위해 성관계를 경험하는 시기이기 때문이다. 둘째, 단체에 귀속되고 집단의 신뢰를 얻기 위한 충동과 누군가에게 속하고 싶다는 갈망이 남자친구나 여자친구와의 친밀한 신체 접촉으로 나타나게 됨으로써 성적 접촉은 이전보다 더 자극적으로 이루어지고, 결국 성교는 사회적 참여를 보장하는 방법의 행동 양식으로 혹은 그 자체가 목적으로 정착화되기 쉽다는 점에서 청소년기의 성은 매우 긴밀하고 중요하다(김미예 · 김선희 · 장군자, 2004).

청소년의 특징 중 여러 가지 과도기적 현상인 모순과 혼란, 반항성, 비판성, 내면적 생활의 발견, 정신적 독립 등은 새로운 것을 만드는 출발점으로서 성인 체제로의 재체계화, 재조직화되는 과정이라고 할 수 있다. 이러한 행동을 원만히 수행하면 건강한 성인이 될 수 있기 때문에 성은 청소년에게 중요한 영향력을 미친다(김미예 · 김선희 · 장군자, 2004; 양순옥 · 김신정, 2004). 특히 청소년들의 성행동을 건강 행동이나 정상적인 발달로 이해하기보다는 미혼부모, 성폭력, 성비행, 성중독 등 비정상적인 문제행동으로 보거나, 낮은 자아존중감, 우울, 자극 추구 성향, 애착과 같은 개인의 부정적 특성에 중점을 둔 연구들이 대부분이기 때문이다(김은혜, 2017). 즉, 청소년에게 신체적, 심리적, 사회적으로 부정적인 영향을 주는 위험 요소 중 성행동은 다양한 문제를 야기시킨다고 한다. 국내 청소년들의 성관계 시작 연령은 점점 더 낮아지고 있고(교육부 · 질병관리청, 2023), 이 시기의 성경험은 건강에도 부정적인 영향을 미칠 뿐만 아니라 원치 않는 임신으로 이어질 수 있어 이로 인해 의료 및 복지 비용 등의 사회적 비용을 증가시킬 수도 있다(Lohman

& Billings, 2008). 이러한 문제들은 학업 중단에까지 영향을 미쳐서(배영태, 2003; Tripp & Viner, 2005) 발달 과정상 습득해야 할 기술이나 교육 기회의 상실 등 다양한 위기를 경험할 수 있다. 특히 청소년기는 신체적, 심리적, 사회적으로 다양한 변화 과정을 경험하며, 자아 개념과 정체성을 형성해 나가는 시기이기 때문에 더욱 영향이 크다고 하겠다. 그렇기 때문에 청소년의 위험한 성행동은 개인의 문제뿐만 아니라 사회문제로까지 확대될 가능성이 높다(Breitenbecher, 2001).

성은 생명과 가족을 형성하게 하는 근원적인 기능을 가지며, 사랑과 성숙, 인격을 바탕으로 하는 인간관계에 친밀감과 애정 표현의 방법으로 상대방과의 강한 결속력을 유지해 주는 의미를 갖고 있다. 특히 청소년 시기는 발달적 특성으로 볼 때 성에 대한 호기심은 인정할 수 있지만 성관계로 인한 임신은 여성의 몸에서 일어나는 것이므로 여성 자신의 책임문제라고 치부하며 임신에 대해 무책임하게 되는 성에 대한 이중적 생각을 갖기 쉽다(양순옥 · 김신정, 2004). 따라서 청소년들에게 성은 긍정적인 성장 과정인 동시에 책임과 의무에 대한 명확한 기준을 마련하여 지도할 필요가 있다.

청소년기의 남녀에게 중요한 발달 과제인 성역할 발달은 과거에는 자신이 속한 사회가 가지고 있는 성역할 고정관념을 수용하거나 적어도 이에 적응해야 했다. 그러나 성차별적인 성규제와 성규범을 토대로 하는 가부장적 성문화의 이중구조는 남녀 간의 성관계 부조화와 불화의 요인을 내포하여 성을 매개로 남성이 여성을 지배, 통제, 가해할 수 있는 잠재적인 여건을 제공함으로써 여성문제의 근원이 되었다. 성차에 대한 설명은 크게 생물학적 이론과 사회학습이론에 의해 설명할 수 있다. 첫째, 생물학적 이론에 의하면, 인간은 이차성징의 발현으로 성호르몬의 분비에 의해 신체의 변화와 특징이 분명하게 나타나게 되는데 이러한 변화들이 성 차이를 결정한다. 즉, 생물학적 성차는 신체적인 남성과 여성을 결정하는 것을 의미한다. 남자의 경우에는 골격 구조와 근육이 단단해지고, 음부, 겨드랑이, 팔, 다리, 윗입술, 가슴에 털이 나며, 여드름의 발생과 아포크린샘의 발달에 의한 발한과 남성적 체취가 나타난다. 또한 여자의 경우에는 초경, 유방의 융기, 음모의 발생, 골반의 확대, 피부의 광택 등을 볼 수 있다(장인권, 1994). 둘째, 사회학습이론에 의하면, 남녀의 성에 대한 차이는 사회환경과 성장배경에 의해 성적 고정관념을 계속 강화한 것으로, 학교, 교육과정과 교사들의 교육 태도, 매스컴에서의 광고 등 어느 곳에서든 성차에 대한 메시지를 통해서 고정관념화되는 학습경험에 의한 것으로 설명할 수 있다. 따라서 본래는 차이가 없었는데 성장과 발달 과정에서 사회화된 결과로 나타난 차이로 간주할 수 있다. 예를 들어, 남성들은 사회의 고정관념으로 인해 가족을 부양해야 한다는 스트레스와 무뚝뚝함, 냉정함, 강인함, 씩씩한 성격을 가져야 한다고 강요받게 된다. 그리고 남성의 개인적 특성과 자질은 허용되지 않으며, 고정관념에서 벗어나면 열등한 이탈자, 특수한 사람으로 간주되어 남자들은 '슈퍼맨 콤플렉스'에 시달리게 된다(오장미경, 1997). 이처럼 남성에게서 나타나는 콤플렉스가 여성에게는 '슈퍼우먼 콤플렉스'로 나타날 수 있다.

02 청소년 성문제

1) 성소수자 청소년

인간의 성을 생물학적 성을 기초로 하여 성염색체에 따라 성별을 구분한 판례들의 주요 내용을 살펴보면 다음과 같다. 첫째, 남성이 여성으로 성전환 수술을 하여 외형상이나 성격상 여성화되었다고 하더라도, 인간의 성별은 성염색체의 여하로 결정되어야 하기 때문에 성염색체의 변화가 없는 이상 성별 정정은 인정되지 않는다. 둘째, 성은 출생과 동시에 부여받은 것으로서 인위적으로 변경을 허용해서는 안 되며, 남녀의 성은 변경이 불가능한 성염색체에 따라 구별해야 한다. 따라서 성전환수술로 외형상 여성이 된 점은 인정할 수 있지만, 성염색체가 남성이고 난소가 없어 임신이 불가능하기 때문에 여성으로 인정할 수 없다는 것이다. 셋째, 「대한민국헌법」에는 국가가 개인의 존엄과 양성의 평등을 기초로 한 혼인과 가족생활을 보호하도록 되어 있으나 여기서 양성이란 성염색체로 구분된 남성과 여성을 의미하므로 성전환수술을 한 사람을 국가가 보호해 줄 필요가 없다는 것이다. 우리나라 판례에서는 사람의 성별이 수정 시 성염색체에 의하여 결정되면 그 후 변경될 수 없는 생물학적 성을 강조하고 있다. 즉, 여성으로 출생한 사람의 신체 외관이 성전환수술 같은 인위적인 방법으로 남성으로의 성징을 구비하는 것처럼 보이도록 전환되었다고 하더라도 군입대를 할 수 없다. 우리 법체계는 「병역법」 「민법」 「형법」 등 여러 법률에서 국민의 성별을 기준으로 하여 그 규율을 달리하고 있으나, 성전

환을 허용하는 특별법이 아직 없어 일상의 사회생활에서뿐만 아니라 국가에 대한 관계에서도 남성임을 공인받고 싶어도 이를 허용할 수 없다고 판시하고 있다.

한편 성의 이분화를 지양하고 성평등을 추구하는 사회적 요구인 '젠더'의 개념은 남성과 여성을 사회적으로 구조화한 것이다. 이렇게 젠더는 생물학적 성(sex)에 대한 사회적 디자인이며, 사회 속에서 그리고 공적 · 사적인 생활 속에서 남성과 여성에게 맡겨진 과제, 기능, 역할의 개념에 따라 결정된다. 젠더는 문화마다 다른 특수한 여성성 및 남성성으로, 시간과 공간에 따라 다양하게 변화한다. 개인들은 그들의 활동을 통해 성역할과 성규범을 형성하고, 사회적 기대에 부응함으로써 재생산한다는 것이다. 성별의 구별을 생물학적 성에 국한해 왔던 입장에서 사회적 성, 즉 젠더를 인정한 판례로서 향후 법에서의 성별의 구분에 기준점을 제시하였다는 고무적인 판결로 평가될 수 있을 것이다. 그러나 이러한 성별 정정에 따른 우려가 없는 것도 아니다. 트렌스젠더의 병역의무, 범죄로 악용될 여지가 있는 호적 세탁 그리고 성별 정정 후 결혼 허용 여부 등이 문제이다. 물론 대다수가 성별을 정정하는 것은 아니나 이에 대한 입법의 마련과 법적인 조치가 필요한 것은 당연하다. 성소수자와 관련된 다양한 용어와 정의를 살펴보면 다음과 같다. 이때 UN에서 사용하는 정의를 정리하면 다음과 같다(유네스코한국위원회, 2013).

- 비전형적 성별 정체성(atypical gender identity): 신체에 대한 감각 등 자신의 성별에 대하여 내면적이고 개인적으로 느끼는 경험(다음의 '성별 정체성' 참조)이 출생 시 부여된 성별과 일치하지 않는 경우에 비전형적 성별 정체성을 가졌다고 말할 수 있다.
- 양성애자(bisexual): 남성과 여성 모두에게 끌리는 사람을 말한다. 이 용어를 자신의 정체성을 표현하는 데 사용하는 사람들도 있다.
- 게이(gay): '게이'라는 용어는 동성에 대한 성적 끌림, 동성과의 성적 행위, 동성애자의 문화정체성을 가리키는 일반적인 의미로 사용될 수 있다. 하지만 많은 경우에 본성적으로 남성에게 성적 끌림을 경험하고 깊은 관계를 맺는 남성을 지칭한다.
- 젠더와 성(gender and sex): '성(sex)'이라는 용어는 생물학적으로 결정된 구분을 지칭하는 반면, '젠더(gender)'는 사회적으로 형성된 것으로서 그 사회에서 남성적 혹은 여성적이라고 여기는 역할, 행동, 활동, 속성을 가리킨다.

- 성별 정체성(gender identity): 자신의 성별에 대해 느끼는 내면적이고 개인적인 경험을 말한다. 성별 정체성은 자기 신체(원하는 경우 자유로운 선택에 의하여 내과적 · 외과적 방법 등으로 신체의 외형이나 기능을 변형하기도 함)에 대한 감각이나 복장, 화법, 습관과 같은 성별의 표현 방식 등을 말하는데, 성별 정체성이 출생 시 부여된 성과 일치할 수도 있고 그렇지 않을 수도 있다.
- 동성애 혐오(homophobia): 동성애자나 동성애에 대한 공포, 거부, 혐오로, 낙인을 찍는 태도나 차별하는 행동의 모습으로 나타나는 경우가 많다.
- 동성애자/동성애(homosexual/homosexuality): 동성애자는 동성에게 성적으로 끌리는 사람을 말한다.
- 간성(intersex): 남성과 여성의 일차성징과 이차성징을 모두 가지고 태어난 사람을 말한다.
- 레즈비언(lesbian): 본성적으로 여성에게 성적 끌림을 경험하고 깊은 관계를 맺는 여성을 말한다.
- 성적 지향(sexual orientation): 이성이나 동성인 상대나 여러 성에 대하여 정서적, 성적으로 강하게 끌리어 친밀하고 성적인 관계를 맺는 개인의 특성을 말한다. 예를 들어, 게이 남성은 본성적으로 남성에게 성적 끌림을 경험하고 깊은 관계를 맺는다. 레즈비언 여성은 본성적으로 여성에게 성적 끌림을 경험하고 깊은 관계를 맺는다. 양성애자는 남성과 여성 모두에게 매력을 느낀다고 한다.
- 트랜스젠더(transgender): 성별 정체성이 출생 시 성과 다른 사람을 말한다. 남성에서 여성으로(여성의 외모) 바뀐 트랜스젠더와 여성에서 남성으로(남성의 외모) 바뀐 트랜스젠더가 있다. 트랜스젠더는 이성애자일 수도, 동성애자일 수도, 양성애자일 수도 있다.
- 트랜스젠더 혐오(transphobia): 트랜스섹슈얼, 트랜스베스타이트 등 트랜스젠더에 대하여 가지는 공포, 거부, 혐오로, 낙인을 찍는 태도나 차별하는 행동의 모습으로 나타나는 경우가 많다.
- 트랜스섹슈얼(transsexual): 트랜스젠더이면서 자신이 원하는 성별과 신체를 일치시키기 위하여 치료(수술, 호르몬요법 등)를 받고 있거나 받은 사람을 말한다.
- 트랜스베스타이트(transvestite): 트랜스베스타이트는 비상시적이기는 하지만 자신의 출생 시 성별과 반대되는 성별의 복장을 정기적으로 입는 사람을 말한다.

성소수자와 관련해서 청소년들에게 발생하는 문제 중 가장 심각한 것이 동성애에 대한 혐오이다. 학교 내에서 동성애 혐오성 괴롭힘의 가해자는 대부분 청소년들이지만, 교사나 다른 교직원이 가해자인 경우도 있다. 헬렘(Helem)이라는 단체가 레바논의 5개 대학에서 수행한 연구결과, 동료 학생과 교직원들이 가해자가 되어 괴롭힘, 협박, 학습권 박탈 등 동성애 혐오성 괴롭힘이 일어나는 것을 발견했다. 한 학생은 대학교수로부터

"너를 내 수업에 들어오게 할 수 없다"라는 말을 들었으며, 동료 학생들로부터 외면당하였다. 괴롭힘의 가해자는 개인이거나 소규모 혹은 대규모의 집단일 때도 있으며, 여자아이보다는 남자아이가 가해자가 되는 확률이 더 높다고 한다. 동성애 혐오성 괴롭힘에 가담하고 영향을 받는 건 가해자와 피해자뿐만 아니라 괴롭힘을 목격하거나 방관한 학생 등 다른 학생들도 마찬가지이다. 예를 들어, 이스라엘의 한 연구에서는 동성애 혐오성 괴롭힘을 경험한 응답자 중 절반이 괴롭힘을 당하고 있을 때 다른 학생들이 말리지 않거나 무시했다고 응답하였으며, 일부 응답자는 다른 학생들이 주동자에 합세하였다고 응답했다. 동성애 혐오와 동성애 혐오성 괴롭힘은 교육과 학습의 기회를 박탈당하는 요인이 되고 있다.

방글라데시, 인도, 네팔, 라틴아메리카에서 레즈비언 · 게이 · 양성애자 · 트랜스젠더 청소년들이 학교를 다니지 못하게 된 사례들이 보고된 바 있다. 트랜스젠더 청소년들이 학교에 다니는 데 어려움이 있는 이유는 친구와 교사, 교직원들에 의한 괴롭힘도 있지만 학교 환경의 영향이 매우 컸다. 즉, 학교 교복, 화장실과 같이 남녀가 명확하게 구분되는 제도와 트랜스젠더 학생들의 편의를 고려하지 않은 시설 환경 때문으로 보고되었다(유네스코한국위원회, 2013).

2) 성 상품화

성 상품화란 말 그대로 정의하면 '인간의 성을 직접 혹은 간접적으로 이용하여 이윤 추구를 도모하는 것'(박충선 · 정영숙, 2004)이다. 다시 말해 경제적 이윤 추구를 위해 인간의 성을 제품으로 만들어 시장에 제공함으로써 수요를 창출하는 행위이다. 그런데 성 상품화의 이러한 일차적 개념 정립은 조금 더 구체화될 필요가 있다. 이를 위해서는 먼저 성의 구체적인 의미를 파악할 필요가 있다. 성 상품화의 개념으로 차용되는 '성' 역시 'sexuality'를 뜻한다. 이러한 개념을 기초하여 성 상품화를 새롭게 정의하면 '재화 획득을 목적으로 성적 욕망 · 상상 · 행위 · 이미지 등 성적 기호를 상품화하여 시장에 제공하고 수요를 창출하는 행위'로 정의할 수 있다.

성 상품화는 일반 시장에 제공하는 상품과는 다른 특징이 있다. 성 상품은 몸의 직접적 접촉을 통해 상품화되거나 몸의 직접적 접촉이 없는 상태에서 성적 이미지를 통해 간접적으로 상품화될 수 있다는 것이다. 이때 직접 상품은 일차적 성 상품화, 간접 상품은 이차적 성 상품화로 나눌 수 있다. 또한 성은 적극적으로 상품화되거나 소극적으로도 상품화가 될 수 있다. 여기서 적극적과 소극적의 구분은 성적 욕망을 자극하는 대상이나 이미지의 노출 정도에 따라 구분할 수 있는데, 전자는 신체 전부가 드러나는 경우, 후자는 신체의 일부를 드러내는 경우라고 할 수 있다. 따라서 정리하면 성 상품화는 크게 세 가지 형태로 진행된다. 첫째, 적극적으로 신체를 노출하여 직접적인 육체적 접촉을 매개로 성을 상품화하는 성매매와 같은 경우, 둘째, 적극적으로 신체를 노출하지만 직접적인 육체적 접촉이 아니라 포르노그래피처럼 영상물이나 이미지를 통해 간접적으로 성을 상품화하는 경우, 셋째, 소극적으로 신체의 일부만을 노출하지만 그 정도가 선정적인 이유로 성적 욕망은 자극하되 역시 간접적으로만 성이 상품화되는 경우이다. 세 번째의 경우에 대회나 연극, 전위예술 등에서 보이는 경우처럼 동일한 공간 내에서 직접 시각적인 성을 전시하는 경우가 있고, 그 외에 대중매체나 인터넷 등을 통해 성적 이미지로만 제공되는 것으로 구분할 수 있다(신선미 · 정태연, 2005).

청소년의 성 상품화로 인한 영향은 청소년들에게 스마트폰 중독, 성행동 모방, 성매매, 청소년인권 침해로 이어질 수 있기 때문에 청소년기의 건강한 성장을 저해할 수 있다는 것이 가장 큰 문제이다. 특히 청소년의 병리적이고 강박적인 스마트폰 사용은 재정적 지출과 일상생활 지속에 문제를 가져올 뿐만 아니라 뇌의 인지능력을 떨어뜨리고 현실 무감각과 주의력결핍 현상 등을 불러오는 충동조절장애(impulse control disorder), 중독행동장애(addictive behavior disorder)를 초래할 수 있다(천예빈, 2013). 또한 성과 관련한 스마트폰 중독은 메신저를 사용해서 또래에 대한 비방 및 욕설, 그룹채팅 배제 등 스마트폰 따돌림 행동과 부적응, 일탈행동을 가져올 수도 있고, 음란물과 같은 선정적이고 유해한 콘텐츠가 무분별하게 유통되어 청소년들에게 부정적인 영향을 끼칠 수 있다. 즉, 감수성이 풍부한 청소년들은 대중문화나 환경을 모방과 동일시하려는 욕구가 높기 때문에 성에 대한 정보가 무차별적으로 노출되면 성에 대한 인식도 노출된 정보와 동일시되거나 모방하려는 경향을 보이기 쉽다. 또한 청소년의 성행동이 온라인에서 오프라인으로 연결되기 쉽다는 점이 문제를 더욱 심각하게 만들 수 있다. 선행연구들에 의하면, 인터넷 음란물에서 성을 사고파는 행위가 자연스럽고 즐거운 행동으로 묘사되는 경우에 성매매에 대한 긍정적인 기대를 가질 가능성이 높다(남미애 · 홍봉선, 2012). 더욱이 음란물에 많이 노출된 경우일수록 이성과의 성관계 장면을 흉내 내거나(김은실 · 김귀정 · 김봉한, 2011; Braun-Courville & Rojas, 2009), 성과 관련된 사회적 윤리나 도덕적 기준을 중요한 요소로 인식하지 않으며(이정윤 · 이명화, 2003), 성이나 여성을 쾌락을 위한 도구로 인식하는 경향이 높았다(Peter & Valkenburg, 2009). 이는 청소년의 성적 관심이 점차 고조되기 시작하면서 성적인 유혹에 빠져들기 쉬운 반면, 성 충동적인 욕구를 제어하기는 어렵기 때문에 건전한 방향으로의 해결보다는 문제행동으로 표출될 위험이 높아서인 것으로 해석할 수 있다(김혜자 · 심미정, 2011).

거래를 목적으로 만들어진 상품으로서의 성은 그 대상이 인간이라는 데 유의해야 한다. 인간의 존엄은 자유와 평등을 기반한 자기정체성의 실현과 그것에 대한 서로 간의 이해와 존중으로 유지된다. 사람이 진열장 위에 있는 인형과 구별되고, 어항이나 울타리에 사는 물고기와 동물들과 구별되는 이유는 바로 그 점에 있다. 성은 사랑이 전제가 되어야 하고, 성적 자기결정권이 우선되어야 하지만 소비의 대상, 거래의 대상이 되는 '성'이 상품화되고 매매가 되면 결국 인간으로서의 존엄성을 잃게 된다는 점에서 긍정적이라고 볼 수 없다. 성매매는 이런 관점에서 비판의 대상이 되고 있다. 성매매 반대운동은 2004년에 「성매매 알선 등 행위의 처벌에 관한 법률」과 「성매매방지 및 피해자보호 등에 관한 법률」, 곧 「성매매 방지법」 제정으로 결실을 맺었다. 이로써 성매매와 성매매 피해자 개념을 공식화하고 금지정책이 전면적 시행을 이끌었다. 「성매매 방지법」에서 '성매매 피해자'라는 개념이 처음으로 도입되었지만 성판매 여성의 피해자화는 섹슈얼리티의 위계를 전제하고 성판매 여성의 행위성을 무시하며 그 목소리를 침묵시킨다는 점에서 비판을 받았다. 이에 대응하여 성판매 여성에 부착된 사회적 낙인을 탈각하려는 시도로 '성 노동자'라는 개념이지만, 다른 임금노동과 마찬가지로 성판매가 개인을 구성하는 다양한 정체성을 압도하는 결정적 요소라고 볼 수 없다는 점에서 역시 비판을 받고 있다. 성매매 여성이라는 용어는 여성은 거의 성을 사지 않고 팔기만 한다는 현실 사회의 성별 권력관계를 은폐시킨다는 점에서 비판을 받았다. 비교적 중립적인 용어로 인식되고 있는 용어는 성판매 여성이지만 이 또한 성판매에 개입하고 있는 매개자를 은폐시킨다는 점에서 한계로 지적되고 있다(이나영, 2015).

3) 성역할 정체감

청소년기는 신체적 · 정서적 · 심리적 변화로 인해 균형 있는 성장과 발달이 필요하고 성숙한 인간으로서 자아정체감을 확립해야 하는 시기이다. 청소년기의 자아정체감은 이차성징의 출현과 함께 시작되는 신체적 변화로 일반적인 자아정체감보다 성역할 정체감의 문제에 우선적으로 관심을 갖게 되며, 전환적 시기의 불안정성을 심화시킨다. 한 개인이 일반적인 자아정체감을 구성하고 발달시킬 때, 성역할 정체감은 가장 초기에 형성되는 요소이다. 성역할 정체감 습득은 남성과 여성 모두에게 정체감 형성 과정의 중심이 된다. 청소년기는 성(gender)과 관련된 신념과 사고가 수용, 강화되거나 혹은 초월할 수 있는 독특한 시기이다(Mudrak, 2001). 청소년기는 사회로부터 여자청소년에게는 여성성을, 남자청소년에게는 남성성을 확연히 요구하기 시작하는 시기로서 청소년이 인식하는 성역할은 현재 그 사회가 여성과 남성에 대하여 가지고 있는 성 고정관념의 반영이다.

성역할(gender role)이란 성별에 따라 문화 내에서 인정되고 기대되는 행동 양식, 태도, 인성 특성을 포함하는 행동 기준을 의미하며, 문화에 따라, 동일한 문화권 내에서도 시대에 따라 변천하게 된다(장재정, 1988). 전통적으로 성역할 정체감은 '남성적' '여성적'의 두 개념으로 이분되어 있었다. 남성성은 도구적, 주장적, 독립적, 합리적, 성취적, 적극적, 주도적, 경쟁적, 비감정적인 특성으로 남성의 역할과 관련된 특성을 의미하며, 여성성은 따뜻하고, 정서표현적, 수동적, 관계지향적, 감정적, 협동적, 직관적, 양육적, 민감하고 의존적인 특성으로 여성의 역할과 관련된 특성을 의미한다(김혜숙, 1992).

한 개인에게서 성역할이 발달하는 시기와 어떻게 발달하는가는 이론에 따라 다양하지만 청소년 후기까지 성역할의 존재와 영향력을 부인하지 못하는 것은 분명하다. 일반적으로 청소년은 기존 문화에 편입되지 못할까 봐 두려워 가장 적은 저항을 받는 길을 택함으로써 전형적 성역할을 고수하게 된다(Burn, 1996). 대부분의 청소년은 자신의 생물학적인 성(sex)에 대한 문화적 정의와 기대를 혼합하여 자신의 성역할 정체성 형성을 구체화시키는 한편, 어떤 청소년들은 그 정도가 약하여 다른 성의 성역할을 채택하든지, 양성성의 성역할을 자신의 정체성으로 굳히든지 하게 된다. 성정체성의 유연성은 중학교 초기까지는 기회가 있으나 고등학교 시기를 지나면서 감소하기 시작한다(Mudrak, 2000).

성역할은 생물학적인 성(sex)보다는 사회 · 문화적 측면과 더 관련되어 있으며, 자신이 속한 사회나 문화적 풍토에 적합한 성역할을 발달시켜 가는 과정인 성역할 사회화 과정을 통해 이루어진다. 따라서 성역할 정체감은 성역할 사회화에 의해 특정한 성별에 대해 개인이 가지게 되는 가치관, 태도, 동기, 행동 특성 등을 내면화시킨 정도를 말한다.

제7차 교육과정이 시작된 1999년부터 양성 평등 교육과정을 기초로 조화로운 민주주의 사회의 실현을 교육목표로 하고 있다. 그러나 우리 사회는 여전히 전통적인 남녀의 역할이 강조되는 형태로 사회화가 이루어지고 있으며, 학교뿐만 아니라 여러 사회활동의 모든 영역에서 고정관념화된 성역할 특성이 지속되고 있는 실정이다.

과거에 비하여 뚜렷한 변화를 보이는 대표적인 양상 중의 하나가 성역할에 대한 인식이라고 할 수 있다. 성역할 인식 변화는 개인의 사고체계뿐만 아니라 진로 의사결정 방식에도 지대한 영향을 미친다. 과거 전통사회에서는 직업 및 진로의 선택이 제한적이었기 때문에 오히려 지금보다는 진로에 대한 갈등이 적었다. 즉, 개인의 생물학적인 성, 인식된 성역할에서 크게 벗어나지 않는 범주에서 진로를 선택하는 경향성을 보였고, 사회적인 공감대가 형성되었다. 그러나 현대의 직업세계는 성별 제한이 점차 사라지고 있고, 과거의 성역할에 대한 인식도 변화되고 있다. 현대사회의 직업적 구조 변화는 개인에게 하나의 성적 특성보다는 남성성, 여성성의 특성을 동시에 요구하는 경우가 많아졌다. 두 가지 성적 특성의 장점을 고르게 사용할 때 직업세계에 더 효율적으로 적응할 수 있다는 측면에서 전통적 성역할에 맞서 양성성의 개념이 등장하게 되었다. 양성성의 개념을 최초로 제시한 연구자인 벰(Bem, 1974)은 그의 양성성 이론에서 양성성이란 높은 수준의 남성적 특성과 여성적 특성이 균형적으로 공존하는 심리 상태를 의미한다고 하였다. 여성운동이 확산되어 의식이 고양되고 차츰 사회의 성역할에 변화가 나타나면서 심리적 성차가 생리적 성차와 일치한다는 전통적인 성역할 이론의 변화는 불가피하게 되었다. 그리하여 나타난 것이 성차와 개인차를 포괄할 수 있는 새로운 개념인 양성성 개념이다. 남성성과 여성성이 근본적으로 상호 배타적이 아니라는 점, 남성이나 여성을 막론하고 정형화된 성에 대한 인식이 확고할 경우에 심리적 건강에 별 도움이 되지 못한다는 것이다. 행위 주체적인 적응의 측면과 관련이 있는 남성성과 대인 관계적인 적응과 관련이 있는 여성성, 즉 이 두 성역할을 함께 보유하고 있는 양성성은 성역할에 융통성이 있어 색다른 상황에서 행위를 변화시키는 능력을 지니고 있으므로 바람직한 성역할로 지지받고 있다(김해래, 2006). 양성성은 도구적 역할과 표현적 역할을 모두 수행할 수 있기 때문에 보다 효율적인 성역할 특성을 가지게 되며, 따라서 상황에 따른 적응력이 뛰어나다(서유경, 2016).

성역할 고정관념은 타고난 개성과 능력의 발휘를 억제시킴으로써 개인적으로는 자아실현의 기회를 제한당하고, 사회 · 국가적으로는 유능한 인적 자원이 사장되는 데 기여하여 왔다. 그러나 점차 평등주의인 가치관을 받아들임에 따라 남녀 평등한 관계가 충분하고 모든 영역에서 여성들도 협상 시도가 가능한 존재 또는 정당한 것으로 인식하게 되었다. 이에 많은 연구에서는 고정된 성역할로 인한 불평등한 남녀관계는 가족 내에서 자녀 양육에도 영향을 미칠 뿐만 아니라 직장생활과 사회에까지 부정적인 결과를 나타낼 수 있다고 한다. 더욱이 성역할 고정관념이 낮은 사람들은 우울, 불안, 스트레스 수준이 낮으나, 오히려 높은 자존감으로 자신의 표현적 자기통제와 양보적 자기통제에 대해 모두 만족한다. 또한 문제해결 능력이 우수하고 높은 자아 발달 수준 및 창의력을 보인다고 한다(김신애 · 정남운, 2006). 특히 성역할 고정관념이 낮은 사람들은 개인의 진로 발달에도 긍정적인 영향을 미친다고 밝혀져 왔다(김경옥, 1988; 표미정, 1992). 전통적인 성역할 정체감을 가지고 있는 사람보다 양성적인 성역할 정체감을 형성한 사람들이 직업 선택의 범위가 더 다양할 수 있다고 할 수 있다. 양성성 성역할 정체감을 가진 사람들이 더 유연성을 나타내기 때문에 성취 지향적이면서 동시에 대인관계가 원만하여 적응을 더 잘한다고 주장하였다(Bem, 1974). 이러한 관점에서 보면 양성성 성역할 정체감을 가진 청소년들이 그들의 주된 활동 상황인 학교생활에 더 유연하게 대처하고, 친밀하고 의미 있는 대인관계를 형성한다고 할 수 있다. 따라서 성역할 고정관념이 낮은 청소년들은 학교생활 적응력도 높고, 성인기에는 사회생활과 직장생활도 잘할 수 있음을 의미한다.

4) 위험한 성행동

교육부와 질병관리청(2022)이 청소년 5만 19명을 대상으로 조사한 '제18차(2022년) 청소년 건강행태조사 통계'에 따르면 성관계 경험 응답자는 전체의 5.7%였고, 성경험 청소년의 성관계 시작 평균 연령은 만 13.6세로 나타났다. 청소년 성행동이 사회적으로 바람직하지 않은 방법으로 발산시켜서 성비행을 부추기는 결과를 초래할 수 있다는 점이 중요한 문제이다. 즉, 청소년기의 성행동은 원하지 않는 임신과 성병뿐만 아니라 성행동에 참여할 기회가 빈번해질 수 있다는 연구결과들이 이를 증명하였다(Brady & Halper-Felsher, 2008; Tanner, Calson, Raymond, & Hopkins, 2008).

일반청소년보다 위기에 처한 청소년(가정 밖 청소년, 폭력 및 성매매 등의 비행 및 범죄 가해청소년)들이 허용적인 성 태도로 인해 일관되지 않는 콘돔 사용을 한다고 보고하였다(DiClemente, 1991). 특히 가정 밖 청소년들의 경우에는 성행동을 단순히 즐거움을 주는 행동으로 보고 성에 대해 허용적으로 생각하고 있다(신혜정, 2015). 이로 인해 미혼부모가 되거나 성매매의 피해자와 가해자가 될 가능성이 높아 청소년문제가 발생하고 있다.

청소년들의 이성 교제나 성경험을 무조건 문제로 보거나 부정적으로 치부하고 억압할 수 없는 것이 현실이다(강지영, 2007). 실제로 청소년 성행동의 큰 변화 중 하나는 과거와 비교해서 청소년들의 성숙의 정도가 빨라지고 있고(남영주 · 유안진 · 옥선화, 2004), 성경험을 하게 되는 연령도 점점 낮아지는 변화를 보이고 있다(교육부 · 질병관리본부, 2023). 청소년 시기의 첫 성관계 경험은 생물학적인 재생산뿐만 아니라 사회적으로 미치는 영향이 크다. 예를 들면, 첫 성관계 시기는 피임 실천율(Manning, Longmore, & Giordano, 2000), 성병(Kaestle, Halpern, Miller, & Ford, 2005), 임신(Manlove, Terry, Gitelson, Papillo, & Russell, 2000)과도 관련이 있다. 특히 예상하지 못하고 '그저 우연히' 일어난 성행위로 임신을 하면 미혼부모가 되기도 한다. 청소년 시기에 미혼부모가 되면 연령에 맞지 않는 발달과업으로 다양한 어려움을 겪는다. 즉, 출산으로 인한 육체적 건강, 사회화, 지적 능력, 정서발달 부문이 이에 해당된다. 미혼모의 빈곤과 복지 상황을 연구한 결과에 의하면 첫아이를 출산한 10대가 복지혜택 대상자의 2/3를 차지하고, 경제적인 어려움이 가장 높은 것으로 나타나 청소년기의 출산과 빈곤은 상관관계가 있음을 짐작할 수 있다.

가출한 여자청소년의 성매매 피해문제도 심각한데, 남자청소년보다 여자청소년의 가출 비율이 더 높다는 점이다(경찰청, 2014). 성매매에 노출된 청소년은 상당수가 가출한 상태이고, 성매매 피해청소년들을 위한 일자리 창출과 교육의 필요성 강조, 성매매 피해 청소년들의 건강지원 서비스 확대의 절실함, 청소년 성매매의 예방을 위한 협력 네트워크의 구축과 활성화 강화의 책임 있는 정책 변화가 시급하다(육혜련, 2017). 가출 후 위험이 산재된 거리생활의 시작은 청소년들로 하여금 각종 성폭행과 성희롱 등의 두려움으로부터 자유로울 수 없게 되고, 해결되지 않는 빈곤의 축적은 결국 성매매 유입의 주된 원인이 되기도 한다(Roe-Sepowitz, 2012).

위험한 성행동 중에 또 다른 문제점은 성중독 또는 성행동에 과몰입하는 것이다. 성중독의 개념은 다음과 같다. 성중독이란 부정적인 결과를 초래할 것을 알면서도 과도한 성적 충동과 성 관련 행위를 통제하지 못하고 반복적으로 성행위를 지속하는 증상이다(Carnes, Green, & Merio, 2012). 인간에게 있어서 성행동이란 단순히 본능에 의해서 나타나는 것이 아니다. 사회구조 속에서 통제되고, 사회가 변함에 따라 그 사회의 가치와 규범이 함께 변화되면서 결국 성행동의 양상도 변화하는 것이다(손애리 · 천성수, 2005). 영 등(Young et al., 2000)은 인터넷 사용자 중 20%가량이 성중독자일 것이라고 보고한 바 있으며, 케스(Kasl, 1989)는 성중독의 증상에 대해 통제력을 잃은 성행동, 스스로 성적 피해를 입음, 성뿐 아니라 다른 삶의 영역도 통제하기 어려움, 성적 행동의 증가, 성관계가 끝나면 관계 단절을 보인다고 했다.

5) 성폭력

성폭력이란 성을 매개로 개인의 성적 자기결정권을 침해함으로써 개인 혹은 집단에 대해 신체적 · 심리적 · 사회적 고통을 야기하는 행위를 의미한다. 「성폭력범죄의 처벌 등에 관한 특례법」에 의하면 성폭력 범죄는 음행 매개, 음란물의 유포 및 제조, 공연 음란, 약취유인, 강도성폭력, 특수성폭력 및 통신매체 이용, 음란 등을 모두 고려한 개념으로 정의하고 있다. 다시 말해 성폭력이란 매매와 착취 등을 목적으로 성폭력, 성추행, 성희롱, 성기 노출, 강도성폭력, 음란 전화, 음란 통신 등과 같이 성을 매개로 하여 가해지는 모든 언어적 · 신체적 · 정신적 폭력을 의미한다고 할 수 있다. 청소년 성폭력 가해자들의 특성은 행위가 반복적이고 지속적으로 이루어지고 있다는 것이다. 또한 대부분의 가해자가 비행청소년이라기보다는 초범자로서 평범한 청소년일 가능성이 높아 심각한 범죄로 여기지 않는 경우도 많다. 따라서 청소년 성폭력 가해자들은 비행청소년과 달리 가정 내적 문제나 개인적 문제가 거의 나타나지 않아 성범죄가 드러나기 전까지는 이들을 상습화할 수 있는 준범죄자로 예측하는 것이 쉽지 않으며, 재발에 대한 염려도 거의 하지 않는 평범한 청소년으로 인식하기 쉽다는 것이 가장 큰 문제이다(고정애 · 박경, 2013).

대검찰청 범죄분석(2023)에 의하면, 성폭력 범죄의 95.9%는 단독으로 이루어지는 것으로 나타났으나 소년범죄자의 경우에는 단독범의 비율이 91.1%로 성인범죄자 96.6%보다 낮고, 공범 비율이 상대적으로 높다. 성폭력 범죄자와 피해자의 관계를 보면 타인이 64.7%로 높은 비율을 차지하고 있고, 고용관계(1.3%), 친구 등(7.9%), 애인(4.7%), 친족(2.4%), 이웃 · 지인(12.2%)으로 나타났다. 소년범죄자의 경우에는 타인의 비율이 64.0%로 성인범죄자에 비해 상대적으로 낮고, 친구 등의 비율이 18.3%로 상대적으로 높은 것으로 나타나 또래 간 성폭력 범죄 비율이 높음을 알 수 있다.

03 청소년 성과 복지

1) 성소수자 복지를 위한 방안

국가는 청소년들에게 성과 관련한 괴롭힘을 없애기 위해 노력하고 있지만, 성적 지향과 성별 정체성을 이유로 한 괴롭힘에 대한 대처는 아직 부족하다. 그 이유는 이제까지 동성애 혐오성 괴롭힘이라는 문제의 심각성이 인식되지 않았고, 그 예방 및 대응 방안이 널리 알려져 있지 않았던 탓도 크지만 동성애와 비전형적 성별 정체성에 대한 사회 전반의 태도와 과민한 반응 때문에 조치를 취하지 못한 탓도 있다.

「대한민국헌법」 제10조에 "모든 국민은 인간으로서의 존엄과 가치를 가지며, 행복을 추구할 권리를 가진다. 국가는 개인이 가지는 불가침의 기본적 인권을 확인하고 이를 보장할 의무를 진다"라고 규정함으로써 인간의 존엄과 가치 보장 그리고 그 실현을 위한 행복추구권을 천명하고 있다. 인간으로서의 존엄과 가치는 주관적, 객관적으로 설명할 수 있다. 주관적으로는 모든 인간은 인간으로서의 존엄과 가치의 의미를 소유한다는 것을 확인하고 강조한 것이다. 객관적으로는 모든 인간이 소유하는 인간으로서의 존엄과 가치를 국가 공권력은 물론이고, 개인도 존중해야 한다는 것을 확인하고 강조한 것이라고 할 수 있다(권영성, 2011).

인간의 존엄과 가치를 향유함은 정신적 · 신체적 상황과는 무관하기 때문에 신체상의 장애 유무, 연령에 따라 또는 범죄 집행에 관계없이 모든 인간에게 적용되어야 한다. 더욱이 성정체성 장애를 극복하고 다른 사람들과 더불어 정상적인 사회생활을 보내는 것을 목표로 지향하고 있는 성전환증 보유자 역시 「대한민국헌법」이 상정하고 있는 인간상의 범주에 포함되며, 인간의 존엄과 가치를 향유할 수 있고 행복을 추구할 권리가 있다고 보아야 한다(이기원, 2005).

인권기반교육의 목표는 모든 인간의 존엄성과 최적의 발달에 대한 권리를 존중하는 양질의 교육을 보장하는 것으로, 다음의 세 가지 차원으로 구성될 수 있다. 첫째, 교육의 접근성에 대한 권리이다. 이는 기회의 평등에 근거하여 어떠한 이유로도 차별받지 않고 교육을 받을 권리를 의미한다. 둘째, 양질의 교육을 받을 권리이다. 이는 포괄적이고 실용적이며 포용적인 교육과정과 청소년 친화적이고 안전하며 건강한 교육환경을 바탕으로 잠재력을 극대화하고 취업 기회를 현실화하며 생활 기술을 계발하는 교육을 받을 권리이다. 셋째, 학습환경 내에서 존중받을 권리이다. 청소년은 동등하게 자신의 정체성 및 존엄성과 참여할 권리를 존중받으며 모든 형태의 폭력으로부터 자유로울 권리가 있다. 인권기반교육을 시행하면 포용성, 다양성, 기회 균등, 차별 금지의 분위기가 조성되어 학습을 받을 권리가 존중됨으로써 학업을 중단하는 경우가 줄어들 수 있다.

젠더 차이와 사회적 성 불평등을 고려하지 않는 몰성적인(gender-blind) 정책은 기존의 젠더 고정관념을 강화하고 특정 집단을 계속해서 차별하는 결과를 가져온다(부산광역시 여성센터, 2005). 차별은 인간의 권리를 존중하지 않는 가장 기초적인 행동과 태도이기 때문에 차별을 감소하는 것이 필요하다. 인권을 존중한다는 것은 청소년의 잠재력을 극대화하기 위해 반드시 필요한 요소인 인간의 존엄성과 기본적 자유를 보장한다는 것으로, 이를 통해 청소년의 사회·정서적 성장을 돕게 되는 것이다. 나아가 인권을 존중하면 폭력 예방에 꼭 필요한 '다름에 대한 존중'이 키워지는데, 이것은 인권기반교육을 통해 학습에 도움이 되는 안전한 환경이 조성되고, 교사와 학생은 교육과정을 함께 즐기고 그 혜택을 온전히 누리게 되는 결과를 가져오게 된다. 그러나 대부분이 학생인 청소년들에게 학교는 안전한 곳이어야 하는데, 동성애 혐오성 괴롭힘은 안전한 학교의 원칙을 훼손하고 있다. 결국 괴롭힘 때문에 학교가 피해청소년에게 안전하지 못한 공간이 되고, 다른 청소년들도 타격을 입게 되어 학교환경도 전반적으로 낙후될 수 있다는 점은 문제가 될 수 있다. 물리적 환경만이 청소년들에게 영향을 주는 것이 아니라, 교직원에 의한 폭력적인 행동과 또래 간의 갈등이 깊어 감에 따라 학습이 더 어려워질 수 있다는 점이다. 특히 안전하지 못하다고 느끼는 청소년들의 가장 흔한 반응은 다른 이들로부터 마음의 문을 닫는 것이다. 학교에서 환영받지 못하는 경우에도 학생들은 같은 반응을 보이는데, 따뜻한 학교 분위기를 조성하는 것과 안전은 함께 진행되어야 한다. 이러한 학교에서의 성에 대한 인식은 개선되어야 할 뿐만 아니라 청소년 활동프로그램 영역에서도 여자청소년과 남자청소년의 다른 이해와 요구를 반영해야 한다. UN(1999)은 '2000년과 그 이후를 위한 UN 청소년 행동프로그램(World Programme of Action for Youth to the Year 2000 and Beyond)'을 채택한 바 있는데, 청소년정책의 중요한 역할 중 하나는 여자청소년의 상황을 개선하는 것이다. 왜냐하면 여자청소년은 종종 열등한 존재로 여겨지고 자존감을 낮추도록 사회화되어 왔으며, 여성에 대한 부정적인 문화적 태도와 실천 그리고 젠더 고정관념이 반영된 교육과정은 성별 불평등을 계속해서 강화하기 때문이다(김희경, 2006).

2) 청소년 성보호를 위한 복지

우리나라「형법」제305조에 의해 13세 미만자에 대한 성범죄는 성적 자기결정의 능력이 없다고 간주하고 폭행 또는 협박의 수단을 쓸 것을 요하지 않으며, 비록 이들의 촉탁 또는 승낙이 있더라도 처벌한다. 법정형도 높아「성폭력범죄의 처벌 등에 관한 특례법」제7조에 13세 미만의 사람에 대하여 강간의 죄를 범한 사람은 무기징역 또는 10년 이상의 징역에 처한다. 13세 미만자를 절대적으로 보호하는 체계라고 할 수 있다. 한편「형법」제302조에는 미성년자 또는 심신미약자에 대하여 위계 또는 위력으로써 간음 또는 추행한 자를 처벌하고 있으며, 형량은 5년 이하의 징역으로 13세 미만자의 경우보다 낮다.

2000년에「청소년의 성보호에 관한 법률」을 제정한 이유도 청소년의 성을 사는 행위, 성매매를 조장하는 온갖 형태의 중간 매개 행위 및 청소년에 대한 성폭력 행위를 하는 자들을 강력하게 처벌하기 위함이다. 당시 소위 '원조 교제'라는 형태의 성인과 청소년 간의 금전을 매개로 한 성관계에 대처하기 위하여 특별히 청소년의 성을 보호하기 위한 새로운 입법이 필요하였기 때문이다. 아동 · 청소년의 성을 보호하는 중심 개념은 사실상 아동 · 청소년에 대한 성적 악용이나 남용이 되어야 하고, 성적 악용이나 남용 행위는 성을 사는 행위보다 아직 성숙한 성의식을 갖추지 못한 아동 · 청소년을 근본적으로 보호할 수 있을 것이다.

「청소년의 성보호에 관한 법률」은 2009년 개정을 통해 명칭을 변경하였고, 내용도 여러 차례 개정되었는데, 특히 제2조 제5호 "아동 · 청소년이용음란물" 정의 규정에서 "아동 · 청소년으로 명백하게 인식될 수 있는 사람이나 표현물"의 구성 요건은 점점 포괄적이고 개방적인 개념으로 넓혀졌다. 2000년 2월 제정 당시 "청소년이용음란물이라 함은 청소년이 등장하여 제2호 각 목의 1에 해당하는 행위를 하거나, 청소년의 수치심을 야기시키는 신체의 전부 또는 일부 등을 노골적으로 노출하여 음란한 내용을 표현한 것"이라고 정의하였다. 그런데 2012년 12월에 이 규정은 "아동 · 청소년이용음란물이란 아동 · 청소년 또는 아동 · 청소년으로 명백하게 인식될 수 있는 사람이나 표현물이 등장하여 제4호의 어느 하나에 해당하는 행위를 하거나 그 밖의 성적 행위를 하는 내용을 표현하는 것"으로 개정되어 현재 적용되고 있다. 음란물에 실제로 출연한 아동 · 청소년은 이미 신체적 · 정신적 침해를 낭했거나 죄소한 심리적 · 성적 발전이 저해될 구체적 위험이 있으므로 해당 음란물에 나타나는 구체적 행위들에 대해서는 「형법」「성폭력범죄의 처벌 등에 관한 특례법」의 규정에 의해 성범죄로서 무겁게 처벌하고 있다.

2020년 6월부터 아동 · 청소년 이용음란물은 아동 · 청소년성착취물로 용어가 개정되었다.

「아동 · 청소년의 성보호에 관한 법률」 제11조 제5항은 "아동 · 청소년성착취물을 구입하거나 아동 · 청소년성착취물임을 알면서 이를 소지한 자는 1년 이상의 유기징역에 처한다"라고 하여 아동 · 청소년성착취물을 단순히 소지하고 있다는 사실을 범죄로 규정하고 있다. 아동 · 청소년성착취물은 단순소지죄로 규율하고 있는 총포나 마약의 경우와 달리 대상물 자체의 위험성 없는 컴퓨터파일의 경우라도 대부분이며 혹시 있을 모방범죄를 예방하기 위해 중형에 처할 필요가 있다.

청소년 성 상품화 예방 관련 정책 대응은 법률적 대처와 민간의 자율적 노력에 의한 것으로 살펴볼 수 있다. 청소년 성 상품화 대응 관련 법률적 대처로는 먼저 2008년 6월 13일에 제정된 「정보통신망 이용촉진 및 정보보호 등에 관한 법률」을 들 수 있다. 「정보통신망 이용촉진 및 정보보호 등에 관한 법률」은 '청소년에게 유익한 정보의 개발 및 보급 촉진' '정보통신망을 통하여 유통되는 음란 · 폭력 정보 등의 유해한 정보로부터 청소년을 보호하기 위한 청소년의 자발적 참여활동의 촉진 및 지원' '청소년보호를 위한 학부모 · 교사 또는 민간단체 등의 자율적인 감시 · 상담 · 피해 구제 활동의 촉진 및 지원'

'청소년보호활동을 위한 정보통신서비스 제공자 간의 협력체계 구축 지원(개정 2009. 1. 28.)'을 명시하였다. 동 법률이 청소년유해매체물에 청소년유해매체물을 제공하는 자는 그 매체물을 19세 미만의 자가 이용할 수 없다는 취지의 내용을 누구나 쉽게 확인할 수 있도록 음성, 문자 또는 영상으로 표시하여야 한다. 인터넷을 이용하여 정보를 제공하는 자의 경우에는 기호, 부호, 문자 또는 숫자를 사용하여 청소년유해매체물임을 나타낼 수 있는 전자적 표시도 함께하여야 한다(「정보통신망 이용촉진 및 정보보호 등에 관한 법률」, 2008). 주무부처인 방송통신위원회에서는 정보의 유형 등을 고려하여 표시의 구체적인 방법을 정한 후 관보에 고시하도록 명문화하여 인터넷, 방송 등 정보통신망을 통하여 유통되는 정보가 음란, 폭력 등 청소년에게 유해한 정보를 담고 있는 정도를 표시하도록 하였는데, 그것이 청소년에게 유해한 정보 등 심의가 필요한 정보는 시정을 요구할 수 있도록 함으로써(「방송통신위원회의 설치 및 운영에 관한 법률」, 2008) 청소년을 보호하려는 취지의 입법 노력을 시작한 것으로 볼 수 있다.

청소년의 성 상품화 현상에 대처하기 위한 공공의 노력과 함께 민간 분야에서도 일정 부분 역할을 담당하기 위하여 노력을 해 온 것으로 평가할 수 있다. 2011년 8월 31일, 방송통신심의위원회에서 50여 개 인터넷 신문의 광고를 조사하여 불법 · 유해 광고에 대한 시정을 요구하고, 여성가족부에서도 인터넷 신문에 대한 전수조사를 실시하여 34개 신문사를 고발하는 등 공공의 우려와 시정 요구에 부응하였다. 이에 인터넷신문협회와 온라인신문협회는 불법 · 유해 광고가 청소년의 가치관과 정서에 부적절하게 영향을 미치고 불필요한 자극을 줄 수 있다고 보고 '인터넷신문 광고 심의기구'를 발족하고 다음과 같은 지침을 제시하였다(김민기, 2012). ① 청소년의 품성과 정서, 가치관을 해치는 표현을 하여서는 아니 된다, ② 청소년에게 유해한 선정적인 소재가 사용된 광고는 성인인증 또는 심의위원회가 정하는 방법에 따라 게시되어야 한다, ③ 청소년에게 유해한 선정적인 광고 소재란 "가슴, 둔부, 서혜부(鼠蹊部) 등 신체의 일부 또는 전부가 과도하게 노출된 사진, 영상 또는 제작 이미지로서 청소년의 성적 호기심이나 충동을 자극하여 유해한 정도에 이르거나 광고 문구가 청소년의 성적 호기심이나 충동을 자극하여 유해한 정도에 이르는 것, 「청소년 보호법」에 따른 청소년유해매체물에 관한 것, 청소년에게 불건전한 교제를 조장할 우려가 있거나 이를 매개하는 것"이라고 구체적으로 명시하여 자율적인 자정 노력을 기울이고 있는 것으로 파악된다.

성폭력 피해자를 위해 국가와 지방자치단체는 피해자나 피해자의 가족구성원(이하 '피해자 등'이라 한다)이 「초 · 중등교육법」 제2조에 따른 각급 학교의 학생인 경우에는 주소지 외의 지역에서 취학(입학, 재입학, 전학 및 편입학을 포함한다. 이하 이 조에서 같다)할 필요가 있을 때 그 취학이 원활히 이루어지도록 지원하여야 한다. 이 경우 취학을 지원하는 관계자는 피해자 등의 사생활이 침해되지 아니하도록 유의하여야 한다. 특히 취학 지원을 할 수 있고, 피해자를 보호하는 자에 대한 직업훈련 및 취업을 알선할 수 있도록 법으로 규정하고 있다.

「성매매방지 및 피해자보호 등에 관한 법률」 제8조에 의거하여 성매매 피해자를 위해서 국가와 지방자치단체는 성매매 피해자 등 또는 그 가족이 「초 · 중등교육법」 제2조에 따른 각급 학교의 학생인 경우에는 주소지 외의 지역에서 취학(입학, 재입학, 전학 및 편입학)을 포함한다. 또한 취학이 원활히 이루어지도록 지원하여야 하는데, 이 경우에 취학을 지원하는 관계자 및 관계 기관은 성매매 피해자 등 및 그 가족의 사생활이 침해되지 아니하도록 유의하여야 한다. 제9조에 따라 성매매 피해청소년들을 위해 19세 미만의 성매매 피해자 등을 대상으로 19세가 될 때까지 숙식을 제공하고, 취학 또는 교육 등을 통하여 자립을 지원하고, 생계비, 교육비, 아동양육비 등을 시설장과 성매매 피해자에게 지원할 수 있다.

3) 한부모가족 청소년을 위한 지원

한부모가족이 안정적인 가족의 기능을 유지하고 자립하도록 지원하기 위해 「한부모가족지원법」을 통해 24세 이하의 모 또는 부의 청소년 한부모와 그 자녀를 위해 지원하고 있다. 특히 생계비, 아동교육지원비 그리고 아동양육비를 지급받을 수 있는데, 이때 미혼모나 미혼부가 5세 이하의 아동을 양육하거나 청소년 한부모가 아동을 양육하면 예산의 범위에서 추가적인 복지 급여를 실시하여야 한다.

청소년 한부모가 학업을 지속할 수 있도록 청소년 한부모에게 다음과 같은 교육지원을 할 수 있다. 첫째, 「청소년복지 지원법 시행령」 제10조의3에 따른 청소년부모에 대한 교육지원, 둘째, 「초 · 중등교육법」 제2조에 따른 학교에서의 학적 유지를 위한 지원 및 교육비 지원 또는 검정고시 지원, 셋째, 「평생교육법」 제31조 제2항에 따른 학력인정 평생교육시설에 대한 교육비 지원, 넷째, 「초 · 중등교육법」 제28조에 따른 교육지원이 이에 해당된다. 청소년 한부모의 자립지원을 위해 국가나 지방자치단체는 청소년 한부모가 주거 마련 등 자립에 필요한 자산을 형성할 수 있도록 재정적인 지원을 할 수 있다. 특히 청소년 한부모에게 지원된 것으로 형성된 자산은 청소년 한부모가 이 법에 따른 지원 대상자에 해당하는지 여부를 조사 및 확인할 때 이를 포함하지 아니한다. 또한 건강한 생활을 유지하기 위하여 청소년 한부모를 대상으로 건강진단을 할 수 있는데, 이때 건강진단의 결과를 청소년 한부모 본인에게 알려 주어야 한다. 특히 건강진단의 전문성을 위해 건강진단의 실시와 그 결과 통보를 전문기관 또는 단체에 위탁할 수 있다.

청소년 한부모 아동 양육과 자립지원 대상은 아동을 양육하는 부 또는 모가 만 24세 이하이고, 소득이 기준 중위소득 60% 이하인 한부모 가구이다. 아동양육비는 자녀 1인당 월 35만 원 지원, 검정고시 등 학습지원은 검정고시 학습비(학원비, 교재비), 학용품비 등을 가구당 연 154만 원 한도 내에서 최대 2년간 지원, 자립촉진수당은 취업, 학업 등 자립활동에 참여하는 청소년 한부모 대상 가구당 월 10만 원씩 지원한다. 지원내용은 다음의 〈표 6-1〉과 같다.

표 6-1 청소년 한부모 지원 내용

지원 종류	지원 대상	지원 금액
아동양육비	• 소득인정액이 기준 중위소득 65% 이하인 청소년한부모가족의 자녀 –(0~1세 자녀) 월 40만 원 –(2세 이상 자녀) 월 35만 원	월 35~ 40만 원
아동교육지원비 (학용품비)	• 소득인정액이 기준 중위소득 63% 이하인 가족의 중고등학생 자녀	자녀 1인당 연 9.3만 원
생활보조금	• 한부모가족복지시설에 입소한 가족 중 소득인정액이 기준 중위소득 63% 이하인 가족	가구당 월 5만 원
검정고시 등 학습지원	• 소득인정액이 기준 중위소득 65% 이하인 가족으로서 '부' 또는 '모'가 검정고시를 준비하는 경우 등	가구당 연 154만 원 이내
자립촉진수당	• 소득인정액이 기준 중위소득 65% 이하인 가족으로서 '부' 또는 '모'가 학업이나 취업활동을 하는 경우	가구당 월 10만 원

* 출처: 여성가족부(2024).

요약

1. 성소수자 청소년들은 혐오나 괴롭힘으로 인해 학습권 박탈뿐만 아니라 행복을 추구할 권리를 잃게 되기 쉽다. 제3의 성으로 인정해야 하는지에 대한 논의는 계속 진행 중이기 때문에 그들을 수용하는 과정에서 일어날 수 있는 여러 가지 사회문제를 예방하고 대책을 마련해야 한다.

2. 거래를 목적으로 만들어진 상품으로서의 성을 가정하여 청소년이 만약 그 대상이 된다면 결국 인간으로서의 존엄, 자유, 평등을 기반한 자기정체성의 실현이 어려워지고 그것에 대한 서로 간의 이해와 존중을 유지할 수 없게 된다.

3. 성역할 고정관념은 타고난 개성과 능력의 발휘를 억제시킴으로써 개인적으로는 자아실현의 기회를 제한당하고, 사회 · 국가적으로는 유능한 인적 자원이 사장될 수 있으므로 사회가 요구하는 성역할 정체감을 형성할 수 있는 인식이 필요하다.

4. 청소년 시기의 성관계 경험은 긍정적인 효과보다는 부정적인 결과를 가져올 가능성이 높기 때문에 건강한 성관계를 위한 성교육이 필요하고, 책임과 부담이 없는 위험한 성행동은 건강한 성인으로의 발달에 어려움을 줄 수 있다.

5. 성을 매개로 개인의 성적 자기결정권을 침해함으로써 개인 혹은 집단에 대해 신체적 · 심리적 · 사회적 고통을 야기하는 성폭력 행위자와 피해자를 위한 제도와 정책을 통해서 성폭력 범죄를 줄이고 행위자와 피해자 청소년이 다른 사람들과 더불어 정상적인 사회생활을 보낼 수 있는 제도와 정책을 마련해야 한다.

6. 청소년과 성을 위한 복지 정책은 「청소년복지 지원법」 외에 「대한민국헌법」「아동 · 청소년의 성보호에 관한 법률」「정보통신망 이용촉진 및 정보보호 등에 관한 법률」「성매매방지 및 피해자보호 등에 관한 법률」「한부모가족 지원법」 등을 통해서 지원하고 있다.

참고문헌

강지영(2007). 지각된 부모 양육태도, 자기통제력 및 비행행동이 남자 고등학생의 위험 성행동에 미치는 영향. 전남대학교 대학원 석사학위논문.

경찰청(2014). 청소년 성매매사범 단속현황. 2014년 국정감사 제출 자료. 서울: 경찰청.

고정애 · 박경(2013). 청소년 성폭력 가해자들의 피해자 공감향상을 위한 프로그램 개발 및 효과. 청소년학연구, 20(5), 107-129.

교육부 · 질병관리청(2023). 제18차(2022년) 청소년 건강행태조사 통계. 세종: 교육부질병관리청.

교육인적자원부(2001a). 중학교 성교육 교사용 지도 지침서. 서울: 교육인적자원부.

교육인적자원부(2001b). 고등학교 성교육 교사용 지도 지침서. 서울: 교육인적자원부.

권영성(2011). 헌법학원론. 경기: 법문사.

김경옥(1988). 대학생의 성역할 정체감과 통제신념의 관계에 관한 연구. 고려대학교 대학원 석사학위논문.

김미예 · 김선희 · 장군자(2004). 감각자극이 미숙아의 모-영아 상호작용에 미치는 효과. 아동간호학회지, 10(2), 180-187.

김민기(2012). 광고 선정성 자율정화 인터넷신문 사회 책임 강화. 신문과 방송, 499, 39-43.

김상원(2000). 성교육/성상담의 이론과 실제. 서울: 교육출판사.

김신애 · 정남운(2006). 남성의 성역할이 자아존중감과 대인관계에 미치는 영향. 한국심리학회 학술대회 자료집, 500-501.

김은실 · 김귀정 · 김봉한(2011). 고등학생들의 사이버 음란물 접촉과 성범죄와의 관계성 분석. 한국콘텐츠학회논문지, 11(6), 1-17.

김은혜(2017). 청소년 위험 성행동에 영향을 미치는 변인들 간의 구조적 관계 분석. 충남대학교 대학원 박사학위논문.

김해래(2006). 청소년의 성역할정체성 척도 개발에 관한 연구. 사회연구 통권, 12, 135-152.

김혜숙(1992). 성별 고정관념, 성차이와 양성성, 현대 사회의 여성과 남성. 아주대학교 사회과학연구소.

김혜자 · 심미정(2011). 청소년의 인터넷음란물 접촉에 따른 성의식과 이성교제 태도. Journal of Digital Convergence, 12(5), 367-376.

김희경(2006). 청소년활동정책의 성 인지적 분석연구. 동아대학교 대학원 박사학위논문.

남미애 · 홍봉선(2012). 청소년의 인터넷음란물 접촉과 일탈적 성행동과의 관계: 인지적 요인의 매개효과를 중심으로. 청소년학연구, 19(9), 93-124.

남영주 · 유안진 · 옥선화(2004). 시설 청소년의 성지식 및 성태도에 관한 연구. 교육과학연구,

35(2), 273-292.

대검찰청(2023). 범죄분석. 서울: 대검찰청.

박충선 · 정영숙(2004). 대학생의 광고에 반영된 성상품화에 대한 사회적 인식과 소비주의 성향과의 관계. 대한가정학회지, 42(3), 79-90.

보건복지부(2019). 2019년 아동분야 사업안내. 서울: 보건복지부.

부산광역시여성센터(2005). 부산광역시 청소년수련관 프로그램의 성별영향평가. 서울: 여성가족부.

배영태(2003). 학교중도탈락의 선행요인과 판별. 청소년상담연구, 11(2), 23-35.

서유경(2016). 대학생의 성역할정체감과 자아탄력성, 대인불안과의 관계. 교육발전연구, 23(1), 23-48.

손애리 · 천성수(2005). 전국대학생의 성의식, 첫 성경험 및 성행동에 대한 성차. 보건과 사회과학, 18, 73-100.

신선미 · 정태연(2005). 성 상품화에 대한 인식: 상품화의 유형, 대상자 및 평가자의 성별에 따른 차이. 한국심리학회지: 여성, 10(4), 603-617.

신윤정 · 이소영 · 유재언(2013). 청소년 한부모가족 종합대책 연구 II - 국내 입양 제도 변화에 대응한 청소년 한부모 지원 방안. 서울: 한국청소년정책연구원.

신혜정(2015). 여자 가출청소년의 비행또래집단 경험. 이화여자대학교 대학원 박사학위논문.

양순옥 · 김신정(2004). 중학생의 성지식과 성태도. 아동간호학회, 10(3), 350-360.

오장미경(1997). 시민사회론과 페미니즘. 여성과 사회, 8, 255-275.

유네스코한국위원회(2013). 동성애혐오성 괴롭힘 없는 학교. 서울: 유네스코한국위원회.

육혜련(2017). 가출청소년의 성매매피해 경험에 대한 연구. 청소년복지연구, 19(1), 109-136.

이기원(2005). 성전환자에 대한 인식과 법적 문제에 관한 연구. 고려대학교 대학원 석사학위논문.

이나영(2015). 성판매자 비범죄화를 위한 시론: 성매매특별법을 둘러싼 쟁점과 여성주의 대안 모색. 페미니즘연구, 15(1), 211-247.

이상희 · 이은진(2009). 대학생의 성역할 정체감, 성역할 태도가 진로자기효능감, 진로태도성숙에 미치는 영향. 상담학연구, 10(4), 2137-2151.

이정윤 · 이명화(2003). 음란물을 자주 접촉하는 청소년의 성 및 심리사회적 특성. 청소년상담연구, 11(1), 32-41.

이화영 · 김경아 · 배정희 · 김소영 · 김지윤 · 고근영(1999). 여대생의 성에 관한 연구. 이화간호연구지, 32, 112-127.

장인권(1994). 성(性)의 세계: 성의 전략(Chris Catton, James Gray 공저). 서울: 아카데미서적.

장재정(1988). 중년 여성의 성역할정체감과 심리적 건강에 관한 연구. 고려대학교 대학원 박사학위논문.

정혜원(2011). 가출 청소년 성매매 유입예방 및 지원방안(II): 가출 청소년 성매매에 영향을 미치는 위험요인 및 보호요인. 서울: 한국여성인권진흥원.

천예빈(2013). 청소년들의 스마트폰 중독과 예방에 관한 연구. 인터넷비지니스연구, 14(1), 125-139.

표미정(1992). 고교생의 성역할 정체감과 내외통제 성과의 관계 연구. 동국대학교 대학원 석사학위논문.

Bem, S. L. (1974). The measurement of psychological androgyny. *Journal of Consulting and Clinical Psychology, 42*, 155-162.

Brady, S. S., & Halper-Felsher, B. (2008). Social and emotional consequenecs of refraining from sexual activity amomg sexually experienced and inexperienced youths in california. *American Journal of Public Health, 98*(1), 161-168.

Braun-Courville, D. K., & Rojas, M. (2009). Exposure to sexually explicit web sites and adolescent sexual attitudes and behaviors. *Journal of Adolescent Health, 45*(2), 156-162.

Breitenbecher, K. H. (2001). Sexual revictimization among women: A review of the literature focusing on empirical investigations. *Aggression and Violent Behavior, 6*(4), 415-432.

Burn, S. M. (1996). *The social psychology of gender*. New York: Mc Graw-Hill.

Carnes, P., Green, B., & Merio, L. (2012). PATHOS: A brief screening application for assessing sexual addiction. *Journal of Addict Med, 6*, 29-34.

DiClemente, R. J. (1991). Predictors of HIV-preventive sexual behavior in a high-risk adolescent population: The influence of perceived peer norms and sexual communication on incarcerated adolescents' consistent use of condoms. *Journal of Adolescent Health, 12*, 385-390.

Gokengin, D., Yamazhan, T., Aytus, S., Eetern, E., Serter, D., & Andra, B. (2003). Sexual knowledge, attitude and risk behavior of students in Turkey. *Journal of School Health, 73*(7), 258-263.

Kaestle, C. E., Halpern, C. T., Miller, W. C., & Ford, C. A. (2005). Young age at first sexual intercourse and sexually transmitted infections in adolescents and young adults. *American Journal of Epidemiology, 161*(8), 774-780.

Kasl, C. D. (1989). *Women, sex, and addiction: A search for love and power*. New York: Ticknor & Fields.

Lohman, B. J., & Billings, A. (2008). Protective and risk factors associated with adolescent boys' early sexual debut and risky sexual behaviors. *Journal of Youth and Adolescence, 37*(6), 723-735.

Manlove, J., Terry, E., Gitelson, L., Papillo, A. R., & Russell, S. (2000). Explaining demographic trends in teenage fertility 1980-1995. *Family Planning Perspectives, 32*(4), 166-175.

Manning, W. D., Longmore, M. A., & Giordano, P. C. (2000). The relationship context of contraceptive use at first intercourse. *Family Planning Perspectives, 32*(3), 104-110.

Mudrak, P. M. (2001). An investigation of the relationship between personality disorders and gender roles among adolescents. *Dissertation Abstracts International: Section B The Scciences and Engineering, 61*(7-8), 3854.

Peter, J., & Valkenburg, P. M. (2009). Adolescents' exposure to sexually explicit internet material and sexual satisfaction: A longitudinal study. *Human Communication Research, 35*(2), 171-194.

Roe-Sepowitz, D. E. (2012). Juvenile entry into prostitution: The role of emotional abuse. *Violence against Women, 18*(5), 562-579.

Tanner, J. T., Calson, L. A., Raymond, M. A., & Hopkins, C. D. (2008). Reaching parents to prevent adolescent risky behavior: Examining the effects threat protrayal and parenting orientation on parental participation perceptions. *Journal of Public Policy & Marketing, 27*(2), 149-155.

Tripp, J., & Viner, R. (2005). Sexual health, contraception, and teenage pregnancy. *The Britich Medical Journal, 12*(330), 590-593.

Young, K. S., Cooper, A., Griffin-Shelley, E., O'Mara, J., & Buchanan, J. (2000). Cybersex and infidelity online: Implications for evaluation and treatment. *Sexual Addiction and compulsivity, 7*(10), 59-74.

제7장

청소년복지의 실제 4

-폭력-

학습개요

청소년들에게 있어서 폭력이나 공격 행위 등의 다양한 문제행동은 청소년에게 주어진 환경적인 여건, 사회구조적인 측면, 현대사회의 지배적인 가치관 등에 따라 발생한다. 청소년폭력은 폭력 발생의 빈도가 다른 비행 행동 유형에 비해 계속 증가 추세에 있다는 점과 저연령화 및 집단화, 흉포화 추세에 있다. 그리고 폭력 행위가 일부 청소년에게만 국한된 것이 아니고 많은 청소년에게 일반화되어 가면서 폭력 행위 후에도 죄의식이나 책임감을 크게 느끼지 못하고 있는 점 등을 들 수 있다.

사회적 약자인 청소년들의 경우에는 더욱 심각한 현실로 드러나는데, 이들은 사회적 보호를 제대로 받지 못한 상태에서 폭력에 그대로 노출되어 있다. 부모에 의한 학대, 학교에서의 집단따돌림, 약자에 대한 이유 없는 괴롭힘, 금품 갈취와 협박, 채팅과 인터넷상에서의 심각한 언어폭력 등 일상적으로 일어나는 많은 문제를 우리 사회가 그저 무관심이나 관용으로 덮어 두기에는 심각성이 매우 크다.

이 장에서는 청소년폭력에 대한 일반적인 개념과 함께 청소년폭력의 특징, 원인, 유형 등을 파악해 보고, 청소년폭력을 위한 예방적 차원과 대책 마련을 위한 제도와 정책을 설명하고자 한다. 청소년폭력은 청소년 시기에 일어나는 발달단계의 특징으로 끝나는 것이 아니라, 성인기로 성장과 동시에 겪게 되어 어려움과 함께 자살, 사망으로 이어지는 극단적인 결과까지 초래한다. 따라서 청소년폭력에 대한 예방의 중요성과 필요성을 강조하고자 한다.

01 청소년폭력의 개념

일반적으로 폭력(暴力)은 신체적인 손상을 가져오고, 정신적 · 심리적 압박을 가하는 물리적인 강제력을 말한다. 법적 정의에서는 다른 사람에게 상해를 입히거나 협박하거나 하는 등의 행위와 함께 다른 사람을 감금하는 행위, 주거에 침입하는 행위, 기물의 파손 등에 대해서도 폭력이라고 표현한다. 폭력을 포괄적으로 외부로부터 물리적, 심리적, 사회적으로 인간의 신체나 내면 정신에 가해지는 상해나 사물의 손상 또는 이러한 상해나 손상을 인간이나 사물에 행사하는 행위라고 말할 수 있겠으나 이러한 폭력의 개념 정의는 여전히 미흡하다고 볼 수 있다.

또한 폭력이 왜 있게 되는지, 폭력은 어디에서부터 기인하는지에 대하여 말해 주지 못하고 있다. 이것은 마치 인간의 인지구조의 형성에 관한 논란과도 같이 인간의 폭력이 인간의 자연현상인지, 환경의 영향인지 하는 논쟁이 아직 계속되고 있는 것과 같을 뿐만 아니라 인간의 폭력이 한 개인의 특성적 폭력인지, 파괴의 충동과 같은 인간 공통의 원초적 특성인지 하는 의견도 분분하기 때문이다(Freud, 1982; Whitmer, 1997).

폭력에 관한 이론들의 대부분은 인간의 공격 성향과 함께 논의된다. 이것은 우리가 폭력은 그것이 주먹으로 행해지거나 말로 행해지거나 일종의 상대방에 대한 공격에서 기인한다는 것을 쉽게 이해할 수 있다는 사실에서도 인간의 공격성은 폭력과 매우 밀접한 관계를 유지하고 있다고 볼 수 있다.

폭력 및 공격 행위에 대한 개념은 법학, 사회학, 심리학 등의 학문영역에 따라 서로 다른 관점에서 다양하게 정의되고 있다. 진태원(1996)은 폭력을 "사회적으로 금지된 행동 양식을 반복함으로써 사회규범을 파괴하는 것"이라고 정의하였다. 그리고 이에 대해 교육행동 또는 범죄행동으로 부르고 있으며, 임상에서는 행동장애로 명명하고 있다. 특히 인간의 공격성에 대해 누적된 연구결과를 통해서 심리학자들은 타인에게 해를 가하려고 취하는 의도된 행동이 공격적 행위라고 설명한다(Sears, Peplau, & Taylor, 1991). 이 정의에서 공격적 행위의 특징은 행위의 의도성과 더불어 그 행위가 반사회적임을 내포하고 있다.

청소년폭력은 가해자가 상대방에게 해를 끼치려는 의도를 가지고 행하는 모든 물리적·언어적·심리적 힘을 의미하고, 특히 고의적인 집단괴롭힘이나 따돌림, 금품 갈취, 언어 놀림, 협박과 욕설, 성적인 괴롭힘 등이 포함된다. 가해자의 행위나 연령, 장소 등과 관계없이 폭력 피해자가 청소년일 때 청소년폭력이 성립되며, 피해청소년이 타인의 부당한 행위에 의해 신체 및 인격 손상을 경험했거나 또는 인지 건강의 상실을 경험하여 정신장애와 충격을 경험하게 되었다면 이것이 곧 청소년폭력인 것이다.

폭력을 경험한 청소년들은 두려움과 함께 좌절감, 무력감, 강한 분노 등과 같은 감정을 가지게 되거나 폭력의 결과로 자신감이나 자아존중감이 매우 낮아지고, 학업 집중력과 학습 능력에 부정적인 영향을 미치게 되면서 학교를 기피하는 현상을 보인다. 즉, 폭력을 경험한 청소년들은 학교에 가기 싫어하고, 친구들에게 복수심을 갖거나 친구와의 대화가 싫어짐으로써 심각한 대인 기피 현상을 보이면서 아예 등교 거부를 일으킬 수 있다고 한다(청소년폭력예방재단, 2002). 더군다나 반복되는 폭력은 우울감, 분노, 낮은 자아존중감 그리고 사회적 부적응을 포함하여 점차 심신이 허약해질 수도 있다(Craig & Pepler, 1997; Hodges, Malone, & Perry, 1997). 폭력피해자는 정상군에 비하여 우울 증상 발현 빈도가 높은데, 이러한 결과는 가정폭력을 경험한 기혼여성(Daniels, 2005), 성폭력(염동문·조혜정, 2021) 등을 경험한 피해자들에게서도 나타나는 현상이다.

폭력은 그 역할에 따라 가해자, 피해자, 강화자, 조력자, 방관자, 방어자로 분류할 수 있다(Salmivalli, 1996). 가해자는 적극적, 의도적으로 피해를 입히는 역할을 하는 자이고, 강화자는 폭력을 부추기거나 강화하는 역할, 조력자는 적극적으로 폭력에 가담하며 가해자를 따르는 자이다. 방어자는 피해자 곁에서 피해자를 지지하고 위로해 주고 가해자의 가해 행위를 멈추게 하는 역할을 하는 자이고, 방관자는 폭력 상황에서 아무것도 하지 않는 자이다. 만약 폭력 사건이 발생했을 때 그 현장에 단 한 명이라도 피해자에게 도움을 줄 수 있는 또래가 있다면 피해자에게 도움이 되는 것은 물론이고, 나아가 폭력 예방에도 중요한 역할을 할 수 있다. 그러나 대부분의 청소년은 폭력이 발생했을 때 막연하게 또는 구체적으로 그 사실에 대해 알고 있지만 침묵하며 방관하는 경우가 많다. 방관자들은 가해 상황에 대해서 알고 있으면서도 묵인함으로써 가해자에게 가해 행동을 암묵적으로 승인하는 것으로 오인하도록 만들며(Salmivalli, 1996), 가해자가 강하다는 말을 퍼뜨려서 가해자의 사회적 지위를 높임으로써 결국 가해자와 피해자 역할을 고정시키는 결과를 초래하며, 침묵함으로써 가해자에게 강력한 힘을 실어 주게 되어 폭력문화를 조성하고 지속시키는 데 간접적인 기여를 한다(오인수, 2014).

학교환경 내에 있는 청소년들 간의 괴롭힘은 스스로 극복할 수 없기 때문에 결국 피해자와 가해자를 만들게 됨으로써 학교환경과 정상적인 학습 발달에 부정적인 영향을 준다(Austin & Joseph, 1996; 조아미 · 조승희, 2007 재인용). 학교폭력 유형에 따른 결과를 구체적으로 살펴보면 다음과 같다.

첫째, 학교폭력 피해자들은 불안과 수치감, 가해학생에 대한 분노의 감정을 나타내며, 학업 성적이 낮고, 무단결석이나 학교 중도탈락의 비율이 높고, 자존감 상실과 고립감을 경험하는데, 이는 성인이 된 이후에도 영향을 미치게 된다(Hazler, 1994). 또한 심신 증상의 측정에서도 자각적인 육체적 증상들(두통, 복통, 요통, 현기증)과 정신적인 증상들(성급함, 긴장, 짜증)에서 높은 증상을 나타냈다(Gerd, Natvig, & Ulla, 2001). 이러한 피해자들의 심신의 증상들로 인해 학교폭력의 원인과 해결은 피해자 중심으로 연구들이 이루어져 왔다.

둘째, 학교폭력은 피해자뿐만 아니라 가해자들에게도 부정적인 결과를 초래하는데, 실제로 가해자들은 소년법정에 서거나, 범죄를 저지르거나, 성인이 된 이후에도 공격성 있는 자녀를 가질 확률이 다른 청소년에 비해 5배 이상 높은 것으로 나타났다(Hazler, 1994). 청년기 이후에는 범죄나 알코올 의존증과 같은 문제행동을 보일 확률이 통제집단에 비해 4배나 높은 것으로 보고되었다(Olweus, 1994). 일반적으로 가해자들은 보통 학생들보다 폭력에 대하여 더 긍정적인 태도를 갖고 있으며, 충동적이고 타인을 지배하려는 욕구를 지니고 있다. 피해자에 대하여 동정심이 거의 없으며 공감하려는 능력이 낮다(Salmivalli, Karhunen, & Lagerspetz, 1996). 폭력 가해자의 심리는 개인적 · 가정적 · 또래적 요인에 따라서 다양하게 나타난다. 특히 개인적 요인에는 충동성, 우울함, 공감 능력, 스트레스 발산 방법 등이 있다. 가해자는 대부분 강한 충동성을 보인다. 충동성이 강한 청소년은 결과를 고려하지 않은 채로 빠르게 반응하며 자극을 추구하고 즉각적인 보상을 선호하는 경향이 있다. 또한 상대방에 대한 공감 능력이 떨어지고, 강한 지배욕을 가지려고 한다. 따라서 충동성이 강한 가해자들은 결과를 고려하지 않고 폭력을 행사하며, 지속적인 괴롭힘을 통한 지배욕을 채우려고 한다.

셋째, 폭력을 목격한 청소년은 폭력이 자신에게도 일어날 것이라는 사실에 위협을 느낌으로써 두려워하고, 학업에 집중할 수 없어 학업 수행에 문제가 발생한다(Chandler,

Nolin, & Davies, 1995; Dupper, 2004 재인용). 또한 사회적 전염(social contagion)으로 인해 가해자의 공격적 행동과 유사한 반응결과를 불러올 수 있어 허약한 상대를 쉽게 굴복시키는 모습은 동년배에게 공격적 행동의 성공적 결과에 대한 기대감을 갖게 한다(홍봉선 · 남미애, 2007).

마지막으로, 학교폭력의 가해자와 피해자로 분리된 역할이 아닌 가해와 피해의 경험을 순환으로 경험하는 중복경험 청소년들에 대한 설명이다. 가해와 피해는 동일 집단 내에서의 상호작용 결과로 나타나며, 폭력 피해 경험이 많을수록 가해 경험도 많은 것으로 보고되었다(김선애, 2007). 이제 청소년폭력에 있어서 피해자와 가해자는 서로 엄격히 구분되는 별개의 행위자라고 볼 수 없으며, 가해자와 피해자를 이분법으로 분리해서 청소년폭력문제를 이해하기 어렵다는 사실을 인지해야 한다(임신일 · 이정미, 2013). 가해피해 중복경험이 순환되고 지속되는 이유는 다음과 같다. 공격 욕구나 분노, 공격성의 태도가 낮은 피해집단과 달리 중복경험집단의 청소년들은 단순히 거부를 당하는 것에서 그치는 것이 아니라 거부에 대한 분노를 표출하고 공격 가해 행동을 나타냄으로써 다른 거부를 유발하고 이에 대한 가해의 경험을 반복하게 된다(신희경, 2006). 가해와 피해가 중첩된 청소년은 가해 행동만 하는 청소년에 비해 여러 해에 걸쳐 폭력 행위를 지속하는 경향이 더 높았으며, 이러한 사실은 가해와 피해의 중첩이 청소년폭력문제를 보다 장기적으로 지속하게 하는 요인이라는 사실을 나타낸다(박순진, 2009). 가해피해 중복경험 청소년들의 심리 · 행동 특성을 가해청소년이나 피해청소년과 비교해서 살펴보면 다음과 같다. 먼저, 가해청소년과 피해청소년이 유사한 부분이 공존한다. 오스틴과 조세프(Austin & Joseph, 1996)에 의하면, 가해피해 중복경험 청소년들은 운동 능력에서 가해자와 비슷하고, 학업 능력, 반자아 가치는 피해자와 비슷하다고 하였다(장윤지, 2005). 또한 이들은 가해청소년보다 더 높은 공격성과 비행 성향을 보이기 때문에(김혜원 · 이해경, 2000; 신혜섭, 2005) 일반적으로 가해집단으로 분류되기도 한다. 손원경(1998)은 가해피해 중복경험 청소년은 신경증인 경향을 보이는 특징이 있다고 하였다. 즉, 가해피해 중복경험 집단은 무엇보다도 다시 피해자가 되지 않기 위해서 가해자가 되었거나(김종선, 2010), 혹은 보복을 하기 위해 가해자가 되었기 때문에 이들의 심리 특징은 일반 피해자와 가해자와는 다른 심리 특징을 보일 수 있다(김종선, 2010). 가해피해 중복경험집단은 폭력의 심각성 측면에서 가해만 경험한 집단보다 폭력의 가해 정도가 더 높을 뿐 아니라 피해만 경험한 집단과 비교했을 때는 폭력의 피해 정도가 더 높은 것으로 나타나 가장 심각한 폭력 경험을 가진 집단임이 보고되었다(신혜섭, 2005).

살인과 같이 극단적인 폭력 행위를 범하는 청소년들에 대한 여러 연구(Myers, Scott, Burgess, & Burgess, 1995; Santtila & Haapasalo, 1997; Zagar, Arbit, Hughes, Busell, & Busch, 1989)에 따르면, 가해 청소년들은 대개 가정에서 신체적 학대 경험, 발작 등 신경학적 문제, 정신병적 증후, 연령에 따른 공격성의 증가, 어린 연령부터의 약물남용, 패거리 집단에 가담함 등의 특징을 보인다고 주장하였다. 패링톤(Farrington, 1998)은 청소년들의 폭력적인 행위의 위험요인으로 생물학적 요인, 심리학적 혹은 성격적 요인, 가정 요인, 또래 비행, 낮은 사회 · 경제적 지위 그리고 질 나쁜 이웃 등을 제시했다. 엘리엇(Elliott, 1994)은 청소년 범죄나 공격성의 가장 직접적인 근거리 요인으로 또래 비행을 들었고, 장기요인으로는 가정환경, 초기 폭력 피해 경험, 부모의 제재 그리고 가족 간 연대의 약화 등을 제기했다. 즉, 청소년폭력의 원인에는 생물학적 · 환경적 · 개인적 요인이 복합적으로 작용하고 있음을 알 수 있으며, 어느 한 가지 요인을 강조해서 설명하기 어렵다는 것을 알 수 있다.

한편, 성폭력과 관련된 가해의 원인은 생물학적 · 사회학적 · 심리학적 원인으로 분류하여 설명할 수 있다. 이에 대해 자세히 살펴보면 다음과 같다.

첫째, 생물학적 원인에 대해서는 다양한 의견이 있다. 연령에 따라서, 성염색체에 따라 남성호르몬인 안드로겐(androgen)의 이상은 강한 성적 경향이나 공격적인 행동과 직접적인 관계가 있다(배종대, 2000).

둘째, 사회학적 원인에 의하면 폭력의 하위문화이론에서 강간은 하위문화의 산물이라고 한다. 하류계층의 흑인이 가장 많이 강간을 저지르는데, 하류계층의 흑인은 공격적 행동이나 성적 착취를 통한 쾌감 추구를 중시하며, 강간 등을 행하는 것을 남성답다고 여기며, 사회적 · 성적 생활에 있어서 대인폭력과 용맹성을 이상화하며, 성의 조기 허용과 조기 성경험을 통해 동료집단에서의 지위를 얻고자 하기 때문에 성폭력을 저지른다는 것이다. 이에 반해 세력이론은 폭력의 하위문화이론과 전혀 반대되는 이론으로서 상류계층, 즉 세력이 높은 사람일수록 강간을 많이 저지르고 처벌도 받지 않는 경우가 많으며, 반대로 하류계층의 사람일수록 강간을 적게 저지르지만 일반 사람에게는 많이 저지르는 것으로 비춰진다는 것이다. 상류계층의 강간은 사회적 통제가 적기 때문에 면식

범인 경우가 많아 숨겨지기 쉽고, 하류계층의 강간은 실제로는 상류계층보다 적지만 물리적 폭력을 이용하는 경우가 많아 잔인하게 보이기도 한다(Alex, 1983). 또한 성 윤리가 엄격한 사회에서는 성 배출로가 부족하더라도 강간이 발생하지 않으며, 경제발전과 관련해서 남성의 역할이 늘어 갈수록 남성다움의 압력과 억압은 심화되고 광범위하게 이루어지는데, 이런 과정에서 남성은 여성보다 심리적 · 지적 능력 등이 뛰어나야 한다는 부담이 발생하게 된다. 그런데 이러한 부담과 남성다움의 이미지가 뒷받침되지 못할 때는 갈등과 무력감으로부터 성폭력이 발생된다는 것이다. 또 하나는 남성에게는 혼전관계나 혼외관계가 허용되지만 여성에게는 혼전순결이 강조되는 이중적 성 윤리가 이루어지는데, 이러한 이중적 성 윤리는 성과 성폭력에 대한 그릇된 통념을 강화하여 성폭력을 유발하기도 한다는 것이다. 따라서 성에 대하여 관대한 사회에서는 성 배출로가 부족하면 강간이 성행한다고 한다(Gilbert & Robley, 1979).

셋째, 심리학적 원인에 의해 성폭력을 설명하는 경우에는 성적 부적절성, 상대적 좌절감, 정신적 결함 등이 성범죄와 관련 있다고 본다. 먼저 성적 부적절성이론에 의하면, 강간범들은 거세 감정이나 성적 부적절성을 느끼고 있어서 과다한 공격적인 성행위를 통하여 자신의 이런 감정을 숨기려고 한다는 것이다. 성적 부적절성을 표출하는 가장 보편적인 방법이 성적 환상에 젖어서 여성을 강간하는 것인데, 그렇게 함으로써 자신의 환상을 행동으로 표현하는 것이다. 상대적 좌절감이론은 폐쇄된 사회에서는 여성에 의한 성적 거부를 남성 개인의 탓이 아니라 폐쇄적 사회 때문이라고 한다. 그러나 개방된 사회에서는 이러한 합리화가 불가능하기 때문에 자신에 대한 여성의 거부를 개인의 탓으로 돌릴 수밖에 없다. 따라서 성적 좌절감을 느끼게 되어 강간에 호소하여 해결하게 된다는 것이다. 성범죄는 정신적 결함과도 관련이 있는데, 성범죄와 관련된 정신적 결함으로는 강박신경증, 무정성 정신병질자, 억울성 정신병질자, 자기불확실성 정신병질자, 정신박약자 등이다. 강박신경증 환자는 성도착자가 되기 쉽고, 무정성 정신병질자도 이와 같다. 억울성 정신병질자는 강박 증상으로 성범죄를 자행하는 경우가 있으며, 자기불확실성 정신병질자는 범죄성과 관련이 적지만 경우에 따라 성범죄를 저지르는 경우가 있다. 또한 정신박약자는 성범죄와 방화범죄를 범하는 경우가 많고, 특히 소년범죄가 많이 나타난다(Schneider, 1976).

02 청소년폭력의 원인과 유형

청소년들의 물리적 폭력은 그 이면에 숨겨진 다른 폭력적 요소, 즉 사회적 요인에서 오는 상징적이며 구조적인 폭력에 기인한다. 청소년폭력을 보다 근본적으로 해결하기 위해서는 무엇보다 청소년들이 자행하는 물리적 폭력 이면에 자리 잡고 있는 이와 같은 은폐된 폭력의 실상을 드러내고 근절하는 일이 우선되어야만 한다. 그렇지 않으면 폭력이 또 다른 폭력을 낳는 폭력의 악순환으로 반복되기 때문이고, 폭력이 방치된 사회는 약자가 희생될 수밖에 없는 '약육강식'이 지배하는 사회이면서 강자만이 최고의 인간이라는 '폭력의 이데올로기'를 내면화하는 사회가 될 수 있다. 결국 남겨지는 것은 폭력의 희생자인 약자들의 패배의식과 폭력을 통해 인간 위에 인간이 군림하는 '폭력의 이념화 현상'의 가속화뿐이다. 특히 청소년들의 눈에 학교폭력을 해결하지 못하는 부조리함이 어른들의 나약함이나 무능함으로 비춰질 때, 청소년들은 보다 쉽게 폭력적이 될 수 있다. 결국 청소년들은 힘이 없으면 짓밟힌다는 생각으로 인해 모든 것을 폭력으로 해결하려는 '폭력의 이념성'에 빠져들 수 있다. 오늘날 폭력의 원인으로 대부분의 경우에 타자를 고려하고 배려하지 않는 자기중심적인 개인주의가 폭력의 근본 원인으로 제시되고 있다(홍경자, 2014).

폭력이 발생하는 원인은 무력보다는 침해와 연관되어 있는 것으로 보인다. 이때 폭력은 사람을 침해하는 것으로 규정하면서 그 유형을 크게 드러나는 것과 드러나지 않는 것, 그리고 개인인 것과 제도인 것으로 구분하였다. 첫 번째는 개인에 의해 행해지는 밖으로 드러나 보이는 물리적인 공격으로서의 폭력이며, 두 번째는 개인에 의해 행해지는 숨겨진 폭력이 다른 사람으로 하여금 강제로 자기가 원하는 것을 하도록 하는 것과 같은 개인의, 개인에 의한 심리적인 공격이다. 세 번째는 투쟁과 같이 드러나 보이는 폭력이며, 네 번째는 노예제도처럼 인간의 자율성을 침해하는 방식으로 폭력성이 물리적인 형태로 겉으로 드러나 보이지 않는 형태이다.

청소년의 공격 행위는 신체적 공격, 즉 다른 사람이나 또래에 대한 잔인한 행동이 주를 이루는데, 언어적 학대나 성인에 대한 부정적이고 가학적인 태도를 보이기도 한다. 지속적인 거짓말, 빈번한 무단결석, 거부증 등도 주요 특징으로 꼽힌다. 공격성이 더욱 심각해질 때 파괴적이고 잔인한 신체적 폭력과 집단폭력, 성폭력, 절도, 방화 그리고 살인까지도 저지를 수 있다.

청소년폭력의 중요한 특징은 다음과 같다.

첫째, 청소년폭력은 청소년 위험 행동 가운데 가장 많은 비중을 차지하고 있다. 청소년폭력은 인간 존엄과 생명의 소중함을 무시하는 행위라는 점에서 인권에 대한 도전이며 뿐만 아니라 이들의 폭력 행동이 성인 범죄로 이어지는 경우가 많다는 점에서 경각심을 갖지 않을 수 없다.

둘째, 청소년폭력은 친구나 선배, 불량배 등을 통해 이루어지는 악성 폭력의 형태가 많으며, 그 밖에도 부모나 교사의 체벌도 상당 부분을 차지하고 있다. 따라서 청소년 상호 간의 폭력에 대한 대응책과 더불어 부모나 교사에 의한 체벌을 감소시킬 수 있는 제도적인 징치가 요구된다. 성인에 의한 체벌은 청소년의 잘못된 행동을 일시적으로 규제하는 역할을 할 수 있지만 체벌에 대한 반감과 체벌 상황의 부정적 감정에 대한 모방, 폭력 행동의 정당화 등의 심리를 확산시킬 수 있다는 점에서 부정적인 요소가 훨씬 많다.

셋째, 청소년폭력을 비롯한 범죄가 저연령화되고 있다. 특히 15세 이하의 청소년들에게서 범죄 행동의 증가율이 높다는 것은 심각한 현상이 아닐 수 없다. 그러나 고등학교 시기와 대학 시기에는 범죄율이 감소되는 반면에 대학 졸업 후에 사회 진출과 함께 범죄 비율이 증가하고 있다. 이러한 현상은 사춘기와 더불어 청소년기 초기의 심리적 불안과 욕구 불만이 사회적 행동으로 표출될 때 사회규범을 위반하는 경우가 많으며, 사회 진출과 함께 사회의 각종 유해환경이나 사회생활에 대한 부적응 그리고 사회의 구조적 모순과 병폐 등의 경험이 범죄 행동을 촉발시킨다고 추측해 볼 수 있다.

넷째, 청소년폭력이 더욱 잔인하고 비인간적인 방법으로 이루어지고 있다. 청소년들의 초기 공격적 행동은 물질적 · 권위적 목표를 획득하기 위한 수단이나 다른 사람을 모욕하고자 하는 의미를 가지지만 이런 공격적 행동이 계속되면서 스릴과 재미, 쾌락을 추구하게 되고 가학증적 성향으로 발전하게 된다. 따라서 뚜렷한 목적 없이 타인을 괴롭히고 상해를 입히는 것 자체가 공격 행위의 목표가 되어 버리기도 하며, 어떤 비인간적 행위에 대해서도 죄의식이나 양심의 가책을 느끼지 않게 된다.

다섯째, 청소년폭력의 가해자는 다양한 얼굴을 지니고 있다. 비단 가출이나 문제청소년뿐만 아니라 일반적인 청소년과 학교 간부 청소년이 가해자인 경우도 있고, 초등학교

2학년 여학생이 고등학생과 똑같은 양태로 다른 청소년을 괴롭히기도 하고, 친한 친구가 알고 보니 가해자이기도 하다.

여섯째, 피해청소년의 경우에 그 사실을 부모나 선생님에게 잘 알리지 않는다. 폭력을 당하였다고 어른들에게 알리는 것은 마마보이가 될 수도 있고, 또래집단으로부터 소외당할 수도 있으며, 보복이 두렵기도 하고, 자기들만의 비밀을 노출시키는 것이 되기도 한다는 점에서 피해 사실을 알리지 않는 경향이 많다.

일곱째, 학교 내 폭력이 급격하게 증가되고 있다. 학교 내에서의 폭력과 등하굣길 또는 학교 주변에서 이루어지는 많은 폭력은 청소년 상호 간에 이루어진다는 점에서 그들의 교육환경을 위협하고 있다.

청소년폭력을 일으키는 요인은 크게 가정적 요인과 또래적 요인이 있다.

첫째, 가정적 요인에는 가정폭력의 경험, 부모의 양육 태도, 부모와 자녀의 부정적 의사소통 등이 있다. 가정폭력을 목격하거나 경험한 학생들은 정서적으로도 불안정해지고, 폭력에 대한 정신적 스트레스를 받게 된다. 그리고 이런 폭력의 현장에 익숙해지게 되면 2차 폭력으로 이어질 가능성이 높아지게 된다. 부모의 양육 태도 또한 가정적 요인 중 하나인데, 또래에게 신체적, 언어적으로 폭력적인 태도를 보이면 다른 친구들이 이런 태도를 당연시 여기게 된다. 자녀는 부모와 비슷한 행동 방식을 보이므로 이런 부모의 양육 태도는 청소년의 폭력에 영향을 미칠 것이 분명하다. 부모와 자녀 간의 부정적 의사소통 또한 이에 포함된다. 그러나 청소년폭력 원인을 부모의 양육 태도로 보는 관점을 일반화하기에는 다소 어려움이 있다. 부모의 양육 태도는 자녀의 성격 형성과 대인관계의 질을 결정하며, 행동 규범, 가치, 도덕성 등 사회화 과정을 획득하는 데 중심적인 역할을 한다(Hamner & Terner, 2001). 부모의 폭력 행동을 목격한 청소년들은 이에 대한 학습의 영향을 비행이나 폭력 행동으로 이어질 가능성이 높다는 연구가 지배적이지만 부모의 폭력을 목격한 청소년 모두가 공격적으로 변하는 것은 아니라는 연구결과도 있다.

둘째, 또래적 요인에는 청소년기로 접어들수록 또래와의 관계가 밀접해짐에 따라 또래에 대한 동조성도 극대화되는데, 또래집단의 수용과 인정을 얻기 위해서 친구들의 행동 양식에 일치시키고 조화해 가려고 움직이게 되는 것이다. 하루의 절반 이상을 학교에서 보내는 청소년들은 대부분의 또래집단문화를 학교에서 경험하게 되고, 그 집단에 대한 강한 소속감을 원하기 때문에 또래와의 관계에서 갈등이나 문제 등을 경험할 때 겪는 심리적 고통은 다른 어떤 연령대보다도 크다고 할 수 있다. 따라서 가해자들은 또래관계를 중요시 여기며, 이러한 특성을 바탕으로 또래 사이에서 인기와 인정을 얻기 위해 청소년폭력 행동을 한다고 할 수 있다.

무엇보다도 청소년들의 폭력 경험은 성인 범죄자로서의 전이에 매우 유의미한 영향을 끼칠 가능성이 높다. 즉, 청소년기의 비행 경험이 성인이 되어서 반성적인 범죄자로 발전할 가능성이 높다는 것을 많은 연구가 입증하고 있으며, 청소년기의 폭력에 대한 원인을 알아보고 이에 대한 대책을 강구하는 것은 성인 범죄를 예방하는 차원에서도 그 필요성이 절실히 요구되고 있다.

1) 사이버폭력

인터넷이나 스마트폰이 보급되면서 일상에 편리함을 더해 준 것은 사실이나 다른 한편으로는 사이버폭력이라는 역기능이 문제이다. 사이버폭력은 정확하게 합의되지 않은 상태에서 사이버일탈, 사이버불링, 사이버괴롭힘 등의 다양한 용어로 사용된다. 학자마다 다르게 정의되고 있는데, 청소년 사이버권리침해 예방 안내에 의하면 사이버폭력은 사이버명예훼손, 사이버모욕, 사이버성폭력, 사이버스토킹 등으로 나눌 수 있다. 사이버명예훼손은 '다른 사람을 비방할 목적으로 인터넷상에서 많은 사람이 볼 수 있게 그 사람에 대한 구체적인 사실 또는 거짓 정보를 올려 명예를 훼손시키는 행위'를 말한다. 사이버모욕은 '사이버공간에서 게시판, 대화방 또는 이메일, 쪽지 등을 이용해서 어떤 사람에게 상스러운 욕설을 하거나 인격을 모욕하는 글을 보내는 등의 행위' 를 말한다. 또한 사이버성폭력은 '사이버공간에서 다른 사람에게 야한 내용의 문자나 동영상, 사진 등을 통해 성적 수치심이나 혐오감 또는 불쾌감을 느끼게 하는 행동'을 말한다. 그리고 사이버스토킹은 '전화, 휴대전화, 대화방, 게시판 또는 이메일 등을 이용하여 상대방을 불안하게 하고 공포심을 갖게 만드는 문자, 사진 등을 지속적으로 반복하여 보내는 행위'를 말한다(방송통신심의위원회, 2016).

사이버폭력의 요인은 크게 외부환경요인, 개인내적 요인, 개인행동요인으로 나눌 수 있다. 첫째, 외부환경요인은 외적 요인을 말하는 것으로 여기에는 사회적 환경이나 사이버환경 등이 포함된다. 사회적 환경은 가정요인과 학교요인으로 나눌 수 있다. 가정요인은 다시 부모와의 유대, 가정폭력, 욕설, 긍정적 관계 등이 포함되고, 학교요인에는 학교에 대한 호감, 교사와의 관계, 친구와의 관계 등이 포함된다. 사이버환경은 익명성이 그 주요 변인이고, 그 아래 다시 사회적 실재감 저하, 탈억제, 처벌 미흡, 정체성, 자기통제 등이 하위내용으로 포함된다. 둘째, 개인내적 요인은 선천적 혹은 유전적 요인과 후천적 혹은 경험적 요인으로 나눌 수 있는데, 개인내적 요인은 주로 정서와 관련된 변인이 많다. 정서 관련 변인은 충동성과 낮은 자기통제력, 공격성, 스트레스와 긴장, 과시 욕구와 지배 욕구, 죄책감, 우울, 소외감 등을 포함한다. 셋째, 개인행동요인은 개인 행동 패턴과 내용을 포함하는 것으로 개인의 행동적 측면을 강조한다. 여기에는 주로 학교환경에서 일어나는 행동이 많고, 학교 변인의 하위요인으로는 비행 친구나 비행문화의 접촉, 학교폭력 경험 등이 포함된다(정여주 · 두경희, 2014).

2) 언어폭력

언어폭력에 대한 정의도 다양하게 내릴 수 있다. 사전에서는 “말로서 온갖 음담패설을 늘어놓거나 욕설, 협박 따위를 하는 일”이라고 언어폭력을 정의한다. 그러나 청소년과 관련된 법률에서는 언어폭력을 학교폭력의 한 종류로 보고 있다. 「학교폭력예방 및 대책에 관한 법률」에서는 학교폭력을 “학교 내외에서 학생을 대상으로 발생한 상해, 폭행, 감금, 협박, 약취 · 유인, 명예훼손 · 모욕, 공갈, 강요 · 강제적인 심부름 및 성폭력, 따돌림, 사이버 폭력 등에 의하여 신체 · 정신 또는 재산상의 피해를 수반하는 행위”라고 정의하고 있다.

청소년의 비속어, 공격적인 언어표현, 은어, 유행어 등을 종합하여 살펴본 결과, 청소년의 언어폭력과 관련된 문제로는 다음과 같은 것들이 있다. 첫째, 폭력적이고 거친 언어를 사용하는 것이 일상화 내지는 일반화되었고, 거친 정도가 매우 심하다는 것이다. 청소년이 사용하는 비속어나 욕설 등의 부정적인 언어가 일상화되어 가고 있고, 심지어는 모르는 사람에게조차도 심한 욕설이나 비속어를 사용하는 경우가 늘어 가고 있다. 둘째, 이렇게 폭력적인 언어 사용이 늘어남에 따라 비속어나 욕설뿐 아니라 은어나 유행어의 사용 등에 관한 허용적인 태도가 확산되고 있다. 이는 청소년들에게 비속어나 욕설의 사용으로 인한 폐해에 대한 인식이 부족하고, 자신에게 해를 끼친 사람에게는 공격적이거나 폭력적인 언어로 대응하는 것이 당연하다는 인식 때문이다. 셋째, 청소년의 공격적인 언어는 거주 지역의 도시화 정도나 가정의 경제 수준 등과도 상관이 있다. 부정적인 언어는 저소득층이나 대도시에서 자란 청소년들이 더 많이 사용하는데, 이는 사회계층 간의 언어표현의 이질화 현상을 잘 나타내고 있다(김정선, 2012).

3) 성폭력

성폭력의 개념은 자체가 애매모호하다는 의견이 많다. 현재 성희롱, 성추행, 성범죄 등 다양한 용어가 혼재되어 사용되고 있는데, 일반적으로 성폭력은 문자 그대로 성과 관련된 범죄를 말하며, 반드시 폭력성을 전제로 하지 않고 전통적인 강간, 강제 추행 이외에도 간음 추행 목적의 약취, 유인, 매매, 성매매, 공연 음란, 각종 음란물의 제조 판매 등도 포함한다. 그러나 일반적 성범죄는 성폭력 범죄와 성풍속 범죄로 구분되며, 성폭력 범죄는 성적 자기결정권 내지는 성적 자유를 침해하는 것을 속성으로 한다. 성폭력은 성범죄를 저지르는 데 폭력이나 협박이 수반된 범죄를 말하며, 상대방의 의사를 무시한다는 점에서 매춘과 다르다. 성폭력은 신체적 · 강압적 힘에 의한 성관계나 육체적 접촉을 의미하며, 성희롱은 육체적 접촉은 없지만 야한 농담 등 언어 또는 행위 등으로 성적 수치심을 일으키는 경우로서 상대방의 의지와 상관없이 저질러지는 행위이다. 성매매란 불특정인을 상대로 금품이나 그 밖의 재산상의 이익을 수수(收受)하거나 수수하기로 약속하고 성교행위, 구강, 항문 등 신체의 일부 또는 도구를 이용한 유사 성교행위를 하거나 그 상대방이 되는 것을 말한다(「성매매알선 등 행위의 처벌에 관한 법률」 제2조 제1항).

4) 학교폭력

학교폭력이라는 용어는 1995년 청소년폭력예방재단의 전신인 학교폭력예방 시민모임에서 처음으로 사용되었다. 그러나 당시 교육현장에서의 폭력을 인정하려고 하지 않았던 교육부를 비롯한 학교 등 교육계 전반은 학교폭력이라는 용어를 받아들이지 않았다(안선욱, 2007). 우리나라의 「교육기본법」 제2조에 "교육은 홍익인간의 이념 아래 모든 국민으로 하여금 인격을 도야하고 자주적 생활능력과 민주시민으로서 필요한 자질을 갖추게 함으로써 인간다운 삶을 영위하게 하고 민주국가의 발전과 인류공영의 이상을 실현하는 데에 이바지하게 함을 목적으로 한다"라고 교육이념을 제시하고 있다. 제12조에는 "학생은 학습자로서의 윤리의식을 확립하고, 학교의 규칙을 지켜야 하며, 교원의 교육·연구활동을 방해하거나 학내의 질서를 문란하게 하여서는 아니 된다"라고 함으로써 교육이 행해지는 장이라고 할 수 있는 학교 내에서 학습자로서의 학생이 견지해야 할 자세와 지켜야 할 책임을 명시하고 있다. 이에 비추어 본다면 학교폭력의 개념에는 학습자로서 학생이 가져야 할 자세와 지켜야 할 책임으로부터 벗어나는 일체의 행동과 태도는 물론이고, 건강한 학습자로서의 자세의 견지와 책임의 수행에 대하여 부정적인 영향을 미치는 학교 내외로부터의 일체의 요인들이 포함된다. 학교폭력에 대한 정의는 시기와 문화에 따라 매우 다양하다. 학교폭력이 사회문제의 하나로 대두되기 시작한 무렵인 1990년 후반에 우리 사회에는 학교폭력의 개념을 좁게 정의하는 경향이 있었음을 발견할 수 있다. 최근에 들어와서는 학교폭력을 학교 내에서 발생하는 사건으로 보았던 관점이 학교 밖에서 발생하는 사건까지 포함하는 방향으로 또 다른 차원의 개념 확대가 이루어지고 있다. 이와 더불어 신체적·물리적 폭력에 더하여 언어·정서적 폭력까지도 학교폭력의 범주에 포함되었다. 또한 과거에는 대면적인 관계에서 발생하는 것으로 학교폭력을 이해하였다면, 오늘날에는 SNS나 사이버공간에서의 비대면적 관계에서 발생하는 폭력 또한 학교폭력의 범주에 포함시키고 있다(김재엽·이진석·이선우, 2010; 도기봉·오주, 2010; 손능수·권상조, 2010). 올베우스(Olweus, 1993)는 학교폭력을 "1인 이상의 학생에 의해 타인을 괴롭히거나 피해를 입히기 위한 고의적 행동에 학생이 반복 혹은 영구적으로 노출되는 것"으로 정의 내렸다. 즉, 학교폭력을 학생과 학생 간의 관계에서 발생하는 것으로 정의하였음을 알 수 있다. 학교폭력 행위의 주체와 객체 관계와는 별개로 학교폭력 행위가 발생하는 공간, 즉 학교는 대체로 학교 또는 학교 주변까지 포함하는 것으로 보는 것에는 이견이 없다. 왜냐하면 학교는 장소 개념으로서 학교라는 물리적 공간에 한정되지 않고 학교 주변까지로 확대될 수 있는 개념이기 때문이다(윤계형·정상우·이덕난, 2012).

2023년 1차 학교폭력 실태조사 결과에 의하면 전체 피해응답률은 1.9%로, 2022년 1차 조사(2021년 2학기~2022년 4월 응답 시점)에 비해 소폭(0.2%p) 증가하였다. 학교급별로는 초등학교 3.9%, 중학교 1.3%, 고등학교 0.4%로 조사되어 각각 0.1%p, 0.4%p, 0.1%p

증가한 것으로 나타났다. 학교폭력 피해 유형은 언어폭력(37.1%), 신체폭력(17.3%), 집단따돌림(15.1%) 순으로 나타났으며, 2022년 1차 조사 대비 언어폭력(41.8% → 37.1%)과 사이버폭력(9.6% → 6.9%) 비중은 감소하였으나 신체폭력(14.6% → 17.3%) 비중은 증가하였다. 집단따돌림, 사이버폭력은 학교급이 높아질수록 응답률이 높게 나타났고, 과잉 접근 행위(스토킹), 신체폭력은 학교급이 높아질수록 응답률이 낮게 나타났다. 학교폭력 가해 응답률은 1.0%로, 2022년 1차 조사 대비 0.4%p 증가하였다. 학교급별로는 초등학교 2.2%, 중학교 0.6%, 고등학교 0.1%로 조사되어 초등학교는 0.9%p, 중학교는 0.3%p 증가하였다. 학교폭력 목격 응답률은 4.6%로, 2022년 1차 조사 대비 0.8%p 증가하였다. 학교급별로는 초등학교 7.9%, 중학교 4.4%, 고등학교 1.2%로 조사되어 각각 0.6%p, 1.5%p, 0.4%p 증가한 것으로 나타났다(교육부, 2023).

03 청소년폭력과 청소년복지

청소년기는 여전히 부모의 돌봄과 성인의 감독이 필요한 시기이다. 이 같은 발달적 특성으로 인해 또래와의 관계 외에도 부모나 의미 있는 성인과의 관계를 지속할 수밖에 없고, 보호와 돌봄을 받아야 함에도 불구하고 신체적 또는 물리적인 폭력 상황에 노출되는 경우가 있을 수 있다.

폭력 행위는 폭력 가해자에게 법률적인 처벌을 내림으로써 끝나는 단순한 사건이 아니라 피해자가 심각한 신체적·정신적 고통에 시달리고, 폭력의 부정적인 결과가 정상적인 상태로 회복되고 치유되기가 어려우며, 폭력 범죄자를 재활하는 데 많은 사회적 비용이 투입된다는 점에서 개인과 사회 모두에게 심각한 사회문제이다. 특히 아동·청소년의 폭력은 이들의 정상적인 생애 발달을 손상시키고, 미래의 사회적 태도에 악영향을 미치며, 극단적으로는 범죄인으로까지 변화할 수 있다는 점에서 예방이 가장 바람직한 대책이라고 할 수 있다.

청소년폭력을 예방하고자 하는 사회적 개입은 독일에서도 활발하다. 교육시설, 경찰서, 법률 관련 기관, 지역사회, 지방 및 중앙 정부 등이 청소년폭력을 예방하기 위하여 다양한 프로그램을 적극적으로 운영하고 있다. 특히 독일은 아동·청소년 폭력만이 아니라 일반적인 폭력 행위를 예방하기 위한 연구 및 실제 활동을 20여 년 이상 전개해 왔으며, 이에 대한 지방 및 중앙 정부의 재정 지원 또한 지속적으로 이루어져 왔다.

1) 청소년폭력 예방 체계

Wee 프로젝트는 위기청소년에 대해 사회 · 환경적인 개입을 하도록 하고 있으며, 지역사회협의체를 구축하여 필요한 다양한 기회의 서비스를 연계하여 제공하도록 하고 있다. 이러한 복합적인 욕구와 포괄적인 자원 간의 네트워킹은 사회 · 환경적 요인을 강조함으로써 욕구에 대한 기존의 접근이 갖는 한계를 극복하고자 하는 것이다. 또한 위기청소년에 대하여 제공되는 서비스는 책임성을 담보로 한 것이어야 한다. 사례의 수에서 종결에 이르기까지, 치료에서 자활 또는 자립에 이르기까지 책임성은 매우 중요한 요소이다. Wee 프로젝트는 위기청소년의 학교생활 적응지원을 위한 단계 서비스 제공을 위한 틀이라고 할 수 있으며, 이를 통해 단계별로 차별화된 서비스로 위기청소년 개인에 대한 개별화된 서비스의 제공이 가능하다. 청소년의 학교 부적응 현상은 학업성취 욕구를 비롯하여 또래관계, 성격, 가정, 이성 및 성, 경제적 지원 등 다양하고 복잡한 욕구를 갖고 있기 때문에 청소년의 교육 및 복지 욕구를 충족시키기 위해서는 서비스의 연계와 네트워크의 구성이 매우 중요하다. [그림 7-1]은 Wee 프로젝트 운영 모형과 Wee 센터 조직을 제시한 것이다.

독일의 경우 '독일 폭력예방포럼재단(Die Stiftung Deutsches Forum fur Kriminalprvention: DFK)'에서는 폭력 예방프로그램의 품질 보장과 질적 수준의 개선에 대한 사회적 논의와 요구를 적극적으로 인식하고 2001년부터 기존의 예방이론과 프로그램을 연구하였다. '실제를 위한 지침'은 발전지향적인 청소년폭력 예방을 위한 프로그램을 개발하고 구현하는 일련의 과정을 구조화된 4단계로 구축하고 있다. 4단계는 개발 → 구현(실행) → 평가 → 전파 보급의 활동으로 구성되어 있다. 4단계가 구조화되어 있다는 것은 앞선 단계의 내용이 다음 단계의 내용과 관련되면서 구조적으로 연계되어 있다는 것을 의미한다(김수정, 2015).

1단계는 목표집단이 처한 폭력 행위의 차원과 특성에 따라 예방 개입의 차원과 내용이 달라질 수 있다. 또한 청소년이 처한 환경에서 폭력을 촉진하는 부정적인 위험요소는

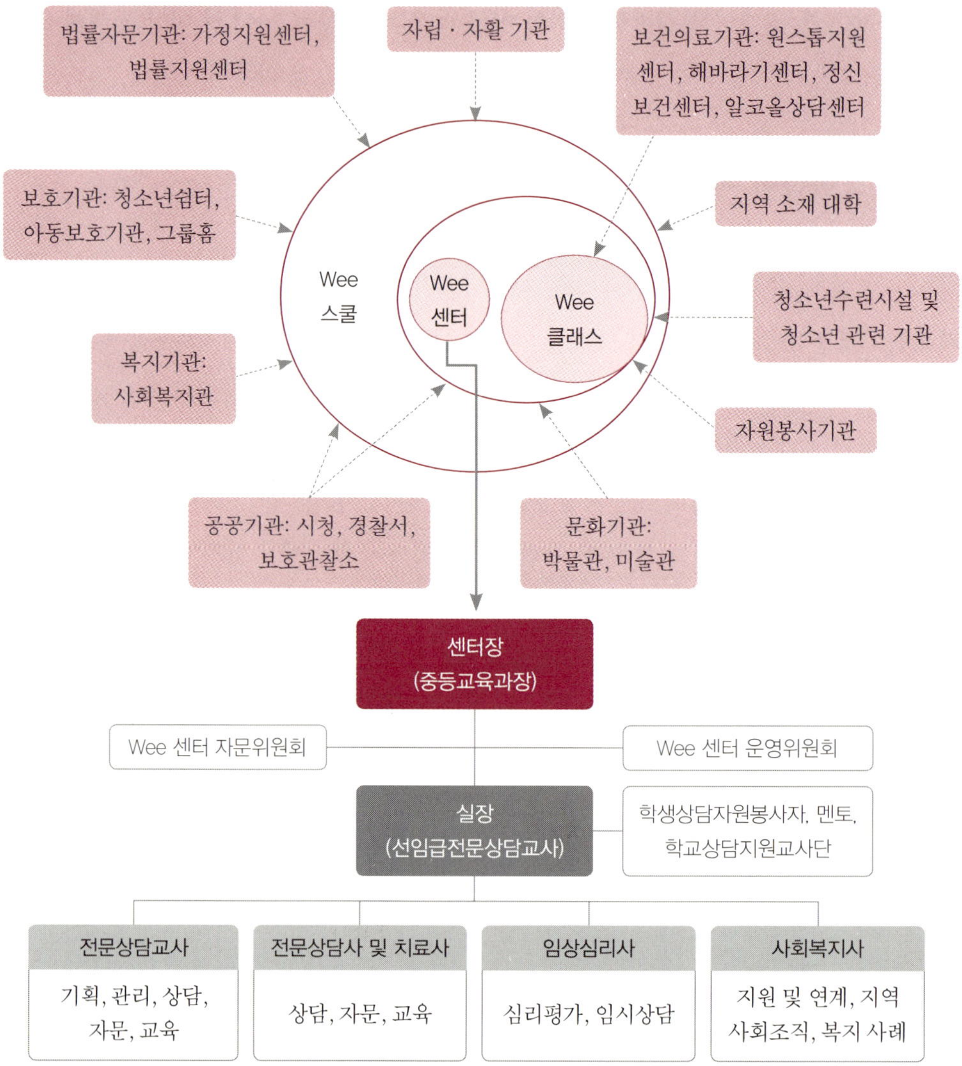

[그림 7-1] Wee 프로젝트의 운영 모형 및 Wee 센터 조직

* 출처: 최상근 · 금명자 · 정진(2011).

제거하고 반대로 긍정적인 요소들을 강화할 수 있는 예방프로그램을 구성할 수 있으며, 긍정적인 발전을 도모하는 보호요소를 지원하는 예방 대책을 실시하는 것은 아동 및 청소년이 생애 발달 과정에서 긍정적 환경을 체험할 수 있도록 하는 사회적 지원이다.

2단계는 구체적인 방법의 적용을 통하여 실제로 구현된다. 프로그램을 운영하는 실무자들은 구체적이고 특정된 개입 방법들을 목표(대상)집단에게 직접 적용하기도 하고 또는 다른 전문가에게 의뢰하여 실시하기도 함으로써 목표(대상)집단이 직접적이고 구체적인 프로그램의 내용을 체험하게 하고, 이들을 변화시키고자 하는 내용이 담겨져 있어야 한다.

3단계는 평가단계로 평가가 품질 보장된 청소년폭력 예방프로그램을 구별하고 비용 경제성과 효과성을 검증하는 활동이기 때문에 반드시 진행되어야 하는 과정이다. 평가활동을 위하여 구체적인 평가 방법과 평가 지표를 공개하고 있으며, 실무자들이 이를 활용할 수 있도록 도움을 주고 있다. 평가를 통하여 예방프로그램이 목표와 성과를 어느 정도로 달성하였는가를 입증하는 것은 전문 실천가의 책임과 역량에 속한다.

4단계는 품질 보장된 청소년폭력 예방프로그램의 전파 보급단계로 프로그램을 전파하고 보급하는 활동가들이 정치, 학문, 행정 관리, 실제 현장, 미디어 등의 다양한 영역에서 일하고 있는데, 전파 보급을 위하여 서로 의사소통하는 것이 중요하다고 하였다. 품질 보장된 청소년폭력 예방프로그램을 선별하여 광범위하게 보급하는 활동은 몇 가지 장점을 가진다. 예를 들면, 어떠한 청소년폭력 예방프로그램을 이미 구현하고 있는 실제 현장에서 실시되고 있는 프로그램의 효과성을 점검하게 하는 계기가 될 수 있다. 또한 새로운 프로그램을 성공적으로 개발할 수 있는 예방 모델을 제공받을 수 있으며, 이는 품질 보장된 프로그램을 구축하는 데 필요한 시간과 비용을 감소시킴으로써 더욱 신속하게 예방 대책을 마련하는 데 도움을 줄 수 있다. 가장 중요한 측면으로서 품질 보장된 효과적인 청소년폭력 예방 대책을 더욱 광범위한 지역에 적용하는 것은 폭력문제에 대한 사회적 관심을 높이고, 폭력의 감소와 제거를 통하여 청소년들이 긍정적으로 성장 및 발전을 경험할 수 있는 사회환경을 조성할 수 있다. 또한 실제 폭력이 발생했을 때 프로그램의 접근성을 높여서 적절한 시기에 신속하고 정확하게 폭력문제를 해결할 수 있도록 개입할 수 있다.

2) 청소년폭력의 제도적 지원

폭력으로부터 피해자를 보호하기 위해 법으로 규정하고 있는데, 특히 「대한민국헌법」을 근거로 인간으로서 그 존엄과 가치 및 행복추구권(제10조)이 당연히 인정되고 기본적인 권리가 보장되어야 한다. 즉, 피해자를 포함한 모든 국민은 인간으로서의 존엄과 가치를 가지며 국민의 한 사람으로 기본적인 권리를 보장받는 것은 「대한민국헌법」의 정신상 당연한 것이다.

(1) 「학교폭력예방 및 대책에 관한 법률」

「학교폭력예방 및 대책에 관한 법률」(약칭: 「학교폭력예방법」)은 학교폭력의 예방과 대책에 필요한 사항을 규정함으로써 피해학생의 보호, 가해학생의 선도 · 교육 및 피해학생과 가해학생 간의 분쟁조정을 통하여 학생의 인권을 보호하고 학생을 건전한 사회구성원으로 육성함을 목적으로 한다. 「학교폭력예방법」은 피해자 보호법적 성격도 지니고 있다. 2004년 제정 당시 「학교폭력예방법」 제1호는 가해 행위를 명확화하는 방식이 아니라, 성희롱을 규정하는 방식과 같이 피해자 중심적인 정의 규정 방식을 채택하고 있었다. 가해자의 고의보다는 피해자의 성적 수치심이 우선적으로 판단의 기준이 되는 성희롱의 개념과 같이 '피해자의 의사에 반하는 행위를 하거나 하게 하는 행위'도 학교폭력의 개념에 해당하였다. 그리고 분쟁조정을 통해서 일부 학교폭력 행위에 대해서는 민형사상 이의를 제기할 수 없다는 측면에서 조정법적인 성격도 지닌다. 현재 「학교폭력예방법」은 가해학생에 대한 징계와 피해학생에 대한 보호 및 지원, 분쟁조정을 통해 '징계법' '피해자보호법' '조정법'의 성격을 모두 지니고 있는 것으로 해석할 수 있다. 피해학생이 전문단체나 전문가로부터 제1호부터 제3호까지의 규정에 따른 상담 등을 받는 데 사용되는 비용은 가해학생의 보호자가 부담하여야 한다. 다만, 피해학생의 신속한 치료를 위하여 학교의 장 또는 피해학생의 보호자가 원하는 경우에는 「학교안전사고 예방 및 보상에 관한 법률」 제15조에 따른 학교안전공제회 또는 시도 교육청이 부담하고 이에 대한

피해학생에 대한 조치 「학교폭력예방법」 제16조

1. 학내외 전문가에 의한 심리상담 및 조언
2. 일시보호
3. 치료 및 치료를 위한 요양
4. 학급교체
5. 그 밖에 피해학생의 보호를 위하여 필요한 조치

구상권을 행사할 수 있다. 학교의 장 또는 피해학생의 보호자는 필요한 경우 제34조의 공제 급여를 학교안전공제회에 직접 청구할 수 있다.

「학교폭력예방법」 제17조에는 가해학생에 대한 징계 조치를 규정하고 있다. 심의위원회는 피해학생의 보호와 가해학생의 선도 · 교육을 위하여 가해학생에게 징계 조치할 것을 교육장에게 요청하여야 한다.

「학교폭력예방법」상의 징계처분 중 사회봉사와 학내외 전문가에 의한 특별교육이수는 「소년법」상의 보호처분인 사회봉사명령 및 수강명령과 유사하다. 「소년법」상의 보호처분이 교육적 목적으로 마련된 것이기는 하지만 교정기관에 의한 집행이 이루어지고 있다는 측면에서 교육기관이 주관하는 사회봉사 및 특별교육이수와는 다르다고 주장할 수도 있다. 그러나 학교 밖의 사회에서 아동 · 청소년이 봉사를 할 대상지는 많지 않다. 또한 아동 · 청소년 비행자를 대상으로 특별교육과정을 마련할 수 있는 전문가의 인력풀도 풍부하지 않다. 모든 것이 학교 밖 지역공동체에서 구해지고 이루어져야 한다는 측면은 사법기관과 다를 바가 없다. 다시 말해서 학교 밖에서 사회봉사를 하거나 특별교육이 이루어질 경우에 사법기관의 보호처분과 내용이 실질적으로 중복될 수밖에 없다.

가해학생에 대한 조치 「학교폭력예방법」 제17조

1. 피해학생에 대한 서면사과
2. 피해학생 및 신고 · 고발 학생에 대한 접촉, 협박 및 보복 행위(정보통신망을 이용한 행위를 포함한다)의 금지
3. 학교에서의 봉사
4. 사회봉사
5. 학내외 전문가, 교육감이 정한 기관에 의한 특별 교육이수 또는 심리치료
6. 출석 정지
7. 학급 교체
8. 전학
9. 퇴학처분

(2) 「아동 · 청소년의 성보호에 관한 법률」

아동 · 청소년 대상 성범죄자를 체계적으로 관리함으로써 아동 · 청소년을 성범죄로부터 보호하고 아동 · 청소년이 건강한 사회구성원으로 성장할 수 있도록 하기 위해 제정한 법률이다.

제1장 총칙, 제2장 아동 · 청소년 대상 성범죄의 처벌과 절차에 관한 특례, 제3장 아동 · 청소년 대상 성범죄의 신고 · 응급조치와 피해아동 · 청소년의 보호 · 지원 등 전문 67조와 부칙으로 이루어져 있다. 2000년 2월 3일에 「청소년의 성보호에 관한 법」으로 제정되었다가 2009년 6월 9일에 법률 제9765호로 내용을 전부 개정하며 법률명도 「아동 · 청소년의 성보호에 관한 법률」로 바꾼 이후 내용이 일부 또는 전부 개정되었다. 이 법에서 사용하는 '아동 · 청소년'은 19세 미만의 사람을 말한다(제2조). 국가와 지방자치단체는 아동 · 청소년 대상 성범죄를 예방하고, 아동 · 청소년을 성적 착취와 학대행위로부터 보호하기 위하여 필요한 조사 · 연구 · 교육 및 계도와 더불어 법적 · 제도적 장치를 마련하며 필요한 재원을 조달하여야 한다(제4조). 아동 · 청소년에 대한 강간 · 강제추행, 아동 · 청소년성착취물의 제작 · 배포, 아동 · 청소년 매매 행위, 장애인인 아동 · 청소년에 대한 간음 등의 행위를 할 경우에는 무기 또는 5년 이상의 징역 등에 처하며(제7~제11조), 아동 · 청소년의 성을 사는 행위 또는 매매, 국내외 이송하는 자는 무기 또는 5년 이상의 징역에 처한다(제12조). 국가는 피해아동 · 청소년 등의 신체적 · 정신적 회복을 위하여 상담시설 또는 성폭력 전담의료기관으로 하여금 상담이나 치료프로그램을 제공하도록 요청할 수 있다(제37조).

10세 이상 14세 미만의 아동 · 청소년이 죄를 범한 경우에 수사기관은 신속히 수사하고, 그 사건을 관할 법원 소년부에 송치하여야 한다. 14세 이상 16세 미만의 아동 · 청소년이 관할 법원 소년부로 송치된 경우 송치받은 법원 소년부 판사는 그 아동 · 청소년에게 각 호의 어느 하나에 해당하는 보호처분을 할 수 있다(제44조).

(3) 「아동복지법」 「아동학대범죄의 처벌 등에 관한 특례법」

「아동복지법」은 18세 미만의 아동이 건강하게 출생하여 행복하고 안전하게 자랄 수 있도록 아동의 복지를 보장함을 목적으로 하며(제1조), 아동에 대한 차별금지와 완전하고 조화로운 인격발달을 위한 안정된 가정환경에서 행복하게 살 권리, 아동의 이익이 모든 활동에 최우선적으로 고려될 것을 기본이념으로 한다(제3조 요약). 이 법에서 정한 “아동학대”란 보호자를 포함한 성인이 아동의 건강 또는 복지를 해치거나 정상적 발달을 저해할 수 있는 신체적 · 정신적 · 성적 폭력이나 가혹행위를 하는 것과 아동의 보호자가 아동을 유기하거나 방임하는 것을 말하는 것으로써 아동에 대한 성적 폭력이 아동학대의 하나임을 분명히 하고 있다.

최근 우리나라의 경제난의 가속화로 인한 소득의 감소, 실직자의 증가가 또 하나의 원인으로 작용하면서 아동학대 등의 가정폭력 사례가 자주 언론에 보도되고 있다. 가정폭력의 현장에는 아이들이 있는 경우가 있는데, 아이들에게 폭력을 보여 주는 것도 가정폭력 피해자와 목격자인 아이 양쪽에 대한 학대이다. 아이들이 있는 가정에서 폭력 행위가 발생하는 경우에 절반 이상이 가정에서 학대를 받는 어머니를 자녀들이 목격하고 있고, 폭력을 목격한 자녀들이 실제로 아버지로부터 폭력 행위를 당하고 있다는 보고가 있다(헤럴드경제, 2010. 11. 24.).

피해아동에 대한 보호조치와 관련하여 지적되는 문제점으로는 아동학대의 경우에 ‘가정사’로 취급되어 대응이 소홀했던 것이 그동안의 관행이었다. 그러나 친권자인 가해부모가 앞의 응급조치에 반대할 경우에 이를 강제하거나 보호조치를 취할 때까지의 기간 동안에 친권행사 제한이나 접근금지 등 일정한 내용의 임시조치(24시간 이내 등 짧은 시간 이내에 조치할 수 있도록)를 긴급히 취할 수 있는 법적인 근거를 마련하였고, 친권에 의한 보호를 받지 못하는 미성년자 또는 장애, 질병, 노령 등으로 인해 사무 처리 능력에 도움이 필요한 성인에게 폭넓은 보호와 지원을 제공하기 위해 대리인을 선임하여 피후견자를 돌보는 제도인 후견인 제도를 도입하여 보호할 수 있다.

(4) 「성폭력범죄의 처벌 등에 관한 특례법」

이 법은 성폭력 범죄를 예방하고 그 피해자를 보호하며, 성폭력 범죄의 처벌 및 그 절차에 관한 특례를 규정함으로써 성폭력 피해자의 생명과 신체의 안전을 보장하고, 건강한 사회질서의 확립에 이바지함을 목적으로 한다(제1조). 제7조에서는 13세 미만의 미성년자에 대한 강간, 강제추행 등에 관한 사항을 다루고 있다. 13세 미만의 사람에 대하여「형법」제297조(강간)의 죄를 범한 사람은 무기징역 또는 10년 이상의 징역에 처하고, 13세 미만의 사람에 대하여 폭행이나 협박으로 구강 · 항문 등 신체(성기는 제외한다)의 내부에 성기를 넣는 행위나 성기 · 항문에 손가락 등 신체(성기는 제외한다)의 일부나 도구를 넣는 행위 등 어느 하나에 해당하는 행위를 한 사람은 7년 이상의 유기징역에 처한다. 13세 미만의 사람에 대하여 「형법」 제298조(강제추행)의 죄를 범한 사람은 5년 이상의 유기징역에 처한다.

또한 제30조 19세 미만 피해자 등 진술 내용 등의 영상녹화 및 보존 등에 관한 사항에서 피해자가 19세 미만이거나 신체장애 또는 정신상의 장애로 사물을 변별하거나 의사를 결정할 능력이 미약한 때는 피해자의 진술내용과 조사과정을 영상녹화장치로 녹화(녹음이 포함된 것을 말하며 이하 "영상녹화"라 한다)하고, 그 영상녹화물을 보존하여야 하지만 피해자 또는 법정대리인이 이를 원하지 아니하는 의사를 표시하는 경우에는 영상녹화를 하여서는 아니 된다.

(5) 취업제한제도

성범죄전과자에 대한 취업제한은 2005년 12월 29일에 개정된 「아동 · 청소년의 성보호에 관한 법률」의 전신인 「청소년의 성보호에 관한 법률」에서 처음 도입되었다. 취업제한제도는 청소년 대상 성범죄의 상당수가 교육기관 등에 종사하는 자에 의해 다수 발생함에 따라서 성범죄의 재범 방지 차원에서 청소년을 직접적이고 지속적으로 보호하는 직종에 일정 기간 동안 성범죄자의 취업을 제한함으로써 잠정적 피해자와의 접촉가능성을 조기에 차단하고자 도입되었다. 이러한 필요성에 의하여 2006년 6월부터 청소년 대상의 성범죄자는 형이 확정된 후 5년간 유치원, 초 · 중등학교, 청소년 대상 학원 및 교습소, 청소년보호센터 및 청소년재활센터, 청소년활동시설, 청소년쉼터, 보육시설, 아동복지시설 등에 취업이 제한되었다. 이후 2008년 2월에 동법 개정을 통하여 취업제한 대상 시설기관을 추가(청소년지원시설 및 성매매피해상담소, 공동주택의 관리사무소, 체육시설 등)하고, 그 기간도 형 확정 후 10년간으로 연장하였다.

그리고 2010년 1월에 「청소년의 성보호에 관한 법률」은 법명 개정을 포함한 전면 개정을 하면서 취업제한 대상에 그 형 또는 치료감호의 전부 혹은 일부의 집행을 종료한 자를 포함하였고, 동년 4월 개정에서는 기존의 아동 · 청소년 대상 성범죄자뿐만 아니라 성인 대상 성범죄자도 취업제한 대상에 포함하였으며, 취업제한 기관과 시설에 개인과외교습자를 포함하였다. 이후 2012년 2월 개정에서는 취업제한 대상의 가정을 직접 방문하여 아동 · 청소년에게 교육서비스를 제공하는 업무 및 의료기관을 추가하였다. 또한 동년 12월 개정에서는 인터넷컴퓨터 게임시설 제공업, 복합유통 게임 제공업, 경비업을 행하는 법인, 청소년활동기획업소, 대중문화예술기획업소, 아동 · 청소년과 해당 시설 등의 운영자 · 근로자 또는 사실상 노무 제공자 사이에 업무상 또는 사실상 위력 관계가 존재하거나 존재할 개연성이 있는 시설 및 아동 · 청소년이 선호하거나 자주 출입하는 시설 등으로서 해당 시설 등의 운영 과정에서 운영자 · 근로자 또는 사실상 노무 제공자에 의한 아동 · 청소년 대상 성범죄의 발생이 우려되는 시설 등으로 취업제한 기관 및 업무를 추가하였다(이정훈, 2013). 특히 2018년 7월 이후부터는 법원이 성범죄로 형 또는 치료감호를 선고하면서 동시에 아동 · 청소년 관련 기관의 취업제한 명령을 최대 10년간 취업제한하였다.

아동 · 청소년 대상 또는 성인 대상 성범죄자의 해임 요구를 불이행할 경우에는 1차 위반 600만 원, 2차 위반 800만 원, 3차 위반 1,000만 원의 과태료를 부과하고, 성범죄 경력조회를 이행하지 않은 경우에는 1차 위반 300만 원, 2차 위반 400만 원, 3차 위반 500만 원의 과태료를 부과한다.

요약

1. 청소년폭력은 가해자가 상대방에게 해를 끼치려는 의도를 가지고 행하는 모든 물리적 · 언어적 · 심리적 힘을 의미하고, 특히 고의적인 집단괴롭힘이나 따돌림, 금품 갈취, 언어 놀림, 협박과 욕설, 성적인 괴롭힘 등이 포함된다.

2. 청소년폭력은 피해자뿐만 아니라 가해자들에게도 부정적인 결과를 초래하는데, 실제로 가해자들은 소년법정에 서거나, 범죄를 저지르거나, 성인이 된 이후에도 공격성 있는 자녀를 가질 확률이 높은 것이 문제이다.

3. 청소년폭력의 특징은, 첫째, 청소년폭력은 청소년 위험 행동 가운데 가장 많은 비중을 차지하고 있다. 둘째, 청소년폭력은 친구나 선배, 불량배 등을 통해 이루어지는 악성 폭력의 형태가 많다. 셋째, 청소년폭력을 비롯한 범죄가 저연령화되고 있다. 넷째, 청소년폭력이 더욱 잔인하고 비인간적인 방법으로 이루어지고 있다. 다섯째, 청소년폭력의 가해자는 다양한 얼굴을 지니고 있다. 여섯째, 피해청소년의 경우에 그 사실을 부모나 선생님에게 잘 알리지 않는다. 일곱째, 청소년의 학교폭력이 급격하게 증가되고 있다.

4. 청소년들에게 빈번하게 일어나는 폭력 유형은 사이버폭력, 언어폭력, 성폭력, 학교폭력이다.

5. 청소년폭력의 제도적 지원으로는 「학교폭력예방 및 대책에 관한 법률」 「아동 · 청소년의 성보호에 관한 법률」 「아동복지법」 「성폭력범죄의 처벌 등에 관한 특례법」, 취업제한제도를 들 수 있다.

참고문헌

교육부(2023). 2023년 1차 학교폭력 실태조사 결과 발표 보도자료. 세종: 교육부.

김선애(2007). 가정, 학교, 친구관련변인과 학교폭력과의 관계. **청소년학연구**, 14(1), 101-126.

김수정(2015). 독일 DFK의 발전지향적인 청소년폭력예방프로그램 지침에 관한 고찰. **교정복지연구**, 39(2), 1-27.

김재엽 · 이근영(2010). 학교폭력 피해청소년의 자살생각에 대한 연구. **청소년학연구**, 17(5), 121-149.

김재엽 · 이진석 · 이선우(2010). 인터넷 게임의 폭력성이 청소년의 학교폭력 가해행동에 미치는 영향과 폭력생각의 매개효과, **청소년학연구**, 17(1), 249-278.

김종선(2010). 학교폭력 가해자와 피해자의 인계패턴 자아방어기제 비교. 충북대학교 대학원 석사학위논문.

김정선(2012). 청소년 비속어 · 욕설 · 은어 · 유행어 사용 실태와 언어 의식 연구. **국제어문**, 54, 43-93.

김혜원 · 이해경(2000). 집단괴롭힘의 가해와 피해행동에 영향을 미치는 사회, 심리 변인들. **한국심리학회지: 사회 성격**, 14(1), 45-64.

도기봉 · 오주(2010). 학교폭력 중복 경험자의 자아존중감과 문제대처 행동향상을 위한 현실요법 집단프로그램의 효과. 한국심리학회지: 학교, 7(1), 37-53.

박순진(2009). 청소년폭력에 있어서 피해-가해 경험의 발전. 형사정책연구, 20(1), 71-94.

방송통신심의위원회(2016). 청소년 사이버권리침해 예방 가이드. http://www.kocsc.or.kr./02_infoCenter/Edu_View.php?ko_board=edu&ba_id=263 4&page=2 (2016. 7. 3. 검색)

법무연수원(2016). 범죄백서. 세종: 법무연수원.

배종대(2000). 형사정책. 서울: 홍문사.

손능수 · 권상조(2010). 학교폭력에 대한 학력단계별 대응방안에 관한 연구. 2010년도 추계학술회 자료집, 427-456.

손원경(1998). 학교폭력 가해 및 피해 중학생의 사회적 지지 지각에 관한 연구. 동아대학교 대학원 석사학위논문.

신혜섭(2005). 학생의 학교폭력 유형에 영향을 미치는 변인. 청소년학연구, 12(4), 123-149.

신희경(2006). 가해 청소년, 피해청소년, 가해 · 피해청소년 집단유형의 발달에 영향을 미치는 변인. 한국청소년연구, 17(1), 297-323.

안선욱(2007). 학교폭력의 실태와 대책. 서울: 청소년폭력예방재단.

염동문 · 조혜정(2021). 청소년의 성폭력 피해경험이 자살생각에 미치는 영향: 우울과 자아존중감의 조절된 매개효과를 중심으로. 한국청소년연구, 32(1), 33-55.

오인수(2014). 학교폭력 주변학생의 이해 및 지도. 서울: 학지사.

윤계형 · 정상우 · 이덕난(2012). 학교폭력예방대책에 관한 법률에 대한 입법평가. 세종: 한국법제연구원.

이민희(1998). 폭력적 인간: 청소년폭력의 원인을 중심으로. 청소년행동연구, 3(3), 1-14.

이정훈(2013). 최근 개정된 아동 · 청소년의 성보호에 관한 법률상 신상공개 및 취업제한 제도의 문제점과 개선방안. 경찰법연구, 11(2), 65-90.

임신일 · 이정미(2013). 남자 고등학생의 부모 간 폭력 목격 경험, 자존감, 학교폭력 피해, 학교폭력 가해의 관계. 학교사회복지, 26, 27-45.

장윤지(2005). 학교폭력 유형과 인터넷 중독과의 관계. 숙명여자대학교 대학원 석사학위논문.

정여주 · 두경희(2014). 청소년 사이버폭력의 원인, 결과, 개입에 대한 연구 동향-예방상담학적 관점에서. 청소년학연구, 21, 373-406.

조아미 · 조승희(2007). 집단 따돌림의 발달적 변화와 유형에 따른 심리적 특성의 차이. 청소년시설환경, 5(3), 37-48.

진태원(1996). 폭력과 비행 종합보고서. 서울: 서울 YWCA 청소년유해환경감시단.

청소년폭력예방재단(2002). 학교폭력 실태조사 보고서. 서울: 청소년폭력예방재단.

최상근 · 금명자 · 정진(2011). **Wee 프로젝트 운영 모델 개발 연구**. 서울: 한국교육개발원.

헤럴드경제(2010. 11. 24.). 가정 폭력이 학교 폭력 부른다.

홍경자(2014). 청소년폭력과 철학실천. **철학논집**, 38(8), 213-241.

홍봉선 · 남미애(2007). **청소년복지론**. 경기: 공동체.

Alex, T. (1983). *Deviant behavior* (2nd ed.). Boston: Houghton Mifflin Co.

Austin, S., & Joseph, S. (1996). Assessment of bully/victim problems in 8 to 11 year-olds. *British Journal of Educational Psychology, 66*(4), 447-456.

Chandler, K., Nolin, M. J., & Davies, E.(1995). Student victimization at school. *National Center for Education Statistics-Statistics in Brief*. (NCES 95S-204).

Craig, W., & Pepler, D. (1997). Observations of bully and victimazation in schoolyard. *Canadian Journal of school psychology, 2*, 41-60.

Daniels, K. (2005). Intimate partner violence and depression: A deadly comorbidity. *Journal of Psychosocial Nursing and Mental Health Services 43*(1), 45-51.

Dupper, D. R. (2003). **학교사회사업**(*School social work*) (한인영 · 홍순혜 · 김혜란 · 박명숙 공역). 서울: 학지사. (원저는 2002년에 출판).

Elliott, D. S. (1994). Serious violent offenders: Onset, developmental course, and termination. The American Society of Criminology 1993 presidential address. *Criminology, 32*, 1-21.

Farrington, D. P. (1998). Predictors, causes, and correlates of male youth violence. *Youth violence, 24*, 421-476.

Freud, S. (1982). *Psychologie des Unbewußten*. (Studienausgabe) Bd.Ⅲ von 10 u. Erg. -Bd.

Gerd, K., Natvig, G. A., & Ulla, Q. (2001). Psychosomatid symptoms among victims of school bullying. *Journal of Health Psychology, 6*(4), 365-377.

Gilbert, G., & Robley, G. (1979). Rape in stockholm: Is permissiveness relevant?. *CRIMINOLOGY, 17*(3), 311-322.

Hamner, T. J., & Terner, P. H. (2001). *Parenting in contemporary society* (4th ed.). Massachusetts: Allyn & Bacon.

Hazler, R. J. (1994). Bullying breeds violence: You can stop it. *Learing, 22*, 38-41.

Hodges, E. V. E., Malone, M. J., & Perry, D. G. (1997). Individual risk and social risk as interacting determinants of victimination in the peer group. *Development Psychology, 33*, 1032-1039.

Myers, W. C., Scott, K., Burgess, A. W., & Burgess, A. G. (1995). Psychology, biopsychosocial factors, crime characteristics, and classification of 25 homicidal youth. *Journal of the American Academy of child and adolescent psychiatry, 34*, 1483-1489.

Olweus, D. (1993). *Bullying at school: What we know and what we can do*. Cambridge: Blackwell.

Olweus, D. (1994). *Bullying at school: Long-term outcomes for the victims an effective school-based intervention program*. In L. R. Huesmann (Ed.). *Aggressive behavior: Current perspectives Blehampross* (pp. 97-130). New York: Plenum.

Park, K., & Kim, H. E. (2006). The moderating effect of problem solving on the relationship between sexual assault victimization and depression in female university students. *Kor Psychol Assoc Abs*, 248-249.

Salmivalli, C. (1996). Bullying as a group process: Participant roles and their relations to social status within the group. *Aggressive Behavior, 22*, 1-15.

Santtila, P., & Haapasalo, J. (1997). Neurological and psychological risk factors among young homicidal, violent and nonviolent offenders in Finland. *Homicide studies, 1*, 234-253.

Salmivalli, C., Karhunen, J., & Lagerspetz, K. M. J. (1996). Bullying as a group process: Participant roles and their relations to social status within the group. *Aggressive Behavior, 22*, 99-109.

Sears, D., Peplau, L. A., & Taylor, S. E. (1991). *Social psychology*. Prentice Hall: Englewood Cliffs.

Schneider, K. (1976). *Klinische psychopathologie* (11th ed). Stuttgart: Thieme.

Zagar, R., Arbit, J., Hughes, J. R., Busell, R. E., & Busch, K. G. (1989). Developmental and disruptive behavior disorders among delinquents. *Journal of the American Academy of child andadolescent psychiatry, 28*, 437-440.

Whitmer, B. (1997). *The violence mythos*. Albany: University of New York Press.

제8장

청소년복지의 실제 5

－비행－

학습개요

청소년비행의 개념을 명확하게 규정하는 것은 어려운 일이다. 왜냐하면 청소년비행에 대한 경험, 청소년에 대한 시각 그리고 청소년비행을 바라보는 관점에 따라 다양하게 정의되기 때문이다. 청소년비행은 살인, 강도, 강간 등과 같은 강력범죄에서부터 흡연, 음주와 같은 일탈행동에 이르기까지 다양한 행동을 포함하고, 또한 문제행동, 위험행동, 일탈행동을 지칭하는 용어와 혼용하여 사용하고 있다. 따라서 청소년비행에 대한 개념을 명확하게 정의하는 것이 필요하다.

청소년비행문제가 심각한 것은 초기의 가벼운 비행이 재비행이 되고, 지속적으로 비행을 저지른 청소년은 성인기에 범죄자의 길로 들어설 위험이 높기 때문이다. 그렇기 때문에 비행을 저지른 청소년이 자신의 행동을 뉘우쳐 올바른 가치관을 형성하여 더 이상 비행을 저지르지 않고 사회에 잘 적응할 수 있도록 도와주는 것이 필요하다. 이를 위해 현행법에서도 만 19세 미만인 '소년'에 대해서는 보호처분 등 성인과 다른 기준을 적용하고 있으며, 비행을 저지른 청소년에 대한 다양한 예방적 · 회복적 보호지원 정책이 시행되고 있다. 하지만 이러한 정책이 제대로 이루어지지 못하기 때문에 청소년비행의 예방적 · 회복적 차원에서 비행를 저지른 청소년에 대한 복지적 접근방법이 있어야 한다.

이 장에서는 청소년비행의 개념, 청소년비행 현황, 청소년비행과 관련된 법률, 청소년비행 예방 및 비행을 저지른 청소년에 대한 복지적 개입 방안에 대해 살펴보고자 한다.

01 청소년비행의 개념

청소년비행의 개념을 명확하게 규정하는 것은 어려운 일이다. 왜냐하면 청소년비행에 대한 경험, 청소년에 대한 시각, 그리고 청소년비행을 바라보는 관점에 따라 다양하게 정의되기 때문이다. 청소년비행은 일반적인 도리나 도덕 또는 법규에 어긋나는 청소년의 옳지 못한 행동을 의미하는데, 그 의미의 범위에 따라 크게 두 가지로 나눌 수 있다(정제영 · 선미숙 · 장선희, 2016).[1] 첫째, 좁은 의미에서는 성인이 행하면 비행의 범위에 포함되지 않으나 청소년이 행하면 문제의 소지가 될 수 있는 비사회적 행위로 음주, 흡연, 가출, 무단결석, 성경험 등이 해당된다. 이러한 행위는 사회적으로 청소년에게 주어진 지위에 어긋나는 행동이므로 지위비행으로 구분하기도 하고, 일반적으로 사회의 바람직한 가치 규범에서 벗어나거나 상반되는 행동이므로 일탈행위로 규정하기도 한다. 둘째, 넓은 의미에서 청소년비행은 일반적인 사회규범을 위반함으로써 다른 사람과 사회 전체에 피해를 입히는 행위부터 금품 갈취, 절도, 폭행 등 각종 법령을 위반하는 반사회적 행위까지 포함하는 것으로 범죄보다 더 포괄적인 의미로 규정한다. 와이너(Weiner, 1982)도 청소년비행은 살인, 강도, 강간 등과 같은 강력범죄에서부터 흡연, 음주와 같은 일탈행동에 이르기까지 다양한 행동을 의미한다고 하였다.

이를 놓고 볼 때, 청소년비행과 청소년범죄는 유사한 측면도 있지만 어떤 면에서는 확연하게 구분될 수 있는 개념이라고 볼 수 있다. 연구자들은 청소년비행을 비행의 심각성에 따라 경비행과 중비행으로 나누기도 하였고(이은주, 2009; 한국형사정책연구원, 1995), 또한 지위비행과 범죄 행위로도 구분하였다(김경식 · 이현철, 2007; 노성호, 2006). 김희화(2003)는 시대적 흐름을 반영하여 사이버비행을 포함하여 지위비행, 폭력비행, 성비행, 약물비행, 재산비행으로 구분하였다. 그리고 비행의 질을 측정하기 위해 비행항목을 지위비행, 약물비행, 성비행, 재산비행, 폭력비행으로 구분하였다(김준호 · 이동원, 1995).

1) 글의 가독성을 높이기 위해 필요한 경우를 제외하고, 인용된 참고문헌을 생략하여 참고문헌 페이지에 한꺼번에 기재하였다.

이처럼 청소년비행은 각 연구 주제와 연구자의 관점에 따라 매우 다양하게 구분되어 정의되고 있다. 또한 청소년비행은 문제행동, 위험행동, 일탈행동을 지칭하는 용어와 혼용하여 사용하고 있다.

따라서 청소년비행의 개념을 명확하게 정의하는 것은 쉽지 않다. 유혜은과 김영근(2024)도 청소년비행은 시대적 · 사회적 · 문화적 가치에 따라 기준이 달라질 수 있으므로 어떤 행위가 청소년비행에 해당되는지를 구분하는 것은 쉽지 않다고 하면서 비행청소년을 「소년법」[2]을 바탕으로, 첫째, 죄를 범한 소년, 둘째, 형벌 법령에 저촉되는 행위를 한 10세 이상 14세 미만의 소년으로 지칭하였다. 또한 「소년법」에서 '소년'은 '19세 미만인 자'로 규정하고 있다. 앞의 내용을 종합하여 「소년법」을 토대로 개념을 정리하면, 청소년비행은 '10세 이상 19세 미만인 자가 행한 법령에 저촉되는 행위'로 정의될 수 있다.

「소년법」 제4조

① 다음 각 호의 어느 하나에 해당하는 소년은 소년부의 보호사건으로 심리한다.

1. 죄를 범한 소년
2. 형벌 법령에 저촉되는 행위를 한 10세 이상 14세 미만인 소년
3. 다음 각 목에 해당하는 사유가 있고 그의 성격이나 환경에 비추어 앞으로 형벌 법령에 저촉되는 행위를 할 우려가 있는 10세 이상인 소년
   가. 집단적으로 몰려다니며 주위 사람들에게 불안감을 조성하는 성벽(性癖)이 있는 것
   나. 정당한 이유 없이 가출하는 것
   다. 술을 마시고 소란을 피우거나 유해환경에 접하는 성벽이 있는 것

앞서 언급한 것과 같이 청소년비행의 개념을 명확하게 정의하기는 어렵지만 이 책에서는 「소년법」의 내용과 선행연구를 통해 청소년비행을 구체적으로 정의하고자 한다. 박지홍(2002)은 청소년비행을 "법을 위반하는 행위라고 할 수도 있지만 대체로 비행 행위란 일반적인 이탈 행위라고 불리는 것으로 음주, 흡연, 부모가 손을 쓸 수 없는 행위,

2) 국가법령정보센터 http://www.law.go.kr (2024. 02. 26 검색).

정당한 이유 없이 가정을 이탈하는 행위, 불량한 교우관계, 유해 장소 출입, 도박, 성행위, 상습적인 학업 태만, 자기 또는 타인의 덕성을 해롭게 하는 행위, 소년으로 금지되어 있는 일련의 행위"로 구분할 수 있다고 하였다. 여기서 범죄와 비행을 구별하면, 청소년범죄는 청소년비행에 비해 보다 심각한 살인, 강도, 강간, 방화, 절도, 상해, 공갈, 협박, 횡령, 도박 등을 말하고, 청소년비행이란 음주, 흡연, 홍행장 출입, 유흥접객업소 출입, 사행행위장 출입, 불량집단 조직, 음란행위 등을 말한다(박지홍, 2002).

따라서 앞의 내용을 토대로 청소년비행의 개념을 정리하면, 청소년비행은 '10세 이상 19세 미만인 자가 저지르는 음주, 흡연, 정당한 이유 없이 가정을 이탈하는 행위, 유해 장소 출입, 도박, 음란 행위, 자기 또는 타인의 덕성을 해롭게 하는 행위, 그 외 청소년에게 금지된 일련의 행위로서 일반적으로 사회의 바람직한 가치 규범에서 벗어나거나 상반되는 행위'라고 정의할 수 있다.

02 청소년비행 현황

청소년비행 현황은 질병관리청(2022)의 '청소년건강행태조사', 여성가족부(2022a)의 '청소년매체 이용 및 유해환경 실태조사'와 여성가족부(2022b)의 '위기청소년 지원 기관 이용자 생활실태조사'에서 이 책에서 개념을 정의한 청소년비행에 포함된 내용을 중심으로 살펴보면 다음과 같다.

1) 청소년 흡연과 음주

(1) 청소년 흡연

청소년의 현재 흡연율을 살펴보면, 2022년 기준 청소년 전체는 4.5%이고, 남학생은 6.2%, 여학생은 2.7%로, 남학생의 현재 흡연율이 여학생보다 높은 수준으로 나타났다. 연도별로 살펴보면, 청소년 전체의 현재 흡연율은 2020년(4.4%), 2021년(4.5%), 2022년(4.5%) 최근 3년간 비슷한 비율을 보였고, 남학생의 현재 흡연율은 2020년(6.0%), 2021년(6.0%), 2022년(6.2%)까지 비슷한 수준을 보이다가 소폭 증가하는 경향을 보인 반면, 여학생의 현재 흡연율은 2020년(2.7%), 2021년(2.9%), 2022년(2.7%)까지 증감을 반복하고 있는 것으로 나타났다. 학교급별로는 중학생은 2020년(1.7%), 2021년(1.9%), 2022년(2.1%)까지 지속적으로 증가하고 있는 것으로 나타났고, 고등학생은 2020년(7.1%), 2021년(7.2%), 2022년(7.1%)까지 증감을 반복하고 있는 것으로 조사되었다. 학교급에서 있어서는 중학생보다 고등학생의 현재 흡연율이 훨씬 높음을 알 수 있다.

청소년의 매일 흡연율을 보면 2022년 기준 청소년 전체는 2.1%이고, 남학생은 3.2%, 여학생은 1.0%로, 남학생의 매일 흡연율이 여학생보다 높은 수준으로 나타났다. 연도별로 살펴보면, 청소년 전체의 매일 흡연율은 2020년(2.3%), 2021년(2.3%), 2022년(2.1%)까지 동일 수준을 유지하다가 소폭 감소하였고, 남학생의 매일 흡연율은 2020년(3.4%), 2021년(3.3%), 2022년(3.2%)까지 지속적으로 감소하는 경향을 보인 반면, 여학생의 매일 흡연율은 2020년(1.2%), 2021년(1.3%), 2022년(1.0%)까지 증감을 반복하고 있는 것으로 나타났다. 학교급별로는 중학생은 2020년(0.6%), 2021년(0.6%), 2022년(0.6%) 최근 3년간

표 8-1 청소년의 현재 흡연율과 매일 흡연율, 처음 흡연 경험 연령 (단위: %, 세)

구분 \ 연도			2020년	2021년	2022년
현재 흡연율	전체		4.4	4.5	4.5
	학교급	중학교	1.7	1.9	2.1
		고등학교	7.1	7.2	7.1
	성별	남학생	6.0	6.0	6.2
		여학생	2.7	2.9	2.7
매일 흡연율	전체		2.3	2.3	2.1
	학교급	중학교	0.6	0.6	0.6
		고등학교	4.1	4.1	3.7
	성별	남학생	3.4	3.3	3.2
		여학생	1.2	1.3	1.0
처음 흡연 경험 연령	전체		13.6	13.5	13.5
	성별	남학생	13.4	13.4	13.5
		여학생	13.9	13.7	13.6

* 주: 현재 흡연율은 일반담배(궐련) 현재 사용률임.
* 출처: 질병관리청(2022).

동일한 수치를 보였고, 고등학생은 2020년(4.1%), 2021년(4.1%), 2022년(3.7%)까지 동일 수준을 유지하다가 감소하고 있는 것으로 조사되었다. 학교급에서 있어서는 중학생보다 고등학생의 매일 흡연율이 훨씬 높음을 알 수 있다.

처음 흡연 경험 연령은 2022년 기준 청소년 전체는 13.5세이고, 남학생은 13.5세, 여학생은 13.6세로, 남학생이 여학생보다 조금 더 어릴 때 시작하는 것으로 나타났다. 연도별로 살펴보면, 청소년 전체는 2020년(13.6세), 2021년(13.5세), 2022년(13.5세)까지 소폭 줄어들며 동일 수준을 유지하였고, 남학생은 2020년(13.4세), 2021년(13.4세), 2022년(13.5세)까지 동일 수준을 유지하다가 소폭 늘어나는 경향을 보인 반면, 여학생은 2020년(13.9세), 2021년(13.7세), 2022년(13.6세)까지 지속적으로 줄어드는 것으로 나타났다.

(2) 청소년 음주

청소년의 현재 음주율을 살펴보면, 2022년 기준 청소년 전체는 13.0%이고, 남학생은 15.0%, 여학생은 10.9%로, 남학생의 현재 음주율이 여학생보다 높은 수준으로 나타났다. 연도별로 살펴보면, 청소년 전체의 현재 음주율은 2020년(10.7%), 2021년(10.7%), 2022년(13.0%) 최근 3년간 동일 수준을 유지하다가 증가하였고, 남학생의 현재 음주율은 2020년(12.1%), 2021년(12.4%), 2022년(15.0%)까지 지속적으로 증가하는 경향을 보인 반면, 여학생의 현재 음주율은 2020년(9.1%), 2021년(8.9%), 2022년(10.9%)까지 증감을 반복하고 있는 것으로 나타났다. 학교급별로는 중학생은 2020년(5.4%), 2021년(5.6%), 2022년(7.0%)까지 지속적으로 증가하고 있는 것으로 나타났고, 고등학생 또한 2020년(15.9%), 2021년(16.0%), 2022년(19.5%)까지 지속적으로 증가하고 있는 것으로 조사되었다. 학교급에 있어서는 중학생보다 고등학생의 현재 음주율이 훨씬 높음을 알 수 있다.

청소년 현재 음주자의 위험 음주율을 보면 2022년 기준 청소년 전체는 42.9%이고, 남학생은 40.4%, 여학생은 46.6%로, 여학생의 위험 음주율이 남학생보다 높은 수준으로 나타났다. 연도별로 살펴보면, 청소년 전체의 위험 음주율은 2020년(49.0%), 2021년(45.5%), 2022년(42.9%)까지 지속적으로 감소하였고, 남학생의 위험 음주율[2020년(46.2%), 2021년(42.5%), 2022년(40.4%)]과 여학생의 위험 음주율[2020년(52.9%), 2021년(49.8%), 2022년(46.6%)] 또한 지속적으로 감소하고 있는 것으로 나타났다. 학교급별로는 중학생[2020년(30.6%), 2021년(30.3%), 2022년(29.0%)]과 고등학생[2020년(55.1%), 2021년

(51.0%), 2022년(48.2%)] 또한 지속적으로 감소하고 있는 것으로 조사되었다. 학교급에 있어서는 중학생보다 고등학생의 위험 음주율이 훨씬 높음을 알 수 있고, 성별로는 여학생이 남학생보다 위험 음주율이 높게 나타났다.

처음 음주 경험 연령은 2022년 기준 청소년 전체는 13.1세이고, 남학생은 12.9세, 여학생은 13.4세로, 남학생이 여학생보다 조금 더 어릴 때 시작하는 것으로 나타났다. 연도별로 살펴보면, 청소년 전체는 2020년(13.4세), 2021년(13.2세), 2022년(13.1세)까지 줄어들고 있는 것으로 나타났고, 남학생[2020년(13.2세), 2021년(13.0세), 2022년(12.9세)]과 여학생[2020년(13.7세), 2021년(13.6세), 2022년(13.4세)]도 지속적으로 줄어드는 것으로 나타났다. 성별로는 남학생이 여학생보다 처음 음주 경험 연령이 조금 높은 것으로 나타났다.

표 8-2 청소년의 현재 음주율과 현재 음주자의 위험 음주율, 처음 음주 경험 연령 (단위: %, 세)

구분 \ 연도			2020년	2021년	2022년
현재 음주율	전체		10.7	10.7	13.0
	학교급	중학교	5.4	5.6	7.0
		고등학교	15.9	16.0	19.5
	성별	남학생	12.1	12.4	15.0
		여학생	9.1	8.9	10.9
현재 음주자의 위험 음주율	전체		49.0	45.5	42.9
	학교급	중학교	30.6	30.3	29.0
		고등학교	55.1	51.0	48.2
	성별	남학생	46.2	42.5	40.4
		여학생	52.9	49.8	46.6
처음 음주 경험 연령	전체		13.4	13.2	13.1
	성별	남학생	13.2	13.0	12.9
		여학생	13.7	13.6	13.4

* 현재 음주자 중에서 최근 30일 동안 1회 평균 음주량이 중등도 이상(남자: 소주 5잔 이상, 여자: 소주 3잔 이상)인 사람의 분율.

* 출처: 질병관리청(2022).

2) 청소년 유해 매체 이용

청소년의 성인용 영상물 이용 실태에 대해 살펴보면, 2022년 기준 최근 1년 동안 '청소년관람불가' '19세 이상 시청가'로 표시된 성인용 TV 프로그램, 영화, 동영상 등을 본 적이 있다고 응답한 비율은 47.5%로, 2020년 대비 10.1% 증가하였다. 청소년 10명 중 5명 정도가 성인용 영상물을 본 적이 있는 것으로 나타났다. 남학생(53.4%)이 여학생(41.2%)보다 성인용 영상물 이용 경험이 높았다. 한편, 초등학생의 40.0%, 중학생의 46.1%, 고등학생의 56.6%가 성인용 영상물을 본 적이 있다고 응답하여 학교급이 높을수록 성인용 영상물 이용 경험이 높은 것으로 나타났다. 여기서 주목할 점은 초등학생도 10명 중 4명이 성인용 영상물을 접한 것으로 나타났다는 것이다. 이는 초등학생도 성인용 영상물에 쉽게 접촉할 수 있는 환경에 노출되어 있다는 것을 보여 주는 결과라고 할 수 있다. '청소년 유해환경접촉 종합실태조사(2014년)'와 2016년, 2018년, 2020년, 2022년 '청소년 매체 이용 및 유해환경 실태조사'와 비교한 결과를 보면, 2016년부터 2020년까지 성인용 영상물 이용률은 감소하다가 2022년 증가하였다[(2016년(41.5%) → 2018년(39.4%) → 2020년(37.4%) → 2022년(47.5%)]. 초등학생의 경우에는 성인용 영상물 이용률이 꾸준하게 증가하는 경향이 뚜렷하게 나타나고 있다[2016(18.6%) → 2018년(19.6%) → 2020년(33.8%) → 2022년(40.0%)]. 이러한 결과는 성인용 영상물 이용에 있어 저연령화가 되고 있음을 시사하므로 초등학생을 대상으로 한 관련 교육을 강화할 필요가 있다.

청소년의 성인용 간행물 이용 실태에 대해 살펴보면, 2022년 기준 청소년의 24.1%는 최근 1년 동안 '청소년이용불가' '19세 이상 이용가'로 표시된 성인용 간행물(만화, 소설, 잡지, 사진 등)을 본 적이 있다고 응답하여 2020년도 결과 대비 0.8% 낮아졌다. 성별로는 남학생(27.5%)이 여학생(20.4%)보다 7.1% 높았고, 학교급별로는 고등학생(27.1%)이 초등학생(22.7%), 중학생(22.5%)보다 높게 나타났다. 성인용 영상물 이용률 결과와 비교하면, 2022년 기준 청소년의 성인용 영상물 이용률(47.5%)이 성인용 간행물 이용률(24.1%)에 비해 약 2배 정도 높은 수준인 것으로 나타났다. 성인용 간행물 이용률은 2016년부터 2020년까지 증가하다가 2022년에 감소하여 성인용 영상물 이용률과 상반된 추이를 보이는 것으로 나타났다. 성인용 간행물 이용률은 2016년(22.0%) → 2018년(23.3%) → 2020년(24.9%) → 2022년(24.1%) 지속 증가하다가 감소한 것으로 나타났다. 성인용 영상물뿐만 아니라 성인용 간행물에서도 초등학생의 경험률이 높은 경향이 뚜렷하게 나타난 결과를 볼 때 성인물 접촉 연령이 낮아진다고 볼 수 있으며, 초등학생을 위한 차별화된 성인용 매체 노출과 피해 예방을 위한 대책 마련이 필요하다.

표 8-3 청소년의 성인용 영상물과 간행물 이용률 (단위: %)

구분 \ 연도			2014년	2016년	2018년	2020년	2022년
성인용 영상물 이용률	전체		–	41.5	39.4	37.4	47.5
	학교급	초등학교	7.5	18.6 (4~6학년 16.1)	19.6 (4~6학년 17.7)	33.8 (4~6학년 29.3)	40.0 (4~6학년 38.6)
		중학교	41.7	42.4	41.6	32.2	46.1
		고등학교	65.7	58.0	53.3	45.1	56.6
	성별	남자	–	51.7	48.7	44.3	53.4
		여자	–	30.5	29.4	29.7	41.2
성인용 간행물 이용률	전체		–	22.0	23.3	24.9	24.1
	학교급	초등학교	2.6	11.8 (4~6학년 9.3)	13.2 (4~6학년 10.6)	27.7 (4~6학년 24.3)	22.7 (4~6학년 20.4)
		중학교	21.9	22.5	25.0	22.0	22.5
		고등학교	32.5	29.1	29.8	24.9	27.1
	성별	남자	–	25.8	25.9	28.5	27.5
		여자	–	17.8	20.5	20.9	20.4

* 초등학생의 경우, 2014년은 5~6학년을, 2016년, 2018년, 2020년, 2022년은 4~6학년을 조사 대상으로 함.
* 2016년, 2018년, 2020년, 2022년 결과는 무응답을 제외하고 분석한 결과임.
* 출처: 여성가족부(2022a).

표 8-4 유해 매체 이용자의 타인 정보 도용 경험 (단위: %)

구분	다른 사람의 아이디(ID) 사용	다른 사람의 주민등록번호 사용
성인용 영상물	8.8	2.5
성인용 간행물	10.4	3.1

* 무응답을 제외하고 분석한 결과임.
* 출처: 여성가족부(2022a).

유해 매체 이용자의 타인 정보 도용 경험을 살펴보면, 성인용 영상물 이용자 중 다른 사람의 아이디를 사용한 비율은 8.8%, 성인용 간행물 이용자 중 다른 사람의 아이디를 사용한 비율은 10.4%로 나타났고, 성인용 영상물 이용자 중 다른 사람의 주민등록번호를 사용한 비율은 2.5%, 성인용 간행물 이용자 중 다른 사람의 주민등록번호를 사용한 비율은 3.1%로 나타났다.

3) 청소년 도박(돈내기 게임) 경험

(1) 도박(돈내기 게임) 경험 여부

위기청소년의 6.3%는 최근 3개월 동안 도박(돈내기 게임)을 한 적이 있다고 하였으며, 10.3%는 이전에 해 본 경험이 있다고 하였다. 도박(돈내기 게임)을 한 경험률은 남자청소년(20.7%)이 여자청소년(12.3%)보다 높고, 연령이 높을수록 높았다[12~15세(15.9%), 16~18세(17.2%)].

표 8-5 도박(돈내기 게임) 경험 여부 (단위: %, 명)

구분		지난 3개월 동안 해 본 적이 있다	지난 3개월 동안은 없지만, 그 전에는 해 본 적이 있다	지금까지 한 번도 해 본 적이 없다	사례 수
전체		6.3	10.3	83.4	3,597
성별	남자	7.8	12.9	79.3	1,847
	여자	4.7	7.6	87.7	1,750
연령	12~15세	6.6	9.3	84.1	1,536
	16~18세	6.1	11.1	82.8	2,061

* 출처: 여성가족부(2022b).

(2) 경험한 도박(돈내기 게임) 유형

위기청소년이 최근 3개월 간 경험한 도박(돈내기 게임) 유형을 보면, 온라인에서는 주로 인터넷 스포츠 베팅(28.7%), 그 외 온라인용 내기 게임(21.7%)을 하였고, 오프라인에서는 뽑기 게임(34.5%), 카드나 화투를 이용한 게임(30.0%)을 하였다. 온라인에서는 남자청소년인 경우에는 인터넷 스포츠 베팅(39.7%)을, 여자청소년인 경우에는 카드나 화

표 8-6 최근 3개월 간 경험한 도박(돈내기 게임) 유형

(단위: %, 명)

구분		온라인						오프라인							사례 수
		카드/화투 게임	그 외 온라인용 내기 게임	인터넷 복권 구입	인터넷 스포츠 베팅	다른 사람을 통한 대리 베팅	이외의 인터넷 카지노 게임	카드/화투 게임	뽑기 게임	스포츠 경기 내기	그 외 내기 게임	복권 구입	스포츠 복권 구입	경마, 경륜, 경정, 소싸움 투표권 구입	
전체		15.5	21.7	3.9	28.7	3.8	16.5	30.0	34.5	11.8	12.3	6.5	2.0	0.9	204
성별	남자	14.4	27.5	5.3	39.7	2.5	24.9	26.9	22.6	14.0	9.2	6.0	1.6	1.0	130
	여자	17.4	11.7	1.5	9.7	6.1	1.9	35.3	55.0	8.0	17.7	7.5	2.6	0.7	75
연령	12~15세	13.0	18.5	3.3	20.2	8.3	10.4	22.3	48.3	6.7	17.6	0.4	0.5	0.3	91
	16~18세	17.6	24.4	4.4	35.6	0.2	21.4	36.1	23.3	15.9	8.1	11.5	3.2	1.4	113

* 주: 1) 지난 3개월 동안 도박(돈내기 게임)을 해 본 적이 있다고 답한 응답자에 한함.
2) 복수 응답 결과임.

* 출처: 여성가족부(2022b).

투를 이용한 게임(17.4%)을 가장 많이 하였고, 오프라인에서는 남자청소년인 경우에는 카드나 화투를 이용한 게임(26.9%), 여자청소년인 경우에는 뽑기 게임(55.0%)을 가장 많이 하는 것으로 나타났다.

03 청소년비행과 관련된 법률[3)]

청소년비행과 관련된 법률은 청소년을 주요 대상으로 하거나 법 적용 대상의 일부가 청소년인 경우 등 각 법령별로 입법 취지와 적용 대상을 달리하면서 제정 및 시행되어 왔다. 특히 청소년과 관련된 법률은 크게 청소년비행에 대한 보호(교정)처분에 관한 법률과 청소년비행을 예방하고 청소년비행으로부터 청소년을 보호하기 위한 법률로 구분할 수 있다.

3) 국가법령정보센터 http://www.law.go.kr (2024. 2. 26. 검색).

1) 청소년비행에 대한 보호(교정)처분에 관한 법률

(1) 「소년법」

「소년법」은 반사회성이 있는 소년의 환경 조정과 품행 교정을 위한 보호처분 등의 필요한 조치를 하고, 형사처분에 관한 특별조치를 함으로써 소년이 건전하게 성장하도록 돕는 것을 목적으로 한다(제1조). 이 법에서 "소년"이란 19세 미만의 자로 규정하고 있다(제2조). 주요 내용을 살펴보면 다음과 같다.

첫째, 소년을 조사할 때 의학, 심리학, 교육학, 사회학이나 그 밖의 전문적인 지식을 활용하여 소년과 보호자 또는 참고인의 품행, 경력, 가정 상황, 그 밖의 환경 등을 밝히도록 노력하여야 한다(제9조)고 명시하고 있다. 그리고 조사 또는 심리를 할 때에 정신건강의학과의사, 심리학자, 사회사업가, 교육자나 그 밖의 전문가 진단, 소년분류심사원의 분류심사 결과와 의견, 보호관찰소의 조사결과와 의견 등을 고려하여야 한다(제12조)고 하고 있다.

둘째, 소년부 판사는 사건을 조사 또는 심리하는 데에 필요하다고 인정하면 소년의 감호에 관하여 결정으로써 다음 각 호의 어느 하나에 해당하는 조치를 할 수 있다. ① 보호자, 소년을 보호할 수 있는 적당한 자 또는 시설에 위탁, ② 병원이나 그 밖의 요양소에 위탁, ③ 소년분류심사원에 위탁을 조치할 수 있다(제18조).

셋째, 소년부 판사는 송치서와 조사관의 조사보고에 따라 사건의 심리를 개시할 수 없거나 필요가 없다고 인정하면 심리를 개시하지 아니한다는 결정을 하여야 한다. 이 결정은 사건 본인과 보호자에게 알려야 한다. 사안이 가볍다는 이유로 심리를 개시하지 아니한다는 결정을 할 때에는 소년에게 훈계하거나 보호자에게 소년을 엄격히 관리하거나 교육하도록 고지할 수 있다(제19조).

넷째, 소년부 판사는 심리결과 보호처분을 할 필요가 있다고 인정하면 결정으로써 다음 각 호의 어느 하나에 해당하는 처분을 하여야 한다. ① 보호자 또는 보호자를 대신하여 소년을 보호할 수 있는 자에게 감호 위탁, ② 수강명령, ③ 사회봉사명령, ④ 보호관찰관의 단기보호관찰, ⑤ 보호관찰관의 장기보호관찰, ⑥ 「아동복지법」에 따른 아동복지시설이나 그 밖의 소년보호시설에 감호 위탁, ⑦ 병원, 요양소 또는 「보호소년 등의 처우에 관한 법률」에 따른 의료재활/소년원에 위탁, ⑧ 1개월 이내의 소년원 송치, ⑨ 단기 소년원 송치, ⑩ 장기 소년원에 송치하여야 한다(제32조). 제32조 제6항에는 소년의 보호처분은 그 소년의 장래 신상에 어떠한 영향도 미치지 아니한다고 규정하고 있다.

(2)「보호소년 등의 처우에 관한 법률」

「보호소년 등의 처우에 관한 법률」은 보호소년 등의 처우 및 교정교육과 소년원과 소년분류심사원의 조직, 기능 및 운영에 관하여 필요한 사항을 규정함을 목적으로 한다(제1조). 소년원장 또는 소년분류심사원장은 보호소년 등을 처우할 때에 인권 보호를 우선적으로 고려하여야 하며, 그들의 심신 발달 과정에 알맞은 환경을 조성하고 안정되고 규율 있는 생활 속에서 보호소년 등의 성장 가능성을 최대한으로 신장시킴으로써 사회 적응력을 길러 건전한 청소년으로서 사회에 복귀할 수 있도록 하여야 한다. 보호소년에게는 품행의 개선과 진보의 정도에 따라 점차 향상된 처우를 하여야 한다(제2조). 주요 내용을 살펴보면 다음과 같다.

첫째, 소년분류심사원장은「청소년 기본법」제3조 제1호에 따른 청소년이나 그 보호자가 적성검사 등 진로탐색을 위한 청소년심리검사 또는 상담을 의뢰하면 이를 할 수 있다. 이 경우에는 법무부장관이 정하는 바에 따라 실비를 받을 수 있다(제26조). 그리고 소년원의 교정교육은 규율 있는 생활 속에서 초·중등교육, 직업능력개발훈련, 인성교육, 심신의 보호·지도 등을 통하여 보호소년이 전인적인 성장·발달을 이루고 사회생활에 원만하게 적응할 수 있도록 하여야 한다(제28조).

둘째, ① 보호소년이 소년원학교에 입교하면「초·중등교육법」에 따라 입학·전학 또는 편입학한 것으로 본다. ②「초·중등교육법」제2조의 학교에서 재학하던 중 소년분류심사원에 위탁되거나 유치된 소년 및「소년법」제32조 제1항 제8호의 처분을 받은 소년의 수용기간은 그 학교의 수업일수로 계산한다. ③ 소년원학교장은 보호소년이 입교하면 그 사실을 보호소년이 최종적으로 재학했던 학교의 장에게 통지하고 그 보호소년의 학적에 관한 자료를 보내줄 것을 요청할 수 있다. ④ 제3항에 따른 요청을 받은 전적학교의 장은 교육의 계속성을 유지하는 데에 필요한 학적사항을 지체 없이 소년원학교장에게 보내야 한다(제31조).

셋째, ① 소년원학교에서 교육과정을 마친 보호소년이 전적학교의 졸업장 취득을 희망하는 경우 소년원학교장은 전적학교의 장에게 학적사항을 통지하고 졸업장의 발급을 요청할 수 있다. ② 제1항에 따른 요청을 받은 전적학교의 장은 정당한 사유를 제시하지 아니하는 한 졸업장을 발급하여야 한다. 이 경우 그 보호소년에 관한 소년원학교의 학적사항은 전적학교의 학적사항으로 본다(제34조).

(2) 「보호관찰 등에 관한 법률」

「보호관찰 등에 관한 법률」은 죄를 지은 사람으로서 재범 방지를 위하여 보호관찰, 사회봉사, 수강 및 갱생보호 등 체계적인 사회 내 처우가 필요하다고 인정되는 사람을 지도하고 보살피며 도움으로써 건전한 사회 복귀를 촉진하고, 효율적인 범죄예방활동을 전개함으로써 개인 및 공공의 복지를 증진함과 아울러 사회를 보호함을 목적으로 한다(제1조). 주요 내용은 다음과 같다.

첫째, 보호관찰을 받을 사람은 다음 각 호와 같다. ① 「형법」 제59조의2에 따라 보호관찰을 조건으로 형의 선고유예를 받은 사람, ② 「형법」 제62조의2에 따라 보호관찰을 조건으로 형의 집행유예를 선고받은 사람, ③ 「형법」 제73조의2 또는 이 법 제25조에 따라 보호관찰을 조건으로 가석방되거나 임시 퇴원된 사람, ④ 「소년법」 제32조 제1항 제4호 및 제5호의 보호처분을 받은 사람, ⑤ 다른 법률에서 이 법에 따른 보호관찰을 받도록 규정된 사람이다(제3조).

둘째, 사회봉사 또는 수강을 하여야 할 사람은 다음 각 호와 같다. ① 「형법」 제62조의2에 따라 사회봉사 또는 수강을 조건으로 형의 집행유예를 선고받은 사람, ② 「소년법」 제32조에 따라 사회봉사명령 또는 수강명령을 받은 사람, ③ 다른 법률에서 이 법에 따른 사회봉사 또는 수강을 받도록 규정된 사람이다(제3조).

셋째, 갱생보호를 받을 사람은 형사처분 또는 보호처분을 받은 사람으로서 자립갱생을 위한 숙식 제공, 주거 지원, 창업 지원, 직업훈련 및 취업지원 등 보호의 필요성이 인정되는 사람으로 한다(제3조).

넷째, 보호관찰, 사회봉사, 수강 또는 갱생보호는 해당 대상자의 교화, 개선 및 범죄예방을 위하여 필요하고도 적절한 한도 내에서 이루어져야 하며, 대상자의 나이, 경력, 심신상태, 가정환경, 교우관계, 그 밖의 모든 사정을 충분히 고려하여 가장 적합한 방법으로 실시되어야 한다(제4조).

다섯째, 보호관찰대상자는 보호관찰관의 지도 · 감독을 받으며 준수사항을 지키고 스스로 건전한 사회인이 되도록 노력하여야 한다. 보호관찰대상자는 다음 각 호의 사항을 지켜야 한다. ① 주거지에 상주하고 생업에 종사할 것, ② 범죄로 이어지기 쉬운 나쁜 습관을 버리고 선행을 하며 범죄를 저지를 염려가 있는 사람들과 교제하거나 어울리지 말 것, ③ 보호관찰관의 지도 · 감독에 따르고 방문하면 응대할 것, ④ 주거를 이전하거나 1개월 이상 국내외 여행을 할 때에는 미리 보호관찰관에게 신고해야 한다(제32조).

2) 청소년비행을 예방하고 청소년비행으로부터 청소년을 보호하기 위한 법률[4)]

(1) 「아동·청소년의 성보호에 관한 법률」

「아동 · 청소년의 성보호에 관한 법률」은 아동 · 청소년 대상 성범죄의 처벌과 절차에 관한 특례를 규정하고 피해아동 · 청소년을 위한 구제 및 지원 절차를 마련하며 아동 · 청소년 대상 성범죄자를 체계적으로 관리함으로써 아동 · 청소년을 성범죄로부터 보호하고 아동 · 청소년이 건강한 사회구성원으로 성장할 수 있도록 함을 목적으로 한다(제1조). 주요 내용은 다음과 같다.

첫째, "아동 · 청소년"이란 19세 미만의 사람을 말한다(제2조).

둘째, 이 법을 해석 · 적용할 때에는 아동 · 청소년의 권익을 우선적으로 고려하여야 하며, 이해관계인과 그 가족의 권리가 부당하게 침해되지 아니하도록 주의하여야 한다(제3조).

(2) 「청소년 보호법」

「청소년 보호법」은 청소년에게 유해한 매체물과 약물 등이 청소년에게 유통되는 것과 청소년이 유해한 업소에 출입하는 것 등을 규제하고 청소년을 유해한 환경으로부터 보호 · 구제함으로써 청소년이 건전한 인격체로 성장할 수 있도록 함을 목적으로 한다(제1조). 주요 내용은 다음과 같다.

4) 「아동 · 청소년의 성보호에 관한 법률」 「청소년 보호법」 「청소년 기본법」 「청소년복지 지원법」은 제3장 '청소년복지 정책과 법'에서 상세히 기술하고 있기 때문에 이 장에서는 간략하게 소개한다.

첫째, "청소년"이란 만 19세 미만인 사람을 말한다. 다만, 만 19세가 되는 해의 1월 1일을 맞이한 사람은 제외한다(제2조).

둘째, 「게임산업진흥에 관한 법률」에 따른 게임물 중 「정보통신망 이용촉진 및 정보보호 등에 관한 법률」 제2조 제1항 제1호에 따른 정보통신망을 통하여 실시간으로 제공되는 게임물(인터넷 게임)의 제공자는 회원으로 가입하려는 사람이 16세 미만의 청소년일 경우에는 친권자 등의 동의를 받아야 한다(제24조).

셋째, 인터넷 게임의 제공자는 16세 미만의 청소년 회원가입자의 친권자 등에게 해당 청소년과 관련된 다음 각 호의 사항을 알려야 한다. 제공되는 게임의 특성 · 등급 · 유료화정책 등에 관한 기본적인 사항과 인터넷 게임 이용 등에 따른 결제정보에 대한 사항을 알려야 한다(제25조).

(3) 「청소년 기본법」

「청소년 기본법」은 청소년의 권리 및 책임과 가정 · 사회 · 국가 · 지방자치단체의 청소년에 대한 책임을 정하고 청소년정책에 관한 기본적인 사항을 규정함을 목적으로 한다(제1조). 주요 내용은 다음과 같다.

첫째, 이 법은 청소년이 사회구성원으로서 정당한 대우와 권익을 보장받음과 아울러 스스로 생각하고 자유롭게 활동할 수 있도록 하며 보다 나은 삶을 누리고 유해한 환경으로부터 보호될 수 있도록 함으로써 국가와 사회가 필요로 하는 건전한 민주시민으로 자랄 수 있도록 하는 것을 기본이념으로 한다(제2조).

둘째, ① 청소년의 기본적 인권은 청소년활동 · 청소년복지 · 청소년보호 등 청소년육성의 모든 영역에서 존중되어야 한다. ② 청소년은 인종 · 종교 · 성별 · 나이 · 학력 · 신체조건 등에 따른 어떠한 종류의 차별도 받지 아니한다. ③ 청소년은 외부적 영향에 구애받지 아니하면서 자기 의사를 자유롭게 밝히고 스스로 결정할 권리를 가진다. ④ 청소년은 안전하고 쾌적한 환경에서 자기발전을 추구하고 정신적 · 신체적 건강을 해치거나 해칠 우려가 있는 모든 형태의 환경으로부터 보호받을 권리를 가진다. ⑤ 청소년은 자신의 능력을 개발하고 건전한 가치관을 확립하며 가정 · 사회 및 국가의 구성원으로서의 책임을 다하도록 노력하여야 한다(제5조).

(4) 「청소년복지 지원법」

「청소년복지 지원법」은 「청소년 기본법」 제49조 제4항에 따라 청소년복지 향상에 관한 사항을 규정함을 목적으로 한다(제1조). 주요 내용은 다음과 같다.

① 국가 및 지방자치단체는 대통령령으로 정하는 바에 따라 위기청소년에게 필요한 사회적 · 경제적 지원을 할 수 있다. ② 특별지원은 생활지원, 학업지원, 의료지원, 직업훈련지원, 청소년활동지원 등 대통령령으로 정하는 내용에 따라 물품 또는 서비스의 형태로 제공한다. 다만, 위기청소년의 지원에 반드시 필요하다고 인정되는 경우에는 금전의 형태로 제공할 수 있다(제14조).

04 청소년비행 예방 및 비행을 저지른 청소년에 대한 복지적 개입 방안

1) 청소년비행 예방활동

청소년비행 예방활동은 크게 경찰의 예방활동, 법무부의 예방활동으로 구분하였다. 이 절은 『2022 청소년백서』의 내용을 중심으로 기술하였다.

(1) 경찰의 예방활동

경찰은 유해환경 정화활동, 학교 · 가정 밖 청소년 발굴 및 지원과 같은 청소년비행 예방활동을 실시하고 있다.

첫째, 정보통신산업의 발달로 인터넷과 미디어에 폭력 · 음란성 매체물이 범람하고, 신종 풍속업소 등 유해업소가 해마다 늘어나면서 청소년 탈선과 이를 조장하는 유해환경은 지속해서 증가하고 있다. 이에 경찰은 각종 음란 · 폭력성 매체물과 술, 담배 등 청소년 유해약물을 청소년에게 판매하거나 유흥주점, 비디오방 등의 유해업소에서 청소년을 고용하거나 출입시키는 등의 행위를 하는 「청소년 보호법」 위반 사범에 대하여 연 2회 단속하고 있다. 2021년에 총 5,120명의 「청소년 보호법」 위반 사범을 적발하였다. 이 가운데 청소년에게 술이나 담배를 판매하는 등 유해약물 단속 위반자가 4,288명(83.8%)으로 가장 많았다. 다음으로 성적 퇴폐나 풍기 문란 등 유해 행위를 한 사람은 652명(12,7%),

청소년을 유해업소에 고용시키거나 출입하게 한 사람은 145명(2.8%), 청소년에게 유해한 매체를 통해 판매 및 대여하거나 포장 표시한 사람은 35명(0.7%)이었다.

둘째, 경찰은 2015년 「학교 밖 청소년 지원에 관한 법률」 시행에 따라 학교 밖 청소년의 선도 및 지원과 발굴 강화 계획을 수립하는 등 학교 밖 청소년에 대한 발굴과 지원을 위해 노력하고 있다. 매년 '학교 · 가정 밖 등 위기청소년 집중 발굴 기간'을 운영하여 학교전담경찰관을 중심으로 학교 밖 청소년과 가정 밖 청소년을 발굴하여 지원하고 있다. 2021년에는 4,076명의 학교 밖 청소년을 발견하여 청소년지원센터에 연계하는 등 4,065건을 연계 및 조치하였다. 또한 가정 밖 청소년에 대해서도 2021년에 1,131명을 발견하여 가정에 복귀시키거나 쉼터 등에 연계하는 등 1,255건을 연계하였고, 77개(360명)의 가출팸도 해체하였다.

(2) 법무부의 예방활동

법무부는 학교폭력 등 저연령 소년에 의한 비행이 증가함에 따라 위기청소년 및 비행 초기 단계에 있는 청소년의 재범 방지를 위한 장기적이고 체계적인 대책의 일환으로서 2007년 7월부터 부산, 광주, 대전, 청주, 안산, 창원 등의 6개 지역에 청소년 비행예방센터를 설립한 것을 시작으로, 2022년에는 19개 센터(비직제 1개 기관 포함)를 운영하고 있다. 기관의 긍정적 이미지 제고 및 교육대상자의 심리적 부담감을 해소하고자 2013년 11월부터 대외명칭을 '청소년꿈키움센터'로 변경하여 사용하고 있다. 청소년꿈키움센터는 법원과 검찰청에서 의뢰한 비행청소년과 학교 등에서 의뢰한 위기청소년에 대한 비행예방교육(대안교육)과 부모 등에 대한 보호자 교육, 소년부 판사 또는 검사가 의뢰한 비행청소년 상담조사, 지역사회 청소년에 대한 각종 심리검사 및 상담, 일반학교 학생 · 교사 등에 대한 법교육을 실시하고 있으며, 이외에 청소년비행 관련 연구와 교육프로그램 등을 개발하고 있다.

첫째, 청소년꿈키움센터에서는 검찰과 법원에서 의뢰한 청소년 범죄자에 대한 교육과 비행 진단, 학교장이 의뢰한 가해학생과 그 부모 및 지역사회 일반청소년과 시설청소년을 대상으로 다양한 비행 예방활동을 하고 있다. 이 중 검찰과 법원에서 조건부 기소유예, 결정 전 조사, 보호처분 집행을 위해서 의뢰한 청소년 범죄자를 제외한 비행 예방활동은 크게 대안교육, 심리상담, 보호자 교육으로 구분할 수 있다. 대안교육은 진로, 성격 등의 심리검사, 심성훈련, 체험교육 등 1~5일 과정의 프로그램을 운영하고 있는데, 교육과정을 이수하면 대안교육 수료증을 수여하고 교육결과를 해당 학교에 통보하여 학생생활지도의 자료로 활용하도록 하며, 학부모에게 적성검사 결과 등 자녀 지도에 필요한 정보를 제공하고 있다. 심리상담은 지역사회의 청소년을 대상으로 지능, 적성, 성격 등의 심리검사를 실시하고 소질과 특성에 맞는 진로지도 지침을 제공한다. 보호자 교육은 학교에서 의뢰한 보호자나 자발적으로 참여를 원하는 교육생의 보호자를 대상으로 자녀의 부적응 행동을 이해하고 건강한 성장을 도울 양육 방법 등을 교육하고 있다. 청소년꿈키움센터의 예방교육은 아동복지기관 등에서 의뢰한 취약 · 위기 청소년보다는 학교에서 의뢰한 학교폭력 가해학생에 대한 교육이 주를 이루고 있다.

둘째, 청소년심리상담실은 1996년 2월 서울소년분류심사원과 분류심사 업무를 대행하는 4개의 소년원에서 운영하기 시작하였으나, 현재는 청소년꿈키움센터에서 운영하고 있다. 청소년 심리상담도 지역사회 일반청소년보다는 학교에서 의뢰한 학교폭력 가해학생에 대한 심리상담이 주를 이루고 있다. 청소년 심리상담 인원은 2017년 8,357명이었으나, 코로나19가 발생한 2020년에는 대폭 감소하여 1,413명이었고, 2021년에는 2,276명으로 전년보다 61.1% 증가하였다. 보호자 교육은 2014년 7,955명이었으나, 2014년 이후 지속해서 감소하다가 2021년에는 2,294명으로 전년도의 1,945명보다 18.1% 증가하였다.

2) 청소년비행에 대한 교육

청소년비행에 대한 교육은 크게 소년원의 교육, 보호관찰소의 교육으로 구분하였다. 이 절은『2022 청소년백서』의 내용을 중심으로 기술하였다.

(1) 소년원의 교육

소년원의 교육은 보호소년에게 규칙과 질서를 존중하는 인권 중심 생활지도를 통하여 사회부적응의 원인을 제거함과 동시에 학생들의 흥미, 적성 등을 고려하여 교과교육(특성화 · 보통), 직업능력 개발훈련, 인성교육, 의료 · 재활 교육, 검정고시 등을 실시함으로써 사회적응 능력을 길러 건전한 청소년으로 사회에 복귀할 수 있도록 운영되고 있다. 1942년 처음 개원할 당시에는 교육보다 수용 관리에 초점을 두었으나, 두 차례에 걸친 관계 법령의 개정 등을 통해 교육의 비중을 꾸준히 높여 왔다.

소년원의 교과교육은 1988년에 소년원 학생이 학령기 청소년이란 점을 강조하여 소년원을 「초 · 중등교육법」에 의한 정규학교 체제로 전환하여 교육과정을 마친 학생에게는 종전에 재학했던 학교장 명의의 졸업장을 주고, 중도에 출원하는 학생은 일반 학교에 전학 또는 편입학시켜서 학업이 단절되지 않도록 하였고, 2000년에는 21세기에 적합한 직업 능력 배양과 안정된 사회 정착을 위하여 교과교육 중심의 소년원 교육체제를 실용 외국어와 컴퓨터 중심의 특성화교육 체제로 혁신하였다. 이후 교육과정은 크게 일반 중고등학교와 동일한 과정의 일반 교육과정과 전체 교육 시간의 60% 범위에서 실용 외국어와 컴퓨터 등의 특성화 교과로 운영하는 특성화 교육과정으로 나누어 진행하고 있다. 영농, 축산, 원예로 시작된 소년원 직업능력개발훈련은 1973년 안양소년원이 '법무부 제1공공 직업훈련소'로 지정되고, 뒤이어 1974년에 서울소년원 등 전국의 9개 소년원이 '법무부 제2~10공공 직업훈련소'로 인가되면서 전문적 직업훈련을 하게 되었다. 2022년 기준 서울 · 부산 · 대구 · 광주 · 춘천 · 제주 · 안양 · 청주 소년원에서 자동차 정비와 용접, 에너지설비, 소형건설기계 조종사 면허, 제과제빵, 한식조리, 피부미용, 예술분장, 헤어디자인, 커피바리스타, 그래픽디자인, 디저트, 골프매니지먼트 등의 직업능력개발훈련 과정이 설치되어 있다.

소년원 학생의 성행 개선을 위하여 대구 · 청주 · 춘천 · 제주 소년원을 인성교육 전담소년원으로 지정하여 기본 교육과정 중 50% 이상을 인성교육 시간으로 편성하여 운영하고 있다. 또한 인성교육 전담소년원 이외의 소년원에서도 인성교육을 정규과정으로 편성하여 운영하고 있다. 국토 순례, 야영 훈련, 문화예술교육, 공연 관람, 사회봉사활동 등의 다양한 체험활동과 함께 학생 개개인의 심리적 특성과 비행 특성 등을 고려한 집단지도와 집단상담 프로그램 중심으로 이루어지고 있다. 2007년 「소년법」 개정으로 1개월 이내 소년원 수용인 8호 처분이 신설되면서 1개월 이내 집중 인성교육을 실시하는 8호 처분자 전담소년원을 전주 · 청주 · 제주 소년원으로 지정하여 운영하고 있다. 8호 처분자 교육과정은 비행 유형별 비행 예방 전문교육, 체험활동, 집단상담 및 교양교육으로 편성하여 운영하고 있으며, 대전소년원에서는 신체질환, 약물중독, 정신 · 발달 장애 등 집중 치료나 특수교육이 필요한 보호소년을 대상으로 의료 · 재활 교육을 실시하고 있다.

(2) 보호관찰소의 교육

보호관찰소는 보호관찰, 사회봉사명령 및 수강명령, 조사, 전자발찌, 성충동 약물치료 등에 관련된 사무를 집행하기 위해 설치된 법무부 소속의 국가기관이다. 보호관찰이란 범죄자를 교도소, 소년원 등의 수용시설에 보내지 않고 일정 기간 준수사항을 지킬 것을 조건으로 사회 내에서 자유로운 생활을 허용하면서 보호관찰관의 지도, 감독, 원호를 받게 하거나(협의의 보호관찰), 일정 시간 무보수로 사회에 유익한 근로봉사를 하게 하거나(사회봉사명령), 범죄성 개선을 위한 교육(수강명령)을 받도록 함으로써 범죄자의 성행을 교정하여 재범을 방지하는 형사정책 수단이다.

1989년 7월 1일부터 청소년 범죄자에 대하여 최초로 시행된 보호관찰은 제도의 실효성이 인정되어 점차 대상이 확대되었다. 청소년에 대한 보호관찰은 소년법원에서 장단기 보호관찰(4호, 5호)을 처분받은 청소년 범죄자, 형사법원에서 보호관찰을 조건으로 선고유예나 집행유예를 선고받은 청소년 범죄자, 소년원에서 임시 퇴원한 청소년 범죄자와 검사가 조건부 기소유예의 한 형태로 보호관찰 선도위탁을 한 대상자에 대하여 실시한다.

보호관찰 기간 중 청소년 대상자는 일반 준수사항[5] 및 외출제한명령 등 법원과 보호관찰심사위원회에서 부과한 특별 준수사항을 지키며 스스로 건전한 사회인이 되도록 노력하여야 한다. 보호관찰관은 초기면담, 재범위험성 평가를 통해 대상자를 일반 대상자, 주요 대상자, 집중 대상자 등으로 분류하고, 분류 등급에 기초하여 차별화된 지도 및 감독을 한다. 최근에는 보호관찰 청소년의 재범 통제를 위해 출석지도 위주의 보호관찰 방식을 탈피하여 주거지 방문, 생활 근거지에서의 면접 등 현장 중심의 적극적·역동적 보호관찰을 전개하고 있다. 특히 2011년부터는 재범위험성이 높은 청소년 대상자 등에 대한 지도 및 감독을 강화하기 위하여 '소년전담직원제'를 확대하여 운영하고 있고, 다양한 사회자원 연계를 통한 특화된 처우와 집중 감독을 실시하는 등 소년 보호관찰 대상자의 재범 방지를 위해 역량을 집중하고 있다. 또한 전문적이고 체계적인 처우 프로그램 개발

5) 주거지에 상주하고 생업에 종사할 것, 범죄로 이어지기 쉬운 나쁜 습관을 버리고 선행을 하며 범죄를 저지를 염려가 있는 사람들과 교제하거나 어울리지 말 것, 보호관찰관의 지도·감독에 따르고 방문하면 응대할 것, 주거를 이전하거나 1개월 이상의 국내외 여행을 할 때에는 미리 보호관찰관에게 신고할 것.

표 8-7 보호처분의 종류

구분	보호처분의 종류	기간 또는 시간 제한	대상 연령
1	보호자 또는 보호자를 대신하여 소년을 보호할 수 있는 사람에게 감호 위탁	6개월 (6개월 연장 가능)	10세 이상
2	수강명령	100시간 이내	12세 이상
3	사회봉사명령	200시간 이내	14세 이상
4	보호관찰관의 단기 보호관찰	1년	10세 이상
5	보호관찰관의 장기 보호관찰	2년(1년 연장 가능)	10세 이상
6	「아동복지법」에 따른 복지시설이나 그 밖의 소년 보호시설에 감호 위탁	6개월 (6개월 연장 가능)	10세 이상
7	병원, 요양소 또는 「보호소년 등의 처우에 관한 법률」에 따른 소년의료보호시설에 위탁	6개월 (6개월 연장 가능)	10세 이상
8	1개월 이내의 소년원 송치	1개월 이내	10세 이상
9	단기 소년원 송치	6개월 이내	10세 이상
10	장기 소년원 송치	2년 이내	12세 이상

* 출처: 대한민국 법원 전자민원센터(2024).

과 시행을 통하여 보호관찰 대상자의 재범 방지와 사회적응력 제고를 위해 각 지역사회의 전문기관과 연계하여 대상자 특성별 재범 방지 전문 프로그램을 시행하고 있다.

3) 비행을 저지른 청소년에 대한 복지적 개입 방안

청소년의 비행문제가 더욱 심각성을 갖는 이유는 무엇보다도 초기의 가벼운 비행이 재비행이 되고, 수년간 지속적으로 비행을 저지른 청소년은 성인기에 범죄자의 길로 들어설 위험이 높기 때문이다(Moffitt, 1993). 따라서 비행을 저지른 청소년이 자신의 행동을 뉘우쳐 올바른 가치관을 형성하여 더 이상 비행을 저지르지 않고 사회에 잘 적응할 수 있도록 도와주는 예방적 · 회복적 보호지원은 비행을 저지른 청소년뿐만 아니라 국가 차원에서도 중요한 과제이다(차주환 외, 2019). 지방자치단체장은 「청소년복지 지원법」에 의거하여 청소년의 비행과 일탈을 예방하고, 가정 · 학교 · 사회 생활에 복귀 및 적응하는 것을 돕기 위하여 '비행 혹은 일탈을 저지른 청소년' '일상생활에 적응하지 못하여 가정 또는 학교 외부의 교육적 도움이 필요한 청소년'에 대하여 청소년 본인의 동의를 받고 청소년 본인, 해당 청소년의 보호자 또는 청소년이 취학하고 있는 학교의 장의 신청에 따라 예방적 · 회복적 보호지원을 실시할 수 있다. 하지만 이러한 지원이 제대로 이루어지지 못하고 있다. 따라서 청소년의 비행을 예방하고 비행을 저지른 청소년이 일상생활에 적응할 수 있도록 복지적 개입 방안 마련이 필요하다.

첫째, 비행을 저지른 청소년을 위한 전문적인 부모교육과 상담을 강화해야 한다. 김현숙(2023)은 낮은 사회경제적 지위와 부모의 학력, 빈곤, 가정불화, 가족해체, 가족구조 결핍, 부모의 낮은 관심 등 가정환경이 청소년의 비행 원인에 있어 중요하게 다루어진다고 하였다. 가정환경 중에서 부모의 이혼이나 가족구조의 변화는 공통적으로 높은 비중을 차지하고 있으며, 부모의 이혼이나 사망 등 가족구조의 변화로 인한 가정환경의 변화는 청소년비행에 직접적으로 영향을 미친다. 특히 부모의 이혼은 청소년의 범법비행과 다중비행의 발생빈도를 높이는 요인이다.

청소년비행과 재비행에 있어서 안정적인 가정과 부모의 역할은 매우 중요하다. 비행을 저질렀다고 하더라도 부모의 적절한 양육 행동 및 관심과 지지는 재비행을 예방하는 데 중요한 역할을 하므로 청소년을 대상으로 한 상담 개입뿐만 아니라 그들의 부모가 제대로 된 역할을 하고, 현명하게 대처할 수 있도록 부모교육을 실시하는 것이 필요하다. 또한 부모 자신도 잘못된 양육을 받았거나 폭력에 노출된 경험이 많은 경우, 비행을 저지른 자녀에게 상처를 주었다고 인식하기 어려우므로, 근본적인 치료를 위해서는 부모 상담 개입을 강화해야 한다(한국청소년상담복지개발원, 2019).

둘째, 청소년의 비행친화적 지식 구조를 변화시킬 수 있는 방안 마련이 필요하다. 청소년이 일상생활의 경험을 통해 다른 사람을 적대시하고, 미래를 폄하하며, 사회규범을 경시하는 문화를 배우면 비행친화적 지식 구조를 형성하게 되며, 이는 비행으로 연결될 수 있다. 비행친화적 지식 구조는 적대적 시각, 미래폄하 시각, 냉소적 시각으로 구성되는 개념으로, 비행을 호의적으로 바라보도록 하는 인지구조이자 청소년비행의 원인이 되는 지식 구조이다. 비행을 저지르는 청소년의 대다수는 비행친화적 지식 구조로 인해 주위 상황을 왜곡된 방향으로 해석하고 자기 행위에 그릇된 의미를 부여함으로써 비행에 빠져든다. 비행에 나쁘다는 의미를 부여하지 않고 오히려 비행이 정당한 것이고, 어쩔 수 없고, 필연적이고, 허용될 수 있다고 생각하기 때문이다(이경상 · 이순래 · 박철현,

2010; Simons & Burt, 2011). 지식 구조는 한 번 형성되면 지속적으로 유지될 수 있으므로 이에 대한 직접적 개입이 없이는 비행을 해결하기가 쉽지 않다(최창묵 · 송주현 · 김현경, 2023; Beck, 1976). 따라서 청소년비행을 나쁘게 보지 않고 상황을 왜곡하여 해석하는 비행친화적 지식 구조를 변화시킬 수 있는 프로그램을 개발하고 시행할 필요가 있다.

요약

1. 청소년비행의 개념을 명확하게 규정하는 것은 어려운 일이다. 왜냐하면 청소년비행에 대한 경험, 청소년에 대한 시각, 그리고 청소년비행을 바라보는 관점에 따라 다양하게 정의되기 때문이다. 이 책에서는 「소년법」의 내용과 선행연구들을 통해 청소년비행의 개념을 정의하였다. 청소년비행은 '10세 이상 19세 미만인 자가 저지르는 음주, 흡연, 정당한 이유 없이 가정을 이탈하는 행위, 유해 장소 출입, 도박, 음란 행위, 자기 또는 타인의 덕성을 해롭게 하는 행위, 그 외 청소년에게 금지된 일련의 행위로서 일반적으로 사회의 바람직한 가치 규범에서 벗어나거나 상반되는 행위'라고 정의하였다.

2. 청소년의 현재 흡연율(2022년 기준)을 살펴보면, 청소년 전체는 4.5%이고, 남학생(6.2%)이 여학생(2.7%)보다 높은 수준으로 나타났다. 처음 흡연 경험 연령(2022년 기준)은 청소년 전체는 13.5세이고, 남학생(13.5세)이 여학생(13.6세)보다 조금 더 어릴 때 시작하는 것으로 나타났다. 청소년의 현재 음주율(2022년 기준)을 살펴보면, 청소년 전체는 13.0%이고, 남학생(15.0%)이 여학생(10.9%)보다 높은 수준으로 나타났다. 처음 음주 경험 연령(2022년 기준)은 청소년 전체는 13.1세이고, 남학생(12.9세)이 여학생(13.4세)보다 조금 더 어릴 때 시작하는 것으로 나타났다.

3. 성인용 간행물과 영상물 이용에 있어 초등학생의 경험률이 높은 경향이 뚜렷하게 나타난 결과를 볼 때 성인물 접촉 연령이 낮아진다고 볼 수 있으며, 초등학생을 위한 차별화된 성인용 매체 노출과 피해 예방을 위한 대책 마련이 필요하다.

4. 청소년비행과 관련된 법률은 청소년을 주요 대상으로 하거나 법 적용 대상의 일부가 청소년인 경우 등 각 법령별로 입법 취지와 적용 대상을 달리하면서 제정 및 시행되어 왔다. 특히 청소년과 관련된 법률은 크게 청소년비행에 대한 보호(교정)처분에 관한 법률과 청소년비행을 예방하고 청소년비행으로부터 청소년을 보호하기 위한 법률로 구분할 수 있다.

5. 각 기관별 청소년비행 예방활동으로는, 첫째, 경찰은 유해환경 정화활동, 학교 · 가정 밖 청소년 발굴 및 지원과 같은 청소년비행 예방활동을 실시하고 있다. 둘째, 법무부는 청소년꿈키움센터 운영, 청소년심리상담실 운영과 같은 청소년비행 예방활동을 하고 있다.

6. 청소년비행에 대한 교육으로는 첫째, 보호소년에게 규칙과 질서를 존중하는 인권 중심 생활지도를 통하여 사회부적응의 원인을 제거함과 동시에 학생들의 흥미, 적성 등을 고려하여 교과교육(특성화 · 보통), 직업능력 개발훈련, 인성교육, 의료 · 재활 교육, 검정고시 등을 실시함으로써 사회적응 능력을 길러 건전한 청소년으로 사회에 복귀할 수 있도록 운영되고 있다. 둘째, 보호관찰소는 전문적이고 체계적인 처우 프로그램 개발과 시행을 통하여 보호관찰 대상자의 재범 방지와 사회적응력 제고를 위해 각 지역사회의 전문기관과 연계하여 대상자 특성별 재범 방지 전문 프로그램을 시행하고 있다.

7. 비행을 저지른 청소년에 대한 복지적 개입 방안으로는 첫째, 비행을 저지른 청소년을 위한 전문적인 부모교육과 상담을 강화해야 한다. 둘째, 청소년의 비행친화적 지식 구조를 변화시킬 수 있는 방안 마련이 필요하다.

참고문헌

김경식 · 이현철(2007). 청소년비행의 영향 요인. **교육사회학연구, 17**(2), 1-22.

김준호(1994). 청소년비행의 실태와 원인. **형사정책연구, 17**, 63-94.

김준호 · 이동원(1995). **한국의 청소년비행척도 개발에 관한 연구**. 서울: 한국형사정책연구원.

김현숙(2023). 학교 밖 청소년비행경로에 관한 연구: 한부모 자녀와 양부모 자녀의 차이를 중심으로. **보건과 복지, 25**(1), 95-121.

김희화(2003). 청소년의 문제행동 및 인터넷 비행에 대한 모감독과 심리적 통제의 영향. **청소년학연구, 10**(3), 133-153.

노성호(2006). 종단적 자료를 이용한 청소년비행화 모델의 검증. **사회과학논총, 22**, 57-83.

박지홍 (2002). 비행청소년의 심리적 성장환경과 성격특성에 관한 분석. 동아대학교 대학원 박사학위논문

유혜은 · 김경근(2024). 비행 청소년의 학업중단 경험에 관한 현상학적 연구. **청소년학연구, 31**(1), 1-26.

이은주(2009). 청소년비행과 비행친구의 인과관계에 대한 자기회귀 교차지연 모델의 검증. **한국청소년연구, 20**(1), 141-171.

여성가족부(2023). **2023 청소년 백서.**

여성가족부(2022a). **2022년 청소년 매체 이용 및 유해환경 실태조사**. 서울: 여성가족부.

여성가족부(2022b). **2022년 위기청소년 지원기관 이용자 생활실태조사**. 서울: 여성가족부.

이경상 · 이순래 · 박철현(2012). **범죄유발적 지식구조와 청소년비행에 관한 연구**. 서울: 한국청소년정책연구원.

정제영 · 선미숙 · 장선희(2016). 중학생의 비행에 영향을 미치는 요인 분석. **한국청소년연구, 27**(2), 325-252.

질병관리청(2022). **2022년 청소년건강행태조사**. 충북: 질병관리청.

차주환 · 이창호 · 박종효 · 박준영 · 장혜미 · 손지아(2019). **고위기 청소년 정신건강 상담개입 매뉴얼: 비행 편**. 부산: 한국청소년상담복지개발원.

최창묵 · 송주현 · 김현경(2023). 청소년기의 비행친화적 지식구조가 초기 성인기의 내재화와 외현화 증상에 미치는 종단적 영향: 청소년의 지위비행과 범법비행의 이중매개. **청소년학연구, 30**(8), 143-162.

한국청소년상담복지개발원(2019). 청소년비행, '낙인'이 아닌 '포옹', 청소년상담 이슈 페이퍼. 부산: 한국청소년상담복지개발원.

한국형사정책연구원(1995). **청소년비행척도개발에 관한 연구**. 서울: 한국형사정책연구원.

Beck, A. T. (1976). Cognitive therapy and the emotional disorders. New York: International Universities Press.

Moffitt, T. E. (1993). Adolescent-limited and life course persistent antisocial behavior: A developmental taxonomy. *Psychological Review, 100*, 674-701.

Simons, R., & Burt, C. H. (2011). Learning to be bad: Adverse social conditions, social schemas, and crime. *Criminology, 49*(2), 553-598.

Weiner, I. B. (1982). Child and adolescent psychopathology. New York: John Wiley & Sons.

대한민국 법원 전자민원센터 https://help.scourt.go.kr

제9장

청소년복지의 실제 6

-경제활동-

학습개요

청소년에게 경제활동은 사회에 참여하고 자신의 역량을 개발할 뿐만 아니라 자립 준비를 위해 필요한 활동이다. 그러나 우리 사회에서 청소년이 경제활동 참여 기회는 적고, 기회가 주어지더라도 매우 열악하다. 청소년이 경제활동에 대한 참여를 복지 차원에서 이해하여 다양한 프로그램을 마련하고 청소년의 삶의 질을 개선하는 것은 매우 중요하다.

청소년들의 경제활동참여 경험은 증가하고 있으나 대다수의 청소년은 경제활동 참여에 긍정적으로 바라보고 있는데 반해서 성인들은 여전히 청소년들의 경제활동 참여에 대해 부정적인 시각을 보이고 있다.

이 장에서는 청소년이 주도적으로 경제활동에 참여할 수 있는 방안을 마련하기 위해 청소년 경제활동에 대한 다양한 방법을 이해하는 데 도움을 주고자 한다. 이를 위해 청소년의 경제활동에 대한 개념, 청소년의 경제활동 현황, 청소년 경제활동 관련 법과 제도를 설명하고, 청소년이 경제활동하는 과정에서 발생할 수 있는 다양한 문제점과 해결 방안을 제시한다.

01 청소년의 경제활동 개념

1) 경제활동 개념

경제활동이란 경제 재화나 용역의 생산과 소비, 소득이나 부(富)의 분배 따위의 경제 분야에 관련된 모든 개별적인 행동을 의미한다. 특히 경제활동인구란 만 15세 이상의 인구 가운데 노동 능력 및 노동 의사를 가지고 있는 인구이고, 취업자와 실업자를 모두 포함한다.

중세시대까지만 해도 아동기, 청소년기의 개념이 존재하지 않았기 때문에 마찬가지로 성인과 아동 및 청소년이 뚜렷하게 구분되지 않았다. 그 시대의 가족은 생산과 소비 재생산의 통합된 단위였기 때문에 어렸을 때부터 온 가족이 경제활동에 참여하였고, 이미 그때부터 청소년들은 경제활동을 하는 온전한 한 인간으로 존재했다. 그러나 자본주의의 등장과 함께 상황이 달라졌다. 예전에는 가구 단위였던 경제활동이 점차 사회의 영역으로 확대됨에 따라 가족이 더 이상 생산과 재생산의 기능을 하지 않게 되었다. 특히 아동과 청소년은 '경제로부터 분리된 영역'의 가족구성원이 되었고, 더 이상 일을 할 필요가 없는 존재가 되었다. 즉, 아동과 청소년은 외부 세계로부터 분리시켜서 '보호'받아야 할 존재라는 사회적 담론이 만들어졌다.

청소년은 안전한 환경에서 자라고, 학교에서 교육을 받아야만 하는 학생으로서 존재되었다. 그러나 현대사회는 철저한 시장경제 원리에 따라 국가의 우열이 평가되고 경쟁이 심화되고 있다. 민주적 사회를 향한 개혁 요구가 활발히 분출하면서 국가와 국민 계층 간의 경제적인 불평등은 더욱 가중되고 있다. 대표적인 대상이 경제활동에 참여하는 청소년이다. 청소년 노동권리 침해가 여전한 것은 청소년의 노동이 연령적으로 '청소년'이라는 특성과 함께 단기간의 비정규직인 아르바이트라는 '일'의 특성까지 부과되어 성인들의 노동에 비해 더 열악한 노동환경에 놓이게 될 가능성이 크기 때문이다. 노동권리에 대한 사회 변화는 아동과 청소년 그리고 노인 등 사회적 약자를 위한 복지에도 영향을 가져왔다. 아동과 노인 그리고 장애인 등에 비해 청소년들은 시기적 특성상 비교적 적극적인 자세로 사회 변화에 대응하고 있다. 청소년은 무한경쟁과 철저한 시장경제 논리에 불리한 입장에 처해 있지만 청소년들이 일으킨 청소년문제는 사회문제화되고 소비 등의 하위문화를 통하여 사회에 반향을 일으킴으로써 사회적 관심을 불러일으킨다. 더욱이 청소년들은 다른 집단에 비교하여 취업, 주택, 수입 및 결정 과정에의 참여 등 여러 면에서 불리한 입장에 처해 있는 것이 사실이다(김형식, 1993).

아동기에는 가족 안에서 경제와 정서적 욕구를 충족할 수 있기 때문에 사회적 영향력을 미치거나 생산적 능력과 동기를 가져야 할 필요는 없다. 그러나 가족으로부터 점차 심리 · 정서적으로 분리되고 경제적인 독립을 해야 할 상황에 처하거나 직업적 또는 전문적 역할을 준비해야 하는 청소년기에는 생산성과 사회적 책임을 학습해야 하므로 그들 스스로 행복을 추구할 수 있는 기초적인 경제 능력을 갖도록 도와주어야 한다. 가정과 사회 환경이 불충분하여 정상적인 직업교육과 생활 능력 소양 기술을 갖추지 못한 청소년들에게 기초적인 경제 능력 향상 지원은 성인과의 경쟁에서 적응할 수 있는 기회뿐만 아니라 장차 성인이 되어 현실을 타개할 수 있는 존재라는 내용을 강조하고, 동시에 자립 환경을 조성하기 위해서 청소년의 현재와 미래를 동시에 고려한 내용으로 구성되어야 한다(박창범, 2002).

통계청의 경제활동에 관한 개념 정의에 따르면, 경제활동인구는 만 15세 이상 인구 중 조사 대상 주간 동안에 재화나 용역을 생산하기 위하여 노동을 제공한 사람과 제공할 의사와 능력이 있는 사람을 말한다. 즉, 취업자와 실업자를 말한다. 여기서 취업자라 함은 조사 대상 기간에 소득, 이익, 봉급, 임금 등의 수입을 목적으로 1시간 이상 일한 자, 자기에게 직접적으로는 이득이나 수입이 오지 않더라도 가구 단위에서 경영하는 농장이나 사업체의 수입을 높이는 데 도운 가족 종사자로서 주당 18시간 이상 일한 자, 직업 또는 사업체를 가지고 있으나 조사 대상 주간에 일시적인 병, 일기불순, 휴가 또는 연가, 노동쟁의 등의 이유로 일하지 못한 일시 휴직자를 말한다. 실업자는 경제활동을 할 수 있는 능력과 의사를 가지고 있으면서도 조사 대상 기간에 수입이 있는 일에 전혀 종사하지 못한 자로서 구직활동을 하여 즉시 취업이 가능한 자를 말한다. 비경제활동인구란 조사 대상 주간에 취업도 실업도 아닌 상태에 있는 사람을 말하는데, 이들은 주된 역할에 따라 가사, 통학, 연로, 심신장애, 기타로 구분된다.

경제활동 참여 상태 중 취업자들의 고용 형태인 상용직, 임시직, 일용직에 대한 정의

표 9-1 경제 · 비경제활동인구 구분 및 설명

<table>
<tr><th>구분</th><th colspan="4">설명</th></tr>
<tr><td rowspan="6">경제활동 인구</td><td rowspan="6">총인구 중에서 15세 이상 인구를 말하며, 현역 군인, 전투경찰, 기결수는 제외된다. 경제활동인구는 다시 취업자와 실업자로 구분, 조사되는데, 실업자가 경제활동인구에 포함되는 이유는 조사 시점에서는 일시적인 이유로 직장이 없어 구직활동을 하고 있으나 보통의 상태에서는 취업을 하여야 할 것으로 생각되는 인구이기 때문이다.</td><td rowspan="5">취업자</td><td>상용 근로자</td><td>–고용계약 설정자는 고용계약 기간이 1년 이상인 경우
–고용계약 미설정자는 소정의 채용 절차에 의해 입사하여 인사관리 규정을 적용받거나 상여금 및 퇴직금 등 각종 수혜를 받는 사람</td></tr>
<tr><td>임시 근로자</td><td>–고용계약 설정자는 고용계약 기간이 1개월 이상 1년 미만인 경우
–고용계약 미설정자는 일정한 사업(완료 1년 미만)의 필요에 의해 고용된 경우</td></tr>
<tr><td>일용 근로자</td><td>–임금 또는 급여를 받고 고용되어 있으나 고용계약 기간이 1개월 미만인 자, 또는 일정한 사업장 없이 떠돌아다니면서 일한 대가를 받는 사람</td></tr>
<tr><td>고용원이 있는 자영업자</td><td>–한 사람 이상의 유급 고용원을 두고 사업을 경영하는 사람</td></tr>
<tr><td>무급 가족 종사자</td><td>–자영업주의 가족이나 친인척으로서 임금/급여를 받지 않고 사업체의 업무를 돕는 자–동일 가구 내 가족이 경영하는 사업체, 농장에서 무보수로 일하는 사람을 말하며, 조사 대상 기간에 18시간 이상 일한 사람은 취업자로 분류
(*18시간 미만 일하는 경우에는 실업자 또는 비경제활동인구)</td></tr>
<tr><td>실업자</td><td colspan="2">–조사 대상 기간에 수입 있는 일을 하지 않았고, 지난 4주간 일자리를 찾아 적극적으로 구직활동을 하였던 사람으로서 일자리가 주어지면 즉시 취업이 가능한 사람을 말함</td></tr>
<tr><td>비경제활동 인구</td><td colspan="4">만 15세 이상 총인구 중에서 취업자도 실업자도 아닌 사람, 즉 일할 능력이 있어도 일할 의사가 없거나 일할 능력이 없는 사람</td></tr>
</table>

* 출처: 통계청(2024).

가 정부 안에서도 통계청과 노동부의 개념 정의가 서로 다른데, 한국노동연구원의 노동패널조사, 한국여성정책연구원의 여성취업실태조사 등에서는 통계청의 개념 정의를 따르고 있어 고용형태에 대한 정의 또한 통계청의 개념 정의를 사용하고자 한다.

경제활동 참여 상태 중 취업자들의 고용 형태에 따른 분류를 보면 상용직, 임시직, 일용직, 자영업자, 고용주로 구분할 수 있다. 통계청의 개념 정의에 따르면 상용직은 '임금 또는 봉급을 받고 고용계약 기간이 1년 이상인 자'를 말하며, 임시직은 '임금 또는 봉급을 받고 고용계약 기간이 1개월 이상 1년 미만인 자', 일용직은 '임금 또는 봉급을 받고 고용계약 기간이 1개월 미만인 자'로 정의하고 있다. 고용주는 '종업원을 두고 자기 사업을 운영하는 자', 고용원이 있는 자영업자는 '종업원'을 한 명 이상 유급 고용원을 두고 자기 사업을 운영하는 자'를 말한다(고용노동통계, 2024).

1982년 국제노동기구(ILO)에 따르면 노동력은 임금노동력과 비임금노동력으로 구분되고, 임금노동력은 취업과 비취업으로, 비임금노동력은 일에 참여 그리고 일에 참여하지 않음의 두 가지로 구분함으로써 일과 경제활동은 동일하다고 할 수 있다(International Labour Organization, 1982). 그러나 2013년 국제노동통계인총회(ILO)에서는 경제활동 및 취업을 통한 노동시장 참여를 일로 간주하고, 사회의 다양한 영역의 활동을 광범위하게 포함하는 더욱 포괄적인 의미로 일을 정의하였다. 따라서 경제활동 참여는 다양한 형태의 일 중에서 취업에 해당되는 영역으로, 다른 사람들이 이용할 상품 및 서비스 생산을 통하여 임금과 수익을 얻는 것으로 정의한다(International Labour Organization, 2013).

이 중에서 취업자는 실제로 일하고 있는 신분 또는 지위 상태를 말하는 종사자의 지위에 따라 다시 상용근로자, 임시근로자, 일용근로자, 고용원이 있는 자영업자, 무급 가족종사자 등의 5개 범주로 구분할 수 있는데 〈표 9-1〉과 같다.

2) 경제활동의 이론적 근거

헤비거스트(Havighurst, 1956)가 제시한 생애단계별 발달과업 내용 중에서 경제활동과 직접 관련되는 과업은 청년기의 '직업역할 시작', 중년기의 '경제적 표준생활 확립 · 유지', 노년기의 '은퇴와 수입 감소에의 적응'으로 볼 수 있다. 청년기의 직업 선택은 개인적 성취감을 획득하는 데 도움을 주고, 이후 경제적으로 독립적 · 안정적인 생활을 유지하는 데 영향을 미치는 중요한 발달과업이다.

레빈슨(Levinson, 1986)의 경제활동과 관련된 발달과업은 청년기의 '일 참여'로 정리할 수 있다. 청년기는 직업 선택으로 이어지는 일에 참여하고, 성인기로 진입하면 불확실한 직업 세계로의 촉진, 전환, 정착으로 이어지게 된다(Zastrow & Kirst-Ashman, 2010).

생애발달 단계에 따라 인간의 성장을 이해하고자 했던 연구자들의 노력 이후, 이를 직업적 영역에 적용시켜서 개인의 경력 개발 과정을 단계별로 구분하는 학문적 노력이 시도되었다(김재희, 2016). 경력 개발은 생애발달과 유사한 개념이지만 경력 개발 단계의 경우보다 일과 관련된 문제에 집중하여 인간의 발달 과정을 조망한다는 점에서 큰 차이가 있다. 즉, 경력 개발 단계는 생애 과정에서 경력이 개발되는 과정을 일정한 단계로 구분한 것을 말한다. 대표적인 이론으로는 수퍼(Super, 1980)와 홀(Hall, 1976)이 제시한 경력 개발 단계가 있다. 수퍼(Super, 1980)의 경력 개발 단계는 '성장기' '탐색기' '확립기' '유지기' '쇠퇴기'로 구분된다(이지연 · 오호영 · 윤형한, 2007). 먼저 '성장기(growth stage, 출생~14세)'는 타인과의 동일시를 통해 자신의 자아를 형성해 가는 시기로, 자신의 흥미와 능력이 무엇인지를 확인하는 시기이다. 다음으로 '탐색기(exploration stage, 15~24세)'는 가정과 학교에서의 다양한 활동을 통해 자신의 자아를 검증하고 직업 탐색을 시도하는 시기이다. 이 시기의 경험은 이후 직업 선택 및 결정에 큰 영향을 미치게 된다. '확립기(establishment stage, 25~44세)'는 자신에게 적합한 직업을 선택함으로써 자신의 직업을 공고화하고, 소속감과 안정감을 획득하는 안정이 이루어지는 시기이다. 이후 직업적 성취 속에서 안정감을 유지해 나가는 '유지기(maintenance stage, 45~64세)'를 거쳐 마지막으로 신체적 · 심리적 기능의 쇠퇴에 따라 직업 세계에서 은퇴하고 새로운 역할과 활동을 찾는 '쇠퇴기(decline stage, 65세 이후)'를 맞이하게 된다.

다음으로 홀(Hall, 1976)에 의해 제안된 이후 여러 연구자에 의해 발전된 경력 개발 단계는 출생 이후에 교육과정을 거쳐서 직장 입사 그리고 퇴직에 이르기까지 일련의 과정을 분류하였다. 이때 '탐색기'는 청소년기에 해당된다(이지연 · 오호영 · 윤형한, 2007). 즉, '탐색기(exploration Stage, 22~26세)'는 다양한 시행착오를 경험하면서 자신이 속한 조직 내에서의 업무를 평생 경력으로 삼을 것인지의 여부를 탐색하는 시기이다. 국내 연구에서는 경력 개발 단계를 크게 4단계로 나누어 분류하였다. 즉, '경력형성기(20~30대)' '경력성장기(40대)' '경력성숙기(50대)' '경력은퇴기(60~70대)'이다(이지연 외, 2007). 첫 번째

단계인 '경력형성기'는 청소년에 해당되는 단계로, 노동시장 진입을 위한 준비 및 탐색 시기이다. 이 시기에는 시행착오를 통하여 진로 · 직업 탐색, 직업 선택 및 직업활동의 시작, 직무에 필요한 학습 과정 및 교육의 이수 등의 과업이 수행된다.

한편, 청소년의 경제활동을 노동시장이론과 연계해서 살펴볼 수 있다. 노동시장이론에 의하면, 청소년노동은 전문직, 안정된 고용, 고임금 등 비교적 좋은 노동 조건을 갖춘 1차 부문이 아니다. 청소년노동은 비숙련직, 불안정한 고용, 저임금의 2차 부문에 속하는 특징을 보인다. 2차 노동 부문은 노동 조건이 불안정하고 열악하여 이민자, 여성, 청소년 등 사회적으로 주변화된 사람들이 여기에 속한다(Thompson, 1983; 박창남, 1999 재인용). 즉, 미숙련 노동이나 파트타임 노동집단에 속하는 청소년 노동자는 서비스 노동시장에서 필요한 수요를 보충해 주고, 저렴한 임금으로 이용할 수 있어 노동자가 되었다(김혜경, 2013; 성은주, 2003).

02 청소년의 경제활동

1) 긍정적인 영향

청소년들이 경제활동에 참여하는 목적은 현대 자본주의 사회에서 생계를 유지하는 데 반드시 필요한 경제적 소득을 획득하게 할 뿐만 아니라 개인이 사회구성원으로서 사회적 지위를 결정하는 데 중요한 영향을 미치기 때문에 사회에 참여하는 활동을 목적으로 한다. 특히 청소년이 경제활동에 참여하는 것은 경제적 독립에서 더 나아가 정치적 · 사회적 측면까지로 역량 강화를 촉진시킴으로써 사회적으로 독립적이고 주체적인 삶을 영위하도록 한다는 측면에서 매우 중요한 의미를 지닌다(고민석 · 김동주, 2014).

청소년들의 경제활동으로 가장 많이 참여하는 아르바이트는 원래 독일어로 '일을 하다'라는 뜻이다. 이러한 아르바이트에 대해 미국이나 독일의 부모는 자신의 아이가 청소년기에 접어들면 그동안 집안일을 돕고 용돈을 받던 소극적인 경제활동에서 벗어나서 가정 이외에서 사회 경험을 쌓고 그들이 필요한 최소한의 비용을 해결하기 위한 보다 적극적인 경제활동을 하기를 희망하는 부모들이 먼저 자신의 아이에게 적당한 아르바이트

자리를 찾아서 제안을 하기도 한다. 이들 국가의 대부분의 청소년은 부모의 제안에 따라 자신이 필요한 최소한의 용돈을 벌기 위해 주말이나 방과 후를 이용하여 시간제 일을 가지는 것은 너무나 당연한 것이며, 이러한 경험은 향후 진로를 결정할 때 매우 중요한 요인으로 작용할 수 있다(Johnson, 2004; Kouvonen & Lintonen, 2002).

근로청소년 유형 분석 및 유형별 정책지원 방안 연구(여성가족부, 2014)에서는 청소년들이 근로 경험을 통해 자신이 필요한 돈을 스스로 벌어서 쓸 수 있다는 자부심을 갖게 되고, 돈을 버는 것이 쉽지 않다는 것과 사회에 적응하는 데 필요한 것이 무엇인지 알게 되는 등의 긍정적인 측면을 보여 주고 있다. 경제적인 형편 때문에 돈을 벌어야만 하는 청소년들보다 비경제적인 사유로 돈을 버는 청소년들에게서 긍정적인 평가가 더 많이 나왔다. 특히 적성과 흥미를 찾고 희망 진로 직업을 갖게 된 경우에 비경제적 사유로 일하는 남자청소년에게서 다른 집단보다 통계적으로 유의미한 수준에서 높게 나타났다. 결국 비경제적 목적의 근로청소년의 근로 경험은 긍정적으로 인식되는 수준이 전반적으로 높음을 보여 준다(여성가족부, 2014).

모티머(Mortimer), 핀치(Finch) 등의 사회학자들은 청소년의 일이 발달상 긍정적인 효과를 가져올 수 있다고 보았다. 이들은 청소년기의 일을 단기적 영향에만 초점을 주지 않고, 청소년기의 일의 경험이 이들이 성인이 되었을 때의 직업 역할 수행에 긍정적인 영향을 미칠 수 있다는 장기적 영향에 주목할 것을 강조하였다. 그 이유로 청소년들이 학업과 일을 병행하는 다중 역할 수행의 경험은 사회적 자본(social capital)을 축적하는 과정이 될 수 있다고 보았다. 즉, 일을 통해서 청소년들은 사회적 관계망을 형성하며, 인간관계 형성의 방법 등 미래의 직업 획득을 위한 기술을 익힘으로써 다양한 측면의 사회적 자본을 축적할 수 있다는 것이다. 이들 연구자들은 청소년들이 성인기에 접어들기 전에 미리 일에 대한 경험을 쌓음으로써 미래에 대해 적극적으로 생각해 볼 수 있다고 하였다. 또한 청소년들이 일을 하는 경우는 대부분 학교, 가정 그리고 직업 역할을 동시에 수행하게 되므로 시간을 효과적으로 관리하는 것을 배울 수 있다(한경혜, 2000).

2) 부정적인 영향

노동시장 참여가 청소년에게 부정적 영향을 미친다는 관점은 우선 시간제 취업이 청소년기의 중요한 발달과업의 하나인 학업성취에 부정적인 영향을 미친다는 점을 우려한다. 청소년의 일이 학업 수행에 미치는 영향을 탐색한 연구들을 보면 청소년이 일을 하는 경우에 학업성취도가 낮아지는 것으로 나타났다. 이때 청소년들이 일하는 시간이 일주일에 15시간 미만인 경우에는 그 영향이 제한적이지만, 일주일에 20시간 이상 일하는 경우에는 학업성취도가 급격히 낮아지는 것으로 나타났다(김기한 · 유성렬, 2006). 그런가 하면 학업 성적이 좋지 않은 학생들이 그렇지 않은 청소년들에 비해 취업을 하는 경향이 높은 '선택성 효과'가 있다는 결과도 종단연구에서 나타났다(Steinberg, Fegley, & Dornbusch, 1993). 특히 일하는 시간이 많은 학생은 술과 마약에 빠질 가능성도 크다는 연구결과도 나타났다. 그 밖에도 여러 연구가 청소년기에 근로 경험이 있는 성인들은 학업성취도, 교육적 기대 수준, 학교교육을 받은 기간에서 부정적인 결과를 가져왔다고 보고하였다(문은영, 2003).

최근 청소년들의 일과 소비에 대한 관심을 고려하면 앞으로 청소년노동의 비율은 더욱 증가할 것이다. 이러한 점을 감안하면 노동 환경 역시 청소년에게 영향을 주는 주요 환경요소로서 고려해야 한다. 청소년의 아르바이트 경험이 늘어나고 있음에도 불구하고 여전히 아르바이트를 학력 저하 및 탈선과 동일시하는 사회적 인식이 문제이다. 이러한 부정적인 인식은 직업을 탐색할 기회를 갖지 못하고, 건전하게 일할 권리를 적절히 보장받지 못할 가능성으로 이어질 수 있다. 이러한 사회적 인식은 청소년노동의 과정에서 열악한 근로 조건 및 무분별한 임금 착취와 부당 대우라는 사회문제를 초래하기도 한다. 심한 경우에는 휴게시간이나 식사시간 없이 노동이 착취되기도 하며, 근로시간에 부상을 당했을 때 치료나 보상이 없거나 성폭행, 성추행 및 성희롱을 당하는 등 청소년의 권리가 침해되는 사례도 적지 않게 보고되고 있다(유지연, 2011). 또한 우리나라에서는 아르바이트를 학생이나 직업인 등이 돈을 벌 목적으로 학업이나 본업 이외에 부업으로 하는 일로 해석하고 있다. 학교를 벗어나는 청소년과 가족으로부터 이탈하는 청소년의 꾸준한 증가, 특성화고등학교와 대안학교의 진학률이 높아지면서 청소년들이 경제활동을 경험할 확률은 점점 늘어 가고 있다. 이러한 청소년들은 대부분 비숙련, 단기적인 경제활동을 할 가능성이 높고, 저임금과 과도한 노동시간으로 부정적인 영향을 받을 수 있기 때문에 청소년들에게 안전하게 경제활동을 할 수 있는 권리가 중요하다. 즉, 청소년들이 경제활동에 참여할 권리를 보장받고 제대로 일할 권리를 누릴 수 있는 환경 마련이 필요하다.

03 청소년 경제활동 지원

1) 청소년 경제활동 지원 및 보호와 관련된 법

(1) 「대한민국헌법」

「대한민국헌법」의 '근로의 권리'(제32조 제1항), '직업 선택의 자유'(제15조), '노동3권'(제33조) 등 근로 관련 규정은 청소년노동에도 당연히 적용된다. 한편, 청소년노동의 경우에는 '교육을 받을 권리'(제31조)라는 측면도 고려되어야 한다. 특히 연소자의 근로는 특별한 보호를 받는다는 내용에 근거하여 청소년 경제활동에 대한 지원 및 보호가 동시에 이루어져야 한다(제32조 제5항).

(2) 「근로기준법」

「근로기준법」 제64조에는 15세 미만인 사람은 취직인허증을 받아야만 고용할 수 있는 규정이 있다. 취직인허증은 본인의 신청에 따라 의무교육에 지장이 없는 경우에 한하여 직종을 지정하여서만 발행할 수 있도록 규정하고 있다(제64조 제2항). 2007년 1월 26일 개정에서 정책의 실효성을 확보하기 위해서 고용노동부장관은 거짓이나 그 밖의 부정한 방법으로 취직인허증을 발급받은 사람에게는 그 인허를 취소하도록 하는 규정을 신설하였다(제64조 제3항). 연소자 증명서(제66조)와 관련해서 사용자는 18세 미만인 사람에 대하여는 그 연령을 증명하는 가족관계기록사항에 관한 증명서와 친권자 또는 후견인의 동의서를 사업장에 갖추어 두도록 규정하고 있다. 연소자 또는 미성년자와의 근로계약(제67조) 시 친권자나 후견인은 미성년자의 근로계약을 대리할 수 없다고 규정하고(제1항), 제2항에는 친권자, 후견인 또는 고용노동부장관은 근로계약이 미성년자에게 불리하다고 인정하는 경우에는 이를 해지할 수 있도록 규정하고 있다. 또한 사용자는 18세 미만인 사람과 근로계약을 체결하는 경우에는 근로조건(제17조)을 서면으로 명시하여 교부하도록 규정하고 있다. 제68조(임금의 청구)는 미성년자가 독자적으로 임금을 청구할 수 있도록 규정하고 있다. 이는 본인을 대신해서 친권자 또는 후견인이 근로계약을 체결하는 것을 허용하지 않는 규정과 맥락을 같이하는 것으로, 친권자 등에 의하여 연소자의 강제노동, 임금의 착취를 방지하기 위한 것이다. 제69조(근로시간)는 근로시간에 관하여 15세 이상 18세 미만인 사람의 근로시간은 1일에 7시간, 1주일에 35시간을 초과하지 못한다고 규정하고 있다. 다만, 당사자 사이의 합의에 따라 1일에 1시간, 1주일에 5시간을 한도로 연장할 수 있다고 규정하고 있다.

또한 사용자는 여성과 18세 미만인 사람을 갱내(坑內)에서 근로시킬 수 없음을 규정하고 있는데, 다만 보건 · 의료, 보도 · 취재 등 대통령령으로 정하는 업무를 수행하기 위하여 일시적으로 필요한 경우에는 예외이다(제72조).

(3)「청소년 보호법」

「청소년 보호법」은 청소년에게 유해한 매체물과 약물 등이 청소년에게 유통되는 것과 청소년이 유해한 업소에 출입하는 것 등을 규제하고 청소년을 유해한 환경으로부터 보호 · 구제함으로써 청소년이 건전한 인격체로 성장할 수 있도록 함을 목적(제1조)으로, 1997년 3월에 제정되어 시행되고 있다.

이 법에서는 '청소년'을 만 19세 미만인 사람(만 19세가 되는 해의 1월 1일을 맞이한 사람은 제외)으로 정의(제2조 제1항)하고 있다. 청소년 유해업소로 청소년의 출입과 고용이 청소년에게 유해한 것으로 인정되는 '청소년 출입 · 고용금지업소'(동조 제5호 가목)와 청소년의 출입은 가능하나 고용이 청소년에게 유해한 것으로 인정되는 '청소년 고용금지업소'(동조 제5호 나목)를 규정하고 있다. 이 경우 업소의 구분은 그 업소가 영업을 할 때 다른 법령에 따라 요구되는 허가 · 인가 · 등록 · 신고 등의 여부와 관계없이 실제로 이루어지고 있는 영업행위를 기준(제2조 제5항)으로 하고 있다.

그 밖에 보건상 유해 · 위험한 곳에서의 근로를 금지한다. 즉,「건설기계관리법」「도로교통법」등에서 18세 미만인 자에 대하여 운전 · 조종면허 취득을 제한하고 있는 직종 또는 업종의 운전 · 조종업무, 교도소 또는 정신병원에서의 업무, 소각 또는 도살의 업무, 유류를 취급하는 업무(단, 주유 업무는 제외), 2-브로모프로판을 취급하거나 노출될 수 있는 업무, 고압작업 및 잠수작업(「산업안전보건기준에 관한 규칙」제522조 제2호 · 제3호)은 보건상 유해와 위험한 곳이므로 청소년들이 근로할 수 없다.

표 9-2 청소년 유해업소

구분	내용
청소년 출입 · 고용 금지업소	1)「게임산업진흥에 관한 법률」에 따른 일반게임제공업 및 복합유통게임제공업 중 대통령령으로 정하는 것 2)「사행행위 등 규제 및 처벌 특례법」에 따른 사행행위영업 3)「식품위생법」에 따른 식품접객업 중 대통령령으로 정하는 것 4)「영화 및 비디오물의 진흥에 관한 법률」 제2조 제16호에 따른 비디오물감상실업 · 제한관람가비디오물소극장업 및 복합영상물제공업 5)「음악산업진흥에 관한 법률」에 따른 노래연습장업 중 대통령령으로 정하는 것 6)「체육시설의 설치 · 이용에 관한 법률」에 따른 무도학원업 및 무도장업 7) 전기통신설비를 갖추고 불특정한 사람들 사이의 음성대화 또는 화상대화를 매개하는 것을 주된 목적으로 하는 영업. 다만,「전기통신사업법」 등 다른 법률에 따라 통신을 매개하는 영업은 제외한다. 8) 불특정한 사람 사이의 신체적인 접촉 또는 은밀한 부분의 노출 등 성적 행위가 이루어지거나 이와 유사한 행위가 이루어질 우려가 있는 서비스를 제공하는 영업으로서 청소년보호위원회가 결정하고 여성가족부장관이 고시한 것 9) 청소년유해매체물 및 청소년유해약물 등을 제작 · 생산 · 유통하는 영업 등 청소년의 출입과 고용이 청소년에게 유해하다고 인정되는 영업으로서 대통령령으로 정하는 기준에 따라 청소년보호위원회가 결정하고 여성가족부장관이 고시한 것 10)「한국마사회법」 제6조 제2항에 따른 장외발매소 11)「경륜 · 경정법」 제9조 제2항에 따른 장외매장
청소년고용 금지업소	1)「게임산업진흥에 관한 법률」에 따른 청소년게임제공업 및 인터넷컴퓨터게임시설제공업 2)「공중위생관리법」에 따른 숙박업, 목욕장업, 이용업 중 대통령령으로 정하는 것 3)「식품위생법」에 따른 식품접객업 중 대통령령으로 정하는 것 4)「영화 및 비디오물의 진흥에 관한 법률」에 따른 비디오물소극장업 5)「화학물질관리법」에 따른 유해화학물질 영업. 다만, 유해화학물질 사용과 직접 관련이 없는 영업으로서 대통령령으로 정하는 영업은 제외한다. 6) 회비 등을 받거나 유료로 만화를 빌려 주는 만화대여업 7) 청소년유해매체물 및 청소년유해약물 등을 제작 · 생산 · 유통하는 영업 등 청소년의 고용이 청소년에게 유해하다고 인정되는 영업으로서 대통령령으로 정하는 기준에 따라 청소년보호위원회가 결정하고 여성가족부장관이 고시한 것

* 출처:「청소년 보호법」 제2조 제5항.

(4) 「직업안정법」

「직업안정법」 제21조의3(연소자에 대한 직업소개의 제한)은 무료직업소개사업 또는 유료직업소개사업을 하는 자와 그 종사자는 구직자의 연령을 확인하여야 하며, 18세 미만의 구직자를 소개하는 경우에는 친권자나 후견인의 취업동의서를 받도록 규정하고 있다(제1항). 제2항에서는 직업소개사업자 등은 18세 미만의 구직자를 「근로기준법」 제65조(사용 금지)에 따라 18세 미만자의 사용이 금지되는 직종의 업소에 소개하여서는 아니 된다고 규정하고 있다. 또한 직업소개사업자 등은 「청소년 보호법」 제2조 제1호에 따른 청소년인 구직자를 동조 제5호에 따른 청소년유해업소에 소개하여서는 아니 된다고 규정하고 있다(제3항). 「직업안정법」 제47조(벌칙)는 제21조의3 제2항 및 제3항, 즉 연소자에 대한 직업소개의 제한을 위반한 자에 대하여 5년 이하의 징역 또는 5천만 원 이하의 벌금에 처하도록 규정하고 있다.

(5) 「청년고용촉진 특별법」

구직 · 취업난으로 청년 아르바이트 근로자가 증가 추세에 있고, 아르바이트 고용 사업장의 「노동 조합 및 노동관계조정법」 위반이 심각해짐에 따라 특히 아르바이트 청년들의 「노동 조합 및 노동관계조정법」 이해 수준이 낮아 「청년고용촉진 특별법」을 통해 청소년 경제활동을 지원하고 보호하고 있다. 「청소년고용촉진특별법」 제3조(국가 및 지방자치단체 등의 책무)에는 ① 국가 및 지방자치단체는 청년 고용을 촉진하기 위하여 인력 수급 전망, 청년 미취업자 실태조사, 직업 지도, 취업 알선 및 직업능력개발 훈련 등을 포함한 대책을 수립 · 시행하여야 하고 청년 미취업자의 고용이 촉진될 수 있는 사회적 · 경제적 환경을 마련하도록 노력하여야 한다고 규정하고 있다.

(6) 「진로교육법」

「진로교육법」은 2015년에 처음 제정되었고, 학생에게 다양한 진로교육 기회를 제공함으로써 변화하는 직업세계에 능동적으로 대처하고 학생의 소질과 적성을 최대한 실현하여 국민의 행복한 삶과 경제 사회 발전에 기여함을 목적으로 한다(제1조). 진로교육은 변화하는 직업세계와 평생학습사회에 적극적으로 대응할 수 있도록 스스로 진로를 개척하고 지속적으로 개발해 나갈 수 있는 진로개발 역량의 함양을 목표로 한다. 또한 모든 학생은 발달단계 및 개인의 소질과 적성에 맞는 진로교육을 받을 권리를 가진다. 진로교육은 학생의 참여와 직업에 대한 체험을 바탕으로 이루어져야 하고, 국가 및 지역사회의 협력과 참여 속에 다양한 사회적 인프라를 활용하여 이루어져야 한다(제4조). 특히「진로교육법」이 학교에 다니고 있는 학생들을 지원하기 위한 것으로 집중되지 않도록 국가 및 지방자치단체는 장애인, 북한이탈주민, 저소득층 가정의 학생 및 학교 밖 청소년 등 사회적 배려대상자를 위한 진로교육 시책을 마련하도록 규정하고 있다(제5조).

(7)「학교 밖 청소년 지원에 관한 법률」

「학교 밖 청소년 지원에 관한 법률」은 학교 밖 청소년이 건강한 사회구성원으로 성장할 수 있도록 함을 목적(제1조)으로 2014년 5월 28일에 제정되어 2015년 5월 29일부터 시행되고 있다. 이 법에서는 '학교 밖 청소년'을「초 · 중등교육법」제2조에 따른 초등학교 · 중학교 또는 이와 동일한 과정을 교육하는 학교에 입학한 후 3개월 이상 결석하거나 같은 법 제14조 제1항에 따라 취학의무를 유예하였거나「초 · 중등교육법」제2조의 고등학교 또는 이와 동일한 과정을 교육하는 학교에서 같은 법 제18조에 따른 제적 · 퇴학처분을 받거나 자퇴하였거나「초 · 중등교육법」제2조의 고등학교 또는 이와 동일한 과정을 교육하는 학교에 진학하지 아니한 청소년 등으로 정의하고, 국가와 지방자치단체는「청소년 기본법」제14조(연도별 시행계획의 수립 등)에 따라 연도별 시행계획을 수립하는 경우 학교 밖 청소년 지원 프로그램의 개발 및 지원에 관한 사항 등을 포함하도록 규정하고 있다. 여성가족부장관은 학교 밖 청소년의 현황 및 실태 파악과 학교 밖 청소년 지원 정책 수립을 위한 기초자료로 활용하기 위하여 2년마다 학교 밖 청소년에 대한 실태조사를 실시하고 그 결과를 공표하도록 규정하고 있다(제6조). 국가와 지방자치단체는 학교 밖 청소년의 개인적 특성과 수요를 고려한 상담지원, 교육지원, 직업체험 및 취업지원, 자립지원 등 학교 밖 청소년 지원프로그램을 마련하여 제공하도록 규정하고 있다(제8조~제11조). 학업을 중단한 청소년들은 개인적 측면에서 교육의 기회 상실, 진로 개척의 장애를 겪으며, 청소년기에 소속되어야 할 학교 등의 바람직한 환경에의 소속감을 상실하고, 일탈집단에 결부될 위험성을 증가시킴으로써 가출 및 비행 문제행동의 가능성을 높이고 있다. 그뿐 아니라 학교를 중단한 청소년의 가족에게 삶의 실패라는 스트레스와 위기감을 경험하게 하고, 국가 · 사회적 측면에서도 비행이나 청소년범죄로 인한 경찰력의 증가, 각종 보호 및 교정 비용을 증가시킴으로써 국가의 비용적 · 인적 손실을 가져온다(박미영, 2017). 이러한 학교 밖 청소년들의 문제는 청소년 개인과 그 가족이나 학교에 국한시켜서는 안 되고, 국가의 전체적인 시각에서 더욱 다양하고 시의성 있는 대책을 세워야 한다.

2) 청소년 경제활동 지원 및 보호에 관한 정책

(1) 청소년 · 청년근로권익센터 운영

민간보조사업의 형태로 운영되는 청소년 · 청년근로권익센터의 주요 기능은 만 15세부터 만 34세의 청소년과 청년의 지속가능하고 행복한 근로를 위해 무료 상담 및 권리구제, 근로권익 교육을 제고히고, 근로권익 인식 개선 활동을 진개하고 있다.

근로 상담 및 권리 구제는 유선, 온라인, 카카오톡을 통한 기초상담 및 진정사건 대리 등 무료 권리 구제를 지원한다. 찾아가는 근로권익교육은 근로권익 보호 및 증진을 위한 청소년 · 청년 · 사업주 대상 대면과 비대면(온라인) 근로권익교육을 진행한다. 근로권익 인식 개선 활동은 서포터즈 운영, 전시회 및 박람회 참여 등 다양한 활동을 통한 청소년 · 청년 근로권익 인식 개선을 지원한다.

(2) 청소년들을 위한 노동인권 제도 마련

청소년은 임금의 구성항목, 계산방법, 지급방법, 소정근로시간, 휴일, 연차 유급휴가, 취업의 장소와 종사해야 할 업무가 명시된 근로계약서를 받고 아르바이트를 시작해야 한다(「근로기준법」 제17조). 근로계약은 본인이 직접 체결할 수 있으며 친권자나 후견인이라고 해서 미성년자의 근로계약을 대신 체결하는 것은 금지되어 있다(「근로기준법」 제67조 제1항). 이는 친권 남용 등으로 인하여 청소년에게 피해가 발생하는 것을 사전에 미리 방지하기 위함이다. 또한 사용자는 청소년에게 근로계약 불이행에 대한 위약금 또는 손해배상액을 예정하는 계약을 체결할 수 없다. 근로계약서를 작성하여 청소년에게 교부하지 않을 경우 사용자는 500만 원 이하의 과태료를 지불하여야 한다(「근로기준법」 제116조).

(3) 학교밖청소년지원센터: 꿈드림

2015년 5월 29일「학교 밖 청소년 지원에 관한 법률」의 시행으로 한국청소년상담복지개발원과 학교밖청소년지원센터 '꿈드림'이 학교 밖 청소년의 상담지원, 교육지원, 직업체험 및 취업지원, 자립지원 등의 프로그램을 마련하여 학교 밖 청소년이 꿈을 가지고 자신의 미래를 스스로 준비하여 공평한 기회를 얻을 수 있도록 지원하고 있다. 학업 중단 청소년들이 원활하게 경제활동을 할 수 있도록 도울 수 있는 진로 탐색, 일 경험, 취업 기회 제공을 실시하는 취업지원 프로그램이 절실히 필요한 실정이다.

3) 청소년을 위한 경제교육

청소년들에게 경제교육은 '직업'이라는 주제와 연결될 수 있는 흥미로운 교육내용으로, 개인이 직업을 추구하는 과정에서 학습과 경험을 통해 이루어지는 발달 과정 중 하나이다. 이를 직업사회화('vocational' or 'occupational' socialization)라고 한다. 최근에는 직업사회화를 생애주기적 관점에서 바라보고 여러 기간과 단계로 나누어 살펴보고 있는데, 이때 청소년들은 예비 직업사회화를 통해 특정 직업영역을 추구하는 방향성을 보인다. 자신이 소속되어 일하게 될 집단을 지향하며, 자신이 그 집단 속에서 어떠한 역할을 할 것인가에 대해 기대와 예측을 하게 된다. 청소년은 의식적, 무의식적으로 직업과 관련된 정보를 자신의 자아개념과 비교하고, 다양한 요인과 대안을 살펴본 후에 최종적으로 그들의 미래 직업의 방향을 결정하는 중요한 선택을 하게 된다. 청소년들은 지속적인 진로 의사결정 과정에서 다양한 환경적 요인과 상호작용하며 직업 관련 가치관과 신념을 발달시켜 나가야 한다(Jablin, 2001; Vondracek & Porfeli, 2003).

직업을 이해하기 위해서는 먼저 일의 세계를 이해하는 것이 선행되어야 한다. 즉, 아동과 청소년들이 일의 세계를 어떻게 인식하는지, 예비 직업인으로서 어떠한 경험을 하는지, 일의 세계로 가까이 가고 있는 그들에게 필요한 교육적 지원은 무엇인지를 이해할 필요가 있다. 그런 이후에 경제학적 지식과 원리를 습득할 필요가 있다. 일상의 경제 경험을 토대로 경제문제를 해결하는 기회를 제공할 수 있으며, 경제교육에서 노동자와 직업인의 사회적 역할을 가르치는 것이 바람직하다. 청소년들이 일의 의미(meaning of work)를 어떻게 이해하는지, 아르바이트에 참여한 경험이 일 가치관에 어떠한 영향을 주는지, 일에 대한 신념의 변화 등을 연구한 결과에 의하면 과거(1980년대와 1990년대) 청소년에 비해 1990년대 이후의 청소년들은 '일의 우선' '직업의 안정성'에 의미를 덜 부여하며 여가를 중요시하는 것으로 나타났다(Wray-Lake, Syvertsen, Briddell, Osgood, & Flanagan, 2011). 이것은 결국 직업인으로서의 지속성보다는 돈을 벌기 위한 수단으로서 일을 하는 개념으로 변화되고 있음을 시사한다. 즉, 단기적인 일을 통해서 돈을 벌고, 하고 싶은 취미활동만을 하고, 지속적인 경제활동을 하지 않을 가능성이 높음을 의미한다. 이러한 변화에 영향을 주는 환경을 살펴보면 도시의 청소년들은 일을 외부적 보상(돈)으로 정의하는 경향이 있으며, 주로 그들의 가족의 영향을 받게 된다. 특히 경제적으로 어려운 가족일수록 이러한 경향이 더 높다(Chaves et al., 2004). 따라서 가정에서의 경제활동과 직업인으로서의 부모 역할도 매우 중요함을 시사한다. 즉, 청소년이 인식하는 일의 세계가 경제 현실의 변화와 사회상을 반영하며 미래 직업생활의 결과와 연결된다는 것을 보여 준다(Lee & Mortimer, 2009; Vondracek & Porfeli, 2003). 일의 세계는 경제생활의 중요한 영역이며, 직업 관련 행위는 대표적인 경제 행위이기 때문이다. 인간은 숙명적으로 노동과 생산 활동을 통해 생명을 유지하며, 오늘날의 개인은 직업인으로서 그 기능을 수행한다.

요약

1. 일반적으로 경제활동이란 경제 재화나 용역의 생산과 소비, 소득이나 부(富)의 분배 따위의 경제 분야에 관련된 모든 개별적인 행동을 의미한다. 특히 경제활동인구란 만 15세 이상의 인구 가운데 노동 능력 및 노동 의사를 가지고 있는 인구이고, 취업자와 실업자를 모두 포함한다.

2. 노동시장이론에 의하면, 청소년노동은 전문직, 안정된 고용, 고임금 등 비교적 좋은 노동 조건을 갖춘 1차 부문이 아니다. 청소년노동은 비숙련직, 불안정한 고용, 저임금의 2차 부문에 속하는 특징을 보인다. 이러한 이유로 청소년들이 보다 안정된 경제활동에 참여하기 위해서는 다양한 지원이 필요하다.

3. 청소년의 경제활동에 대한 긍정적인 영향은 청소년이 경제적 독립에서 더 나아가 정치적 · 사회적 측면까지로 역량 강화를 촉진시킴으로써 사회적으로 독립적이고 주체적인 삶을 영위하도록 한다는 측면에서 매우 중요한 의미가 있다는 점이다. 반면에 부정적인 영향은 학업성취도가 낮아진다는 점과 탈선과 동일시하는 사회적 인식 그리고 무관심 속에서 청소년들은 직업 탐색의 기회와 건전하게 일할 권리를 적절히 보장받지 못한다는 점이다.

4. 청소년 경제활동 지원 및 보호에 관한 법은 「대한민국헌법」「근로기준법」「청소년 보호법」「직업안정법」「청년고용촉진 특별법」「진로교육법」「학교 밖 청소년 지원에 관한 법률」에서 다루고 있다.

5. 청소년 · 청년근로권익센터 운영, 청소년들을 위한 노동인권 제도, 학교밖청소년지원센터(꿈드림)를 운영하고 있다. 학교에 다니는 청소년뿐만 아니라 학교 밖 청소년들이 원활하게 경제활동을 할 수 있도록 도울 수 있는 진로 탐색, 일 경험, 취업 기회 제공을 실시하는 취업지원 프로그램이 절실히 필요한 실정이다.

6. 청소년들에게 경제교육은 '직업'이라는 주제와 연결될 수 있는 흥미로운 교육내용으로, 개인이 직업을 추구하는 과정에서 학습과 경험을 통해 이루어지는 발달 과정 중 하나이다.

참고문헌

고민석 · 김동주(2014). 경제활동상태가 여성장애인의 일상생활만족도에 미치는 영향: 자아존중감의 매개효과를 중심으로. **장애와 고용**, 24(2), 137-164.

김기한 · 유성렬(2006). 청소년 아르바이트 경험에 대한 연구. 서울: 한국청소년개발원.

김재희(2016). 성인 장애인의 생애단계별 경제활동참여 변화 유형에 관한 연구. 경기대학교 대학원 박사학위논문.

김형식(1993). **청소년복지론**. 서울: 한국청소년개발원.

김혜경(2013). 아르바이트 청소년의 노동경험에 관한 연구: Giorgi의 현상학적 연구방법을 활용하여. 경희대학교 대학원 석사학위논문.

문은영(2003). 한국노동시장에서 청소년시간제 취업의 문제점과 대책. 숙명여자대학교 대학원 석사학위논문.

박미영(2017). 학교 밖 청소년 대상 취업성공패키지 프로그램 적용 사례 연구. 공주교육대학교 교육대학원 석사학위논문.

박창남(1999). **청소년 노동시장에 관한 연구: 청소년기 '학교에서 직장으로의 이행'에 관한 기초 연구.** 서울: 한국청소년개발원.

박창범(2002). 청소년복지정책의 윤리적 과제. **한국시민윤리학회지, 15**, 111-122.

여성가족부(2014). **근로청소년 유형 분석 및 유형별 정책지원 방안 연구.** 서울: 여성가족부.

유지연(2011). 노동에서의 청소년권 보호 방안. **법과인권교육연구, 4**(3), 23-48.

이지연 · 오호영 · 윤형한(2007). **과학기술분야 핵심인력의 경력단계와 인적자원 정책.** 서울: 한국직업능력개발원.

정은주(2003). 패스트푸드점에 고용된 청소년 노동 경험에 관한 연구. 연세대학교 대학원 석사학위논문.

통계청(2024). 통계용어사전. 대전: 통계청.

한경혜(2000) 청소년의 시간제 취업 경험: 그 과정과 의미에 대한 질적 연구. **한국청소년연구, 32**, 153-180.

Chaves, A. P., Diemer, M. A., Blustein, D. L., Gallagher, L. A., DeVoy, J. E., Casares, M. T., & Perry, J. C. (2004). Conceptions of work: The view from urban youth. *Journal of Counseling Psychology, 51*(3), 275-286.

Hall, D. T. (1976). *Careers in organizations. Pacific Falisades*, CA: Goodyear Publishing.

Havighurst, R. J. (1956). Research on the developmental-task concept. *The School Review, 64*(5), 215-223.

International Labour Organization (1982). Statistics of labour force, employment. Unemployment and underemployment. *13th international conference of labour. statisticans*. Geneva, Switzerland.

International Labour Organization (2013). Resolution I: Resolution concerning and labour underutilization. *19th international conference of labour statisticans*. Geneva, Switzerland.

Jablin, F. M. (2001). Organizational entry, assimilation, and disengagement/exit. In F. M. Jablin & L. L. Putnam(Eds.), *The new handbook of organizational communication*(pp. 732-818). Thousand Oaks, CA: Sage.

Johnson, M. K. (2004). Further evidence on adolescent employment in the transition to adulthood. *Journal of Health Social behavior, Behav, 41*, 276-294.

Kouvonen, A., & Lintonen, T. (2002). Adolescent part-time work and heavy drinking in Finland. *Addiction, 7*, 311-318.

Lee, J. C., & Mortimer, J. T. (2009). Family socialization, economic self-efficacy, and the attainment of financial independence in early adulthood. *Longitudinal and Life Course Studies, 1*(1), 45-62.

Levinson, D. J. (1986). A conception of adult development. *American Psychologist, 41*(1), 3-13.

Steinberg, L., Fegley, S., & Dornbusch, S. M. (1993). Negative impact of part-time work on adolescent adjustment: Evidence from longitudinal survey. *Developmental Psychology, 29*(2), 171-180.

Super, D. E. (1980). A life-span, life-space approach to career development. *Journal of Vocational Behavior, 16*, 282-298.

Thompson, P. (1983). *The nature of work: An indroduction to debates on the labour Process.* London: Macmillan.

Vondracek, F. W., & Porfeli, E. (2003). World of work and careers. The blackwell handbook of adolescence. Malden, MA: Blackwell.

Wray-Lake, L., Syvertsen, A. K., Briddell, L., Osgood, D. W., & Flanagan, C. A. (2011). Exploring the changing meaning of work for American high school seniors from 1976 to 2005. *Youth & Society, 43*(3), 1110-1135.

Zastrow, C., & Kirst-Ashman, K. K. (2010). *Understanding human behavior and the social environment*. Belmont, CA: Brooks.

고용노동통계(2024). 용어 해설. http://laborstat.moel.go.kr/hmp/main/wordExplna.do.

제 10 장

청소년복지의 실제 7

-인권-

Adolescent Welfare

학습개요

「대한민국헌법」 제10조에서는 "모든 국민은 인간으로서의 존엄과 가치를 가지며, 행복을 추구할 권리를 가진다. 국가는 개인이 가지는 불가침의 기본적 인권을 확인하고 이를 보장할 의무를 진다"라고 규정하고 있다. 청소년은 인간으로서 가지는 권리, 즉 인권을 가진다. 「세계인권선언」 「유엔 아동권리협약」 등 국제규범과 함께 국내에서도 청소년인권 보장 및 증진을 위한 정책적 노력이 지속되고 있다. 이는 청소년인권이 청소년의 삶과 직접적으로 연관되기 때문이다. 청소년복지는 이전의 시혜적 복지 관점에서 벗어나서 청소년의 삶 전반에 걸친 영역에서의 문제를 해결하고 지원할 필요가 있다. 이에 청소년복지는 청소년 삶에 대한 밀접한 지원을 통해 청소년인권을 보장하고 증진할 수 있어야 한다. 이 장에서는 청소년인권 논의의 배경, 국내외 관련 법 및 제도에 대한 소개를 시작으로, 청소년복지 측면에서 인권의 의미를 살펴본다.

01 청소년인권 논의의 배경

권리는 인간의 존엄성을 전제로 한다. 인간의 존엄성이란 인간의 가치가 그 어떤 윤리적 가치나 이념보다 우선되며, 생존과 기본적 자유에 있어 개인이 주체가 됨을 의미한다. 인권은 인간이기에 당연히 가지는 보편적인 권리로서 절대적이고 항구적인 불가침의 권리이다. 현대사회에서 인권은 인간으로서 인간다운 삶을 영위하기 위해 갖는 보편적인 권리임과 동시에 한 국가의 구성원인 시민으로서 행사해야 할 특정한 권리를 포괄하는 개념으로 시민권을 포함하는 개념이라고 말할 수 있다. 즉, 인간이면 누구나 가지는 인권은 인간이라는 사실 자체가 인권의 근거가 되기 때문에 인권은 제도적 권리이기 이전에 도덕적 권리이고, 시민권은 법과 제도적으로 인정된 제도적 권리이다.

1990년대에 국내에서는 청소년 범죄와 비행, 약물중독, 청소년자살, 학교교육의 문제가 심각한 사회문제로 대두되었다. 이러한 문제들이 청소년 개인의 우발적 문제가 아닌 집단의 문제로 인식되면서 사회 일각에서는 청소년인권에 관한 논의가 시작되었다. 청소년이라는 사회적 지위가 가진 특수성을 고려했을 때 이러한 문제들이 현상에만 초점을 맞춘 결과론적 접근으로는 해결될 수 없기 때문에 청소년인권 관련 논의는 청소년 관련 문제해결에 앞서 가장 먼저 다루어져야 할 과제라고 할 수 있다(이봉철, 1991).

UN이 1948년에 채택한「세계인권선언(Universal Declaration of Human Rights)」의 전문에는 "모든 인류는 타고난 존엄성과 평등하고 남에게 넘겨줄 수 없는 권리를 가지고 있다"라고 명시하고 있다. 이어 제1조에서는 "모든 인간은 태어날 때부터 자유롭고, 존엄성과 권리에 있어서 평등하다"라고 인권의 속성을 정의하고 있다. 인간이라면 누구에게나 인간 그 자체로 살아가기 위한 행위인 자유권 그리고 생명을 유지하고 신장하기 위한 물질적 · 정신적 필요를 충족하기 위한 복지추구권이 보장되어야 한다(이봉철, 1991). 삶의 기본적 자유와 복지는 도덕적이고 당위적인 가치로서 인권의 범주에 함께 포함된다. 이처럼 인권과 복지는 밀접한 관계에 놓여 있다. 청소년 또한 인간으로서 지니는 권리인 인권을 당연히 가지고 있으며 그것을 향유할 수 있는 권리 또한 지닌다. 청소년복지는 청소년문제의 해결과 예방뿐만 아니라, 이들 생활의 질적 향상을 직접적으로 지원하는 방향으로 설정되어야 하며, 이에 요보호청소년을 비롯한 모든 청소년의 인권을 증진하기 위한 제도적 지원을 포괄해야 한다.

02 청소년인권 관련 법과 제도

1) 「유엔아동권리협약」

「유엔아동권리협약」은 아동이 누려야 할 모든 권리를 담은 국제법으로서 18세 미만 어린이의 생존과 보호, 발달과 참여를 기본적인 아동의 권리로 보고 있다. 유엔총회에서 논의된 「유엔아동권리협약」은 1989년 11월 20일에 만장일치로 채택되었고, 우리나라는 1990년 9월 25일에 「유엔아동권리협약」에 서명하고 1991년 11월에 비준하여 12월 20일에 협약 당사국이 되었다.

「유엔아동권리협약」은 현재 우리나라를 포함한 전 세계 196개국이 이 조약에 가입한, 전 세계적으로 가장 많은 국가가 비준한 인권 조약이다. 비준국은 협약이 담고 있는 모든 아동의 권리를 보장해야 하고, 비준 후 2년 안에 이행 상황에 대한 최초보고서와 매 5년마다 후속보고서를 유엔아동권리위원회에 제출해야 한다.

「유엔아동권리협약」의 내용을 구체적으로 살펴보면 다음과 같다. 첫째, 이 협약은 세계의 모든 아동에게 변화를 제시하는 국제적인 협의로서 아동이 적절한 생활과 보호를 제공받는 세상을 지향하는 사회의 바람을 담고 있다. 둘째, 전통적으로 여러 국제 조약이 아동을 소극적인 측면에서 보호의 대상으로만 인식했던 반면, 「유엔아동권리협약」은 아동을 능동적인 권리의 주체로서 적극적으로 바라보면서, 지금까지 선언적 내용에만 머물렀던 각종 아동권리를 보다 구체적으로 담고 있다. 다만 이를 위해 국가의 의무적 이행을 강제할 조치가 없어서 한편으로는 양날의 검이 되고 있다. 셋째, 「유엔아동권리협약」에서는 정부와 민간 영역에 있어 어린이의 이익을 우선시하는 원칙을 천명하면서 적극적인 아동의 권리로서 자기결정권과 의사결정권을 제시하고 있다(이배근, 1997).

「유엔아동권리협약」은 어린이의 기본적 권리를 '생존권, 보호권, 발달권, 참여권'으로 구분하고 있다. 4개의 기본권은 각각 별개의 독립적인 권리가 아니며 서로 밀접하게 연계되어 있고, 상호 의존 또는 상호 보완의 관계를 지니고 있다. 먼저, 생존권(right to survival)은 적절한 생활 수준을 누릴 권리, 안전한 주거지에서 살아갈 권리, 충분한 영양을 섭취하고 기본적인 보건서비스를 받을 권리 등 기본적인 삶을 누리는 데 필요한 권리(예: 깨끗한 공기와 음식, 안전한 장소, 아프면 치료받을 수 있는 권리)이다. 보호권(right to protection)은 모든 형태의 학대, 방임, 차별, 폭력, 고문, 징집, 부당한 형사처벌, 과도한 노동, 약물, 그리고 성폭력 등 어린이에게 유해한 것으로부터 보호받을 권리(예: 괴롭힘 정서적 혹은 성적 학대, 전쟁 등으로부터 보호받을 권리)이다. 발달권(right to development)은 잠재 능력을 최대한 발휘하는 데 필요한 권리로 교육받을 권리, 여가를 즐길 권리, 문화생활을 하고 정보를 얻을 권리, 생각과 양심과 종교의 자유를 누릴 권리(예: 교육을 받고, 문화생활을 누리고, 자유롭게 뛰어놀 수 있는 권리)이다. 참여권(right to participation)은 자신의 생활에 영향을 주는 일에 대하여 의견을 말할 수 있어야 하며 그 의견을 말하고 존중받을 권리로, 표현의 자유, 양심과 종교의 자유, 의견을 말할 권리, 평화로운 방법으로 모임을 자유롭게 열 수 있는 권리, 사생활을 보호받을 권리, 유익한 정보를 얻을 권리 등(예: 생각, 양심, 종교적 자유, 의견을 갖고 지역사회와 문화 속에 참여할 권리)이다.

표 10-1 「유엔아동권리협약」의 아동권리 유형

권리 영역	세부내용
생존권	– 제6조, 제24조 제1항 – 영양가 있는 음식 제공, 가족과 사회의 사랑과 보호, 의료혜택, 살아가는 데 필요한 기술을 익히고 교육을 받으며, 집과 양부모를 가질 수 있는 권리 등
보호권	– 제19조 제1항 – 모든 형태의 차별이나 처벌, 착취, 위기와 응급 상황에서의 보호 등
발달권	– 제28조 제1항 – 교육권: 초등교육의 무상 의무교육, 중등교육 장려, 고등교육 개방, 교육과 직업에 대한 정보 제공 – 정보접근권, 놀이와 오락을 즐길 권리, 문화활동 참여, 표현의 자유 등
참여권	– 제12조 – 참여권 보장을 위한 표현의 자유, 결사의 자유, 정보 접근권, 「유엔아동권리협약」 관련 정보 접근권 등

2) 국내법과 조례

(1) 국내법

①「청소년 기본법」

「대한민국헌법」에서는 청소년의 복지 향상을 위한 책무를 규정하고 있으며 이를 바탕으로 「청소년 기본법」에서는 청소년복지의 향상을 위한 국가 및 지방자치단체의 역할을 규정하고 있다. 국내 청소년인권 보장을 위한 국가 및 지방자치단체의 역할과 책임 또한 「청소년 기본법」에 제시되어 있으며, 청소년인권 보장 및 향상을 위한 정책적 지원의 기본방향을 제시함으로써 모든 관련 정책의 근간이 되고 있다.

먼저, 「청소년 기본법」에서는 청소년복지를 '청소년이 정상적인 삶을 누릴 수 있는 기본적인 여건을 조성하고 조화롭게 성장 · 발달할 수 있도록 제공되는 사회적 · 경제적 지원'으로 정의하고 있다. 이처럼 정상적인 삶을 가능하게 하는 기본적 여건 조성은 청소년의 인권 보장을 위한 전제로 볼 수 있다. 더불어 청소년육성의 모든 영역에서 청소년인권 존중에 대해 명시하고 있고, 청소년이 자기의사를 자유롭게 표명하고 스스로 결정

표 10-2 「청소년 기본법」에 나타난 청소년인권 보장

제3조 4. "청소년복지"란 청소년이 정상적인 삶을 누릴 수 있는 기본적인 여건을 조성하고 조화롭게 성장 · 발달할 수 있도록 제공되는 사회적 · 경제적 지원을 말한다.

제5조(청소년의 권리와 책임) ① 청소년의 기본적 인권은 청소년활동 · 청소년복지 · 청소년보호 등 청소년육성의 모든 영역에서 존중되어야 한다.

② 청소년은 인종 · 종교 · 성별 · 나이 · 학력 · 신체조건 등에 따른 어떠한 종류의 차별도 받지 아니한다.

③ 청소년은 외부적 영향에 구애받지 아니하면서 자기 의사를 자유롭게 밝히고 스스로 결정할 권리를 가진다.

④ 청소년은 안전하고 쾌적한 환경에서 자기발전을 추구하고 정신적 · 신체적 건강을 해치거나 해칠 우려가 있는 모든 형태의 환경으로부터 보호받을 권리를 가진다.

⑤ 청소년은 자신의 능력을 개발하고 건전한 가치관을 확립하며 가정 · 사회 및 국가의 구성원으로서의 책임을 다하도록 노력하여야 한다.

할 권리를 가짐에 있어서 그 어떤 차별을 받지 않는다고 규정하고 있다.

② 교육 관련 법

인권은 사람이 자유와 평등을 누리며 인간적 생존권을 보장받고 행복하게 살 수 있는 권리로, 대부분의 청소년이 학생인 우리나라에서 학생의 인권을 법으로 보장하는 것은 매우 중요하다. 이와 관련하여「교육기본법」「초 · 중등교육법」등의 개별 법령에서는 교육과 학습에 대한 학생의 권리 보장과 함께 학생 또한 인간의 존엄성을 지키기 위한 인권을 가지고 있다는 점을 규정하고 있다.

표 10-3 교육 관련 법에서 나타난 청소년인권

「교육기본법」

제4조(교육의 기회균등 등) ① 모든 국민은 성별, 종교, 신념, 인종, 사회적 신분, 경제적 지위 또는 신체적 조건 등을 이유로 교육에서 차별을 받지 아니한다.

② 국가와 지방자치단체는 학습자가 평등하게 교육을 받을 수 있도록 지역 간의 교원 수급 등 교육 여건 격차를 최소화하는 시책을 마련하여 시행하여야 한다.

제12조(학습자) ① 학생을 포함한 학습자의 기본적 인권은 학교교육 또는 사회교육의 과정에서 존중되고 보호된다.

② 교육내용 · 교육방법 · 교재 및 교육시설은 학습자의 인격을 존중하고 개성을 중시하여 학습자의 능력이 최대한으로 발휘될 수 있도록 마련되어야 한다.

③ 학생은 학습자로서의 윤리의식을 확립하고, 학교의 규칙을 지켜야 하며, 교원의 교육 · 연구 활동을 방해하거나 학내의 질서를 문란하게 하여서는 아니 된다.

제13조(보호자) ① 부모 등 보호자는 보호하는 자녀 또는 아동이 바른 인성을 가지고 건강하게 성장하도록 교육할 권리와 책임을 가진다.

② 부모 등 보호자는 보호하는 자녀 또는 아동의 교육에 관하여 학교에 의견을 제시할 수 있으며, 학교는 그 의견을 존중하여야 한다.

「초 · 중등교육법」

제18조의4(학생의 인권 보장 등) 학교의 설립자 · 경영자와 학교의 장은「헌법」과 국제인권조약에 명시된 학생의 인권을 보장하여야 한다.

③「학교 밖 청소년 지원에 관한 법률」

학교 밖 청소년 관련 지원은「청소년 기본법」의 청소년인권 보장에 대한 기본방향을 전제로,「청소년복지 지원법」의 위기청소년 특별지원과「초 · 중등교육법」의 대안학교 관련 조항에 그 법적 근거를 두고 있었다. 2014년에「학교 밖 청소년 지원에 관한 법률」이 제정되면서 학교 밖 청소년에 대한 정의, 청소년의 학교 중단 예방과 이후 학력 취득 및 진로지도 등 이들에 대한 지원의 법적 근거들이 마련되었다. 즉, 이제까지 시혜적 복지의 대상으로 인식해 왔던 학교 밖 청소년이 이제는 능동적 자아실현의 주체로 고려되기 시작한 것이다. 이 법률에 근거하여 국가와 지방자치단체의 학교 밖 청소년 지원에 대한 책무가 강화되고, 이들에 대한 서비스 제공을 제도적으로 보장하고 있다.

표 10-4「학교 밖 청소년 지원에 관한 법률」에 나타난 청소년인권

제3조(국가와 지방자치단체의 책무) ① 국가와 지방자치단체는 학교 밖 청소년에 대한 사회적 차별 및 편견을 예방하고 학교 밖 청소년을 존중하고 이해할 수 있도록 조사 · 연구 · 교육 및 홍보 등 필요한 조치를 하여야 한다.

제5조(학교 밖 청소년 지원계획) ① 국가와 지방자치단체는「청소년 기본법」제14조에 따라 연도별 시행계획을 수립하는 경우 다음 각 호의 사항을 포함하여야 한다.

1. 학교 밖 청소년에 대한 사회적 편견과 차별 예방 및 사회적 인식 개선에 관한 사항
2. 학교 밖 청소년 지원 프로그램의 개발 및 지원에 관한 사항
3. 학교 밖 청소년 지원을 위한 관련 기관 간 협력체계 및 지역사회 중심의 지원체계 구축 · 운영에 관한 사항
4. 학교 밖 청소년 지원을 위한 조사 · 연구 · 교육 · 홍보 및 제도 개선에 관한 사항
5. 「청소년복지 지원법」제14조의 위기청소년 특별지원 등 사회적 지원 방안
6. 학교 밖 청소년 지원을 위한 재원 확보 및 배분에 관한 사항
7. 그 밖에 학교 밖 청소년 지원을 위하여 필요한 사항

(2) 조례

조례는 보다 실질적이고 수요자 중심의 복지를 실현하기 위한 제도적 차원인 지방자체단체의 자치법규이다. 지방자치단체는 청소년인권 보장과 이를 위한 복지서비스를 직접적으로 공급하는 책임 주체 중 하나로, 이와 관련된 조례 제정 여부는 그 실천 의지를

가늠할 수 있는 기준이 된다.

복지는 인권을 현실화하여 보장하는 실천적인 의미를 지닌다. 이렇게 인권과 복지의 상보성(相補性)을 인정한다면 청소년인권조례는 지역 내 청소년복지를 실현하기 위한 하나의 이정표로서 역할을 한다고 볼 수 있다(최승원 · 최윤영, 2014). 이에 지방자치단체의 '학생인권조례'와 '어린이(아동) · 청소년인권조례' 현황을 살펴보는 것은 의미가 있다.

① 학생인권조례

학생인권은 학생들이 학교에서 인간적 존엄을 보장받으며 인권친화적인 분위기에서 행복한 학교생활을 할 수 있도록 보장하는 권리라고 이해할 수 있다(서울특별시교육청, 2015). 학생인권조례는 이러한 학생인권의 실현을 위한 구체적인 규정으로 학교교육과정에서 학생의 인권이 보장될 수 있도록 시도 교육청별로 제정 및 공포하여 시행하는 조례이다. 교육청에서 학생인권조례를 제정하게 되면 각 학교장은 이에 따라 시행한다.

표 10-5 시 · 도별 학생인권조례 구성 및 내용

구분	제정일	구성
「경기도 학생인권조례」 (5장 48조)	2010. 10. 5.	제1장 총칙 제2장 학생의 인권 제1절 차별받지 않을 권리 제2절 폭력 및 위험으로부터의 자유 제3절 교육에 관한 권리 제4절 사생활의 비밀과 자유 및 정보에 관한 권리 제5절 양심 · 종교의 자유 및 표현의 자유 제6절 자치 및 참여의 권리 제7절 복지에 관한 권리 제8절 징계 등 절차에서의 권리 제9절 권리침해로부터 보호받을 권리 제10절 소수 학생의 권리 보장 제3장 학생인권의 진흥 제1절 인권교육 제2절 학생인권심의위원회 및 학생참여위원회 제4장 학생인권침해에 대한 구제 제5장 보칙

「광주광역시 학생인권 보장 및 증진에 관한 조례」 (8장 44조)	2011. 10. 28.	제1장 총칙 제2장 학생인권증진계획 등 제3장 학생의 인권 제4장 학생인권위원회 제5장 학생의회 제6장 인권교육 및 연수 제7장 민주인권교육센터 제8장 보칙
「서울특별시 학생인권조례」 (5장 51조)	2012. 1. 26.	제1장 총칙 제2장 학생인권 제1절 차별받지 않을 권리 제2절 폭력 및 위험으로부터의 자유 제3절 교육에 관한 권리 제4절 사생활의 비밀과 자유 및 정보의 권리 제5절 양심 · 종교의 자유 및 표현의 자유 제6절 자치 및 참여의 권리 제7절 복지에 관한 권리 제8절 징계 등 절차에서의 권리 제9절 권리침해로부터 보호받을 권리 제10절 소수자 학생의 권리 보장 제3장 학생인권 증진을 위한 체계 제1절 학생인권교육과 홍보 제2절 학생인권위원회와 학생참여단 제3절 학생인권옹호관 제4절 학생인권교육센터와 학생인권영향평가 제5절 학생인권종합계획 제4장 학생인권침해에 대한 구제 제5장 보칙
「전북특별자치도 학생인권 조례」 (5장 51조)	2013. 7. 12.	제1장 총칙 제2장 학생의 인권 제1절 교육에 관한 권리 제2절 차별을 받지 않을 권리 제3절 폭력과 위험으로부터의 자유 제4절 사생활의 비밀과 자유 제5절 양심 · 종교의 자유와 표현의 자유 제6절 자치와 참여의 권리 제7절 복지에 관한 권리

		제8절 인권침해구제를 위한 권리 제3장 학생인권의 진흥 제1절 인권교육 제2절 인권실천계획 등 제3절 소수 학생의 권리 보호 제4절 학원 및 대안학교 등에서의 인권보장 제5절 학생의 인권보장을 위한 기구 제4장 학생인권상담 및 인권침해의 구제 제5장 보칙
「충청남도 학생인권 조례」	2020. 7. 10.	제1장 총칙 제2장 학생의 인권 제1절 자유권 제2절 평등권 제3절 참여권 제4절 교육복지권 제3장 학생인권의 보장기구와 구제절차 제1절 학생인권위원회와 학생인권옹호관 제2절 학생인권침해의 구제절차 등 제3절 학생인권교육과 홍보 제4장 보칙

* 출처: 법제처 국가법령정보센터 홈페이지.

2010년「경기도 학생인권조례」가 제정되고, 2011년 광주광역시에서「광주광역시 학생인권 보장 및 증진에 관한 조례」가 공포되었다. 이어 2012년「서울특별시 학생인권조례」, 2013년「전북특별자치도 학생인권 조례」 제정을 포함하여 2023년 기준 5개 시도에서 학생인권조례를 시행하고 있다.

학생인권조례는 시도별로 내용 구성의 차이를 보이는데, 대부분 총칙, 학생인권, 학생인권 증진을 위한 체계, 학생인권 침해에 대한 구제에 관한 영역으로 구분된다.

한편, 2012년 3월에「초 · 중등교육법」개정안이 시행되면서 학교장이 학교규칙(학칙)을 제정 및 개정할 수 있게 되었다.「초 · 중등교육법」은 학생인권조례의 상위 법률로, 동일 사안에 대해 학생인권조례보다 우선 적용된다. 이에 지역 교육청이 제정한 학생인권조례와 학교장이 학생들의 두발 · 복장 제한, 체벌 등을 통한 학생 규제 등의 내용을 담을 수 있는 학칙이 대립할 가능성이 존재한다.

② 아동 · 청소년인권조례

아동 · 청소년인권조례는 학교 밖 청소년을 포함하여 어린이 · 청소년의 인권을 실현하기 위해 그 실천을 보장할 수 있는 제도적 기반이라고 할 수 있다. 아동 · 청소년의 인권보장을 위한 기본적인 사항을 명문화하고, 동시에 인권 침해에 대한 구제 절차를 명시하며, 지방자치단체의 어린이 · 청소년인권교육 의무적 실시 및 인권 종합계획을 수립하도록 하는 등 어린이 · 청소년인권의 실효성을 담보하기 위한 지방자치단체의 노력이라고 볼 수 있다. 현재 서울특별시와 부천시에서 이러한 조례를 제정하여 시행하고 있다.

표 10-6 지방자치단체 아동 · 청소년인권조례 구성

구분	제정일	구성
「서울특별시 어린이 · 청소년 인권조례」	2012. 11. 1.	제1장 총칙 제2장 어린이 · 청소년이 누려야 할 인권 제1절 원칙 제2절 성장환경과 건강에 관한 권리 제3절 폭력 및 위험으로부터 자유로울 권리 제4절 양심과 표현의 자유 등을 보장받을 권리 제5절 사생활의 자유와 정보에 관한 권리 제6절 교육 · 문화 · 복지에 관한 권리 제7절 노동에 관한 권리 제8절 자기결정권 및 참여할 권리 제3장 인권보장 제1절 가정에서의 인권 보장 제2절 시설에서의 인권보장 제3절 학교에서의 인권보장 제4절 지역사회에서의 인권보장 제5절 빈곤 · 장애 · 소수자 어린이 · 청소년의 인권 보장 제4장 어린이 · 청소년인권위원회 제5장 어린이 · 청소년 참여위원회 제6장 인권침해에 대한 구제 제7장 교육, 실태조사 및 평가 제1절 인권교육과 홍보 제2절 실태조사와 평가 등 제8장 보칙

「부천시 아동 · 청소년 인권조례」	2016. 4. 4.	제1장 총칙 제2장 아동 · 청소년의 인권 제3장 아동 · 청소년인권보장 정책의 수립 및 시행 등
「성남시 아동 인권 조례」	2021. 4. 5.	제1장 총칙 제2장 아동의 인권 제3장 아동 인권보장 정책의 수립 및 시행 등
「청주시 아동 인권 조례」	2021. 11. 5.	제1장 총칙 제2장 아동의 인권 제3장 아동 인권보장 정책의 수립 및 시행 등
「군포시 청소년 권리 증진을 위한 조례」	2023. 1. 31.	제1장 총칙 제2장 권리와 책임 제3장 청소년 권리 증진 환경 조성 제4장 청소년참여위원회 제5장 유관기관 협력체계 구축 제6장 보칙

자료: 법제처 국가법령정보센터 홈페이지.

03 청소년복지와 청소년인권

1) 청소년인권과 청소년의 삶

청소년인권은 청소년이 인간으로서 가지는 기본적 권리를 의미한다. 인권은 천부적으로 주어지는 기본권과 함께 참여권, 행복추구권 등과 같이 사회구성원으로서 가지는 사회권이 있다. 즉, 청소년은 위치에 관계없이 인간이면 누구나 가지는 보편적이고 도덕적이며 당위적인 권리와 함께 사회적 지위나 기능에 따라 사회제도와 규율에 근거하여 획득하는 권리 또한 가진다(이봉철, 1991).

청소년인권은 그 자체로 청소년의 사회적 참여를 보장하면서도 그러한 참여를 통해 더욱 증진된다. 즉, 청소년인권은 기본권과 함께 '참여'를 매개로 청소년의 삶과 연관된다. 참여는 사회구성원이라면 누구에게나 주어지는 권리이지만, 청소년은 이와 같은 참

표 10-7 비전통적(non-traditional) 청소년인권 쟁점

쟁점	내용
연령 차별 (age discrimination)	사회 전반에 걸쳐 존재하는 성인주의를 벗어나 청소년들은 연령으로 인해 차별받지 않고 살 권리가 있다.
야간통행금지 (curfews)	청소년들은 시간에 대한 임의의 제한 없이 원할 때 자신을 표현하거나, 일을 하거나, 자유롭게 움직일 수 있는 권리가 있다.
행동수정수용소 (behavior modification camps)	행동수정수용소와 같이 자신을 위한 가장 좋은 것을 스스로 선택할 수 없는 상황은 청소년들로 하여금 모든 권리를 박탈하도록 한다.
시민으로서 청소년 참여 (civic youth engagement)	청소년에게는 투표권, 정치 출마, 선거운동을 할 수 있는 권리와 함께 봉사활동, 사회단체 참여 등 시민활동을 할 수 있는 권리가 있다.
범죄화 (criminalization)	청소년들은 청소년이라는 특성 자체로 인해 언론이나 정책에 의해 범죄, 피해자, 그리고 그와 관련된 처벌에 연관되지 않을 권리가 있다.
음주 연령 (drinking age)	청소년들은 음주에 대한 제한과 분리 대신에 절제와 교육을 통해 책임 있는 음주를 배울 권리가 있다.
운전 연령 (driving age)	임의 연령이 능력을 결정하지 않는다면 청소년들은 신체적, 정신적으로 능력이 있기 때문에 자동차를 운전할 자유가 있어야 한다.
경제 (economics)	청소년은 자신이 선택한 방식으로 돈, 시간, 에너지를 사용할 자유가 있다. 또한 본인의 의지로 경제기관을 이용하고, 그들이 내는 세금에 대해 대표될 수 있어야 한다.
교육개혁 (education reform)	청소년은 교육 시스템 전반에 걸쳐 교육을 평등하고 의미 있는 파트너로 바꿀 권리가 있다.
친권 해제 (emancipation)	법적 부모(보호자)로부터 독립할 권리는 청소년의 안전과 행복, 그리고 건강을 위해 중요하다.
즐거움, 오락 (entertainment)	즐거움, 오락에 대한 접근과 소비 가능한 미디어의 창조는 모든 청소년들이 누리는 권리이다. 원하는 것에 대한 소비, 생산, 참여는 나이가 아니라 선택 능력에 따라 결정되어야 한다.
소년 사법 (juvenile justice)	청소년은 법의 관점에서 평등하고 공정한 대우를 받을 권리가 있다. 사법 처리는 모든 청소년에게 동일한 것이 아닌, 개인적인 성장과 능력을 반영해야 한다.
매체 재현 (media representation)	모든 청소년은 나이로 인해 언론에서 부당하게 묘사되어서는 안 되고, 공정하게 대표될 권리가 있다. 즉, 나이, 인종, 사회·경제적 지위, 교육 수준 등의 요인으로 인해 정형화되어서는 안 된다.

* 출처: Fletcher (2014).

여 주체의 범주에 포함된 지 얼마 되지 않았다. 따라서 청소년이기 때문에 요구되는 청소년인권 유형을 발굴하고, 이에 대한 사회적 관심과 지원을 이끌어 내기 위해 청소년 참여는 중요하다.

청소년이 인간으로서 그리고 사회구성원으로서 자신의 삶을 잘 운영해 나가려면 자신의 역량을 발견하고 이를 개발할 수 있어야 한다. 이는 청소년기의 특성을 반영한 인권 유형을 발굴하고, 그러한 인권이 보장될 수 있도록 정책적으로 지원함으로써 가능해진다. 최근 청소년인권은 사회의 다양한 영역에서 삶과 밀접한 유형들로 개념화되어 청소년의 삶의 질 향상을 위해 활발히 논의되고 있다.

더 프리차일드 프로젝트(The FreeChild Project, 2014)는 청소년에게 필요한 인권 유형을 발굴하고 개념화하기에 고려해야 할 기준들을 제시하고 있다(〈표 10-7〉 참조). 연령차별, 야간통행금지부터 교육개혁, 매체 재현 등의 '비전통적(non-traditional) 청소년인권 쟁점'들은 청소년인권이 개인적 삶의 영역부터 사회 · 경제적 영역까지 모든 영역에 존재하며, 단 하나의 의제(agenda)로 만들어지는 것이 아니라는 점을 나타낸다. 이처럼 청소년인권은 전 세계 청소년들의 다양성을 반영하는 많은 의제로 이루어져서 이를 보장하는 것에서부터 증진시키기 위한 움직임으로 이어지고 있다(Fletcher, 2014).

더불어 교육현장의 개혁을 위한 학생 권리에 대한 논의 또한 활발하다. 이러한 권리들에는 사회적 변화의 흐름에 따라 새롭게 강조되는 유형이 포함되는데, 예를 들어 '고용'의 경우에는 사회구성원으로서의 청소년에 대해 진로를 넘어서 실질적 일자리 측면을 강조하고 있고, '기술'은 디지털기술이 고도로 발달된 사회에서 태어난 세대인 청소년 세대의 특성이 반영된 영역이라고 할 수 있다(〈표 10-8〉 참조).

표 10-8 교육의 미래를 바꾸기 위한 11가지 권리

구분	내용
자유로운 표현 (free expression)	학생은 자신의 생각을 표현하고 두려움이나 억압 없이 자신의 경험에 대해 말할 수 있어야 한다.
안전과 웰빙 (safety and well-being)	학생은 신체적, 정신적으로 안전해야 하고 학교에서 지원을 받아야 한다.
적법한 절차 (due process)	학생은 강압과 두려움 없이 공정하고 공정한 대우를 받을 권리가 있다.

개인 학습 (personal learning)	학생을 개별적으로 우선 지원해야 한다.
제도적 단체 (institutional agency)	학생의 권리에 대한 모든 논의는 학생이 테이블에 앉을 수 있도록 해야 한다. 학생은 정책에 정보를 제공하고 결정에 기여해야 한다.
정보 및 개인정보 (information and privacy)	디지털 시대에 우리는 학생이 자신의 정보를 통제할 수 있도록 하고, 사생활 침해나 학대의 가능성으로부터 학생을 보호해야 한다.
고용가능성 (employability)	학생은 학교에 머물면 취업 준비를 할 수 있다는 것을 알아야 한다.
시민으로서 참여 (civic participation)	학생은 지금 지역사회와 사회에 참여하여 이를 개선함으로써 배울 권리가 있다.
공정한 평가 (fair assessment)	학생은 고유한 학습자로서 존중하고 그들을 지원하는 방식으로 숙달할 권리를 가져야 한다.
기술 (technology)	우리 '디지털 원주민'은 우리 학교에 초고속 인디넷 접속, 장치, 최신 소프트웨어가 필요하고, 우리는 오늘날 그것을 필요로 한다.
다양성과 비차별주의 (Diversity and Inclusivity)	학생의 인종주의, 성차별, 계급주의, 동성애 혐오, 그리고 사회의 다른 악습들에 의해 지치지 않도록 해야 한다.

* 출처: Martin (2015).

미국 시민자유연맹(American Civil Liberties Union)은 「헌법」으로 인해 보호받는 권리임에도 불구하고 학교 관계자들이 잘 모르거나 무시하는 학생들의 권리에 대해 안내하고 있다. 여기에는 의견 표현의 자유와 같은 전통적 권리부터 성소수자의 권리, 임신으로 인한 차별 금지 등 새로운 영역에 대한 권리 또한 포함한다. 이러한 권리가 「헌법」과 「연방법」에 의해 보호됨을 알림으로써 학생들이 학교에서의 권리를 확실히 알고, 학교가 학생들을 동등하게 대할 수 있도록 하고 있다(〈표 10-9〉 참조).

표 10-9 학생들이 알아야 할 6가지 권리

구분	내용
의견 표현의 자유 (speech rights)	「수정 헌법」 제1조는 학교 행정관들의 승인 없이도 학생들이 행사한 의견 표현의 자유권을 행사할 수 있고, 이에 대한 처벌이 불가함을 보장한다.

복장 규정 (dress codes)	학교는 학교활동에 지장을 주는 복장에 대해 증명해야 한다. 학교는 소녀, 유색인종, 성전환자 등을 처벌하기 위해 복장 규정을 사용할 수 없다.
이민자의 권리 (immigrant rights)	학교는 인종, 피부색, 국적으로 학생들을 차별할 수 없다.
장애인의 권리 (disability rights)	「연방법」에 의해 공립학교는 장애인을 차별할 수 없다. 즉, 장애인이 학문적 과정, 현장학습, 과외활동, 학교 기술 및 의료서비스에 동일하게 접근하는 것을 거부할 수 없다.
성소수자 권리 (LGBT rights)	학생들은 자신의 입장을 공식적으로 밝힐 권리가 있으며, 학교는 이들의 안전한 학습 환경 조성에 대한 책임이 있다.
임신으로 인한 차별 (pregnancy discrimination)	1972년 교육에서 성차별을 금지하는 「연방법」 제1호가 통과된 이후, 학교는 임신한 학생들과 아이를 가진 학생들을 제외시킬 수 없다.

* 출처: Tashman (2017).

2) 청소년복지 정책의 변화

과거 청소년복지는 청소년들을 보호, 선도, 지도의 대상으로 보면서 문제를 가진 청소년에 대한 대책을 주로 포함하고 있었다. 1990년대 이후부터 청소년복지 정책은 요보호 청소년을 대상으로 한 선별적 복지에서 전체 청소년을 대상으로 하는 보편적 복지의 관점으로 점차 변화하는 경향을 보인다(김경준, 2008). 세계적으로 청소년정책이 가정, 학교, 사회에서의 청소년인권 보장과 참여 증진을 더욱 강조하는 방향으로 개선되어 가고 있고, 관련 프로그램이 개발 및 시행되어 오는 등 정책적 환경이 변화하면서 우리나라 청소년복지 또한 그 관점이 변화하고 있는 것이다. 국내 청소년복지는 사회적 기능 수행이 어려운 특정 청소년에게 서비스를 제공하는 잔여적 복지의 개념으로부터 일반청소년의 발달을 위해 사회적 · 경제적 활동을 지원하는 제도적 복지의 개념으로 확대되고 있다(김경준, 2008; 김성이, 2004).

청소년복지는 청소년의 독립성, 인권 보장의 측면에서 기존 아동복지의 개념과는 차이를 보인다. 청소년복지에서의 복지는 성인이 청소년에게 도움을 제공한다는 측면보다는 청소년의 독립성, 자율성, 책임을 중시하여 청소년 개개인의 삶 자체의 복리나 삶의 질에 대한 관심을 전제로 한다. 특히 청소년기에는 생존을 위한 기초적 복지 관련 권리 외에 스스로의 삶에 대한 목적과 계획을 수립하고 그 실현을 위해 자신의 능력을 발견하고 이를 개발하며 발휘할 수 있는 기회와 여건이 권리로서 보장되어야 한다(최윤진, 1998). 이에 청소년복지는 청소년 개인에 대한 서비스뿐만 아니라 청소년의 인권과 참여에 관련된 각종 사회제도를 마련하고 그것을 강화시켜 나가는 노력까지 포함해야 한다(김경준, 2008).

UN, UNESCO 등의 국제기구들은 청소년인권 보장 및 증진을 위해 청소년의 참여를 중요의제로 설정하고 있고, 이에 따라 세계 여러 국가는 청소년 참여권을 보장하는 이행계획을 수립하여 추진하고 있다. 우리나라 또한 청소년의 참여를 청소년 권리를 증진하는 주요 영역으로 설정하고 있으며, 지역사회에서의 참여, 학교에서의 참여뿐만 아니라 청소년 참여 방식의 다변화를 꾀하고 있다. 중앙정부의 청소년 권리 강화 기반을 마련하기 위한 노력이 요구되고 있으며, 지방자치단체별로 「청소년인권조례」 세정이 권고되고 있다. 나아가 '제6차 청소년정책 기본계획'에서는 「청소년인권 및 참여증진법」(가칭) 제정 논의의 필요성을 언급한 바 있다. 이러한 정책적 환경은 청소년인권에 더욱 비중을 두는 청소년복지 정책의 필요성을 제기한다. 이때 앞서 언급한 최근 청소년인권의 경향을 잘 살필 필요가 있다. 청소년인권은 청소년의 삶의 전반적 영역에서 구체적인 문제들로 개념화되어야 한다. 이러한 문제들을 해결하고 지원하는 데 청소년복지가 필요하며, 이에 청소년 삶 양상의 변화에 더욱 민감하게 반응하는 청소년복지 정책이 요구된다.

요약

1. 인권은 인간이기에 당연히 가지는 보편적인 권리로서 절대적이고 항구적인 불가침의 권리이다. 현대사회에서 인권은 인간으로서 인간다운 삶을 영위하기 위해 갖는 보편적인 권리임과 동시에 한 국가의 구성원인 시민으로서 행사해야 할 특정한 권리를 포괄한다.

2. 청소년이라는 사회적 지위가 가진 특수성을 고려했을 때 이러한 문제들이 현상에만 초점을 맞춘 결과론적 접근으로는 해결될 수 없기 때문에 청소년인권 관련 문제 논의는 청소년 관련 해결에 앞서 가장 먼저 다루어야 할 과제이다.

3. 인간이라면 누구에게나 인간 그 자체로 살아가기 위한 행위인 자유권 그리고 생명을 유지하고 신장하기 위한 물질적 · 정신적 필요를 충족하기 위한 복지추구권이 보장되어야 한다. 이처럼 인권과 복지는 밀접한 관계에 놓여 있다.

4. 청소년은 당연히 인권을 가지고 있으며, 그것을 향유할 수 있는 권리 또한 지닌다. 청소년인권이 청소년의 삶과 직결되는 것이라면, 청소년복지는 청소년문제의 해결과 예방뿐만 아니라, 모든 청소년의 인권을 증진하기 위한 제도적 지원을 포괄해야 한다.

5. 청소년인권 보장 및 증진에 대해 명시한 국제협약으로는 유엔아동권리협약이 있으며, 국내법 중에는 대표적으로 「청소년 기본법」 교육 관련 법, 「학교 밖 청소년 지원에 관한 법률」을 들 수 있다. 더불어 지방자치단체는 학생인권조례, 아동 · 청소년인권조례를 제정하여 청소년인권에 대해 제도적으로 지원하고 있다.

6. 청소년인권은 그 자체로 청소년의 사회적 참여를 보장하면서도 그러한 참여를 통해 더욱 증진된다. 즉, 청소년인권은 기본권과 함께 '참여'를 매개로 청소년의 삶과 연관된다. 청소년 참여를 통해 청소년이기 때문에 요구되는 청소년인권 유형을 발굴하고, 이에 대한 사회적 관심과 지원을 이끌어낼 수 있다.

7. 최근 청소년인권은 사회의 다양한 영역에서 삶과 밀접한 유형들로 개념화되어 청소년 삶의 질 향상을 위해 활발히 논의되고 있다. 이에 청소년인권에 더욱 비중을 두는 청소년복지 정책의 필요성이 대두된다. 청소년인권은 청소년의 삶의 전반적 영역에서 구체적인 문제들로 개념화되어야 하며, 이러한 문제들을 해결하고 지원하기 위해 청소년 삶 양상의 변화에 더욱 민감하게 반응하는 청소년복지 정책이 요구된다.

참고문헌

관계부처합동(2018). 제6차 청소년정책기본계획(2018-2022).

김경준(2008). 청소년복지정책의 방향 설정에 관한 연구. 미래청소년학회지, 5(2), 1-21.

김성이(2004). 청소년복지학. 서울: 집문당.

서울특별시교육청(2015). 학생인권교육센터 학생인권상담 사례집. 서울: 서울특별시교육청.

이배근(1997). 아동권리 증진을 위한 국제사회의 노력. 아동권리연구, 1(1), 35-46.

이봉철(1991). 인권, 청소년, 그리고 청소년권. **한국청소년연구**, 2(4), 5-29.

최승원 · 최윤영(2014). 자치입법을 통한 아동의 인권 보장: 서울특별시 어린이 · 청소년인권조례를 중심으로. **지방자치법연구**, 14(2), 213-246.

최윤진(1998). **청소년의 권리**. 서울: 양서원.

Fletcher, A. (2014). *A short introduction to youth rights*. Olympia, WA: The Freechild Project.

Martin, E. (2015). *11 rights all students (Should) have*. StuRights.org.

Tashman, B. (2017). *Student rights at school: Six things you Need to know*. https://www.laaclu.org/en/news/student-rights-school-six-things-you-need-know. American Civil Liberties Union.

제11장

청소년복지의 실제 8

-가족돌봄 청소년-

Adolescent Welfare

학습개요

가족돌봄 청소년은 어린 나이에 닥친 돌봄 부담으로 인해 타 연령대의 돌봄 부담감보다 크며, 이는 신체적 · 정신적 고충으로 연결되기 쉽다. 또한 갑자기 돌봄이 시작되어 각종 병원 · 복지 행정, 간병 · 치료 등에 대한 통합적 정보 부재로 적절한 지원정책 접근도 어려운 실정이다.

가족돌봄 청소년은 돌봄 대상자 바로 옆에서 밀착 보살핌을 해야 하는 상황이 많으며, 동일한 연령대의 청소년의 일반적인 생활과 비교 시에 가족 부양의 책임감, 또래와 고민을 나누기도 어렵고, 돌봄과 관련한 상담을 할 상대가 부재하여 고립감 및 우울감도 심화되고 있다. 더욱이 돌봄과 당장의 생계활동으로 진로 · 학업 병행이 어렵고, 경력 미흡으로 돌봄 이후의 미래에 대한 투자 부족으로 생애 전반에 있어 취약 가능성이 높아질 수 있다.

이 장에서는 가족돌봄 청소년의 개념과 관련된 다양한 문제점을 살펴보고, 사회문제로 확대되고 있는 가족돌봄 청소년의 특성과 현황을 소개하고, 외국과 우리나라 가족돌봄 청소년 관련 법과 외국의 가족돌봄 청소년정책을 학습한다. 그리고 가족돌봄 청소년의 위기 수준과 이들을 위한 다양한 청소년복지제도, 정책의 개선과 제안을 살펴보고자 한다.

01 가족돌봄 청소년의 개념

정책 소외계층은 태어날 때부터 혹은 유아 · 아동 · 청소년기부터 누적된 결핍과 박탈로 정책 대상자임에도 불구하고 제도와 서비스 접근성이 낮아 정책 혜택을 받지 못하는 계층을 의미한다. 특히 신(新)청소년 취약계층인 가족돌봄 청소년(Young Carer)은 가족과 부모를 돌봐야 하는 가장(家長)인 동시에 자신의 다음 생애주기를 위해 성장을 준비하는 복지 사각지대에 속한다. 청소년기는 교육과 사회 참여를 통하여 사회에서 필요한 숙련 기술과 역량을 쌓고, 독립적인 시민이 되기 위해 준비하는 시기이지만 가족돌봄자 중에서도 특히 청소년에게 과도한 가족돌봄은 학습권과 같은 기본적인 권리를 침해하기 때문에 장기적으로는 발달과업에 부정적인 영향을 미칠 수 있다. 따라서 가족돌봄 청소년에 관한 사회적 관심은 이들 삶의 양상과 그로 인한 부정적 영향에 대해 문제의식을 환기하고 국가와 사회의 개입을 요구하는 움직임으로 시작되고 있다.

외국에서는 가족돌봄 청소년을 '영 케어러(Young Carer)'라고 호명하고 그 범주를 "장애, 정신 · 신체 질병, 약물 등 문제를 가진 가족 등을 돌보는 18세 미만 또는 20대 중반까지를 포괄"한다(관계부처합동, 2022). 영 케어러가 잘 발견되지 않았던 이유로 그들 스스로 영 케어러로 인식하고 있지 않다는 점이다(Joseph, Sempik, Leu, & Becker, 2020). 이러한 이유로 쉽게 발견되지 않는 '숨겨진 집단(hidden army)'으로 지칭되기도 한다(Leu & Becker, 2017). 일본의 경우에는 만 18세 미만의 아동으로, 돌봄이 필요한 가족을 위해 집안일과 돌봄을 병행하는 사람으로 정의하고 있다. 영국은 18세 이하 청소년이 장애, 질병, 질환의 문제를 가진 가족과 친척을 돌보는 경우를 'Young carer'로 규정하고 있고, 18~24세의 경우는 청년돌봄자(young adult carer)로 구분하여 규정하고 있다. 미국은 8~18세의 어린 간병인으로 'young caregiver'라는 명칭을 사용하고 있다. 특히, 호주의 경우에는 부모나 조부모 등 직접 가족 이외에도 타인을 돌보는 역할에 대해 인정하고 이를 지원하기 위한 법률이 있다는 특징이 있다. 캐나다는 25세 이하의 젊은 청년 중 그들의 가족구성원의 만성질환, 장애, 정신건강 또는 물질사용 문제, 노화에 따른 문제로 인해 상당한 시간 동안 무보수 돌봄을 제공하는 자로 정의하고 있다. 기타 유럽국가들에서는 30세의 돌봄자까지도 영 케어러에 포함되는 등 국가별로 문화적 맥락과 상황에 따라 다양하게 사용되고 있다. 이처럼 영 케어러에 대한 정의나 연령 범주는 국가별로 통일되어 있지 않으나 특징은 대부분 25세 이하의 어린 아동·청소년이 가장의 역할을 수행하며 동시에 가족을 돌보는 역할을 하고 있다(유정원·강보민, 2022).

우리나라는 가족돌봄 청소년을 법적으로 개념화하고 있는 정책 대상은 아니지만 질병, 장애, 정신질환이 있는 가족을 돌보거나 그로 인해 생계를 책임지고 있는 만 13~34세의 가족돌봄 청년 중(보건복지부, 2024) 13~24세 미만의 청소년을 가족돌봄 청소년으로 정의할 수 있다(이하 가족돌봄 청년을 가족돌봄 청소년으로 한다). 좌현숙 등(2022)은 가족돌봄 청소년을 "아동·청소년 중 가족구성원이 질병, 장애, 정신건강, 알코올 중독 등의 문제가 있을 때 그들을 직접 돌보는 대상"으로 정의하였다. 김정훈과 신한나(2023)는 "신체·정신적 질병 또는 장애가 있거나 알코올·약물 문제가 있는 가족을 무급으로 돌보는 아동, 청소년, 청년"으로 정의하였다. 함선유(2023)는 "질병이나 장애, 사고 등으로 스스로 일상생활을 수행하는 데 제약이 있는 가족원에게 돌봄을 제공하고 있는 가족돌봄자 중 만 13세 이상 34세 이하의 청소년과 청년"을 가족돌봄 청소년으로 정의하였다.

2021년 국회에서 가족돌봄 청소년 관련 내용을 담은 '청소년복지 지원법 일부 개정 법률안'(의안번호 제2113005호)이 발의되었다. 해당 법안의 제안 이유를 살펴보면 "현행법이 가정문제가 있거나 학업 수행 또는 사회 적응에 어려움을 겪는 등 조화롭고 건강한 성장과 생활에 필요한 여건을 갖추지 못한 위기청소년에게 국가 및 지방자치단체가 다양한 사회적·경제적 지원을 할 수 있도록 규정하고 있음에도 불구하고, 부모가 사망, 이혼, 가출하였거나 장애, 질병 등의 사유로 노동 능력을 상실하여 스스로 가족구성원을 돌보거나 가족의 생계를 책임지고 있는 청소년에 대해서는 명시적인 규정이 없고, 이들에 대한 실태조사도 미흡하여 청소년복지의 사각지대에 있다는 지적"이 있음을 언급하고 있다. 이에 따라 "현행법에 이러한 청소년을 '가족돌봄 청소년'으로 명시하고, 이들에 대한 실태조사를 실시하도록 하며, 국가 및 지방자치단체로 하여금 가족돌봄 청소년 및 그 가족에 대하여 체계적인 지원을 제공할 수 있도록 법적 근거를 마련"하는 것을 주요 내용으로 제시하고 있다(의안정보시스템, 2024. 3. 26. 검색).

종합해 보면 가족돌봄 청소년은 부모님의 갑작스런 중증 수술, 건강 악화, 장애, 노동력 상실 등으로 인한 직접 간병과 경제활동으로 학업 지속이 어렵고, 경제적 지원이 절

실하게 필요한 청소년이다. 즉, 가족 간병, 일, 학업을 병행하는 청소년을 의미한다.

02 가족돌봄 청소년의 실태

우리나라 가족돌봄 청소년의 실태는 현재 정확하게 파악되지 못하고 있는 실정인데, 가족돌봄 청소년 실태는 크게 다섯 가지 방법으로 추정할 수 있다. 첫째, 전국적인 대표성이 있는 통계청의 '인구총조사'에서 장애가 있는지의 여부에 따라 돌봄이 필요한 이들과 동거하고 있는 13~34세의 청소년과 청년의 규모를 가늠해 보는 방법이다. 둘째, 국민건강보험공단 행정자료와 국민건강보험공단에서 구축한 가족 DB를 활용하여 장애등급을 받거나 장기요양등급을 받아 돌봄이 필요한 2촌 이내 가족과 동일 읍면동 주소지에 거주하는 13~34세의 비율을 추정하는 방법이다. 셋째 '전국 일-생활 균형실태조사'를 통해 정기적으로 돌보는 대상이 있는지에 대한 질문을 통해 추정해 보는 방법이다. 넷째, '청년 삶 실태조사'에서 "귀하는 가구에서 만성화된 신체적 · 정신적 어려움이나 질병으로 인해 돌봄이 필요한 가구원을 돌보는 책임을 맡고 있으십니까?"에 대한 질문을 통해 결과를 추정해 보는 방법이다. 마지막으로, '가족돌봄 청(소)년 설문조사'를 통해 해당 가족원에게 돌봄을 제공하고 있는지에 대한 여부로 추정해 보는 방법이다.

이러한 분석 방법을 통해서 함선유(2023)는 돌봄이 필요한 가족과 동거하는 경우는 4.5%, 동거 여부와 관계없이 돌봄이 필요한 가족이 존재하는 비율은 11.4~12.9% 정도로 추정했다. 가족에 대한 돌봄을 자신이 책임지고 있는 주돌봄자로 예상되는 비율은 0.6~1.4%가량으로 추정해 볼 수 있고, 최소한의 추정치라고 할 수 있는 0.6%를 19~34세의 청년 인구에 적용해 보면 대략 6만 1,000명의 청년이 가족돌봄의 주된 책임을 맡고 있을 것으로 추정했다.

우리나라보다 앞서서 가족돌봄 청소년을 발굴한 일본 실태조사에 따르면, 가족돌봄 청소년은 약 10만 명 정도로 추정하고 있다. 중학생 6%, 고등학생 7%가 돌보고 있는 가족이 있다고 응답하였다(좌현숙 외, 2022 재인용). 국가별로 청소년 조사대상의 연령 범주가 일치하지는 않으나 대략 청소년 인구의 5~8%가 영 케어러인 것으로 추정하고 있다. 영국의 11~18세 청소년의 8%, 뉴질랜드의 15~24세 청소년의 8%, 스웨덴의 14~16세 청소년의 7%, 이탈리아의 15~24세 청소년의 7.2%, 스위스의 10~15세 청소년의 7.9%, 네덜란드의 13~17세 청소년의 6%, 독일의 12~17세 청소년의 5%가 영 케어러, 즉 가족돌봄 청소년으로 조사된 바 있다. 이러한 외국 사례를 중심으로 서울시의회(한의석 외, 2023)는 청소년 인구의 대략 5~8%까지로 추산했다. 다음의 〈표 11-1〉은 국가별 연령에 따른 가족돌봄 청소년의 비율이다.

표 11-1 국가별 연령에 따른 가족돌봄 청소년 비율

국가	우리나라	일본	영국	뉴질랜드	스웨덴	이탈리아	스위스	네덜란드	독일
기준 연령	13~34세	13~18세	11~18세	15~24세	14~16세	15~24세	10~15세	13~17세	12~17세
추정 비율	0.6~1.4%	6~7%	8%	8%	7%	7.2%	7.9%	6%	5%

* 출처: 유정원 · 강보민(2022)에서 재구성

03 가족돌봄 청소년의 특성

가족돌봄 청소년 관련 자료가 많지는 않으나 공통적으로 제기되는 문제는 이들의 학력이 낮고, 소득수준이 낮은 가구집단에서 가족의 돌봄을 책임지는 경우가 많다는 점이다. 특히 이들은 행정서비스 이용 측면에서의 어려움과 돌봄과 생계로 인한 미래 설계의 어려움 등을 겪고 있다는 점에서 복합적인 문제를 경험하고 있다(오세웅, 2021).

「대한민국헌법」에서는 존엄한 모든 개인은 '행복추구권'을 갖고 국가는 이를 보장해야 할 의무가 있다. 그러나 가족돌봄을 피하기 어려운 조건에 놓인 청소년들은 헌법적 가치인 자기결정권을 크게 제약받고 있기 때문에 다양한 복합문제를 가진 복지 사각지대로 분류될 수 있다. 다음은 가족돌봄 청소년들이 가족돌봄을 위해 공통적으로 하는 역할을 통해 특징을 설명한 것이다(관계부처합동, 2022; 함선유, 2023; Carers Trust, 2016; Foley et al., 2021; Haugland et al., 2020; Leu et al., 2022; Stamatopoulos, 2018).

첫째, 가족돌봄 청소년들은 기본적인 가사 업무를 수행함과 동시에 간병인으로서의 역할을 담당하고 있다. 돌봄 대상자 바로 옆에서 밀착 보살핌을 해야 하는 상황이 많고, 돌봄이 필요한 가족을 돌보는 시간이 주당 21.6시간이면서 주돌봄자일 경우에는 주당 돌봄 시간이 32.8시간으로 나타나 가사노동에 대한 부담감이 매우 클 것으로 추측할 수 있다.

둘째, 가족돌봄 청소년들은 학교가 끝나자마자 집으로 가서 대부분의 시간을 돌봄 가족과 보낸다. 이들은 돌봄이 필요한 가족 때문에 학교를 다니거나 일을 다닐 수 없다고 한다.

셋째, 진학을 하더라도 온전히 학업에 지속할 수 없고, 일, 학업, 그리고 돌봄의 다양한 역할을 하면서 여전히 경제적 어려움을 경험한다. 또한 가족돌봄 청소년들은 주관적인 경제 수준이 낮다고 인식하고 있다. 소득 창출 능력이 부족한 청소년이 돌봄 과정에서 생계비 · 가사비 마련의 어려움 및 장기적 돌봄으로 인한 '돌봄 파산'을 경험할 수 있다.

넷째, 가족돌봄 청소년들은 해당 연령대의 가구 유형별 비율과 비교할 때 부모 모두와 동거하는 비율이 상대적으로 낮고, 한부모와 동거하는 비율과 부모 모두와 비동거하는 비율이 더 많다.

다섯째, 가족돌봄 청소년의 학교 결석율은 일반 학생들에 비해 높고 가족돌봄 청소년들은 괴롭힘이나 따돌림의 대상이 될 우려가 일반 학생들에 비해 높았으며, 스스로도 가족의 질병 내지는 장애가 따돌림과 괴롭힘을 당하는 이유로 생각하는 것으로 나타났다.

여섯째, 가족돌봄 청소년들은 우울과 삶의 질 수준에서 동일한 연령대의 청소년들과 비교해볼 때 우울감이 높고, 학업이나 진로, 미래를 계획하는 데 어려움을 겪으면서 삶의 질이 낮다. 즉, 가족돌봄 청소년은 또래와 고민을 나누기도 어렵고, 돌봄과 관련한 상담을 할 상대가 부재하여 고립감 및 우울감 심화, 불면증, 불안 등의 정신건강 문제를 경험하고 있다.

일곱째, 돌봄 및 생계에 대부분의 시간과 노력을 투입해야 하기 때문에 미래에 대한 준비는 부족하고 이는 생애 전반에 대한 빈곤의 악순환으로 연결될 수 있다. 돌봄과 당장의 생계활동으로 진로 · 학업 병행이 어렵고, 경력을 쌓지 못해 돌봄 이후의 미래에 대한 투자 부족으로 생애 전반에 있어 취약 가능성이 높아질 수 있다.

마지막으로 코로나19 팬데믹은 가족돌봄 청소년의 돌봄 부담을 다방면으로 더욱 가중시켰다. 돌봄 시간뿐만 아니라 돌봄 역할의 복잡성도 높아져서 가족돌봄 청소년의 어려움이 가중되었고, 이로 인해 가족돌봄 청소년의 건강과 행복은 코로나19 팬데믹 이후 상당 수준 더 악화된 것으로 파악되었다. 특히 코로나19 팬데믹 이전보다 더 많은 가족구성원을 돌보게 되었고, 이들 중 많은 청소년이 정신건강이 악화된 것으로 밝혀졌다.

04 가족돌봄 청소년 관련 법 및 정책

1) 가족돌봄 청소년 관련 법

가족돌봄 청소년의 정의와 지원 등에 관하여 직접적으로 규정된 법률은 명시되어 있지만 간접적으로 적용 가능한 조항들이 있다. 대표적으로「청소년 기본법」「청소년복지 지원법」「아동복지법」「청년기본법」「건강가정기본법」조례들이 가족돌봄 청소년들을 지원할 수 있는 법적 근거로 볼 수 있다.

(1)「청소년 기본법」

조항	주요내용
제3조 (정의)	2. "청소년육성"이란 청소년활동을 지원하고 청소년의 복지를 증진하며 근로 청소년을 보호하는 한편, 사회 여건과 환경을 청소년에게 유익하도록 개선하고 청소년을 보호하여 청소년에 대한 교육을 보완함으로써 청소년의 균형 있는 성장을 돕는 것을 말한다. 4. "청소년복지"란 청소년이 정상적인 삶을 누릴 수 있는 기본적인 여건을 조성하고 조화롭게 성장 · 발달할 수 있도록 제공되는 사회적 · 경제적 지원을 말한다.
제5조 (청소년의 권리와 책임)	① 청소년의 기본적 인권은 청소년활동 · 청소년복지 · 청소년보호 등 청소년육성의 모든 영역에서 존중되어야 한다. ④ 청소년은 안전하고 쾌적한 환경에서 자기발전을 추구하고 정신적 · 신체적 건강을 해치거나 해칠 우려가 있는 모든 형태의 환경으로부터 보호받을 권리를 가진다. ⑤ 청소년은 자신의 능력을 개발하고 건전한 가치관을 확립하며 가정 · 사회 및 국가의 구성원으로서의 책임을 다하도록 노력하여야 한다.

제6조 (가정의 책임)	① 가정은 청소년육성에 관하여 1차적 책임이 있음을 인식하여야 하며, 따뜻한 사랑과 관심을 통하여 청소년이 개성과 자질을 바탕으로 자기발전을 실현하고 국가와 사회의 구성원으로서의 책임을 다하는 다음 세대로 성장할 수 있도록 노력하여야 한다.
제7조 (사회의 책임)	④ 모든 국민은 경제적 · 사회적 · 문화적 · 정신적으로 어려운 상태에 있는 청소년들에게 특별한 관심을 가지고 이들이 보다 나은 삶을 누릴 수 있도록 노력하여야 한다.
제8조의2 (교육 및 홍보 등)	② 국가 및 지방자치단체는 근로 청소년의 권익보호를 위하여 「근로기준법」 등에서 정하는 근로 청소년의 권리 등에 필요한 교육 및 상담을 청소년에게 실시하여야 하며, 청소년 근로권익 보호정책을 적극적으로 홍보하여야 한다.

(2) 「청소년복지 지원법」

조항	주요내용
제2조 (정의)	2. "청소년복지"란 「청소년 기본법」 제3조 제4호에 따른 청소년복지를 말한다. 4. "위기청소년"이란 가정 문제가 있거나 학업 수행 또는 사회 적응에 어려움을 겪는 등 조화롭고 건강한 성장과 생활에 필요한 여건을 갖추지 못한 청소년을 말한다. 6. "청소년부모"란 자녀를 양육하는 부모가 모두 청소년인 사람을 말한다.
제2조의2 (실태조사)	① 여성가족부장관은 위기청소년의 위기 원인 및 실태를 파악하는 등 청소년복지 향상을 위한 정책수립에 필요한 기초자료로 활용하기 위하여 3년마다 위기청소년에 대한 실태조사를 실시하고 그 결과를 공표하여야 한다.
제9조 (지역사회 청소년 통합지원체계의 구축 · 운영)	① 지방자치단체의 장은 관할구역의 위기청소년을 조기에 발견하여 보호하고, 청소년복지 및 「청소년 기본법」 제3조 제5호에 따른 청소년보호를 효율적으로 수행하기 위하여 지방자치단체, 공공기관, 「청소년 기본법」 제3조 제8호에 따른 청소년단체 등이 협력하여 업무를 수행하는 지역사회 청소년 통합지원체계(이하 "통합지원체계"라 한다)를 구축 · 운영하여야 한다. ② 국가는 통합지원체계의 구축 · 운영을 지원하여야 한다. ③ 통합지원체계에 반드시 포함되어야 하는 기관 또는 단체 등 통합지원체계의 구성 등에 필요한 사항은 대통령령으로 정한다.

제11조 (주민의 자원 활동 지원)	국가 및 지방자치단체는 지역 주민들이 자발적으로 단체를 구성하여 위기청소년의 발견 · 보호 및 지원을 위한 활동을 하는 경우에는 그 단체의 활동을 지원할 수 있다.
제12조의2 (위기청소년통합 지원정보시스템의 구축 및 운영 등)	① 여성가족부장관은 위기청소년 관련 정보의 효율적 처리, 정보 공유 및 기관 간 서비스 연계 등 통합지원체계를 효율적으로 운영하기 위하여 대통령령으로 정하는 바에 따라 위기청소년통합지원정보시스템(이하 "통합정보시스템"이라 한다)을 구축 · 운영할 수 있다.
제13조 (상담 및 교육)	① 국가 및 지방자치단체는 위기청소년에게 효율적이고 적합한 지원을 하기 위하여 위기청소년의 가족 및 보호자에 대한 상담 및 교육을 실시할 수 있다. ② 위기청소년의 가족 및 보호자는 국가 및 지방자치단체가 상담 및 교육을 권고하는 경우에는 이에 협조하여 성실히 상담 및 교육을 받아야 한다. ③ 국가 및 지방자치단체는 여성가족부령으로 정하는 일정 소득 이하의 가족 및 보호자가 제1항의 상담 및 교육을 받은 경우에는 예산의 범위에서 여비 등 실비(實費)를 지급할 수 있다.
제14조 (위기청소년 특별지원)	① 국가 및 지방자치단체는 대통령령으로 정하는 바에 따라 위기청소년에게 필요한 사회적 · 경제적 지원(이하 "특별지원"이라 한다)을 할 수 있다. ② 특별지원은 생활지원, 학업지원, 의료지원, 직업훈련지원, 청소년활동지원 등 대통령령으로 정하는 내용에 따라 물품 또는 서비스의 형태로 제공한다. 다만, 위기청소년의 지원에 반드시 필요하다고 인정되는 경우에는 금전의 형태로 제공할 수 있다. ③ 특별지원 대상 청소년의 선정 기준, 범위 및 기간과 그 밖에 필요한 사항은 대통령령으로 정한다.
제15조 (특별지원의 신청 및 선정)	① 다음 각 호의 어느 하나에 해당하는 사람은 위기청소년을 특별지원 대상 청소년으로 선정하여 줄 것을 특별자치시장 · 특별자치도지사 또는 시장 · 군수 · 구청장에게 신청할 수 있다. 이 경우 제1호 중 보호자 및 제2호부터 제5호까지의 사람은 해당 청소년의 동의를 받아야 한다. 1. 청소년 본인 또는 그 보호자 2. 「청소년 기본법」 제3조 제7호에 따른 청소년지도자 3. 「초 · 중등교육법」 제19조 제1항에 따른 교원 4. 「사회복지사업법」 제11조에 따른 사회복지사

(3)「청년기본법」

조항	주요내용
제2조 (기본이념)	① 이 법은 청년이 인간으로서의 존엄과 가치를 실현하고 행복한 삶을 영위할 수 있는 권리를 보장받으며 건전한 민주시민으로서의 책무를 다할 수 있도록 하는 것을 기본이념으로 한다. ② 제1항의 기본이념을 구현하기 위한 장기적·종합적 청년정책을 추진할 때에는 다음 각 호의 사항을 고려하여야 한다. 1. 청년 개개인의 자질향상과 능동적 삶의 실현 2. 청년의 정치·경제·사회·문화 등 모든 분야에 대한 참여 촉진 3. 교육, 고용, 직업훈련 등에서 청년의 평등한 기회 제공 4. 청년이 성장할 수 있는 사회적·경제적 환경 마련
제3조 (정의)	1. "청년"이란 19세 이상 34세 이하인 사람을 말한다. 다만, 다른 법령과 조례에서 청년에 대한 연령을 다르게 적용하는 경우에는 그에 따를 수 있다. 2. "청년발전"이란 청년의 권리보호 및 신장, 정책결정과정 참여확대, 고용촉진, 능력개발, 복지향상 등을 통하여 정치·경제·사회·문화의 모든 영역에서 청년의 삶의 질을 향상시키는 것을 말한다. 3. "청년지원"이란 청년발전을 위하여 청년에게 제공되는 사회적·경제적 지원을 말한다. 4. "청년정책"이란 청년발전을 주된 목표로 하는 것으로서 국가 또는 지방자치단체가 시행하는 정책을 말한다. 5. "취약계층 청년"이란 고용·교육·복지 등의 분야에서 어려움을 겪는 청년을 말한다. 7. "청년시설"이란 청년발전, 청년지원 또는 청년 참여 촉진을 위하여 제공되는 시설(청년지원을 위하여 운영되는 기관을 포함한다)을 말한다.
제4조 (국가와 지방자치단체의 책무)	① 국가와 지방자치단체는 청년발전에 필요한 법적·제도적 장치를 마련하여 시행하여야 한다. ③ 국가와 지방자치단체는 청년의 공정한 기회 보장을 위한 제도적 장치를 마련하여야 한다. ④ 국가와 지방자치단체는 이 법에 따른 업무 수행에 필요한 재원을 안정적으로 확보하기 위한 시책을 수립·실시하여야 한다. ⑤ 국가와 지방자치단체는 청년발전, 청년지원 및 청년정책과 관련된 내용을 널리 홍보하고 교육하여야 한다. ⑥ 국가와 지방자치단체는 청년정책을 수립·실시하는 경우 취약계층 청년에 대한 별도의 지원 방안을 마련하도록 노력하여야 한다.

제11조 (청년 실태조사 등)	① 정부는 기본계획 등 효율적인 청년정책을 수립하기 위하여 청년의 고용·주거·교육·문화 등에 대한 실태를 조사하여 공표하여야 한다.
제17조 (청년 고용촉진 및 일자리의 질 향상)	① 국가와 지방자치단체는 청년고용을 촉진하고 청년 일자리의 질을 향상하기 위한 대책을 마련하여야 한다. ② 국가와 지방자치단체는 취약계층 청년의 자립과 노동시장 진입을 위한 대책을 마련하여야 한다.
제18조 (청년 창업지원)	국가와 지방자치단체는 청년의 창업을 촉진하고, 창업환경을 개선하기 위한 대책을 마련하여야 한다.
제19조 (청년 능력개발 지원)	국가와 지방자치단체는 청년의 능력·재능·기술 등을 개발할 수 있는 교육환경을 조성하고 창의성과 전문성을 향상시킬 수 있는 대책을 마련하여야 한다.
제20조 (청년 주거지원)	국가와 지방자치단체는 청년의 주거 안정 및 주거 수준 향상을 위한 대책을 마련하여야 한다.
제21조 (청년 복지증진)	국가와 지방자치단체는 청년의 육체적·정신적 건강 증진과 삶의 질 개선 등 복지 증진을 위한 대책을 마련하여야 한다.
제22조 (청년 금융생활 지원)	① 국가와 지방자치단체는 청년의 경제적 자립과 안정적인 금융생활을 지원하기 위한 대책을 마련하여야 한다. ② 국가와 지방자치단체는 취약계층 청년의 채무여건 개선 및 금융 접근성 제고를 위한 대책을 마련하여야 한다.
제23조 (청년 문화활동 지원)	국가와 지방자치단체는 청년의 다양하고 창의적인 문화 활동을 지원하기 위한 대책을 마련하여야 한다.

(4) 「아동복지법」

조항	주요내용
제2조 (기본 이념)	① 아동은 자신 또는 부모의 성별, 연령, 종교, 사회적 신분, 재산, 장애유무, 출생지역, 인종 등에 따른 어떠한 종류의 차별도 받지 아니하고 자라나야 한다. ② 아동은 완전하고 조화로운 인격발달을 위하여 안정된 가정환경에서 행복하게 자라나야 한다. ③ 아동에 관한 모든 활동에 있어서 아동의 이익이 최우선적으로 고려되어야 한다. ④ 아동은 아동의 권리보장과 복지증진을 위하여 이 법에 따른 보호와 지원을 받을 권리를 가진다.

제3조 (정의)	5. "지원대상아동"이란 아동이 조화롭고 건강하게 성장하는 데에 필요한 기초적인 조건이 갖추어지지 아니하여 사회적 · 경제적 · 정서적 지원이 필요한 아동을 말한다.
제4조 (국가와 지방자치단체의 책무)	⑥ 국가와 지방자치단체는 「아동의 권리에 관한 협약」에서 규정한 아동의 권리 및 복지 증진 등을 위하여 필요한 시책을 수립 · 시행하고, 이에 필요한 교육과 홍보를 하여야 한다. ⑦ 국가와 지방자치단체는 아동의 보호자가 아동을 행복하고 안전하게 양육하기 위하여 필요한 교육을 지원하여야 한다.
제5조 (보호자 등의 책무)	① 아동의 보호자는 아동을 가정에서 그의 성장시기에 맞추어 건강하고 안전하게 양육하여야 한다. ② 아동의 보호자는 아동에게 신체적 고통이나 폭언 등의 정신적 고통을 가하여서는 아니 된다. ③ 모든 국민은 아동의 권익과 안전을 존중하여야 하며, 아동을 건강하게 양육하여야 한다.
제11조 (아동종합실태조사)	① 보건복지부장관은 3년마다 아동의 양육 및 생활환경, 언어 및 인지 발달, 정서적 · 신체적 건강, 아동안전, 아동학대 등 아동의 종합실태를 조사하여 그 결과를 공표하고, 이를 기본계획과 시행계획에 반영하여야 한다. 다만, 보건복지부장관은 필요한 경우 보건복지부령으로 정하는 바에 따라 분야별 실태조사를 할 수 있다.
제11조의2 (아동정책영향평가)	① 국가와 지방자치단체는 대통령령으로 정하는 바에 따라 아동 관련 정책이 아동복지에 미치는 영향을 분석 · 평가(이하 "아동정책영향평가"라 한다)하고, 그 결과를 아동 관련 정책의 수립 · 시행에 반영하여야 한다.
제14조 (아동위원)	① 시 · 군 · 구에 아동위원을 둔다. ② 아동위원은 그 관할 구역의 아동에 대하여 항상 그 생활상태 및 가정환경을 상세히 파악하고 아동복지에 필요한 원조와 지도를 행하며 전담공무원, 민간전문인력 및 관계 행정기관과 협력하여야 한다.
제15조 (보호조치)	③ 시 · 도지사 또는 시장 · 군수 · 구청장은 제1항 제1호 및 제2호의 보호조치가 적합하지 아니한 보호대상 아동에 대하여 제1항 제3호부터 제6호까지의 보호조치를 할 수 있다. 이 경우 제1항 제3호부터 제6호까지의 보호조치를 하기 전에 보호대상 아동에 대한 상담, 건강검진, 심리검사 및 가정환경에 대한 조사를 실시하여야 한다.

<table>
<tr><td>제15조의2
(아동통합정보시스템의 구축 · 운영)</td><td>① 보건복지부장관은 아동복지 관련 자료 또는 정보의 효율적 처리 및 통합관리를 위하여 「사회보장기본법」 제37조 제2항에 따라 설치된 사회보장정보시스템 및 「사회보장급여의 이용 · 제공 및 수급권자 발굴에 관한 법률」 제24조의2에 따라 설치된 사회서비스정보시스템을 연계 · 활용하여 아동통합정보시스템(이하 “아동정보시스템”이라 한다)을 구축 · 운영하여야 한다.</td></tr>
<tr><td>제15조의4
(아동보호 사각지대 발굴 및 실태조사)</td><td>① 보건복지부장관은 보호가 필요한 아동을 발견하고 양육환경을 개선할 수 있도록 지원하기 위하여 「사회보장기본법」 제37조에 따른 사회보장정보시스템(이하 “사회보장정보시스템”이라 한다)을 통하여 다음 각 호의 자료 또는 정보를 처리할 수 있으며, 해당 자료를 토대로 아동보호를 위한 실태조사 대상 아동을 선정할 수 있다.</td></tr>
<tr><td>제35조
(건강한 심신의 보존)</td><td>① 아동의 보호자는 아동의 건강 유지와 향상을 위하여 최선의 주의와 노력을 하여야 한다.
② 국가와 지방자치단체는 아동의 건강 증진과 체력 향상을 위하여 다음 각 호에 해당하는 사항을 지원하여야 한다.
1. 신체적 건강 증진에 관한 사항
2. 자살 및 각종 중독의 예방 등 정신적 건강 증진에 관한 사항
3. 급식지원 등을 통한 결식예방 및 영양개선에 관한 사항
4. 비만 방지 등 체력 및 여가 증진에 관한 사항</td></tr>
<tr><td>제37조
(취약계층 아동에 대한 통합서비스지원)</td><td>① 국가와 지방자치단체는 아동의 건강한 성장과 발달을 도모하기 위하여 대통령령으로 정하는 바에 따라 아동의 성장 및 복지 여건이 취약한 가정을 선정하여 그 가정의 지원대상아동과 가족을 대상으로 보건, 복지, 보호, 교육, 치료 등을 종합적으로 지원하는 통합서비스를 실시한다.</td></tr>
<tr><td>제38조
(자립지원)</td><td>① 국가와 지방자치단체는 보호대상 아동의 위탁보호 종료 또는 아동복지시설 퇴소 이후의 자립을 지원하기 위하여 다음 각 호에 해당하는 조치를 시행하여야 한다.
1. 자립에 필요한 주거 · 생활 · 교육 · 취업 등의 지원
1의 2. 자립에 필요한 자립정착금 및 자립수당 지급
2. 자립에 필요한 자산의 형성 및 관리 지원(이하 “자산형성지원”이라 한다)
3. 자립에 관한 실태조사 및 연구
4. 사후관리체계 구축 및 운영
5. 그 밖에 자립지원에 필요하다고 대통령령으로 정하는 사항</td></tr>
</table>

제44조의2 (다함께돌봄센터)	① 시·도지사 및 시장·군수·구청장은 초등학교의 정규교육 이외의 시간 동안 다음 각 호의 돌봄서비스(이하 "방과 후 돌봄서비스"라 한다)를 실시하기 위하여 다함께돌봄센터를 설치·운영할 수 있다. 1. 아동의 안전한 보호 2. 안전하고 균형 있는 급식 및 간식의 제공 3. 등·하교 전후, 야간 또는 긴급상황 발생 시 돌봄서비스 제공 4. 체험활동 등 교육·문화·예술·체육 프로그램의 연계·제공 5. 돌봄 상담, 관련 정보의 제공 및 서비스의 연계 6. 그 밖에 보건복지부령으로 정하는 방과 후 돌봄서비스의 제공

(5) 「건강가정기본법」

조항	주요내용
제3조 (정의)	이 법에서 사용하는 용어의 정의는 다음과 같다. 1. "가족"이라 함은 혼인·혈연·입양으로 이루어진 사회의 기본단위를 말한다. 2. "가정"이라 함은 가족구성원이 생계 또는 주거를 함께 하는 생활공동체로서 구성원의 일상적인 부양·양육·보호·교육 등이 이루어지는 생활단위를 말한다. 3. "건강가정"이라 함은 가족구성원의 욕구가 충족되고 인간다운 삶이 보장되는 가정을 말한다. 4. "건강가정사업"이라 함은 건강가정을 저해하는 문제(이하 "가정문제"라 한다)의 발생을 예방하고 해결하기 위한 여러 가지 조치와 가족의 부양·양육·보호·교육 등의 가정기능을 강화하기 위한 사업을 말한다.
제4조 (국민의 권리와 의무)	① 모든 국민은 가정의 구성원으로서 안정되고 인간다운 삶을 유지할 수 있는 가정생활을 영위할 권리를 가진다. ② 모든 국민은 가정의 중요성을 인식하고 그 복지의 향상을 위하여 노력하여야 한다.
제5조 (국가 및 지방자치단체의 책임)	① 국가 및 지방자치단체는 건강가정을 위하여 필요한 제도와 여건을 조성하고 이를 위한 시책을 강구하여 추진하여야 한다. ② 국가 및 지방자치단체는 제1항의 시책을 강구함에 있어 가족구성원의 특성과 가정유형을 고려하여야 한다.

제7조 (가족가치)	가족구성원은 부양 · 자녀양육 · 가사노동 등 가정생활의 운영에 함께 참여하여야 하고 서로 존중하며 신뢰하여야 한다.
제9조 (가족해체 예방)	① 가족구성원 모두는 가족해체를 예방하기 위하여 노력하여야 한다. ② 국가 및 지방자치단체는 가족해체를 예방하기 위하여 필요한 제도와 시책을 강구하여야 한다.
제10조 (지역사회자원의 개발 · 활용)	국가 및 지방자치단체는 건강한 가정구현에 기여할 수 있도록 지역사회자원을 최대한 개발하고 활용하여야 한다.
제21조 (가정에 대한 지원)	① 국가 및 지방자치단체는 가정이 원활한 기능을 수행하도록 지원하여야 한다. 1. 가족구성원의 정신적 · 신체적 건강지원 2. 소득보장 등 경제생활의 안정 3. 안정된 주거생활 5. 직장과 가정의 양립 8. 가정친화적 사회분위기의 조성 ④ 국가 및 지방자치단체는 한부모가족, 노인단독가정, 장애인가정, 미혼모가정, 공동생활가정, 자활공동체 등 사회적 보호를 필요로 하는 가정에 대하여 적극적으로 지원하여야 한다.
제23조 (가족단위 복지증진)	① 국가 및 지방자치단체는 사회보험 · 공공부조 등 사회보장제도의 운용과 관련하여 보험료의 산정 · 부과, 급여 등을 운용함에 있어서 가족을 지지하는 시책을 개발 · 추진하여야 한다. ② 국가 및 지방자치단체는 경제 · 사회, 교육 · 문화, 체육, 지역사회개발 등 각 분야의 제도 · 정책 및 사업을 수립 · 추진함에 있어 가족을 우대하는 방안을 강구하여야 한다.
제24조 (가족의 건강증진)	국가 및 지방자치단체는 영 · 유아, 아동, 청소년, 중 · 장년, 노인 등 생애주기에 따르는 가족구성원의 종합적인 건강증진대책을 마련하여야 한다.
제25조 (가족부양의 지원)	① 국가 및 지방자치단체는 영 · 유아 혹은 노인 등 부양지원을 요하는 가족구성원이 있는 가정에 대하여 부양부담을 완화하기 위한 시책을 적극적으로 강구하여야 한다. ② 국가 및 지방자치단체는 질환이나 장애로 가족내 수발을 요하는 가족구성원이 있는 가정을 적극 지원하며, 보호시설을 이용할 수 있도록 전문보호시설을 확대하여야 한다. ③ 국가 및 지방자치단체는 가족구성원 중 장기요양을 필요로 하는 질병이나 사고로 간병을 요할 경우 가족간호를 위한 휴가 등의 시책을 마련하여야 한다.

제30조 (가정봉사원)	① 국가 및 지방자치단체는 건강한 가정을 유지하기 위하여 필요한 경우에는 가정을 방문하여 가사 · 육아 · 산후조리 · 간병 등을 돕는 가정봉사원(이하 "가정봉사원"이라 한다)을 지원할 수 있다.
제33조 (자원봉사활동의 지원)	국가 및 지방자치단체는 건강가정과 관련되는 자원봉사활동사업을 육성하고 장려하여야 한다.

(6) 우리나라 행정구역 가족돌봄 청소년 지원 조례

광역과 기초 지방자치단체의 가족돌봄 청소년 지원에 관한 조례는 서울특별시, 5개 광역시, 경기도와 2개 특별자치도 등 행정구역에 따라 조례를 제정하여 운영하고 있다. 다음의 〈표 11-2〉는 행정구역별 가족돌봄 청소년 지원 조례에 대한 내용이다.

표 11-2 행정구역별 가족돌봄 청소년 지원 조례[1)]

조례명	주요내용
「서울특별시 가족돌봄 청년 지원에 관한 조례」 [시행 2023. 12. 29.]	제1조(목적) 이 조례는 서울특별시 가족돌봄청년 지원에 관한 사항을 규정함으로써 가족돌봄청년의 생활안정 및 복지증진에 이바지함을 목적으로 한다. 제2조(정의) 이 조례에서 "가족돌봄청년"이란 장애, 정신 및 신체의 질병 등의 문제를 가진 「민법」 제779조에 따른 가족을 돌보고 있는 14세 이상 34세 이하의 사람을 말한다.
「인천광역시 가족돌봄 청소년 · 청년 지원 조례」 [시행 2023. 11. 9.]	제1조(목적) 이 조례는 가족돌봄청소년 · 청년 지원에 필요한 사항을 규정함으로써 가족돌봄청소년 · 청년의 생활안정 및 복지증진에 이바지함을 목적으로 한다. 제2조(정의) 이 조례에서 "가족돌봄청소년 · 청년"이란 장애, 질병, 고령 등의 사유로 도움이 필요한 「민법」 제779조에 따른 가족을 돌보거나 그 가족의 생계를 책임지고 있는 9세 이상 34세 이하의 사람을 말한다.

1) 국가법령정보센터 (2024년 4월 6일 검색)

「울산광역시 가족돌봄 청소년 · 청년 지원 조례」 [시행 2023. 12. 28.]	제1조(목적) 이 조례는 가족돌봄 청소년 · 청년 지원에 관한 사항을 규정함으로써 생활안정 및 복지증진을 도모하고, 사회구성원으로 건강하고 조화롭게 성장할 수 있는 사회 실현을 목적으로 한다. 제2조(정의) 이 조례에서 "가족돌봄 청소년 · 청년"이란 장애, 질병, 고령 등의 사유로 도움이 필요한 가족(「민법」 제779조에 따른 가족을 말한다. 이와 같다)을 돌보고 있는 9세 이상 39세 이하의 사람을 말한다.
「광주광역시 가족돌봄 청소년 · 청년 지원 조례」 [시행 2023. 8. 7.]	제1조(목적) 이 조례는 가족돌봄청소년 · 청년 지원에 관한 사항을 규정함으로써 가족돌봄청소년 · 청년의 생활안정 및 복지증진을 도모하고, 가족돌봄청소년 · 청년이 건강한 사회구성원으로서 조화롭게 성장하고 인간다운 삶을 영위할 있도록 이바지함을 목적으로 한다. 제2조(정의) 이 조례에서 사용하는 용어의 정의는 다음과 같다. 1. "청소년"이란 「청소년 기본법」 제3조 제1호에 따른 9세 이상 24세 이하인 사람을 말한다. 2. "청년"이란 「청년기본법」 제3조 제1호에 따른 19세 이상 34세 이하인 사람을 말한다. 3. "가족돌봄청소년 · 청년"이란 고령 · 장애 · 정신 또는 신체의 질병 등의 사유로 도움이 필요한 가족(「민법」 제779조에 따른 가족을 말한다. 이하 "돌봄대상가족"이라 한다)에게 간호 · 간병, 일상생활 관리 또는 그 밖의 도움을 제공하는 등 돌봄대상가족을 돌보거나 사실상 생계를 책임지고 있는 청소년 및 청년을 말한다.
「대구광역시 가족돌봄 청소년 · 청년 지원에 관한 조례」 [시행 2023. 8. 10.]	제1조(목적) 이 조례는 대구광역시에 거주하는 가족돌봄 청소년 · 청년 지원에 관한 사항을 규정함으로써 가족돌봄 청소년과 청년의 생활안정 및 복지증진에 이바지함을 목적으로 한다. 제2조(정의) 이 조례에서 "가족돌봄 청소년 · 청년"이란 장애, 질병, 고령 등의 사유로 도움이 필요한 「민법」 제779조에 따른 가족을 돌보고 있는 9세 이상 34세 이하의 사람을 말한다.
「대전광역시 가족돌봄 청년 지원 조례」 [시행 2023. 7. 14.]	제1조(목적) 이 조례는 가족돌봄청년의 지원에 필요한 사항을 규정함으로써 가족돌봄청년의 돌봄 부담을 완화하고 사회로부터 고립되지 않도록 하여 삶의 질 향상에 이바지함을 목적으로 한다. 제2조(정의) 이 조례에서 "가족돌봄청년"이란 고령, 장애, 정신 · 신체의 질병 등으로 도움이 필요한 「민법」 제779조에 따른 가족을 돌보거나 생계를 책임지고 있는 18세 이상 39세 이하인 사람을 말한다.

「경기도 가족돌봄청소년 및 청년 지원에 관한 조례」 [시행 2023. 5. 17.]	제1조(목적) 이 조례는 경기도에 거주하는 가족돌봄청소년 및 청년에 대한 지원 사항을 규정함으로써 이들의 생활안정 및 복지증진을 도모하고, 가족돌봄청소년 및 청년들이 존중받으며 건강하고 조화롭게 생활할 수 있는 사회 실현을 목적으로 한다. 제2조(정의) 이 조례에서 "가족돌봄청소년 및 청년"이란 부모가 사망·이혼·가출하거나, 부모를 포함한 가족 구성원이 장애·질병·정신이상 또는 약물 및 알코올 남용 등으로 노동능력을 상실하여 사실상 가족의 생계를 책임지고 있는 34세 이하의 사람을 말한다.
「강원특별자치도 가족돌봄청년 지원 조례」 [시행 2023. 6. 11.]	제1조(목적) 이 조례는 가족돌봄청년의 지원에 관한 사항을 규정함으로써 강원특별자치도의 가족돌봄청년이 인간으로서의 존엄과 가치를 보장받으며 행복한 삶을 영위할 수 있도록 돕는 것을 목적으로 한다. 제3조(정의) 이 조례에서 "가족돌봄청년"이란 장애, 정신 및 신체의 질병, 약물 등의 문제를 가진 「민법」 제779조에 따른 가족을 돌보거나 생계를 책임지고 있는 14세 이상 39세 이하인 사람을 말한다.
「제주특별자치도 가족돌봄청년 지원에 관한 조례」 [시행 2023. 12. 22.]	제1조(목적) 이 조례는 제주특별자치도 가족돌봄청년 지원에 관한 사항을 규정함으로써 가족돌봄청년의 생활안정 및 복지증진에 이바지함을 목적으로 한다. 제2조(정의) 이 조례에서 "가족돌봄청년"이란 장애, 정신 및 신체의 질병 등의 문제를 가진 「민법」 제779조에 따른 가족을 돌보고 있는 13세 이상 39세 이하의 사람을 말한다.
「경상남도 가족돌봄청소년·청년 지원 조례」 [시행 2024. 1. 2.]	제1조(목적) 이 조례는 가족돌봄청소년·청년 지원에 필요한 사항을 규정함으로써 가족돌봄청소년·청년의 생활안정 및 복지증진을 도모하고, 이들이 건강한 사회구성원으로서 인간다운 삶을 영위할 수 있도록 함을 목적으로 한다. 제2조(정의) 이 조례에서 사용하는 용어의 뜻은 다음과 같다. 1. "가족"이란 「민법」 제779조에 따른 가족을 말한다. 2. "돌봄대상가족"이란 고령, 장애, 정신·신체의 질병, 약물 및 알코올 남용 등으로 도움이 필요한 가족을 말한다. 3. "가족돌봄"이란 돌봄대상가족에게 간호·간병, 일상생활 관리 또는 그 밖의 도움을 제공하거나 가사서비스를 지원하는 것을 말한다. 4. "가족돌봄청소년·청년"이란 가족돌봄을 담당하거나 사실상 가족의 생계를 책임지고 있는 13세 이상 39세 이하인 사람을 말한다.

「전북특별자치도 가족돌봄 청소년 · 청년 지원에 관한 조례」 [시행 2024. 5. 31.]	제1조(목적) 이 조례는 전북특별자치도 가족돌봄청소년 · 청년 지원에 관한 사항을 규정함으로써 가족돌봄청소년 · 청년의 생활안정 및 복지를 위한 안전망을 구축하고, 건강하고 독립적인 사회구성원으로 성장하는데 이바지함을 목적으로 한다. 제2조(정의) 이 조례에서 "가족돌봄청소년 · 청년"이란 고령, 장애, 신체 또는 정신질병, 중독 등의 사유로 도움이 필요한 「민법」 제779조에 따른 가족을 돌보거나 생계를 책임지고 있는 13세 이상 39세 이하의 사람을 말한다.

2) 가족돌봄 청소년정책 해외 사례

영국은 세계에서 처음으로 가족돌봄 청소년 실태조사를 실시하였다. 1990년대부터 가족돌봄 청소년을 영 케어러(Young carer)의 개념으로 도입하여 이들의 문제를 인식하고, 2014년부터 법적 지원 방안과 정책 · 제도적 지원 방안을 마련하였다. 가족돌봄 청소년에 대한 법적인 정의는 「아동 및 청소년법」 제96조 제3항에서 다른 사람에게 돌봄을 제공 중이거나 제공할 의향이 있는 18세 미만인 자로 규정하고 있다. 또한 「돌봄법(Care Act)」을 통해 가족돌봄 청소년의 실태와 욕구를 파악하는 것을 지역 정부의 의무로 규정하고 있다(김정훈 · 신한나, 2023). 영국의 보건사회복지부는 돌봄 부담을 겪고 있는 이들을 지원하기 위하여 계획을 수립하고 배포하였다(Department of Health and Social Care, 2018). 2018~2020년의 지원 계획에서 영 케어러는 돌봄 제공자의 하위집단으로서 근무시간 조정, 돌봄수당 등을 받을 수 있다(김정현 · 박선영, 2023).

호주의 「케어러 법(Carers ACT)」은 대가 없이 가족 또는 지인에게 돌봄을 제공하는 사람들을 지원하기 위한 법이며, Carer Gateway 서비스 제공의 근거이다. 「Carers ACT」에서 정의한 돌봄 제공자는 장애, 정신질환, 만성질환, 불치병 등의 이유로 돌봄이 필요한 가족구성원 또는 지인을 대가 없이 돌보는 자이다(Healthdirect, 2024). 호주 정부가 영 케어러에게 제공하는 서비스는 돌봄 제공자를 위하여 운영되는 포털 사이트 Carer Gateway를 통해 확인할 수 있다. Carer Gateway에 제시된 주요 서비스는 자조집단, 맞춤형 통합지원 서비스, 상담, 교육, 긴급 돌봄 등이다. 영 케어러 장학금은 영 케어러가 학업을 지속할 수 있도록 현금을 지원한다. Young Carers Network(영 케어러 온라인 플

랫폼)는 더 많은 영 케어러들이 장학금을 신청할 수 있도록 유소년 또는 청년들이 자주 이용하는 SNS에 배너 등을 띄워 적극적으로 홍보활동을 펼쳐 나가고 있다(Young Carers Network, 2022).

스웨덴은 '영 케어러'라는 단어 대신에 '친족으로서의 아동(barn som anhoriga)'이라는 용어를 사용한다. 영국과 호주는 영 케어러에 대한 공식적인 기준이 있지만 스웨덴은 공식적 기준이 없는 것이 특징이다(Järkestig-Berggren, Bergman, Eriksson, & Priebe, 2019). 스웨덴의 영 케어러 지원 법은「헌법(Constitutional Act)」「사회복지법(Social Services Act)」「청소년 보호법(Care of Young Persons Acts, LV)」과「부모법(Parental Code)」등이 있다. 스웨덴은 영 케어러만을 지원하는 제도는 없고, 아동보호 체계 내에서 영 케어러를 지원한다. 즉, 국가 차원에서 보건복지 정책의 틀을 수립하면 지방자치단체는 이에 근거하여 서비스를 지원한다(Leveiner, 2014).

05 가족돌봄 청소년 지원 방향

1) 국가 중심의 가족돌봄 청소년 정의 합의

돌봄 역할 수행으로 성장과 배움의 기회를 박탈당한 가족돌봄 청소년들이 적정한 시기에 교육을 받고, 자립할 수 있도록 권리 측면에서 관심을 가지는 것이 중요하다. 그러나 영 케어러는 공식적 개념 정의가 없고, 스스로를 돌봄자라고 인식하지 않기 때문에 실태 파악 및 규모 추정 자체가 어렵다는 연구(Boumans & Dorant, 2018)를 통해서 공식적인 개념 정의가 필요하다. 즉, 영 케어러에 대한 정의와 역할에 대한 사회적 합의가 우선이다. 누구를 가족돌봄 청소년으로 볼 것인가가 정해지지 않으면 일반인은 물론이고 전문가나 정책 결정자, 가족돌봄 청소년조차 자각할 수 없을 것이다.

외국의 사례 중 영국과 호주는 가족돌봄 청소년 지원 대상이 만약 청소년 연령대에 해당된다면「청소년 기본법」이 지원의 근거가 될 것이며, 스웨덴처럼 돌봄 제공자의 하위 집단으로 본다면 별도의 법안이 필요할 수도 있다. 가족돌봄 청소년에 대한 사회적 합의가 전제되지 않는다면 국가가 추진 중인 다양한 실태조사와 지원 정책 및 제안도 단편적일 수 있다.

2) 가족돌봄 청소년 맞춤형 지원 제공

한국의 가족돌봄 청소년 지원 모델에서 눈에 띄는 특징은 참여자 선정 기준으로 돌봄 상태만을 요건으로 하지 않고 소득조사를 지원 조건으로 하고 있다. 즉, 우리나라의 가족돌봄 청소년 지원 사업은 온전히 '돌봄'을 조건으로 제공되는 것이 아님을 의미한다(노혜진, 2023). 특히 가족돌봄 청소년에 대한 직접적인 지원인 동시에 국민기초생활보장제도에서 영 케어러가 일을 함으로써 배제되지 않을 수 있도록 제도 개선도 중요하다. 영 케어러의 심리적·사회적 상황에 맞는 다양한 심리 및 학업, 진로, 고용 서비스가 가능하기 위해서는 이들을 지원하는 종합지원센터 운영이 필요하다. 즉, 복합적인 복지 욕구를 충족하고 지원할 수 있도록 가족돌봄 청소년에 대해 대상자 확인부터 지원 및 사후관리까지 포함하는 원스톱 통합지원이 중요하다.

사회적 관계 측면에서 가족돌봄 청소년들은 친구를 만날 시간이 부족하여 네트워크를 유지하기가 어렵고, 이에 대한 정신적 스트레스와 소진감이 높다. 또한 중년 돌봄자와 비교하여 가족돌봄 청소년이 경험하는 심각한 문제는 동질성이 높은 학교집단에서 이질적인 경험을 통해 자신의 감정을 주변과 맞추기 힘들다는 점(澁谷智子, 2021)을 고려하여 가족돌봄 청소년들에게 일상돌봄 서비스 사업(보건복지부, 2023) 중 청년 자립 기반 조성을 위한 교육 프로그램 제공에 대인관계 향상을 위한 교육 확대도 필요하다. 또한 비공식 돌봄노동에 대한 정당한 보상 및 돌봄 경력 인정을 공식화할 수 있는 제도 마련도 제안한다.

3) 가족돌봄 청소년의 분포 파악 및 정기적인 실태조사 실시

학령기 아동·청소년을 영 케어러로 보는 해외 사례와 달리 우리나라의 경우에는 지원의 대상이 정치적 영향력을 행사할 수 있는 20대에서 30대 초반의 청년에 집중될 우려가 있다. 가족돌봄 청소년의 특성과 욕구에 대한 사회적 합의가 제한된 상황은 문제의 발생을 예방하고 선제적으로 대응하려는 해외 사례와 달리, 이들이 겪는 문제 상황에 초점을 맞춰서 대안을 제시할 우려도 있다. 실제로 정부 시범사업의 방향은 돌봄, 생계, 의료, 학습과 관련된 기존 제도에 가족돌봄 청소년을 발굴하여 연계하는 것이다(함선유 외, 2022).

가족돌봄 청소년 당사자와 그 밖에 이해관계자의 인식이 부족한 상황에서 정량적으로 개입 대상자를 발굴하려는 시도도 중요하고, 대상자들의 욕구를 정기적 및 주기적으로 파악할 수는 실태조사 제도가 마련되어야 한다. 현재 「청소년 기본법」 「아동복지법」 「청년기본법」에 대상자들의 현황을 조사하고 분석하는 규정 내용이 있고, 실제로 운영되고 있으므로 이를 기반으로 여성가족부, 보건복지부, 국무조정실과의 협력과 조정을 통해 정기적 · 통합적 조사체제 마련이 시급하다.

요약

1. 가족돌봄 청소년은 부모님의 갑작스런 중증 수술, 건강 악화, 장애, 노동력 상실 등으로 인한 직접 간병과 경제활동으로 학업 지속이 어렵고, 경제적 지원이 절실하게 필요한 청소년이다. 즉, 가족 간병, 일, 학업을 병행하는 청소년을 의미한다.

2. 가족돌봄 청소년의 추정 방법은 통계청의 인구총조사, 국민건강보험공단 행정자료와 국민건강보험공단에서 구축한 가족 DB를 활용, 전국 일–생활 균형실태조사, 청년 삶 실태조사, 가족돌봄 청(소)년 설문조사를 통해 해당 가족원에게 돌봄을 제공하고 있는지에 대한 여부로 추정해 보는 방법이다.

3. 가족돌봄을 피하기 어려운 조건에 놓인 청소년들은 헌법적 가치인 자기결정권을 크게 제약받고 있기 때문에 다양한 복합문제를 가진 복지 사각지대로 분류될 수 있다.

4. 가족돌봄 청소년의 정의와 지원 등에 관하여 직접적으로 규정된 법률은 명시되어 있지만 간접적으로 적용 가능한 조항들이 있는데, 「청소년 기본법」 「청소년복지 지원법」 「아동복지법」 「청년기본법」 「건강가정기본법」 조례들이 법적 근거로 볼 수 있다.

5. 가족돌봄 청소년정책 해외 사례 중 영국은 세계에서 처음으로 가족돌봄 청소년 실태조사를 실시하였고, 1990년대부터 가족돌봄 청소년을 영 케어러(Young carer)의 개념으로 도입하여 2014년부터 법적 지원 방안과 정책 · 제도적 지원 방안을 마련하였다. 호주의 「케어러법(Carers ACT)」는 대가 없이 가족 또는 지인에게 돌봄을 제공하는 사람들을 지원하기 위한 법이며, Carer Gateway 서비스 제공의 근거이다. 영국과 호주는 영 케어러에 대한 공식적인 기준이 있지만 스웨덴은 공식적 기준이 없는 것이 특징이다.

6. 가족돌봄 청소년 지원 방향은, 먼저 국가 중심의 가족돌봄 청소년 정의 합의가 필요하고, 다음으로 가족돌봄 청소년 맞춤형 지원 제공, 마지막으로 가족돌봄 청소년의 분포 파악 및 정기적인 실태조사가 마련되어야 한다.

참고문헌

관계부처 합동(2022). 가족 돌봄 청년(영 케어러) 지원대책 수립 방안.

김정현 · 박선영(2023). 영 케어러 대응에 대한 국가 간 비교연구: 영국, 호주, 스웨덴을 중심으로. **공공정책연구**. 40(1). 251-280.

김정훈 · 신한나(2023). 청소년 · 청년의 가족돌봄, 독박돌봄에서 사회적 돌봄으로!. **GRI이슈 & 진단**, 529. 1-20.

노혜진(2023). 가족돌봄청년 지원사업 현황 분석, **사회복지 실천과 연구**, 20(3), 75~105

박소영 역, 2021, **영 케어러: 돌봄을 짊어진 아동 · 청년의 현실**, 澁谷智子, 2019, ヤングケアラー——介護を担う子ども・若者の現実, 서울: 황소걸음.

보건복지부(2023). 2023년 일상돌봄 서비스 사업안내. 세종: 보건복지부.

유정원 · 강보민(2022). 가족돌봄청년(Young Carer)은 누구인가, **복지이슈**, 28. 4-18.

좌현숙 · 권지성 · 최서경(2022). 가족돌봄청년(Young carer)의 경험에 대한 맥락-패턴 분석. 서울: 초록우산 어린이재단.

한의석 · 정진화 · 이은주 · 김정현(2023). **서울시 가족돌봄 청년 정책 수립에 관한 연구**. 서울: 서울특별시의회.

함선유 · 하은솔 · 김문길, 안수란, 김성아, 신유미, 구민지(2022). 가족돌봄청(소)년 실태조사 및 지원방안 연구. 세종: 한국보건사회연구원.

함선유(2023). 가족돌봄 청(소)년 현황과 정책 과제. 보건복지포럼, 319, 34-46.

함선유(2024). 가족돌봄 청(소)년 현황과 정책 과제. 세종: 한국보건사회연구원.

Boumans, N. P., & Dorant, E. (2018). A cross-sectional study on experiences of young adult carers compared to young adult noncarers: Parentification, coping and resilience. *Scandinavian Journal of Caring Sciences, 32*(4), 1409-1417.

Carers Trust (2016). *Protecting young carers from bullying: A guide for schools*, community groups and policy makers.

Department of Health and Social Care. (2018). Carers action plan 2018 to 2020: Supporting carers today.

Foley, N., Powell, A., Francis-Devine, B., Foster, D., Ferguson, D., Danechi, S., Kennedy, S., Powell, T., Roberts, N., Harker, R., & McInnes, R. (2021). *Informal carers*. House of Commons Library.

Järkestig-Berggren, U., Bergman A-S, Eriksson, M., & Priebe, G. (2019). Young carers in Sweden-A pilot study of care activities, view of caring, and psychological well-being. *Child & Family Social Work, 24*(2), 292-300.

Joseph, S., Sempik, J., Leu, A., & Becker, S. (2020). Young carers research, practice and policy: An overview and critical perspective on possible future directions. *Adolescent Research Review, 5*(1), 77-89.

Leu, A., & Becker, S. (2017). A cross-national and comparative classification of in-country awareness and policy responses to 'young carers'. *Journal of Youth Studies, 20*(6), 750-762.

Leu, A., Berger, F. M. P., Heino, M., Nap, H. H., Untas, A., Boccaletti, L., Lewis, F., Phelps, D., & Becker, S. (2022). The 2021 cross-national and comparative classification of in-country awareness and policy responses to 'young carers'. *Journal of Youth Studies, 26*, 619-636.

Leviner, P. (2014). Child protection under Swedish law-Legal duality and uncertainty. *European journal of Social Work, 17*(2), 206-220.

Haugland, B. S. M., Hysing, M., & Sivertsen, B. (2020). "The burden of care: A national survey on the prevalence, demographic characteristics and health problems among young adult carrers attending higher education in norway". *Frontiers in Psychology, 10*. 28-59.

Healthdirect. (2024). Carers-act. https://www.healthdirect. gov.au/partners/carers -act#:text= Carers%20ACT%20is%20the%20major,or%20who%20are%20frail%2Daged.

Stamatopoulos, V. (2018). "The young carer penalty: Exploring the costs of caregiving among a sample of Canadian youth". *Child & Youth Services, 39,* 1-26.

Young Carers Network. (2022). *Young carer bursary information pack: Organisations and schools*. Carers Australia.

의안정보시스템 (2024. 3. 26 검색). https://likms.assembly.go.kr/bill/billDetail.do?billId=PRC_L2Y1O1I0I2V5A1L3R3H5R0X6O0O3A6

제12장

청소년복지의 전망과 과제

학습개요

1980년대 중반까지 청소년복지는 아동복지의 하나로 다루어졌고, 관심 영역도 청소년의 비행이나 문제를 중심으로 하는 일부 문제청소년이나 요보호청소년으로 제한되었다. 지난 10여 년 사이에 청소년복지에 관한 사회적 관심은 양적으로 증가하고 질적으로 심화되어 왔다. 청소년복지의 과제는 현재와 가까운 미래의 청소년욕구와 문제를 해결할 수 있고, 청소년의 삶의 질을 향상시킬 수 있는 대안을 모색하는 일이어야 한다.

청소년복지는 모든 청소년을 위한 보편적 복지서비스를 개발하면서, 특별히 더 많은 지원이 필요한 청소년에게 선별적으로 서비스를 제공하는 방식으로 발전시켜야 한다.

이 장에서는 각종 청소년복지사업을 제도화하기 위해서는 「청소년 기본법」이나 「청소년복지 지원법」 등 청소년과 관련된 법을 살펴보고, 문제점과 개선안을 마련하여 규정을 명시하고, 청소년의 인권을 보장할 수 있는 제도를 갖출 수 있도록 제안을 제시하는 데 도움을 주고자 한다. 청소년복지는 일반적인 복지 논의로는 적용되기 어려운 영역이다. 청소년복지는 청소년과 복지가 관련한 다양한 학문에 기반을 둔 실천학문이다. 이러한 실천적 학문을 위해 우리나라 청소년복지를 진단하고, 발전 방향과 청소년복지의 과제를 설명한다.

01 청소년복지의 발전 방향

1) 청소년복지의 특성

초기 우리나라의 청소년복지 정책은 긴급구호적인 성격을 띤 요보호 대상, 즉 보호, 선도, 교화에 초점을 맞추면서 시작이 되었다(이용교, 1993). 「미성년자보호법」(1961)과 「아동복리법」(1961)이 시행되기 시작하면서부터 미진학 · 근로 · 무직 및 가출 · 부랑 청소년이 제외되어 있어서 이들에 대한 선도와 보호의 복지적 서비스가 필요하게 되었다(김영모, 1995). 이후 「아동복지법」(1981)이 「아동복리법」에서 전면 개정되어 실시가 되었음에도 불구하고 청소년복지 정책에 대한 한계가 나타나서 이에 대한 정책적 발전이 요구되어 왔다. 한국의 청소년복지 패러다임은 가정의 역할로 인식되었던 청소년복지가 점차 국가와 지역사회의 역할로 변화하며 발달되어 왔다는 점이다. 즉, 청소년복지는 전체 사회문제로 다루어야 하며 국가의 관심과 정책을 요하는 영역이 되었다. 이를 실천하기 위해 청소년과 관계되는 모든 법령을 통괄하는 법령으로 1987년에 「청소년육성법」을 제정하였는데, 이 법은 청소년의 복지 향상과 청소년정책을 발전시키려는 복지 정책적인 노력의 일환이었다고 볼 수 있다. 이 법은 이후 「청소년 기본법」(1991)으로 제정되었고, 뒤이어 「청소년 보호법」(1997)이 제정되었으며, 2004년도에는 「청소년복지 지원법」이 제정되어 시행되고 있다.

그러나 여전히 청소년복지를 사회복지학의 인간 대상 분야로 간주하기도 한다. 전통적으로 사회복지는 사회학과 심리학, 정신의학 등의 학문에 기대어 이론적 기반을 마련해 왔지만, 복지실천의 방법을 통해서 응용학문으로서의 정체성을 찾아가고 있다. 사회복지학에서는 그 대상 분야로 발달적 또는 신체적으로 열악한 구조와 환경에 있는 계층에게 관심을 두어 왔으며, 아동, 노인, 장애인 등이 대표적인 예이다. 또한 사회복지에서는 더 나아가 정치사회적으로 불이익을 받는다고 생각하는 대상집단에도 관심을 기울이기 시작했으며, 실질적으로 의식 강화와 임파워먼트의 개념을 통해 복지적 개입 틀과 방법을 제시하고 있다. 그 개념을 적용하는 핵심 복지 분야에 여성복지가 있으며, 연장선상에서 청소년복지를 거론하고 있다(노혁, 2008). 다시 말하면, 청소년복지(adolescent welfare)는 '청소년'과 '복지'의 합성어로서 청소년을 대상으로 하는 사회복지학(social welfare)의 한 분야로 접근한다. 그러나 청소년복지는 청소년 각자의 고유한 능력과 자원을 갖고 있으며, 이러한 능력과 자원이야말로 청소년이 경험한 여러 가지 문제와 어려움에 효과적으로 대처하게 한다는 신념에서 출발해야 한다(Brun & Rapp, 2001). 즉, 청소년은 인간으로서의 존엄성과 보호해야 할 대상이더라도 자아실현이라는 가치에 기반을 두고 청소년의 잠재 능력과 자원을 발견하는 데 많은 노력을 기울여야 한다는 것이다.

청소년에 대한 개념은 그 시대의 사회, 문화, 가치, 정치적 · 경제적 배경에 영향을 받으며, 생물학적 · 심리학적 · 문화적 · 인류학적 · 사회학적 · 정치경제적 관점 등에 따라 다양하게 정의될 수 있다. 그렇지만 일반적으로 청소년은 인간발달 주기에서 아동기를 넘어섰지만 성인기에는 노날하지 않은 아동과 성인의 중산에 놓인 연령대의 사람들을 말한다. 청소년복지가 복지의 한 분야로 중요한 의미를 가질 수 있는 것은 이러한 청소년에 대한 개념이 다양하고, 아동기나 성인기에 나타나는 특성과는 다르기 때문이다. 특히 청소년의 문제가 가족의 문제를 넘어 사회문제와 연결되어 있기 때문에 가족의 문제를 넘어 사회문제와도 연결되어 있는 청소년문제를 예방 및 해결하기 위해서는 청소년의 욕구와 문제를 올바르게 이해하고 그에 따른 대책을 마련하는 것이 매우 중요하다.

오늘날 청소년복지의 개념은 청소년에 대한 개념 정의와 그 발달적 특징에 대한 이해, 청소년을 보는 관점, 국가의 전반적인 복지 수준 그리고 청소년정책의 방향에 따라 다르다. 일반적으로 청소년복지는 가정이나 사회로부터 버려지거나 적응하지 못하는 청소년뿐만 아니라 모든 청소년의 안녕에 대해 관심을 기울이는 활동을 뜻한다. 즉, 청소년복지 활동은 청소년의 기본적인 욕구를 충족케 하고, 정신적, 정서적, 신체적으로 최상의 발달을 기하기 위해서 청소년 자신에게 직접적으로 또는 가정이나 사회를 통해 간접적으로 제공되는 모든 사회제도적 · 전문적 활동을 말한다. 최근 청소년복지에 대한 개념은 단순히 청소년의 문제에 대한 개입을 넘어서 광범위한 범위를 포괄하며 규정되고 있는 추세이다. 즉, 청소년복지는 청소년문제를 예방하거나 감소시키는 것 이외에도 이들이 자원 활용을 통해 사회 기능을 촉진, 회복, 유지, 향상시키는 것을 목적으로 한다. 그리고 청소년의 기본욕구 충족과 함께 능력 및 가능성을 개발하기 위한 청소년복지 정책, 서비스, 자원 및 프로그램을 계획, 개발, 수행하는 것을 의미한다. 또한 청소년복지란 모든 청소년이 복지를 추구하는 것이며, 기본적인 욕구 충족을 넘어 주체적인 삶을 위해서 청소년의 발달과 기능이 최적으로 촉진되고 발휘될 수 있도록 보장하는 것을 말한다.

청소년복지는 이러한 일반적인 복지 논의로는 적용되기 어려운 영역이다. 왜냐하면 청소년복지는 청소년과 복지가 관련한 다양한 학문에 기반을 둔 실천학문이기 때문이다. 이와 같은 실천학문은 사회 변화에 민감할 수밖에 없다. 즉, 청소년복지는 청소년과 복지에 관계된 다양한 학문의 변화에 영향을 받는 한편, 급격한 사회현상의 변화 흐름에서도 자유로울 수밖에 없다. 이런 점에서 보면 청소년복지는 다중적인 실천적 기반과 기술을 내포하고 있다는 장점을 갖고 있는 동시에 독립적이며 명료한 이념체계를 구축하는 데 어려움과 한계를 갖고 있다(노혁, 2011). 실제로 청소년복지 이념을 논의할 때는 결국 청소년을 어떤 존재로 보는지에 대한 시각에 따라 이념 철학과 방향이 다를 수 있다. 「아동복지법」에 따른 아동복지의 기본이념은 차별 및 가정의 책임과 지원 그리고 아동심의 활동지원 등으로 요약할 수 있다. 또한 「노인복지법」에 따른 노인복지의 기본이념은 노인복지에 대한 다음 세대의 책임성을 강조하고, 노인의 사회활동에 대한 사회와 노인의 책임 등으로 제시되어 있다. 그리고 「장애인복지법」에서 제시하고 있는 장애인복지의 기본이념은 장애인의 사회참여와 평등을 통한 사회 통합으로 규정되어 있다.

청소년복지의 이념은 「청소년복지 지원법」에서 찾기보다는 「청소년 기본법」에서 찾을 수 있다. 「청소년 기본법」의 기본이념은 청소년이 사회구성원으로서 권리 보장, 자유로운 활동에 대한 기회 제공 그리고 유해환경으로부터의 보호와 사회의 건전한 육성의 책임이 명시되어 있다. 아동과 노인 그리고 장애인의 복지 이념을 통해 「청소년 기본법」의 이념의 범위에서 청소년복지 이념을 제시하면 청소년의 삶의 질 향상과 사회 통합 그리고 보호 및 자율성 보장 등의 요소 등이 될 수 있을 것이다(강수돌, 2007; 김기헌 · 장근영 · 조광수 · 박현준, 2010). 이것은 아동, 노인, 장애인과 마찬가지로 청소년도 여전히 가정과 사회의 지속적인 보호가 필요한 대상인 동시에 자율 존재로서 현재의 삶을 바탕으로 해서 미래를 지향하는 복지서비스가 제공되어야 한다는 의미를 내포하고 있다(심규성 · 김지연, 2012).

이와 같은 청소년복지의 개념 및 이념의 특성을 정리하여 살펴보면 다음과 같다. 첫째, 청소년복지는 아동복지(child welfare)와 구별되는 영역이다. 둘째, 청소년복지의 대상은 문제해결을 필요로 하는 청소년이나 그렇지 않은 청소년 모두를 포함한 모든 청소년이 대상이다. 셋째, 청소년복지는 청소년의 기본욕구를 충족시키고 문제를 해결하는 차원을 넘어서 청소년의 문제를 예방하고 청소년의 역량을 개발하여 건강한 성장 및 발달이 실현되도록 지원하는 것이다. 넷째, 청소년복지는 청소년에게 직접 제공되는 지원뿐만 아니라 가족, 지역사회 그리고 청소년수련시설을 통해 제공되는 간접적인 형태의 정책과 제도를 포함하는 광범위한 개념이다. 다섯째, 청소년복지는 청소년 전문가에 의해서 지원되는 보다 전문적이고 다양한 지원이다. 따라서 청소년복지란 아동복지와 구별되고 특정 또는 일부 청소년들에게 해당되는 것이 아니라 모든 청소년의 삶의 질 향상에 관심을 갖고 청소년의 문제를 해결하고 예방하는 것이다. 또한 청소년의 기능과 잠재력을 개발하고 실현시키기 위해 청소년에게 직간접적으로 지원되는 전문적이고 정책적인 실천 활동이라고 할 수 있다.

2) 청소년복지 정책의 특성

한국 최초의 독자적인 청소년종합대책은 1984년의 청소년문제개선종합대책이라고 할 수 있으며, 1986년에는 제6차 경제사회발전 5개년 계획의 한 부분으로 청소년부문이 포함되어 추진되었다. 그러나 본격적으로 청소년정책이 추진된 계기는 1992년부터 2001년까지 장기적으로 시행된 종합적인 청소년정책으로서 1991년 6월에 수립된 '한국청소년기본계획(1992~2001)'이다(한국청소년정책연구원, 2011). 그 이후로 제1차 청소년정책 기본계획에서 제7차 청소년정책 기본계획이 수립되어 시행되어왔다. 청소년정책 중 청소년복지 분야를 요약하면 다음과 같다.

(1) 한국청소년기본계획(1992~2001)

청소년복지 분야는 크게 사회환경의 개선과 어려운 청소년 지원을 계획하고, 실행하였다. 사회환경의 개선은 청소년 관련 기초자료 정리, 가정과 지역사회의 역할 증진, 대중매체의 활용, 청소년 유해환경 정비를 추진하였다. 어려운 청소년 지원은 수련활동 지원, 교육과 직업훈련 지원 그리고 비행 예방과 관리로 추진 계획을 수립하였다.

특히 취약계층 청소년에 대한 학자금, 시설퇴소 아동에 대한 정착금, 농어촌 청소년의 자립정착금, 수련활동사업을 전개하였다. 그리고 무직청소년 직업훈련 과정 이수자에 대한 전문대의 장학금 사업 확대 및 지원, 청소년 건전활동 부문의 지원 확대를 추진하였다.

어려운 가정환경으로 정규학교에 진학하지 못하는 청소년들의 학구열에 대한 욕구 증대 및 그들에 대한 비행과 탈선의 유혹을 예방하는 데 학력 비인정 비정규학교 운영을 지원하는 추진과 관리 지침을 마련하였다(경기도, 1991).

(2) 제1차 청소년육성 5개년 계획(1993~1997)

청소년정책의 독자적인 영역을 설정하고 청소년시설 등 다양한 인프라 구축을 추진하였으며, 정부 정책에서 청소년정책의 독자적인 영역을 설정하였다. 한국청소년기본계획(1992~2001)의 비현실적인 목표를 현실화하여 기본계획의 실현 가능성을 중시하였다. 1992년부터 가출청소년을 위한 청소년쉼터를 시범적으로 운영하는 등 취약·위기 청소년 대응을 강화하였고, 청소년복지 영역을 구체화하였다. 이 시기의 청소년복지는 여전히 청소년의 다양한 이해와 요구를 반영하는 범부처 차원의 종합대책의 성격을 갖추지 못한 한계가 있다(한국청소년정책연구원, 2011).

(3) 제2차 청소년육성 5개년 계획(1998~2002)

청소년의 복지 증진 및 자립지원을 위해 청소년 상담활동을 강화하고, 소외 및 농어촌 청소년을 위한 복지 증진, 장애청소년의 자활지원, 청소년의 직업 및 자립 능력 향상을 위해 추진 계획을 수립하였다.

증가되고 있는 청소년들의 고민과 어려움을 해결하고 지원해 주기 위해 일상 생활권에서 쉽게 접근할 수 있는 청소년 상담체계를 구축하고, 아울러 청소년들의 진로와 적성을 조기에 발견하여 발전시킬 수 있는 지원체제를 강구하였다. 학교부적응 학생, 무직청소년, 근로청소년, 소년소녀가장, 농어촌 청소년의 경제적인 지원과 복지 증진을 통하여 비행 예방과 자립을 지원하였다. 장애청소년들이 비장애청소년들과 동등한 삶을 살 수 있도록 조기진단 및 치료, 조기교육 및 특수교육, 직업 안정 및 보호작업장 확보, 편의시설 확보 등 다양한 방법을 개발하여 지원함으로써 사회적 능력을 향상시킬 수 있는 복지정책을 수립하였다. 특히 청소년의 경제적 자립과 취업을 촉진하기 위한 직업 능력 함양 및 준비를 위하여 직업훈련·직업상담·취업정보 제공과 청소년에 대한 조기 진로지도 및 현장교육의 기회를 확대하였다(문화관광부, 1998).

(4) 제3차 청소년육성 기본계획(2003~2007)

제3차 청소년육성기본계획에서는 청소년의 취업과 사회 진출을 지원하며, 학교 밖 청소년들에게 다양한 대안학습 공간과 프로그램을 제공하고, 소외청소년을 위한 학습 여건을 개선하여 교육격차를 해소해 나가고자 하였다. 이를 위해 청소년의 취업 촉진을 위한 일자리 창출, 청소년 창업지원, 소외청소년 직업 능력 향상 등 보다 직접적인 청소년 자립지원 사업을 추진하며, 학교부적응 청소년 조기 발견체제를 갖추어 학업중단 청소년의 발생을 예방하고, 학교 밖 청소년을 지원하기 위한 지역사회 중심의 종합적인 지원 체제를 갖추어 다양한 대안학습 기회를 늘리고, 소외청소년을 위한 학습 공간 및 장학사업을 확대하고자 하였다. 특히 탈북청소년들이 학업 및 취업과 관련하여 겪게 될 심리적·사회적·문화적 충격을 최소화시키고, 학업, 취업 및 생활에 효율적으로 대처할 수 있도록 사회적응 프로그램을 개발하여 운영하였다(청소년육성위원회, 2003).

(5) 제4차 청소년정책 기본계획(2008~2012)

지역사회의 청소년 안전망 확대 및 강화, 청소년복지 서비스 강화 및 서비스 간 연계, 지역사회의 청소년 후견인 확대를 통해 청소년 사회안전망을 조성하였다. 지역사회 관련 자원을 연계하여 위기청소년에 대한 원스톱서비스를 제공하고, 가정, 학교 및 사회로의 복귀를 지원하는 '지역사회 청소년안전망' 확대를 통해 연차적으로 '청소년(상담)지원센터'를 166개소(2010) → 186개소(2011) → 224개소(2012)로 확대하고자 계획하였다. 또한 2013년까지 전국 모든 시·군·구에 1개소씩 설치하고자 추진하였다.

방과후아카데미(여성가족부), 지역아동센터(보건복지부), 방과후학교(교육부), 연중돌봄학교(교육부) 운영으로 방과후 서비스를 강화하고, 부처 간 방과후 서비스 연계 및 협력을 통해 중복 및 사각지대 해소(여성가족부, 교육부, 보건복지부)를 통해 방과후 돌봄서비스 강화 및 서비스 간 연계와 조정을 시도하였다. 특히 취약계층 청소년 자립 준비 지원사업인 '두드림존'을 2012년까지 확대 설치하고, 양육시설 및 그룹홈 퇴소청소년, 가출·비행·학업중단 청소년, 보호관찰 대상 청소년, 소년원생 등 자립에 당면한 청소년 유형별 특화프로그램을 마련(여성가족부, 법무부)하여 취약계층 청소년 자립지원을 강화하였다(국가청소년위원회, 2008).

(6) 제5차 청소년정책 기본계획(2013~2017)

소득 양극화에 따른 취약계층 청소년의 지원 확대 및 대상별 맞춤형 서비스를 강화하여 모든 청소년이 성공적으로 성인기로 이행할 수 있도록 대상별 · 유형별 · 맞춤형 서비스 지원을 강화하였다. 위기청소년 지원 강화를 위한 지역사회 청소년 통합지원체계를 확대 강화하고 위기청소년 선제적 발굴체계 구축을 위하여 학교폭력, 가출, 보호관찰, 인터넷중독, 학업중단 등 위기청소년 통합지원체계를 확대 강화하는 대책을 마련하였다. 또한 청소년 진로체험 및 진로교육 활성화를 위해 학교에서의 진로교육 강화 및 지역사회에서의 진로체험 기회를 확대 추진하였고, 청소년(청년) 창업, 취업지원 및 주거지원강화를 위해 공공부문 및 대기업 취업 확대, 창업지원 및 주거 문제해결을 위한 실질적 정책을 추진하였다.

특히 학대피해 아동 · 청소년의 예방과 보호지원을 위해 피해자보호명령제를 도입하여 아동학대 예방 및 보호지원을 강화하였다(관계부처합동, 2012).

(7) 제6차 청소년정책 기본계획(2018~2022)

청소년의 자립 및 보호지원 강화를 위해 지방자치단체 중심의 지역단위 컨트롤 타워 기능 강화, 아웃리치 · 거리상담 등 찾아가는 서비스 강화, 표준화된 진단도구 개발 및 유형별 · 특성별 맞춤형 지원을 계획하였다.

청소년의 사회안전망 확충을 위해 촘촘한 청소년복지지원체계 운영, 위기청소년 조기발견 및 보호 · 지원 확대, 청소년폭력 예방 및 아동 안전 강화, 가족관계 증진을 위한 서비스 기반 조성, 성범죄로부터 안전한 환경 조성에 주력하였다.

대상별 맞춤형 지원을 위해 학교 밖 청소년 지원 강화, 가출청소년 지원 강화, 비행청소년 재범 예방 및 회복 지원, 다문화청소년 지원 강화, 청소년 한부모 지원 강화, 저소득층 청소년 자립 기반 마련, 나홀로 청소년 활동 · 돌봄 지원을 강화하였다.

청소년 유해환경 개선 및 보호지원을 위해 청소년이 안전하게 지낼 수 있는 생활환경 조성, 유해매체로부터 청소년 보호, 청소년의 미디어 과의존 예방 및 치유 지원을 강화하였다(관계부처합동, 2017).

(8) 제7차 청소년정책 기본계획(2023~2027)

데이터 활용 청소년 지원망 구축을 위해 위기청소년복지지원체계 강화, 청소년 자립지원 강화, 청소년 유형별 맞춤형 지원을 계획하여 추진하고자 한다. 구체적으로 살펴보면 먼저 위기청소년복지지원체계 강화를 위해 위기청소년 발굴 및 치유지원 강화, 지역사회 중심 위기청소년 지원 확대, 정보시스템 기반 위기청소년 지원체계 운영을 추진하고 있다. 청소년 자립지원 강화를 위해 학교 밖 청소년 지원 사각지대 해소, 가정 밖 청소년 보호 및 자립지원 확대, 후기 청소년(19~24세)의 안정적 삶 지원을 추진하고자 한다. 청소년 유형별 맞춤형 지원을 위해 다문화청소년 지원 강화, 청소년 (한)부모 생활 · 양육 지원, 신 소외청소년 발굴 및 지원, 장애 및 경계선지능 청소년 지원을 추진하고자 계획하였다(관계부처합동, 2023).

02 청소년복지의 과제

1) 청소년복지 정책의 차별화 전략

청소년복지 정책은 다른 유사한 분야의 복지 정책 방향과 차이가 있어야 한다. 일부 연령이 중복되는 아동복지 정책은 그 대상이 영유아, 아동, 청소년을 모두 포함하고 있지만 아동복지에서 바라보는 청소년은 만 18세 미만의 아동이다(송민경, 2009). 하지만 청소년복지 정책의 복지 대상은 「청소년 기본법」을 근간으로 9~24세로 규정하고 있어서 기존의 청소년복지와 아동복지에서 바라보는 청소년복지 대상이 일부 중복되기는 하지만 대상에 차이가 있다.

복지 정책의 방향을 살펴보면 아동복지 정책은 가족 전체를 대상으로 하는 보편주의의 원칙을 제시하고 있지만 아직까지는 학대피해 아동, 미혼모 아동, 한부모가정 아동 등 양육과 관련된 요보호아동의 문제해결과 사회적 보호가 필요한 아동을 대상으로 정책을 실시하고 있다. 반면에 청소년복지 정책에서 바라보는 청소년은 보편적이고 발달 측면에서 '육성'과 비행이나 문제청소년으로부터의 '보호'에 초점이 맞추어져 있다. 즉, 기존의 청소년복지는 육성 · 발달 · 보호 차원에서의 청소년 개인의 문제나 정책적 지원을 강조하고 있다(송민경, 2009).

이처럼 복지 정책의 방향에 있어 차이가 있는 것을 확인할 수 있다. 그러나 유사한 복지서비스에 대한 차별화 전략이 필요하다. 예를 들어, 아동복지 정책사업 중 지역아동센터와 청소년복지 사업 중 방과후아카데미에 대한 사업 목적은 유사하다. 단지 지역아동센터는 민간시설에서, 방과후아카데미는 공공시설에서 운영한다는 점에 차이가 있다. 지역아동센터는 정부에서 방임될 우려가 있는 아이들을 위해서 2004년에 「아동복지법」을 개정하여 지역아동센터(구, 공부방)를 아동복지시설로 규정하고 전면 지원하기 시작하였다. 지역아동센터는 「아동복지법」 제52조 제1항 제8호에 따른 아동복지이용시설로서 18세 미만의 방과 후 돌봄이 필요한 지역사회 아동에게 보호, 교육, 건전한 놀이와 오락의 제공, 보호자와 지역사회와의 연계 등 종합적인 복지서비스를 제공함으로써 건전한 성장을 지원하고 있다. 청소년방과후아카데미 사업의 목적은 방과 후에 홀로 시간을 보내는 저소득, 맞벌이, 한부모 등 취약계층 가정의 청소년에게 학습 능력 배양, 체험활동, 급식, 건강관리, 상담 등 종합적인 학습 · 복지 · 보호 서비스를 제공하여 청소년이 건강하게 성장할 수 있도록 지원함에 있다. 청소년방과후아카데미는 여성가족부와 지방자치단체가 공동으로 운영하고 있으며, 청소년수련관, 청소년문화의집, 청소년단체시설 등에 전용 공간을 마련하여 운영하고 있다. 중학생 중심으로 방과후아카데미를 확대하고 있으며, 운영 방식에 있어서는 2005년에 시범실시 이후에 2006년에 지방자치단체 보조사업으로 전환(국비 50%)되어 지방자치단체 매칭 펀드 방식으로 운영하고 있다. 지역별 운영 현황을 살펴보면 시도가 모두 사업에 참여하고 있는 사업으로, 2023년 기준 전국적으로 350개소가 운영되고 있다.

2) 후기 청소년지원을 위한 제도 확대

청소년정책이 먼저 추진되면서 청년정책이 독립적으로 추진되지 않은 측면이 있다. 청소년정책은 1990년대부터 국가 정책으로 법률과 제도를 갖추고 추진되어 왔는데, 이때 청소년을 24세까지로 규정하면서 사실상 청년을 포괄하는 방식으로 이뤄져 왔다. 다만 청소년정책은 주로 10대 중심으로 이뤄져 청소년 국제교류사업 등을 제외하고는 구체적인 사업에서 20대를 대상으로 하는 정책사업을 찾아보기 어려운 것이 현실이다. 이러한 이유는 우리 사회에서 가장 중요한 정책 대상으로 부상하고 있는 청년에 대한 법적 기반이 없기 때문이다. 이는 몇 가지 이유가 복합적으로 작용한 결과로 보인다.

우선 청년 시기를 성인기의 일부로 보아 별도의 법률 제정을 하지 않은 측면이 있다. 현재 청년정책의 대상은 발의된 법안에 19세에서 출발해 30대 초반이나 후반까지를 포괄하는 것으로 제시되어 있다. 이는 현행의 「청년고용촉진 특별법」이나 「청소년 기본법」의 연령 규정과 충돌하는 문제가 발생한다. 우선 하한 연령과 관련해서 국제노동기구는 15세를 경제활동인구의 출발점으로 규정하고 있고, 전 세계에서 이 기준에 따라 관련 통계를 제출하고 있으며, 이는 「노동조합 및 노동관계조정법」에서 일할 수 있는 연령을 규정할 때에도 동일하게 적용되고 있다. 「청년고용촉진 특별법」도 15세를 기준으로 청년 연령을 시작하고 있다. 실제로 「청년고용촉진 특별법 시행령」에서 청년은 15~29세이나, 의무고용힐딩제에 한해 34세까지 지원받을 수 있도록 되어 있다. 이러한 관련 법에 적용되는 연령의 충돌문제는 관련 법의 목적에 따라 상당 부분 다르게 해석될 수 있기 때문에 청소년 전문가들은 각각의 법에 대한 이해가 필요하다. 특히 일부 분야에서는 청소년을 '소년과 청년의 합성어'로, 0세부터 30세 미만을 의미하는 것으로 정의한 바 있다. 만약 청소년과 청년 법령이 분리되지 않고 별도 제정이 아닌 「청소년 기본법」과 관련 법 개정으로 청년 연령을 담는다면 더욱 손쉽게 연령 중복문제를 해결할 수 있다는 점에서 이러한 접근방법을 적극적으로 검토해 볼 필요가 있다고 주장하는 연구자들도 있다(김기헌, 2017).

현대의 20대는 과거의 20대와 상당히 다른 양상을 보인다. 초기 성인기에 해당하는 20대들은 고교 졸업 후 취업, 진학과 대학생활 적응, 학비 부담, 진로계획 등 다양한 생활사건과 그에 따른 스트레스에 노출되어 있다. 그로 인하여 청소년기에서 성인기로 전이되는 과정인 초기 성인기가 과거에 비해 장기화되고 있는 현실이다. 이처럼 성인이면서도 청소년기의 특징을 여전히 지니고 있는 또 하나의 집단이라는 관점에서 새로운 개념인 '성인 진입기'라는 용어로 이들을 표현하기도 한다(전지원 · 전자배, 2018).

노동시장의 변화가 청소년들에게 미친 가장 큰 영향은 의심할 여지없이 경제적 자립과 명확한 성숙의 징후를 지연시켰다는 것이다(강영배 · 손의숙 · 전명호 · 정철상, 2008). 청소년기에서 성인기로 전환되는 과정에서 핵심이 되는 것은 학교에서 노동시장으로의 이행, 가정으로부터의 독립 등을 들고 있다(Jones, 1995). 이와 함께 청소년기의 특성을 심리사회 합성에 맞춰 살펴보는 것 못지않게 청소년들의 노동시장으로의 진입이 어려워지고 있는 사회환경인 청소년을 둘러싼 노동시장의 구조 변화에도 주목해야 한다. 즉, 시장이 공정하고 효율적으로 기능하기 위한 제도 공급이 부족하고, 복지가 제도화되지 않고 있으며, 노동시장의 규제가 정착되지 않은 상태에서 시장 이데올로기, 즉 신자유주의가 유입됨에 따른 우리 사회의 위험도의 체감은 20대 청년인 후기 청소년들의 고용문제에서 가장 극명하고 압축적으로 드러나고 있다(오혜진, 2013). 청년의 실업률, 질 낮은 일자리(단기 계약제), 대규모 취업 준비생들의 존재는 우리나라 청년 노동시장의 대표적인 특징이라고 할 수 있다. 취업 준비 기간이 길면 길수록 경제적 자립뿐만 아니라 결혼과 자녀 출산에도 영향을 주게 된다. 결국 저출산과 인구성장률을 저해시키는 사회문제를 일으키게 된다. 특히 70% 이상이 대학 진학을 하게 되는 우리나라 현실에서 등록금의 부담으로 인한 학자금 대출을 받았다가 갚아야만 하는 부담감은 미취업으로 인하여 심리적으로 불안하고 위축될 수 있다. 이것은 경제적 빈곤층을 발생시킬 수 있는 요인으로 작용하고, 열악한 주거환경으로 인해 신체적 · 정신적 건강에도 부정적인 영향을 미칠 수 있음을 시사한다.

후기 청소년들의 발달단계에서 성취되어야 할 과제가 점차 연장됨에 따라 그 연령에서 감당해야만 하고 문제가 될 수 있는 상황들을 해결할 수 있는 다양한 청소년복지 정책이 마련되어야 한다. 청소년을 둔 가족을 대상으로 하는 가족정책이 아닌 청소년 개인에게 적용될 수 있는 복지 정책이 마련되어 경제적 빈곤으로 인한 악순환이 되풀이되지 않도록 준비해야 한다. 즉, 미취업 청소년의 구직활동을 지원하는 청년수당, 취업을 하지 않고 경제활동을 하지 않더라도 학자금 대출, 주거, 고용 관련 제도가 마련되어야 한다.

3) 신 소외청소년에 대한 지원

신 소외청소년은 가족돌봄 청소년, 수용자 자녀, 자살사고자 유족 청소년, 은둔형 청소년, 채무 상속 위기 청소년, 느린 학습 청소년으로 분류할 수 있다. 특히 은둔형 청소년을 「청소년복지 지원법」상 위기청소년 특별지원 대상으로 포함토록 청소년복지 지원법령을 개정하였는데, 「청소년복지 지원법 시행령」 제8조 제1항의 4를 신설하여 보호지원 대상자 중 비행 · 일탈 예방을 위해 지원이 필요한 청소년, 학교 밖 청소년, 보호자가 없거나 실질적 보호를 받지 못하는 청소년, 은둔형 청소년을 추가하였다. 또한 채무 상속 위기에 놓인 청소년 지원을 위한 법제도를 정비하여 미성년자 빚 대물림 방지를 위한 「민법」 개정과 위기청소년 법률지원 근거 마련(청소년복지 지원 법령 등) 및 조례 정비 등을 추진하는 것이 중요하다. 대한법률구조공단, 법학전문대학원 내 '리걸 클리닉(Legal Clinic)' 연계 등을 통해 법률상담 등을 지원하고자 하는 데 홍보 확산이 필요하다(관계부처합동, 2023).

4) 다양한 청소년범죄의 예방과 대책

최근 청소년에 의해 범죄가 이루어진 것이라고는 믿을 수 없을 정도의 흉악하고 끔찍한 사건으로 형사재판을 받는 일부 소년범죄자들 때문에 「소년법」을 폐지하자고 주장하는 목소리가 있다. 1988년에 개정된 「소년법」 이후, 소년사법과 소년사법 절차에 대한 다양한 논의가 이루어졌다. 특히 소년비행 및 소년범죄에 대한 많은 변화와 이에 대한 다양한 해결방안을 마련하기 위해 소년사법의 효율성과 정당성을 담보하기 위한 노력들이 이루어졌다(박호현, 2017).

「소년법」의 본래 목적은 아직 미성숙한 단계에 있는 비행청소년들에게 반성의 기회를 주고 교육으로 교정하자는 것인데, 갈수록 청소년에 의한 범죄가 지능화되고 심지어 이와 같은 규정에 대해 잘 아는 미성년자들이 법을 악용하여 범죄를 저지르고도 제대로 처벌을 받지 않으려는 경우도 있다. 이러한 이유로 법제도의 기본 취지가 무색해졌다는 의견도 있다. 따라서 진정한 의미의 소년보호 내지는 「소년법」의 목적 실현을 위해서는 일률적으로 모든 청소년범죄자를 동일하게 보호하기보다는 범죄의 강도에 따라 혹은 성인범죄자와 동등하게 여길 수 있을 정도의 위법 행위자에 대해서는 일반 성인에 준하여 취급하는 것이 보다 타당할 것이다(김연지, 2018). 보호주의에 입각한 「소년법」의 취지를 제대로 살리고, 흉포화되고 잔혹해진 범죄로부터 피해자와 사회를 보호하기 위해서는 '강온 투트랙(Two-Track)' 전략이 필요하다. 즉, 비교적 경미하고 교정 가능성이 있는 범죄에 대해서는 다이버전 등을 최대한 활용하여 기존의 처분이 갖고 있던 부작용을 최소화하는 것과 피해자에게 돌이킬 수 없는 상처를 주고 사회공동체가 받아들일 수 없는 극악한 범죄를 저지른 경우에는 현행보다 더욱 강한 처벌을 가함으로써 범죄 발생을 억제하는 방법이다. 이를 통해 사회공동체적 윤리를 지켜 나가는 것이 중요하다(하권삼 · 양문승, 2018).

또한 청소년범죄를 지지하는 가장 큰 특징은 스마트폰의 확산이다. 스마트폰 확산은 시간과 장소에 구애받지 않고 인터넷 도박이 가능해지면서 온라인 불법도박시장은 나날이 커지고 있다. 청소년들의 인터넷 도박중독의 문제는 단순히 중독에 그치는 것이 아니라 학교 내에서는 교우관계의 단절, 학업 소홀, 학교생활 부적응의 문제를 가져올 수 있으며, 무엇보다도 도박을 계속하기 위한 자금 마련 또는 도박으로 인한 빚을 갚기 위해 제2차, 제3차의 다른 범죄로 이어질 수 있다는 점을 감안한다면 우리 사회에서의 청소년 인터넷 도박중독에 대한 심각성과 대책 방안에 관한 중요성을 인식하는 것과 이에 대한 대책 마련이 시급하다(안상원 · 한상철, 2013). 〈표 12-1〉은 인터넷 도박중독으로 인한 위험요인과 범죄 현황을 구분한 것이다.

무엇보다도 청소년 인터넷 도박중독에 대한 심각성을 인지하고 이로 인해 발생하게 되는 제2차 범죄에 대한 효과적인 정책적 대책 방안이 필요하다. 이를 위해 불법도박 관련 광고와 인터넷 불법도박 사이트에 대한 지속적인 단속 및 상습적인 불법도박에 대한 강력한 처벌이 마련되어야 한다. 동시에 도박사이트의 인증 절차를 강화함으로써 청소년들이 무분별하게 가입하는 것을 원천적으로 봉쇄하는 제도가 더욱 보완 · 지속되어야 한다.

표 12-1 인터넷 도박중독의 위험요인과 범죄 현황

구분	위험요인과 범죄 현황
개인적 차원	술, 담배 등의 시작단계가 빠르고, 다른 약물 접근이 매우 쉽다는 인식
	교우관계의 갈등과 단절, 폭력 등의 위험 행동
	부모의 지지 부재, 가족 불화 및 갈등
	학업 능력 부족, 학교 부적응, 학업 중단
	자기통제력 저하
사회적 차원	사회경제적 손실의 비용 증가
	사기, 절도, 폭력 등의 제2차 범죄와 그로 인한 피해 발생(성매매, 강제노역 등)
	합법적 사행산업의 레저문화로서의 기능을 저해

* 출처: 오세연(2018).

인터넷 도박에 과의존 또는 과몰입 가능성이 높은 집단은 무엇보다도 학업중단 청소년일 가능성이 높다. 학업중단 청소년의 경우에는 준비되지 않은 상태에서 사회활동을 하게 되고, 학교에서의 또래관계 또한 유지하기 힘들기 때문에 이러한 점을 감안하여 학업 중단 청소년의 유관기관에서는 내면의 성장이 용이할 수 있는 프로그램을 개발하여 제공해야 한다. 일반청소년들을 위해서는 온라인 도박에 대한 교육과 통제도 중요하지만 무엇보다도 청소년의 내면에 대한 형성이 잘 발달될 수 있도록 해야 한다는 연구결과가 지배적이다(조제성 · 김상균, 2018). 따라서 부모의 양육이 자존감의 형성에 유의미한 변수이므로 가정에서는 부모의 역할이 매우 중요함을 인식하여 청소년뿐만 아니라 부모를 위한 온라인 도박 예방교육을 실시하고, 학교와 관련 기관에서는 부모와 청소년 모두에게 심리적 지원과 상담을 통해 온라인 도박 예방을 위한 지속적인 지원을 실시해야 한다.

특히 인터넷 확산은 과의존 또는 중독 외에 사기와 횡령 등 재산 범죄와 성폭력 범죄를 증가시키고 있고, 신종 마약류와 유해약물 남용도 청소년들에게 심각한 문제를 야기시키고 있다. 청소년들에게 안전한 환경을 조성할 수 있는 대응과 방안이 필요하다.

5) 특별지원 청소년제도의 강화: 사각지대의 청소년 발굴

특별지원 청소년제도는 청소년 개인에게 초점을 맞추어 필요한 지원을 제공하고자 하는 것으로서 기존의 복지지원체계와 차별화된 제도로 시작하였다. 기존의 복지지원체계는 시설 중심, 프로그램 중심의 지원체계라면, 특별지원 청소년제도는 경제적으로 어려운 청소년에게 청소년의 필요에 맞추어 직접적 지원을 강화하고자 하는 복지지원체계이다. 특별지원 청소년제도는 가출, 위기, 학업중단 등의 청소년들을 대상으로 생활비 지원, 건강(의료)지원, 학업지원, 자립지원, 상담지원, 법률지원, 청소년활동지원, 후견인 인건비 등을 지원한다(윤철경 · 김경준 · 박병식 · 정익중, 2006). 특히 현행의 사각지대 청소년을 지원하는 제도는 긴급하게 위기에 처한 청소년들을 지원하고 있는데, 이때 여섯 가지 상황[① 주소득자가 사망, 가출, 행방불명, 구금시설에 수용되는 등의 사유로 소득을 상실한 경우, ② 중한 질병 또는 부상을 당한 경우, ③ 가구 구성원으로부터 방임, 유기되거나 학대 등을 당한 경우, ④ 가정폭력 또는 성폭력을 당한 경우, ⑤ 화재 등으로 인하여 거주하는 주택 또는 건물에서 생활하기 곤란하게 된 경우(화재 등이라 함은 화재, 산사태, 풍수해 등 포함), ⑥ 기타 복지부장관이 고시하는 경우(이혼의 사유로 소득을 상실하여 가구원 소득이 최저생계비 120% 이하인 경우, 단전되어 1개월이 경과된 경우, 주소득자의 휴폐업 또는 실직으로 생계가 곤란한 경우, 출소한 지 6개월 이내, 6개월 미만의 초기 노숙, 기타 법의 취지에 반하지 않는 범위 내에서 지역 상황을 고려하여 지방자치단체장이 추천하는 경우)]에 직면하면 지원이 합당하다고 판정된다(김지연 · 김동일 · 김태완 · 윤철경, 2014). 이때 여섯 가지 상황 중 추가 사항이 필요하다.

또한 청소년들에게 가출은 그 시대의 사회 변화에 따라 원인도 달라지는데, 청소년가출은 가족 간의 갈등과 가족 해체의 가속화 등으로 지속적으로 증가하고 있는 추세이며, 가출 후 거리생활을 하면서 또래와 어울리거나 비행이나 범죄에 노출되어 본인의 건강을 훼손하는 등 여러 가지 사회문제를 발생시키고 있다(여성가족부, 2014). 가출청소년의 특징으로 만성화, 저연령화, 집단화 등이 제시되고 있으며, 생활 유지를 위해서 성을 상품화하여 매매하는 시도가 많아지고 있는데, 대부분 매스컴과 사이버의 영향이 지배적이다(이민수, 2013; 최영신, 2008). 청소년은 성매매 피해자로서 이들의 성매매는 처벌하지 아니 하는데(「성매매알선 등 행위의 처벌에 관한 법률」 제6조 제1항), 검사 또는 사법경찰관은 수사 과정에서 피의자 또는 참고인이 성매매 피해자에 해당한다고 볼 만한 상당한 이유가 있을 때는 지체 없이 법정대리인, 친족 또는 변호인에게 통지하고, 신변 보호, 수사의 비공개, 친족 또는 지원시설 · 성매매 피해상담소에의 인계 등 그 보호에 필요한 조치를 해야 한다. 이때 지원시설의 장은 입소자 및 이용자의 사회 적응 능력 등을 향상시킬 수 있는 상담, 교육, 정보 제공 및 신변 보호 등에 필요한 지원을 하여야 한다(「성매매방지 및 피해자보호 등에 관한 법률」 제10~제14조). 이는 구법과 달리 '이용자'의 개념을 별도로 명시하여 희망자의 형편에 따라 시설에서 숙식을 하지 않고도 시설에서 제공하는 서비스나 프로그램 등을 이용할 수 있도록 선택의 가능성을 높였다. 관련 시설 입소 · 이용 경력자인 경우에는 전(前) 입소 · 이용시설 장의 추천을 받아 소정의 심사 과정을 거쳐 지속적인 지원 필요성이 있는 자를 선정하고, 초기 대상자는 상담 및 심사를 통하여 자활의 의지가 있다고 판단되는 자를 선정하고 있다. 자립지원 공동생활시설은 청소년 지원시설의 경우에는 2년의 범위에서 지원 기간을 연장할 수 있다. 자활의 의지가 있다고 판단하는 자를 선정할 때는 좀 더 유연한 기준으로 자활의 문턱을 낮추는 것이 중요하다. 자활의 의지를 높일 수 있도록 설득하고, 회복력을 높이기 위한 프로그램에 참여할 수 있도록 하는 것이 중요하다. 왜냐하면 오늘날 10대들 사이에서 가출은 특별한 일탈이 아니라 누구나 할 수 있는 행위로 간주되는 반면에 10대 여성이 가출을 하면 성매매에 유입될 가능성이 매우 높기 때문이다(김연주, 2015). 따라서 이들을 긴급한 지원이 필요한 특별지원 대상자로서 발굴하고 이에 적합한 프로그램을 제공하는 것이 마련되어야 한다.

2016년에 시작된 저소득층 여성청소년 생리용품 지원 사업은 경제적 부담으로 생리용품을 구입하지 못하는 경우에 대한 정부 차원의 지원 방안이었다. 저소득층 여성청소년들이 경제적 어려움으로 인해 생리용품을 구입하지 못하여 비위생적인 물품을 사용하거나 생리 기간 중에 등교나 외출을 하지 못하는 등 어려움을 겪고 있으므로 여성청소년에게 보건위생에 필수적인 물품을 지원할 수 있는 법적 근거를 마련하여 여성청소년의 건강한 성장을 지원하기 위한 것이 목적이다. 즉, 여성청소년의 경제적 부담을 줄이고 건강하고 올바른 성장을 지원하는 제도이다. 당초 이 사업은 한시적으로 시행했다가 「청소년복지 지원법」 제5조(건강한 성장지원)에 규정되었고, 여성가족부 주도로 진행하고 있다. 해당되는 여성청소년은 다음의 기준을 충족하는 만 11~18세의 여성청소년이다. 지역아동센터 및 아동복지시설 이용 아동, 방과후아카데미 등을 이용하는 여성청소년, 의료급여 또는 생계급여 수급 여성청소년(중위소득 40% 이하)이다. '저소득층 여성청소년 생리용품 지원 신청서'를 시군구에 제출하여 신청하거나 이메일로 신청할 수 있고, 보건소 방문 시 겉으로 표시가 나지 않는 봉투에 넣어서 지급받게 된다. 따라서 청소년의 건강을 지원하기 위해 지속적인 특별지원 청소년 발굴 제도 마련이 필요하다.

더욱이 학교 밖 청소년문제는 최근 잇달아 발생한 청소년 또래 폭력과 범죄 등을 통해 충격적 실태가 알려지면서 그 문제점이 다시 부각되고 있다. 그러나 학교 밖 청소년이 모두 위기청소년은 아니다. 학교생활이 맞지 않아 학업을 그만두고 다른 경로로 학업을 이어 가는 청소년들도 있고, 학업보다 직업훈련을 택한 경우도 있다. 따라서 학교 밖 청소년 중 무업형(NEET)에 해당되는 청소년을 지원할 수 있는 방안 마련이 필요하다.

요약

1. 초기 우리나라의 청소년복지 정책은 긴급구호적인 성격을 띤 요보호 대상, 즉 보호, 선도, 교화에 초점을 맞추면서 시작이 되었다. 그러나 청소년복지는 전체 사회문제로 다루어야 하며 국가의 관심과 정책을 요하는 영역이 되었다.

2. 청소년복지의 개념 및 이념의 특성을 정리하여 살펴보면 다음과 같다. 첫째, 청소년복지는 아동복지와 구별되는 영역이다. 둘째, 청소년복지의 대상은 문제해결을 필요로 하는 청소년이나 그렇지 않은 청소년 모두를 포함한 모든 청소년이 대상이다. 셋째, 청소년복지는 청소년의 기본욕구를 충족시키고 문제를 해결하는 차원을 넘어서 청소년의 문제를 예방하고 청소년의 역량을 개발하여 건강한 성장 및 발달이 실현되도록 지원하는 것이다. 넷째, 청소년복지는 청소년에게 직접 제공되는 지원뿐만 아니라 가족, 지역사회 그리고 청소년수련시설을 통해 제공되는 간접적인 형태의 정책과 제도를 포함하는 광범위한 개념이다. 다섯째, 청소년복지는 청소년 전문가에 의해서 지원되는 보다 전문적이고 다양한 지원이다.

3. 청소년복지의 과제는 크게 다섯 가지로 나눌 수 있다. 첫째, 청소년복지 정책은 연령대가 중첩되어 진행되고 있는 아동복지 정책과는 차별화하여 다루어져야 한다. 둘째, 다른 연령대와 비교해 볼 때 상대적으로 열악한 부분인 후기 청소년지원을 위한 제도가 확대되어야 한다. 셋째, 신 소외청소년들의 현황 파악과 요구에 적용 가능한 지원이 필요하다. 넷째, 흉악하고 끔찍한 사건사고의 행위자로 지목받고 있는 청소년들의 범죄 예방과 대책 마련이 시급하다. 마지막으로, 청소년 개인에게 초점을 맞추어 필요한 지원을 제공하고자 하는 특별지원 청소년 제도를 발굴하여 기존의 복지지원체계와 차별화되는 제도를 지속적으로 마련해야 한다.

참고문헌

강수돌(2007). 한국 사회에서 일 · 노동: 지속가능한 행복의 조건. **본질과 현상**, 7, 41-55.

강영배 · 손의숙 · 전명호 · 정철상 역(2008). **현대사회와 청소년**. 서울: 박학사.

경기도(1991). **한국청소년기본계획**.

김기헌 · 장근영 · 조광수 · 박현준(2010). **청소년 핵심역량 개발 추진방안 연구**. 서울: 한국청소년연구원.

김기헌(2017). 청년 정책의 현황 진단과 개선 방향. **보건복지포럼**, 2, 54-68.

김연주(2015). 청소년성매매 어떻게 볼 것인가?. **진보평론**, 64, 268-286.

김연지(2018). 소년범죄사건과 정보공개에 관한 비교법적 소고. **소년보호연구**, 31(2), 1-26.

김영모(1995). **한국 청소년복지의 전망과 과제**. 서울: 한국청소년개발원.

김지연 · 김동일 · 김태완 · 윤철경(2014). 청소년특별지원 사업 제도개선 방안연구. 세종: 한국청소년정책연구원.

국가청소년위원회(2008). 제4차 청소년정책기본계획. 서울: 국가청소년위원회.

관계부처합동(2010). 제4차 청소년정책(수정 · 보완)기본계획.

관계부처합동(2012). 제5차 청소년정책기본계획(2013~2017).

관계부처합동(2017). 제6차 청소년정책기본계획(2018~2022).

관계부처합동(2023). 제7차 청소년정책기본계획(2023~2027).

남미애(2004). 우리나라 아동 및 청소년복지의 현재와 미래. **지역학연구**, 3(1), 139-169.

노혁(2008). 청소년복지의 성격과 방향 재검토: 임파워먼트의 활성화를 위한 비판적 대안으로서 기회를 중심으로. **한국청소년시설학회 논문집**, 6(4), 43-53.

노혁(2011). 청년복지이념의 재조명: 경제적 관점에서 지속가능한 복지사회기반으로의 이념적 전환을 중심으로. **청소년복지연구**, 13(2), 293-313.

문화관광부(1998). 청소년육성 5개년 계획. 서울: 문화관광부.

박호현(2017). 소년법 개정논의에 대한 고찰. **영남법학**, 44, 141-167.

송민경(2009). 아동복지학에서 바라본 청소년복지학. **2009 한국청소년복지학회 추계 학술대회 자료집**, 67-75.

심규성 · 김지연(2012). 한국의 청소년복지 패러다임과 스포츠복지 개념을 적용한 청소년지도사의 전문성 강화 방안. **한국운동재활학회지**, 8(3), 93-106.

안상원 · 한상철(2013). 도박 중독자의 2차 범죄화 예방방안에 관한 연구. **한국중독범죄학회보**, 3(1), 90-114.

여성가족부(2014). **청소년종합실태조사**. 서울: 여성가족부.

오세연(2018). 청소년의 인터넷 도박중독으로 인한 2차 범죄 실태와 대책방안에 관한 연구. **한국범죄정보연구**, 4(1), 79-96.

오혜진(2013). 순응과 탈주 사이의 청년, 좌절의 에피그램. **우리문학연구**, 38, 463-488.

윤철경 · 김경준 · 박병식 · 정익중(2006). **특별지원청소년 선정 및 지원: 대상, 내용, 방법 및 절차를 중심으로**. 서울: 한국청소년개발원.

이민수(2013). 청소년의 반복가출과 가출전환 경험연구. **청소년복지연구**, 15(2), 87-119.

이용교(1993). **한국 청소년복지의 현실과 대안**. 서울: 은평출판사.

이정진(2018). 청소년의 정치참여 현황과 개선과제. **이유와 논점**, 1466, 1-4.

이지혜(2017). 참여 중심 선거교육 방향 탐색. **법과인권교육연구**, 10(1), 39-54.

전지원 · 전자배(2018). 청소년 참여활동 경험이 초기 성인기 시민의식과 사회참여에 미치는 영향. **한국교육**, 45(2), 5-30.

조제성 · 김상균(2018). 학업 중단 청소년의 온라인 도박경험 경로 연구. **한국범죄심리연구**, 14(1), 133-146.

청소년육성위원회(2003). 제3차 청소년육성기본계획(2003-2007). 서울: 청소년육성위원회.

최영신(2008). 여자비행청소년의 성적 학대 경험과 비행에 미치는 영향. **아시아교정포럼학술지**, 2(2), 77-105.

최영선(2015). 중 · 고등학교 사회과 선거교육에 대한 연구. 부산대학교 대학원 석사학위논문.

하권삼 · 양문승(2018). 현행 소년법의 문제점 및 개선방안. **경찰학논총**, 13(1), 279-311.

한국청소년정책연구원(2011). 제5차 청소년정책기본계획 수립을 위한 연구. 서울: 한국청소년정책연구원.

Brun, C., & Rapp, R. (2001). Strength-based case management: Individuals' perspectives on strengths and the case manager relation-ship. *Social Work, 46*(3), 278-288.

Jones, G. (1995). *Leaving home*. Milton Keynes: Open University Press.

찾아보기

인명

내용

ㅈ

ㅋ

저자 소개

김도영(Doyoung Kim)

제주국제대학교 복지상담학부 상담복지학 전공 교수(사회복지학박사, 청소년전공)

청소년지도사 2급, 사회복지사 1급

전 제주특별자치도청소년활동진흥센터 팀장

제주시남자중장기청소년쉼터 소장

〈주요 저서 및 논문〉

『청소년활동론』(2판, 공저, 학지사, 2024)

『청소년 프로그램 개발과 평가』(공저, 학지사, 2022)

『청소년지도방법론』(공저, 학지사, 2020)

「청소년이 지각한 부모 양육태도, 스마트폰 과의존, 학교적응의 관계에서 회복탄력성의 매개 효과」(2024)

「그림책을 활용한 독서프로그램이 초등학생의 공감능력과 교우관계에 미치는 영향」(2022)

「청소년 행복 연구 동향과 과제」(2022) 등

이혜경(Hyekyong Lee)

경민대학교 패밀리케어과 조교수(사회복지학박사, 청소년전공)

청소년지도사 1급, 사회복지사 1급

전 김포시청소년육성재단 파트장

사우청소년문화의집 파트장

〈주요 저서 및 논문〉

『청소년활동론』(2판, 공저, 학지사, 2024)

『청소년 프로그램 개발과 평가』(공저, 학지사, 2022)

「감정노동자의 직무소진과 직무만족도와의 관계: 회복탄력성의 매개효과」(2024)

「장애인의 직업유지에 영향을 미치는 요인」(2024)

「학교 · 지역사회 협력기반 인성교육프로그램 개발을 위한 기초 연구」(2023)

「직장 내에서의 차별경험과 직장만족도와의 관계: 구직동기의 매개효과」(2022)

「의정부시 사회적 약자를 위한 안전망 구축 정책 제안」(2021) 등

노자은(Jaeun Roh)

(재)용인시정연구원(사회복지학박사, 청소년전공)

청소년지도사 2급, 사회복지사 2급

전 (재)경기도가족여성연구원 청소년정책 분야 초빙연구위원

(재)군포시청소년재단 사회적가치혁신센터 팀장

〈주요 저서 및 논문〉

『청소년육성제도론』(공저, 학지사, 2021)

『청소년문화』(공저, 학지사, 2019)

『청소년복지론』(공저, 학지사, 2019)

「소득보장 및 사회통합을 위한 청년 참여소득의 도입 방안」(2021)

「지역사회에서의 아동참여 활성화를 위한 실천 가이드라인 제안」(2021)

「청소년 자립준비 사정도구 개발: 청소년자립지원관 입소 대상을 중심으로」(2021)

「청소년시설에서의 청소년인권침해 유형에 대한 연구」(2020) 등

청소년학총서 ③

청소년복지론(2판)

Adolescent Welfare(2nd ed.)

2019년 6월 25일 1판 1쇄 발행
2022년 8월 10일 1판 4쇄 발행
2025년 1월 10일 2판 1쇄 발행

지은이 • (사)청소년과 미래
김도영 · 이혜경 · 노자은

펴낸이 • 김진환

펴낸곳 • ㈜학지사
04031 서울특별시 마포구 양화로 15길 20 마인드월드빌딩

대표전화 • 02-330-5114 팩스 • 02-324-2345

등록번호 • 제313-2006-000265호

홈페이지 • http://www.hakjisa.co.kr
인스타그램 • https://www.instagram.com/hakjisabook

ISBN 978-89-997-3269-0 93370

정가 19,000원